COURS

DE

PHILOSOPHIE

Monseigneur Henri GRENIER

DOCTEUR EN PHILOSOPHIE EN THÉOLOGIE
ET EN DROIT CANONIQUE

COURS DE PHILOSOPHIE

TOME II

MONASTIQUE

ou ÉTHIQUE

ÉCONOMIQUE - POLITIQUE

14e mille (janvier 1955)

LES PRESSES UNIVERSITAIRES LAVAL
Québec.

LES PRESSES UNIVERITAIRES LAVAL
Québec.

AVERTISSEMENT AU LECTEUR

On nous demandait depuis longtemps la publication du présent volume : nous sommes heureux de pouvoir répondre à des vœux si pressants. L'étendue même de notre travail explique que nous avons dû prendre un peu de temps avant de le livrer à l'imprimerie.

Notre ouvrage est assez considérable. Le professeur ne pourra peut-être pas expliquer tous les articles du présent ouvrage. Il fera son choix selon les exigences de son auditoire. L'élève, lui, pourra lire et consulter avec profit les parties omises en classe. Nous avons voulu mettre à la disposition de tous une Philosophie morale aussi complète que possible.

H. G.

15 juillet 1942, en la fête de saint Henri.

TABLE DES MATIÈRES

Économique

Politique

PHILOSOPHIE MORALE

INTRODUCTION GÉNÉRALE

269 - Philosophie morale, philosophie spéculative et arts mécaniques.— 1° Connaître l'ordre est le propre de la raison. La raison n'est cependant pas déterminée de sa nature à considérer un ordre plutôt qu'un autre. Et chaque fois que la considération d'un ordre présente des difficultés spéciales à la raison, celle-ci doit être déterminée à une telle considération par un «habitus spécial», «habitus» qui fait sortir la raison de son état d'indifférence et lui permet de surmonter facilement toutes les difficultés qu'elle peut rencontrer.

Si nous voulons distinguer les différents «habitus» — et, en particulier, les différentes sciences — qui perfectionnent la raison, nous n'avons donc qu'à examiner les difficultés spéciales que l'ordre présente à la connaissance. En d'autres termes, nous n'avons qu'à diviser l'ordre suivant les difficultés spéciales qu'il comporte pour la raison.

2° L'ordre se rapporte à la raison de quatre manières.

a) Il existe, en effet, un certain ordre que la raison *ne fait pas,* mais qu'elle *contemple,* comme l'ordre des choses de la nature. Cet ordre est l'objet de la Philosophie spéculative réelle, c'est-à-dire de la Philosophie de la nature et de la Métaphysique.

b) Il existe un ordre que la raison, par sa considération, *fait* dans son *acte* ou *opération propre,* lorsque, par exemple, elle ordonne ses concepts et les mots qui sont les signes des concepts. Cet ordre est l'objet de la Logique, qui considère l'ordre réciproque des parties du discours, l'ordre mutuel des principes et l'ordre des principes aux conclusions.

c) Il existe un ordre que la raison, par sa considération, *fait* dans les *actes de la volonté.* C'est cet ordre que considère la Philosophie morale.

d) Il existe enfin un ordre que la raison fait, par sa considération, dans les œuvres extérieures, comme une arche, une maison, œuvres produites par l'homme. Cet ordre concerne les *arts mécaniques.*

270 - Définition de la Philosophie morale. — La Philosophie morale considère l'ordre des actes volontaires. Or, l'ordre dans les choses est double: l'ordre des parties d'un tout ou d'une multitude entre elles, et l'ordre des choses à la fin. L'ordre des choses à la fin est supérieur à l'ordre mutuel des parties, car celui-ci est en vue de celui-là.

La Philosophie morale peut donc se définir: *la science qui considère les actes humains dans leur ordre réciproque et dans leur ordre à leur fin,*
ou encore, d'une manière plus simple,

la science qui a pour objet les actes humains ordonnés à leur fin,

la science qui a pour objet l'homme agissant volontairement en vue de la fin.

L'ordre des actes humains à leur fin inclut, en effet, leur ordre réciproque.

Cette définition nous indique l'objet matériel et l'objet formel (*quod* et *quo*) de la Philosophie morale.

a) *L'objet matériel,* ce sont les actes humains, c'est-à-dire les actes qui procèdent de la volonté selon l'ordre de la raison, ou encore les actes délibérés de la volonté.

b) *L'objet formel quod,* ce sont les actes humains en tant qu'ordonnés à leur fin.

c) *L'objet formel quo,* c'est la fin elle-même. En effet, la Philosophie morale considère les actes humains *par rapport* à leur fin. La fin est donc le principe qui unifie et spécifie toutes les considérations de la Philosophie morale: elle en est l'objet formel *quo*.

271 - La Philosophie morale est une science pratique. — 1° Certains scolastiques modernes enseignent que la Philosophie morale est une science purement spéculative; d'autres affirment qu'elle est une science spéculativement pratique: elle est pratique par sa matière, qui est objet d'opération, et spéculative par son mode de considérer cette matière. D'autres enfin soutiennent que la Philosophie morale est une science pratique.

2° Pour résoudre le problème, notons d'abord qu'une science est dite spéculative et pratique d'après sa fin. Une science spéculative a pour fin la contemplation de la vérité; une science pratique a pour fin un objet à atteindre, à produire par l'opération.

3° Une science considérant des choses qui ne sont pas objets d'opération (res non operabiles) est purement spéculative, comme il est évident. Ex.: la Philosophie de la nature.

Une science portant sur des choses qui sont objets d'opération, mais les considérant d'une manière spéculative, demeure encore purement spéculative. Cette science est spéculative, car sa fin consiste à connaître la nature, la quiddité des choses. Ex.: si nous cherchons ce qu'est (quid sit) une maison, une arche. Cette science, bien que spéculative, est cependant *radicalement pratique* (1). En effet, en faisant connaître la nature des choses à atteindre ou à produire par une opération, elle peut régler la connaissance pratique de ces mêmes choses: le spéculatif règle et mesure le pratique. Une erreur dans l'ordre spéculatif entraîne une erreur dans l'ordre pratique.

Une science considérant un objet d'opération sous l'aspect où il doit être posé dans l'existence par l'opération ou atteint par l'opération, est une science *essentiellement* ou *formellement pratique*. La fin de cette science est, en effet, l'opération ou l'objet d'opération, et non la contemplation.

Cette science est pratique non seulement par les *choses* qu'elle considère, mais par son *objet*. Elle atteint en effet les choses sous un aspect formellement pratique. Par suite, elle est pratique par sa manière de considérer les choses: elle ne cherche pas à connaître pour

---

(1) Voici un tableau indiquant la division de la science pratique:

Science
- **radicalement pratique**: considère des choses qui sont objets d'opération, mais les considère d'une manière spéculative. Cette science est purement spéculative.
- **essentiellement ou formellement pratique**: pratique par son objet, c'est-à-dire par les choses qu'elle considère et par sa manière de considérer ces choses.
- **complètement ou parfaitement pratique**: pratique non seulement par les choses qu'elle considère et par la manière de considérer ces choses, mais encore par la fin de celui qui possède cette science.

connaître, mais elle montre comment agir.

Enfin, une science essentiellement pratique devient *complètement* et *parfaitement pratique*, si celui qui possède cette science s'en sert pour agir. Dans ce cas, la science est pratique non seulement par son objet et sa manière de considérer cet objet, mais encore par l'intention de celui qui sait (ex fine scientis).

4° La Philosophie morale porte sur des choses qui sont objets d'opération, c'est-à-dire sur les actes humains. De plus, elle ne cherche pas uniquement à connaître la nature de l'acte humain, mais elle a pour fin de régler l'acte humain: son but, en effet, est de montrer comment agir. Elle est donc une science essentiellement ou formellement pratique, car elle est pratique par son objet, c'est-à-dire par les choses qu'elle considère, et par la manière de considérer ces choses.

5° Comme le spéculatif mesure le pratique, un traité de Philosophie morale contiendra nécessairement des notions spéculatives. Ce traité montrera, par exemple, quelle est la nature de la vertu, car, pour savoir parfaitement comment poser un acte vertueux, il est nécessaire de connaître d'abord ce qu'est (quid sit) la vertu.

Deux choses sont à noter:

a) Les notions spéculatives entreront dans un traité de Philosophie morale, dans la mesure même où le pratique les requiert. Il serait inutile de s'attarder sur ces notions, comme on le ferait en science spéculative.

b) Ces notions spéculatives ressortissent formellement à la Philosophie de la nature. En effet, ces notions porteront sur les actes humains ou sur l'homme agissant pour une fin. Et c'est à la Philosophie de la nature qu'il appartient de considérer l'homme d'une manière spéculative.

La Philosophie morale est donc, dans un certain sens, subordonnée à la Philosophie de la nature. Cette subordination n'existe cependant que dans la mesure où le pratique est subordonné au spéculatif. Il ne s'agit pas là d'une subordination stricte, comme dans le cas d'une science inférieure qui reçoit ses principes d'une science supérieure.

272 - La manière de considérer propre à la Philosophie morale.— 1° La Philosophie morale est une science pratique par sa manière de considérer les choses, avons-nous dit. Insistons sur cet aspect de la Philosophie morale.

Une science spéculative a pour fin la connaissance elle-même. Elle cherche à connaître la *quiddité* ou la nature des choses (*quid sit res*). Elle est donc entièrement tournée vers la quiddité ou la nature, et fait abstraction de l'existence. Sa manière de procéder est «résolutrice», (procedit modo resolutivo), en ce sens que tout son effort consiste à trouver les principes qui expliquent les choses. Elle «résout» les choses en leurs principes.

Une science pratique, au contraire, comme la Philosophie morale, a pour fin non pas la connaissance elle-même, mais une opération à poser, une chose à produire. Elle ne fait donc pas abstraction de l'existence; elle est plutôt tournée vers l'existence de son objet. Sa manière de procéder est donc «par mode de composition» (procedit modo compositivo), en ce sens que l'effort propre de cette science n'est pas tant de trouver les principes pour eux-mêmes, mais plutôt d'appliquer les principes à l'opération qui doit être posée dans l'existence.

Ces brèves considérations entraînent plusieurs conséquences:

a) La démonstration propre à la Philosophie morale, en tant que science pratique, n'est pas la démonstration *pourquoi* — propter quid —, mais plutôt la démonstration *quia* et *à posteriori*.

En effet, l'intelligence trouve le *pourquoi* — le propter quid — des propriétés dans l'essence — la quiddité, la nature — des choses. Mais la Philosophie morale, comme science pratique, ne tend pas à connaître l'essence, la quiddité des choses. Elle se servira donc de la démonstration *quia* et *à posteriori*. Pour établir ses principes, elle examinera les coutumes, les mœurs, etc. Voilà pourquoi Aristote affirme que l'étudiant en science morale doit déjà avoir l'expérience.

b) L'immatérialité de la Philosophie morale — et de toute science pratique —, qui considère l'acte humain à poser dans l'existence selon les exigences de la fin, est essentiellement distincte de l'immatérialité de la science spéculative, qui considère la nature des choses, en faisant abstraction de l'existence. Voilà pourquoi l'objet de la

Philosophie morale ne se place pas dans un des degrés d'abstraction propres à la science spéculative (n. 81, t. 1, p. 96). L'immatérialité sous laquelle la Philosophie morale atteint son objet est l'immatérialité d'une science pratique.

c) La certitude de la science morale n'est pas aussi grande que la certitude de la science spéculative. Car, la démonstration propre de la science morale est la démonstration *quia* et *à posteriori*, démonstration qui n'engendre pas une certitude aussi stricte que la démonstration *pourquoi* (propter quid).

De plus, la science morale considère les actes humains dans leur existence. Or, les actes humains dans leur existence sont variables et contingents, à cause des circonstances diverses qui peuvent les accompagner. Les principes de la science morale ne peuvent donc pas s'appliquer d'une manière uniforme aux actes humains. Il en résulte une certaine incertitude propre à cette science.

d) La Philosophie morale, dans la mesure même où elle est une science pratique, est imparfaite dans la ligne de la science.

En effet, la science est parfaite dans la mesure où elle fait bien connaître et exclut toute possibilité d'erreur. Or, la science qui exclut toute possibilité d'erreur est la science *pourquoi* (propter quid). La Philosophie morale — et toute science pratique —, qui est une science *quia* et *à posteriori*, comme l'indique sa démonstration propre, est donc imparfaite dans la ligne de la science.

Voilà pourquoi, bien que demeurant dans l'universel, elle participe à la nature de la prudence, comme l'indique saint Thomas, dans l'Éthique à Nicomaque (n. 1200).

e) Nous ne devons pas étudier la Philosophie morale uniquement pour savoir. Notre but doit être de savoir pour mieux agir.

En effet, la Philosophie morale ne doit pas être recherchée pour la connaissance qu'elle procure. Parce qu'elle demeure imparfaite dans la ligne de la science, elle concourt peu à la perfection de l'intelligence. Sa fin est de nous montrer comment agir. Il serait donc inutile d'étudier la science morale, si nous n'avions pas l'intention de nous en servir pour mieux agir.

273 - La Philosophie morale et la Théologie divine. — La Théologie divine ou sacrée considère les choses à la lumière de la Révélation surnaturelle ou des principes de la foi. Dans sa partie morale, la Théologie sacrée considère les actes humains selon qu'ils sont ordonnés à la fin dernière surnaturelle de l'homme, c'est-à-dire à la vision intuitive de Dieu.

La Philosophie morale procède à la lumière des principes naturels de la raison. Elle envisage les actes humains en tant qu'ordonnés à leur fin naturelle.

a) La Philosophie morale et la Théologie divine sont donc deux sciences essentiellement distinctes.

b) Il n'y a aucune subordination ou *subalternation* de la Philosophie morale à la Théologie morale, comme le prétendent certains scolastiques modernes. La Philosophie morale, comme science, ne reçoit pas ses principes de la Théologie sacrée. Elle les connaît par elle-même.

c) Comme l'homme est de fait ordonné à une fin surnaturelle, la Philosophie morale est une science incomplète et insuffisante des actes humains. L'homme, parce qu'il est élevé à l'ordre surnaturel, doit ordonner ses actions, non seulement à la lumière de la raison naturelle, mais encore à la lumière de la Foi.

274 - La division de la Philosophie morale. — 1° La Philosophie morale, comme science pratique, est spécifiée par la fin qui est le principe des actes humains, et qui, par suite, est l'objet formel *quo* de la science des opérations humaines.

2° Pour connaître les diverses fins des actes humains, nous devons d'abord noter que l'homme est naturellement un animal social, et qu'il fait partie, selon l'ordre naturel, de deux sociétés: la société familiale et la société civile.

3° Chaque société est un tout dont l'homme est une partie.
Or, le tout peut avoir soit une unité absolue, soit une unité relative, c'est-à-dire une unité d'ordre.

La partie d'un tout ayant une unité absolue n'a pas d'opération propre, distincte de celle du tout. L'opération de la main, par exemple, est l'opération de l'homme. Et comme la fin se rattache à l'opération, nous pouvons dire que la partie d'un tel tout n'a pas une fin propre, autre que la fin du tout.

La partie d'un tout ayant une unité d'ordre peut avoir une opération propre, distincte de celle du tout. Ex.: Le soldat, outre les opérations par lesquelles il recherche la fin de l'armée dont il fait partie, c'est-à-dire la victoire, a des opérations propres par lesquelles il recherche des fins personnelles.

4° La société est un tout n'ayant qu'une unité d'ordre. Nous pouvons donc considérer les actes humains ordonnés à trois fins:

a) À la fin (ou aux fins) que chaque homme peut obtenir par lui-même. Nous aurons alors la Morale individuelle, que les anciens appelaient la *Monastique*.

b) À la fin que l'homme poursuit dans la société familiale. Nous aurons alors la Morale familiale, nommée par les Anciens l'*Économique*.

c) À la fin de la société civile. Nous aurons la *Politique*, désignée aujourd'hui, d'une manière d'ailleurs impropre, sous le nom de Morale sociale.

5° Cette division de la Philosophie morale est essentielle, parce qu'elle se prend de fins essentiellement distinctes: a) la fin que chaque homme peut atteindre par lui-même est essentiellement distincte de la fin de la famille, société naturelle ordonnée aux actes de la vie quotidienne: b) de même, la fin de la société civile, qui consiste dans la béatitude commune de cette vie, est essentiellement distincte de la fin de l'homme individuel, en tant qu'individuel, et de la fin de la famille.

La Morale individuelle (la Monastique), la Morale familiale (l'Économique) et la Morale sociale (la Politique) sont, en conséquence, des sciences pratiques essentiellement distinctes.

Nous divisons donc notre traité de Philosophie morale de la manière suivante:

$$
\text{Morale} \begin{cases} \text{Individuelle} & \text{(la Monastique)} \\ \text{Familiale} & \text{(l'Économique)} \\ \text{Sociale} & \text{(la Politique)} \end{cases}
$$

275 - La Politique est sagesse dans l'ordre des sciences pratiques. — 1° La sagesse est la science des choses par les principes absolument premiers. Or, dans la ligne des sciences pratiques, la fin est le principe. La science qui considère les actes humains selon la fin ultime sera donc la sagesse dans la ligne des sciences pratiques. Mais c'est la Politique qui considère les actes humains dans leur ordre à la fin dernière naturelle (terrestre). En effet, c'est dans la société civile et par la société civile que l'homme atteint sa fin naturelle (terrestre), comme c'est dans l'Église et par l'Église que le chrétien atteint sa fin surnaturelle. La Politique ou la Morale sociale est, par suite, sagesse dans l'ordre des sciences pratiques (naturelles), tout comme la Métaphysique est sagesse dans la ligne des sciences spéculatives.

2° Certains scolastiques, comme *Liberatore* et *Zigliara*, notent que l'acte humain peut et doit se considérer de deux manières: a) en lui-même, c'est-à-dire selon son rapport à la fin ultime; b) dans son ordination à une autre personne.

A cause de ces deux aspects de l'acte humain, ils divisent la Philosophie morale en deux parties: a) l'Éthique, qui a pour objet l'acte humain en lui-même; b) le Droit naturel (jus naturale), qui a pour objet les relations morales entre les diverses personnes, ou les actes humains selon qu'ils sont justes et injustes.

Cette division est à rejeter, parce que ses parties ne sont pas opposées, et surtout parce qu'elle détruit la nature de la Politique, qui a pour objet l'acte humain ordonné à sa fin ultime naturelle.

3° L'opinion des philosophes qui, comme Kant, ne distinguent pas seulement l'Éthique du Droit naturel, mais encore soustraient le Droit naturel (et, par suite, la Politique) à l'Éthique, est absolument erronée.

Avec Aristote et saint Thomas, nous devons affirmer que la Politique est la partie principale de la science morale, puisqu'elle considère la fin ultime naturelle de l'acte humain, et que, par suite, elle est une sagesse par rapport à l'Économique (Morale familiale) et à la Monastique (Morale individuelle.)

MORALE INDIVIDUELLE

ou

MONASTIQUE

INTRODUCTION

276 - Division de la morale individuelle. — Dans toute science pratique, la fin est le principe. Nous allons donc considérer d'abord la fin dernière qui est le terme de l'acte humain. Et comme les actes par lesquels l'homme tend vers sa fin sont volontaires, nous étudierons ensuite le volontaire et son opposé, l'involontaire.

Les actes humains ordonnés à la fin dernière revêtent un caractère spécial, appelé la moralité. Nous parlerons donc de la moralité 1° en elle-même, 2° dans ses sources et 3° dans ses conséquences.

Le principe extérieur des actes moraux est la loi. La conscience applique la loi aux actes concrets.

Le principe intérieur des mêmes actes est la vertu. Nous parlerons donc de la loi et de la conscience, pour terminer par l'étude des vertus.

Nous aurons sept chapitres:

Chapitre   I. — La fin dernière de l'homme.

Chapitre   II. — Le volontaire et l'involontaire.

Chapitre   III. — La moralité.

Chapitre   IV. — Les sources de la moralité.

Chapitre   V. — Les conséquences de la moralité.

Chapitre   VI. — La loi et la conscience.

Chapitre   VII. — Les vertus.

CHAPITRE PREMIER

LA FIN DERNIERE DE L'HOMME

Article I. — La fin dernière considérée d'une manière générale.

Article II. — La fin dernière en tant que bonheur.

ARTICLE PREMIER

LA FIN DERNIÈRE

277 - DANS TOUT ACTE HUMAIN, L'HOMME AGIT POUR UNE FIN. — 1° Les actes que pose l'homme se divisent en *actes de l'homme* et en *actes humains*.

a) Les actes humains sont les actions que l'homme fait d'une manière proprement humaine. Et l'homme agit d'une manière proprement humaine, lorsqu'il agit librement. Par suite, l'acte humain pourra se définir: *l'acte que l'homme pose librement*, ou encore *l'acte qui procède de la volonté délibérée de l'homme*, c'est-à-dire de la volonté humaine éclairée et ordonnée par la raison. L'acte humain, parce que libre, procède en effet de la volonté et de la raison, car la liberté a sa racine dans l'intelligence (n. 169, t. I, p. 209).

b) L'acte de l'homme peut se prendre dans un sens soit général, soit spécial.

L'acte de l'homme, pris dans le premier sens, est tout acte posé par l'homme. Il comprend donc, sous cet aspect, tout acte qui procède de l'homme, que cet acte soit libre, ou qu'il ne soit pas libre.

Pris dans son sens spécial, l'acte de l'homme s'oppose à l'acte humain, et désigne un acte produit par l'homme, mais ne provenant pas du consentement libre de la volonté humaine. Ex.: fermer les paupières ou rire sans y penser.

2° La fin est *ce vers quoi tend un appétit, ou ce pour quoi une chose se fait.*

La fin se divise *en fin comme objet*, (finis cujus gratia), *en fin comme sujet* (finis cui), et *en fin formelle* (finis quo).

La première est le bien vers lequel tend l'appétit; la seconde est le sujet pour lequel ce bien est désiré; la troisième est l'acte par lequel la fin comme objet est atteinte et possédée (n. 117, t. 1, p. 143).

Ici, il s'agit principalement de la *fin comme objet*, bien que ne soit pas exclue la fin formelle, qui n'est d'ailleurs pas réellement distincte de la fin comme objet.

3° Le sens de notre proposition est le suivant: tout acte élicite de la volonté délibérée, c'est-à-dire tout acte qui procède immédiatement de la volonté (n. 173, t. I, p. 213), est ordonné à un bien distinct de lui comme à sa fin.

Ce bien, qui est fin, peut être un acte impéré de la volonté, comme l'usage des richesses, un acte d'intelligence, comme la contemplation de la vérité, ou un objet extérieur, comme Dieu lui-même.

4° *Ces notions étant posées, prouvons notre proposition.*

Dans tout acte humain, l'homme agit pour une fin.

Tout acte de la volonté délibérée est en vue d'une fin. Or, tout acte humain est un acte de la volonté délibérée. Donc, tout acte humain est en vue d'une fin; en d'autres termes, dans tout acte humain, l'homme agit pour une fin.

La mineure est claire par la définition de l'acte humain.

À la majeure. — Tout acte d'une puissance porte sur l'objet de cette puissance: la vision porte sur le coloré qui est l'objet de l'œil, et ne peut atteindre le son qui est l'objet de l'ouïe. Or, l'objet de la volonté est la fin: la volonté veut la fin pour elle-même, et ne choisit les moyens qu'en vue de la fin. Donc, tout acte (élicite) de la volonté délibérée a pour objet la fin ou est en vue d'une fin.

278 - Dans tout acte humain. l'homme agit proprement pour une **fin.** — 1° Nous venons de prouver que tout acte humain est en vue d'une fin. Nous avons maintenant à montrer que l'homme agit d'une manière spéciale, c'est-à-dire d'une manière propre, pour une fin.

2° Agir proprement pour une fin, c'est être actif par rapport à la fin. Et l'agent est actif par rapport à sa fin, lorsqu'il n'est pas uniquement *mû* par la fin, mais lorsqu'il *se meut* à la fin. Un agent se meut à sa fin, s'il est doué d'intelligence, car, alors, connaissant la fin comme fin, c'est-à-dire saisissant les convenances de la fin à lui-même et les proportions des moyens à la fin, il est maître des actes qu'il pose pour la fin: il agit librement.

3° Puisque l'acte humain est ordonné à la fin d'une manière spéciale, c'est-à-dire d'une manière propre, il est bon ou mauvais d'une manière spéciale: il est bon ou mauvais moralement.

4° *Ces notions étant posées, prouvons notre proposition.*

Dans tout acte humain, l'homme agit proprement pour une fin.

Les êtres doués de raison agissent d'une manière propre pour la fin. Or, dans tout acte humain, l'homme agit comme un être doué de raison. Donc, dans tout acte humain, l'homme agit d'une manière propre pour la fin.

A la majeure. — L'être doué de raison saisit la convenance de la fin et la proportion des moyens à la fin. Il peut donc rejeter ou accepter la fin, choisir tels ou tels moyens pour la fin. Il a donc la maîtrise des actes qu'il pose en vue de la fin, et, par suite, se meut activement à la fin. En d'autres termes, il agit d'une manière propre pour la fin.

A la mineure. — Tout acte humain procède de la volonté délibérée, c'est-à-dire procède de la volonté et de la raison.

279 - Tout acte humain est spécifié par sa fin. — 1° Distinguons entre l'acte intérieur de la volonté et les actes qui suivent. L'acte intérieur de la volonté est le premier acte de volonté portant sur la fin: c'est l'intention de la fin.

Les actes qui suivent l'acte intérieur de la volonté, — actes que les scolastiques appellent extérieurs —, sont ceux qui résultent de l'intention de la fin: l'élection des moyens, les actes impérés par la volonté qui sont produits immédiatement par une autre faculté, comme l'action volontaire d'écrire, de marcher, de contempler.

2° La fin se divise *en fin de l'agent* et *en fin de l'œuvre*. (n. 117, t. 1, p. 144).

La première est celle vers laquelle un agent libre tend en vertu de son intention: *la vaine gloire* recherchée par celui qui fait l'aumône.

La seconde est celle vers laquelle une œuvre, un acte tend de sa nature: *le soulagement des pauvres* comme fin de l'aumône.

3° L'acte intérieur de volonté — ou l'intention — a pour objet la fin de l'agent, comme chaque acte extérieur de volonté a pour fin prochaine son objet, c'est-à-dire la fin (de l'œuvre) à laquelle il tend immédiatement: l'élection a pour objet ou fin prochaine le moyen; l'aumône a pour objet et fin prochaine le soulagement des pauvres. Et comme tout acte est spécifié par son objet, nous devons dire que l'intention est spécifiée par la fin de l'agent, tandis que les autres actes volontaires sont spécifiés par la fin de l'œuvre, c'est-à-dire par leur fin prochaine qui est leur objet.

4° Mais nous pouvons considérer l'acte humain en entier, selon qu'il embrasse l'acte intérieur et extérieur, et nous demander si, sous cet aspect, il est spécifié par la fin de l'agent ou par la fin de l'œuvre.

Nous devons répondre que, sous cet aspect, il est spécifié par la fin de l'agent. En effet, l'acte humain, en tant qu'humain ou volontaire, dépend de la fin de l'agent comme de son principe et de son terme formel: c'est cette fin qui détermine l'homme à agir, et c'est vers cette fin que tend l'acte humain. Voilà pourquoi celui qui provoque un incendie pour voler des objets, est plus voleur qu'incendiaire. Le mobile qui a déterminé l'acte humain n'est pas l'incendie, mais plutôt le vol.

280 - DANS TOUT ACTE HUMAIN, L'HOMME AGIT AU MOINS VIRTUELLEMENT POUR UNE FIN DERNIÈRE. — 1° Une fin peut être dite dernière *dans un sens relatif* ou *dans un sens absolu*.

Une fin dernière prise au sens relatif est celle qui est dernière dans un ordre particulier: la santé peut être dite la fin dernière du médecin agissant en tant que médecin.

La fin dernière prise au sens absolu est celle qui n'est aucunement ordonnée à une autre fin, mais à laquelle sont ordonnées toutes les autres fins. Dans la ligne des actes humains, c'est la fin que l'homme considère comme le terme de tous ses désirs.

2° La fin, avons-nous dit, est soit *la fin de l'œuvre,* soit *la fin de l'agent.*

3° La fin absolument dernière de l'acte humain peut se considérer soit *formellement,* soit *matériellement.*

Considérée formellement, la fin dernière consiste dans l'aspect sous lequel la volonté poursuit tous les biens, objets de ses désirs.

La fin dernière, en ce sens, n'est que le bien universel. En effet, le bien universel, saisi par l'intelligence humaine, spécifie la volonté en tant qu'appétit intellectuel.

Considérée matériellement, la fin dernière est la *chose désirée* pour elle-même, chose qui incite la volonté à agir.

Ici, nous parlons de la fin comme chose désirée, c'est-à-dire de la fin considérée matériellement.

4° La fin dernière, comme chose désirée, peut être *réelle* ou *apparente.*

La fin dernière réelle est celle qui, en réalité, comble parfaitement les désirs de la volonté. C'est Dieu lui-même.

La fin dernière apparente est une chose qui, en réalité, n'est pas apte à satisfaire complètement les désirs de la volonté, mais qu'un homme considère comme le terme de tous ses désirs. Ex.: les richesses pour l'avare.

Nous parlons, dans cette thèse, de la fin dernière soit réelle, soit apparente.

5° Celui qui agit pour une fin a nécessairement *l'intention* de poursuivre ou d'atteindre cette fin.

L'intention est le désir efficace d'obtenir une fin par des moyens proportionnés (n. 173, t. 1, p. 214).

L'intention de la fin peut être *actuelle, virtuelle, habituelle* ou *interprétative.*

a) *L'intention actuelle* de la fin existe lorsque celui qui agit pense actuellement à la fin. Agir avec l'intention actuelle d'une fin comporte trois choses:

1. — la connaissance actuelle de la fin;

2. — le désir actuel de la fin;

3. — l'ordination expresse à la fin de ce qui est voulu pour la fin.

b) *L'intention virtuelle* de la fin est soit *explicite,* soit *implicite.*

L'intention virtuelle explicite de la fin est celle qui n'est pas actuelle, mais qui influe cependant sur les actes actuels, parce qu'elle a été formée dans le passé et n'a pas été révoquée dans la suite.

L'intention virtuelle explicite suppose donc:

1. — l'absence de considération actuelle de la fin;

2. — l'existence, dans le passé, d'une intention actuelle de la fin;

3. — l'influence réelle de cette intention antécédente sur les actes posés actuellement, intention qui comporte l'ordination réelle de ces actes à la fin. Exemple: quelqu'un décide de marcher chaque jour pour sa santé; il marche effectivement à cause de cette décision, mais ne pense pas à la fin qu'il s'est proposée.

L'intention virtuelle implicite d'une fin existe lorsque celui qui agit, sans penser explicitement à une fin, pose cependant un acte ordonné de sa nature à cette fin et ne détourne pas cet acte de sa fin naturelle. Exemple: le païen qui poursuit le bien conforme à la nature raisonnable ordonne implicitement ses actes à Dieu comme à sa fin ultime.

Les actes posés avec une intention virtuelle explicite de la fin sont ordonnés à la fin de l'agent, c'est-à-dire à la fin que l'agent a choisie explicitement; les actes posés avec une intention virtuelle implicite sont ordonnés à la fin de l'œuvre, c'est-à-dire à la fin naturelle d'un acte, fin que l'agent ne s'est pas explicitement proposé d'obtenir.

c) *L'intention habituelle* est celle qui comporte la coexistence d'un «habitus» et d'un acte, sans que l'«habitus» influe soit actuellement, soit virtuellement, sur l'acte lui-même. Exemple: une personne en état de grâce peut poser, pour un motif purement naturel, un acte naturellement bon. Cet acte est posé avec une intention habituelle de la fin surnaturelle, — puisqu'il est l'acte d'une personne dans laquelle existe la grâce, «habitus» qui ordonne à la fin surnaturelle; cet acte, parce qu'il ne procède pas de la grâce ou d'un motif surnaturel, n'est cependant pas réellement ordonné à la fin surnaturelle.

d) *L'intention interprétative* est celle qui n'existe pas et n'a pas existé, mais qui, d'après les présomptions, existerait, si l'agent pensait à la fin ou si telles ou telles circonstances se présentaient. Exemple: un enfant, né de parents chrétiens, a l'intention interprétative du baptême immédiatement après sa naissance, car on présume qu'il désirerait le batême, s'il avait l'usage de sa raison.

6° Lorsque nous disons que l'homme, dans tout acte humain, agit toujours pour une fin dernière, nous entendons par là qu'il agit toujours avec une intention soit actuelle, soit virtuelle, explicite ou implicite, d'une fin dernière. L'intention habituelle ou l'intention interprétative de la fin dernière ne suffisent pas, car, dans ce cas, l'homme, en réalité, n'agit pas pour une fin dernière dans l'acte qu'il pose actuellement.

7° Notons, de plus, comme nous venons de le dire, que l'acte, posé avec une intention virtuelle explicite de la fin, est ordonné à la fin de l'agent (finis operantis), tandis que l'acte, posé avec une intention virtuelle implicite de la fin, est ordonné à la fin de l'œuvre (finis operis). Le sens de notre thèse est donc le suivant: dans tout acte humain, l'homme agit toujours pour une fin absolument dernière qui est la fin de l'agent, ou au moins la fin de l'œuvre.

8° Prouvons d'abord la proposition suivante.

Dans tout acte humain, l'homme agit toujours pour une fin dernière.

a) Celui qui agit en vue d'un bien, agit toujours pour une fin dernière. Or, dans tout acte humain, l'homme agit toujours en vue d'un bien. Donc, dans tout acte humain, l'homme agit toujours pour une fin dernière.

À la majeure. — Le bien, en vue duquel un être agit, est soit parfait, soit imparfait. S'il est parfait, il est la fin dernière; s'il est imparfait, il est recherché en vue du bien parfait, c'est-à-dire en vue de la fin dernière. En effet, celui qui agit en vue d'un bien, ne peut désirer un bien imparfait pour lui-même, car le bien imparfait comme tel est un mal. Ce bien ne peut être désiré que s'il conduit au bien complet ou parfait. Donc...

À la mineure. — L'acte humain procède de la volonté délibérée.

Or, la volonté a pour objet le bien. Donc, l'acte humain a pour objet le bien: dans tout acte humain, l'homme agit toujours en vue d'un bien.

b) Celui qui agit pour une fin, agit toujours pour une fin dernière. Or, dans tout acte humain, l'homme agit toujours pour une fin. Donc, dans tout acte humain, l'homme agit toujours pour une fin dernière.

À la majeure. — La fin pour laquelle un être agit est désirée pour elle-même, et toutes les autres choses sont désirées pour elle: dans ce cas, elle est la fin dernière; ou encore elle n'est pas désirée pour elle-même, mais plutôt pour une autre fin: alors, elle est fin intermédiaire, et elle est recherchée, en définitive, pour une fin dernière, car, de même que les causes efficientes secondes n'agissent que sous la dépendance d'une cause efficiente première, ainsi les fins intermédiaires n'attirent l'appétit et n'exercent leur causalité propre qu'en dépendance de la fin dernière à laquelle elles sont ordonnées nécessairement. Donc...

À la mineure. — L'acte humain, provenant de la volonté délibérée, est ordonné nécessairement à l'objet de la volonté, objet qui est un bien et, par suite, une fin.

9° Prouvons encore cette autre proposition.

Dans tout acte humain, l'homme agit pour une fin dernière, avec une intention au moins virtuelle de cette fin.

Dans tout acte humain, la fin dernière exerce une influence réelle sur les désirs et la volonté de l'homme. Or, pour que la fin dernière exerce une influence réelle sur les désirs et la volonté de l'homme, celui-ci doit avoir une intention au moins virtuelle (soit explicite, soit implicite) de la fin dernière. Donc, dans tout acte humain, l'homme agit pour une fin dernière, avec une intention au moins virtuelle de cette fin.

À la majeure. — Elle est claire après ce que nous avons dit plus haut (8°). Dans tout acte humain, l'homme agit soit immédiatement pour la fin dernière, soit immédiatement pour une fin intermédiaire qui n'est pas recherchée uniquement pour elle-même, mais qui est voulue en dépendance de la fin dernière, et pour la fin dernière.

À la mineure. — L'intention interprétative et l'intention habituelle n'ont aucune influence sur l'acte posé: l'intention interprétative n'existe pas comme intention réelle; l'intention habituelle comporte une pure disposition de l'être qui agit à l'égard de la fin, disposition qui n'a aucune influence réelle sur l'acte posé. Donc, une intention au moins virtuelle de la fin dernière est nécessaire, pour que cette fin ait une influence réelle sur l'acte humain.

281 - DIFFICULTÉS CONTRE LA DERNIÈRE THÈSE. — 1° L'homme qui n'ordonne pas ses actes à Dieu comme à sa fin dernière, n'agit pas pour une fin dernière. Or, l'homme n'ordonne pas toujours ses actes humains à Dieu comme à la fin dernière. Donc, l'homme, dans ses actes humains, n'agit pas toujours pour une fin dernière.

À la majeure. — N'agit pas en vue de sa fin dernière réelle, je concède; n'agit pas en vue d'une fin dernière qui n'est pas sa fin dernière réelle, je nie.

À la mineure. — Parce qu'il n'agit pas toujours en vue de sa fin dernière réelle, je concède; parce qu'il n'agit pas pour une fin dernière qu'il pose faussement comme sa fin dernière, je nie.

2° L'homme qui cherche un bien imparfait, n'agit pas en vue d'une fin dernière: la fin dernière est le bien que l'homme considère comme parfait. Or, parfois, dans ses actes humains, l'homme cherche un bien imparfait. Donc, dans tout acte humain, l'homme n'agit pas toujours pour une fin dernière.

À la majeure. — L'homme qui cherche un bien imparfait comme bien imparfait, je concède; l'homme qui cherche un bien imparfait en vue d'un bien parfait, je nie.

À la mineure. — L'homme cherche un bien imparfait comme bien imparfait, je nie; l'homme cherche un bien imparfait en vue d'un bien parfait, je concède.

L'homme ne peut pas rechercher un bien imparfait sous son aspect de bien imparfait, car le bien comme imparfait est un mal. Et l'objet de la volonté ne peut être le mal. Si l'homme désire un bien imparfait, c'est toujours en vue du bien qu'il estime parfait.

3° L'agent intellectuel qui ne considère pas la fin dernière ne tend pas vers cette fin. Or, l'homme, agent intellectuel, ne considère pas toujours la fin dernière. Donc, l'homme ne tend pas toujours vers la fin dernière; dans tout acte humain, il n'agit pas pour cette fin.

À la majeure. — L'agent intellectuel qui ne connaît aucunement la fin dernière, je concède; l'agent intellectuel qui ne considère pas la fin dernière d'une manière explicite et distincte, mais qui la connaît implicitement et d'une manière confuse, je nie.

À la mineure. — L'homme, en posant un acte humain, parfois ne connaît aucunement la fin dernière, je nie; parfois ne considère pas explicitement et discinctement la fin dernière, mais ne la connaît que d'une manière confuse et implicite, **je concède.**

4° Une action sur laquelle la fin dernière n'exerce aucune influence, n'est pas posée en vue de cette fin. Or, lorsque l'homme ne considère pas actuellement la fin dernière, celle-ci n'exerce aucune influence sur l'acte humain. Donc, lorsque l'homme ne considère pas la fin dernière, l'acte humain n'est pas en vue de cette fin.

À la majeure. — Sur laquelle la fin dernière n'exerce aucune influence réelle, soit actuelle, soit virtuelle, **je concède**; sur laquelle la fin dernière n'exerce pas une influence actuelle, mais exerce cependant une influence virtuelle, **je nie.**

À la mineure. — La fin dernière n'exerce pas d'influence actuelle sur l'acte humain, **je concède**; n'exerce pas une influence virtuelle, influence qui est réelle, **je nie.**

282 - Il existe réellement une fin dernière de la vie humaine. — 1° La fin dernière est prise ici d'une manière concrète, comme objet capable de combler parfaitement tous les désirs humains, objet que chaque homme peut atteindre, à moins d'empêchements opposés à la nature.

2° Notre affirmation réfute les partisans du progrès indéfini de l'humanité. En effet, les partisans du progrès indéfini de l'humanité nient l'existence d'une fin dernière.

3° *L'affirmation se prouve de la manière suivante:*

Une fin que l'homme désire par la force de sa nature, existe réellement. Or l'homme, par la force même de sa nature, désire la fin dernière. Donc, il existe réellement un fin dernière, objet des désirs de l'homme, fin à laquelle doit être ordonnée toute la vie humaine.

À la majeure. — Une fin vers laquelle la nature fait tendre doit exister dans la réalité. Autrement, il y aurait une contradiction au sein de la nature elle-même, ce qui est une absurdité.

À la mineure. — Tout acte humain, en vertu même de sa nature, est ordonné à une fin dernière, comme nous l'avons plus haut (n.279,8°).

283 - La fin dernière est-elle la même pour tous les hommes ? — Nous devons distinguer entre la fin dernière prise formellement et la fin dernière prise matériellement, c'est-à-dire entre l'aspect formel de la fin dernière et la chose dans laquelle se réalise cet aspect formel.

L'aspect formel de la fin dernière, c'est la béatitude désirée comme perfection dernière de l'homme. Sous cet angle, la fin dernière est la même pour tous les hommes, car chaque homme agit toujours pour obtenir le bonheur ou la béatitude.

Quant à la fin dernière prise matériellement, c'est-à-dire quant à la chose dans laquelle ils placent leur bonheur, tous les hommes ne sont plus d'accord. Les uns désirent comme fin dernière les richesses; les autres, la volupté ou quoi que ce soit d'autre.

Toutefois, en réalité, une seule chose peut donner le bonheur complet à tout homme, quel qu'il soit. Et cette chose, c'est celle que recherche comme fin dernière l'homme dont les affections **sont droites**: c'est Dieu lui-même.

284 - Le péché véniel. — 1° Le péché véniel pose une difficulté spéciale au sujet de la thèse énoncée: dans tout acte humain, l'homme agit toujours pour une fin dernière.

2° Notons d'abord que, par le péché mortel, l'homme se détourne de Dieu comme de sa fin dernière, et prend la créature comme fin dernière. Par le péché véniel, l'homme ne se tourne pas vers la créature comme vers sa fin dernière — le péché serait alors mortel. Il demeure toujours attaché à Dieu comme à sa fin dernière. Et cependant, il ne fait pas le péché véniel pour Dieu comme pour sa fin: par le péché véniel, il ne tend pas à Dieu. Il semble donc résulter que l'acte du péché véniel n'est pas posé en vue d'une fin dernière: cet acte n'est pas ordonné à Dieu comme à la fin dernière, c'est évident, comme il n'est pas ordonné à la créature comme à la fin dernière. Il n'est donc pas ordonné à une fin dernière.

3° Distinguons encore entre le péché véniel commis *sans délibération suffisante* et le péché véniel commis *avec entière et pleine délibération.*

Le péché véniel *commis sans délibération suffisante* n'est pas un acte parfaitement humain — l'acte humain, en effet, procède de la volonté délibérée. Il peut donc ne pas être ordonné à une fin dernière. Et ceci n'infirme pas notre thèse qui affirme que, dans *tout acte humain,* l'homme agit pour une fin dernière.

Mais le péché véniel *commis avec entière et pleine délibération* est un acte parfaitement humain. Comment, en le commettant, l'homme pourrait-il ne pas agir pour une fin dernière?

4° Pour résoudre cette difficulté, notons d'abord que l'homme agit pour une fin, lorsque cette fin a une influence réelle sur l'acte posé.

Notons de plus que la fin dernière qui exerce une influence réelle sur l'acte posé est soit *la fin de l'œuvre*, soit *la fin de l'agent*.

Le péché véniel n'est pas ordonné à Dieu comme à sa fin propre, c'est-à-dire comme à la fin de l'acte ou *à la fin de l'œuvre*. En effet, le péché véniel est une offense contre Dieu: il ne peut conduire à Dieu.

Mais lorsque l'homme commet un péché véniel avec pleine et entière délibération, il pense que son acte ne le détournera pas entièrement de Dieu comme de sa fin dernière; en d'autres termes, il pense que Dieu, comme fin dernière, lui *permet* de poser le péché véniel au sens suivant: il peut poser son acte sans se détourner complètement de sa fin dernière qui est Dieu.

C'est dire que Dieu, en tant que fin dernière, exerce une influence réelle sur l'acte du péché véniel, non pas comme fin de l'acte (de l'œuvre), mais comme fin de l'agent: le pécheur ne commettrait pas le péché véniel, s'il savait que cet acte le détournerait de Dieu comme de sa fin.

En d'autres termes, dans l'acte du péché véniel commis avec pleine et entière délibération, la fin dernière qui est Dieu exerce une influence réelle, non pas sans doute comme fin du péché véniel, mais comme fin *permettant* au pécheur de poser son acte. Cette permission ne rend pas le péché véniel licite, mais elle laisse subsister les liens habituels qui rattachent l'homme à Dieu comme à sa fin dernière.

ARTICLE II

LE BONHEUR OU LA BÉATITUDE

285 - LA BÉATITUDE OBJECTIVE. — 1° De même que l'être subsistant ayant une nature intellectuelle, reçoit, à cause de sa dignité, le nom de *personne*, ainsi la fin dernière de l'agent doué d'intelligence s'appelle le *bonheur* ou la *béatitude*.

On donne le nom spécial de béatitude ou de bonheur à la fin dernière de l'agent intellectuel, parce que celui-ci peut connaître sa fin dernière et, par suite, apprécier l'excellence et la perfection de cette fin.

2° La béatitude se divise en *béatitude objective* et en *béatitude formelle*.

La béatitude objective est ce bien capable de rassasier tous les désirs de l'homme.

La béatitude formelle est l'acte par lequel l'homme atteint et possède sa béatitude objective.

La béatitude formelle et la béatitude objective ne sont pas des béatitudes distinctes: ce sont deux aspects différents de la béatitude.

Nous parlerons plus bas de la béatitude formelle. Ici nous parlons de la béatitude objective.

3° Pour connaître ce bien qui constitue la béatitude objective de l'homme, énumérons les divers biens que l'homme peut désirer.

Les biens, objets des désirs humains, sont soit *le bien infini*, soit *les biens finis*.

Le bien infini, c'est Dieu.

Les biens finis sont soit *intérieurs*, soit *extérieurs* à l'homme.

Les biens extérieurs à l'homme sont ou *matériels*, comme les richesses naturelles (nourriture, habits) et artificielles (l'argent), ou *spirituels*, comme l'estime et l'honneur. (L'estime et l'honneur sont des biens extérieurs, car l'estime et l'honneur existent formellement dans celui qui estime et rend les honneurs, et non dans celui qui est estimé ou honoré).

Les biens intérieurs à l'homme sont soit *les biens du corps* (la santé, les plaisirs sensibles), soit *les biens de l'âme* (l'âme elle-même, ses facultés, ses vertus intellectuelles et morales, et les actes de ces vertus).

4° Les opinions des philosophes au sujet du bonheur de l'homme sont presque innombrables.

Les Sensualistes, comme Epicure, les Encyclopédistes, les Positivistes, les Utilitaristes, comme Hobbes, Bentham, Stuart Mill, les Communistes, les Socialistes considèrent la délectation sensible comme le bien souverain de l'homme.

Les Stoïciens — Zénon, Sénèque, Epictète, Marc-Aurèle, — affirment que la vertu est le seul bien humain. Mais ils placent la vertu dans *l'impassibilité* par laquelle l'homme se revêt d'une insensibilité complète.

Les Pessimistes — Schopenhauer, Hartmann — affirment que le bonheur consiste dans la suppression de l'existence.

5° Prouvons que la *béatitude objective de l'homme consiste non pas dans les biens finis, mais uniquement dans le bien infini qui est Dieu.*

1) La béatitude objective de l'homme ne consiste pas dans les biens finis.

Les biens finis sont soit extérieurs, soit intérieurs à l'homme. Or, la béatitude objective de l'homme ne peut consister dans aucun de ces biens. Donc, la béatitude objective de l'homme ne consiste pas dans les biens finis.

La majeure énonce une division complète.

À la mineure. — a) Les biens extérieurs à l'homme sont soit *corporels*, soit *spirituels*. Or, les biens *extérieurs corporels*, comme les richesses artificielles ou naturelles, ne peuvent constituer la béatitude, car ils sont ordonnés à l'homme comme à leur fin, tandis que la béatitude objective qui est fin dernière, ne peut être ordonnée à une autre chose; les biens *extérieurs spirituels*, comme l'estime ou la louange, ne peuvent non plus être la béatitude de l'homme, car ils ne perfectionnent pas l'homme, comme la béatitude, mais supposent plutôt sa perfection. Donc, les biens extérieurs ne peuvent être la béatitude objective de l'homme.

b) Les biens intérieurs à l'homme sont soit *les biens du corps*, soit *les biens de l'âme*. *Les biens du corps*, comme la santé, la beauté, ne peuvent être la béatitude objective, car le corps et ses biens sont ordonnés à l'âme, comme l'inférieur est ordonné à ce qui est supérieur, tandis que la béatitude objective, bien complet et souverain, ne peut être en vue d'une chose supérieure.

Les biens intérieurs de l'âme, comme les *facultés*, les *vertus*, les *actes des vertus*, ne peuvent être la béatitude objective. En effet, les facultés, les vertus sont pour les actes comme pour leurs perfections, et les actes eux-mêmes sont toujours ordonnés à un objet. Or, la béatitude objective, étant le bien dernier et souverain, n'est pas en vue d'une autre chose: elle est désirée pour elle-même, et n'est pas ordonnée à une autre chose. Donc...

2) Seul le bien infini peut être la béatitude objective de l'homme.

La béatitude objective de l'homme est le bien qui rassasie et apaise tous les désirs humains. Or, seul le bien infini rassasie et apaise tous les désirs humains. Donc, seul le bien infini, qui est Dieu, peut être la béatitude objective de l'homme.

À la majeure. — La béatitude objective est ce bien qui est la fin dernière des actes humains. Or, la fin dernière des actes humains doit rassasier et apaiser tous les désirs humains, car elle est terme dernier de ces désirs. Donc, la béatitude objective de l'homme est le bien qui rassasie et apaise tous les désirs humains.

À la mineure. — Les désirs d'un être qui connaît sont à la mesure de la connaissance. Or, l'homme, par son intelligence, perçoit le bien universel. Donc, seul le bien universel ou infini peut rassasier et apaiser les désirs de l'homme, puisque ces désirs, en vertu même de la connaissance qui est leur source, portent sur le bien universel.

286 - DIFFICULTÉS. — 1° Un bien fini peut rassasier les désirs d'un appétit fini. Or l'appétit de l'homme est fini. Donc, un bien fini peut rassasier les désirs de l'homme.

À la majeure. — Peut rassasier un appétit fini dans la ligne de l'être et dans la ligne de l'appétit, je **concède**; peut rassasier un appétit fini dans la ligne de l'être, mais infini dans la ligne de l'appétit, je nie.

À la mineure. — L'appétit de l'homme est fini dans la ligne de l'être et dans la ligne de l'appétit, je **nie**; l'appétit de l'homme est fini dans la ligne de l'être, mais infini dans la ligne de l'appétit, je **concède**.

L'appétit de l'homme est fini dans la ligne de l'être, puisque c'est une faculté finie de l'homme, faculté qui est un accident; l'appétit de l'homme est cependant infini dans la ligne d'appétit, puisqu'il a sa source dans la connaissance intellectuelle qui saisit le bien universel. Voilà pourquoi les désirs de l'homme ne trouvent leur apaisement que dans le bien infini.

2° Un appétit qui atteint le bien d'une manière finie trouve son apaisement dans un bien fini. Or, l'appétit de l'homme atteint le bien d'une manière finie. Donc, l'appétit de l'homme trouve son apaisement dans le bien fini.

À la majeure. — Qui atteint le bien fini d'une manière finie, je concède; qui atteint le bien infini d'une manière finie, je nie.

À la mineure. — L'appétit de l'homme atteint, d'une manière finie, le bien fini comme son objet propre et sa fin dernière, je nie; atteint, d'une manière finie, le bien infini comme son objet propre et sa fin dernière, je concède.

287 - LA FIN DERNIÈRE NATURELLE ET LA FIN DERNIÈRE SURNATURELLE. — 1° En parlant de la béatitude objective de l'homme, nous devons toujours distinguer entre la fin dernière naturelle et la fin dernière surnaturelle de l'homme.

La fin dernière surnaturelle de l'homme est celle que l'homme peut atteindre par ses seuls moyens naturels. C'est cette fin que considère le philosophe.

La fin dernière surnaturelle de l'homme est celle que l'homme peut atteindre avec les secours surnaturels de la grâce, des vertus théologales (foi, espérance, charité), de toutes les vertus morales infuses et des dons du Saint-Esprit. C'est cette fin que considère le théologien.

2° Dieu est la béatitude objective tant naturelle que surnaturelle de l'homme. La preuve donnée au n. 284 est démonstrative, parce qu'elle est fondée sur l'ampleur infinie des désirs humains.

Mais l'homme, laissé à ses propres moyens naturels, ne peut atteindre Dieu comme il l'atteint avec les secours surnaturels.

Par ses moyens naturels, l'homme ne peut jamais atteindre Dieu *en lui-même:* il ne l'atteint que par une connaissance analogique et un amour qui se mesure sur cette connaissance. Voilà pourquoi les philosophes, comme Aristote, font consister la béatitude de l'homme dans la contemplation de l'être le plus élevé, c'est-à-dire de Dieu, contemplation acquise à partir de la considération des objets sensibles, et dans l'exercice des vertus morales.

Avec les secours surnaturels, l'homme peut arriver (dans l'autre vie) à voir Dieu lui-même. Par cette vision, il atteint Dieu en lui-même.

3° Cette distinction entre la béatitude naturelle et la béatitude surnaturelle pose une difficulté. En effet, l'homme est de sa nature ordonné à Dieu comme à sa fin dernière. S'il ne peut atteindre cette fin *en elle-même* par ses moyens propres, c'est-à-dire par ses moyens naturels, il résulte qu'il ne peut atteindre naturellement une fin à laquelle il est naturellement ordonné. L'homme serait ainsi sur un pied d'infériorité à l'égard des autres êtres de la nature qui atteignent leur fin dernière naturelle.

Pour résoudre cette difficulté, nous devons noter *premièrement* que l'homme, par la connaissance analogique de Dieu et par l'amour qui suit cette connaissance, atteint sa fin dernière à sa manière, manière humaine qui demeure toujours imparfaite.

Deuxièmement, en arrivant, avec les secours de la grâce, à l'union intime avec Dieu, union par laquelle il atteint Dieu lui-même et participe à la vie divine elle-même, l'homme parvient à sa fin dernière d'une manière qui dépasse toutes les forces naturelles de la créature. Et ceci, loin de placer l'homme sur un pied d'infériorité à l'égard des autres êtres de l'univers créé, montre la supériorité de sa nature. Il est, en effet, plus parfait pour un être d'atteindre une fin plus élevée avec le secours gratuit d'en-haut, que d'atteindre une fin inférieure par les seules forces de sa nature.

4° L'élévation de l'homme à une fin surnaturelle fait ressortir l'excellence et le caractère propre de la vertu de charité.

Dans l'ordre purement naturel, l'homme n'est pas ordonné à la participation de la vie intime de Dieu par une communication gratuite des dons surnaturels. Il ne peut donc aimer Dieu en lui-même, en tant que Dieu est l'ami ou le Père dont il partagera la vie. Il lui suffit de s'ordonner à Dieu comme à sa fin dernière. Et cette ordina-

tion a lieu lorsque la volonté de l'homme est rectifiée par toutes les
vertus morales de l'ordre naturel, comme la justice, la force, la tempérance, la prudence, etc, vertus qui font agir l'homme pour sa fin
dernière. Voilà pourquoi l'amour de la fin ultime, dans l'ordre purement naturel, consiste dans l'ensemble de toutes les vertus — naturelles —, comme le dit Aristote.

Par son élévation à l'ordre surnaturel, l'homme ne doit pas seulement ordonner ses actes à Dieu, en tant que Dieu est la fin dernière
qui doit mesurer et régler les actes humains; il doit, de plus, tendre
vers Dieu comme vers l'ami ou le Père dont il partagera la vie intime
dans une communication ineffable de dons gratuits: il doit aimer Dieu
en lui-même, Dieu dans sa vie intime. Cette manière spéciale d'aimer
Dieu présuppose une vertu spéciale qui s'appelle *la charité*, vertu qui
ordonnera les actes de toutes les autres vertus à Dieu comme à la fin
dernière surnaturelle.

288 - LA BÉATITUDE FORMELLE. — 1° *La béatitude objective*, avons-nous dit,
est ce bien qui rassasie et apaise parfaitement les désirs de l'être doué
d'intelligence, et, par suite, de l'homme.

La béatitude formelle consiste dans l'acquisition et la possession
de ce bien.

2° La béatitude formelle se considère sous deux aspects: *essentiellement* et *comme état*.

La béatitude formelle *prise essentiellement* est l'acte par lequel
l'homme prend possession de ce bien qui constitue sa béatitude objective.

La béatitude formelle *comme état* se définit d'après Boèce: «un
état parfait, par la réunion de tous les biens».

Ici, nous parlons de la béatitude formelle prise essentiellement.

3° Puisque la béatitude formelle prise essentiellement est l'opération par laquelle l'homme atteint Dieu qui est un bien intelligible
et non un bien sensible, elle sera un acte d'une faculté intellectuelle,
c'est-à-dire un acte soit de l'intelligence, soit de la volonté.

Ceci est admis par tous les philosophes.

La difficulté est la suivante: *la béatitude formelle prise essentiel-*

lement est-elle une opération de l'intelligence ou une opération de la volonté?

Pour Scot, la béatitude formelle est essentiellement un acte de la volonté.

Saint Albert le Grand, s. Bonaventure, Suarez affirment que la béatitude formelle, prise essentiellement, relève simultanément de l'intelligence et de la volonté. Elle est à la fois un acte d'intellection et un acte d'amour.

Saint Thomas et ses disciples enseignent que la béatitude formelle, prise essentiellement, est un acte de l'intelligence.

4° Prouvons la doctrine de saint Thomas.

1) La béatitude formelle consiste essentiellement dans un acte de l'intelligence.

L'obtention et la possession du bien souverain ne peuvent consister que dans un acte de l'intelligence. Or, la béatitude formelle consiste essentiellement dans l'obtention et la possession du bien souverain qui est Dieu. Donc, la béatitude formelle consiste essentiellement dans un acte de l'intelligence.

La mineure est la définition de la béatitude formelle prise essentiellement.

À la majeure. — Le bien souverain est un bien intelligible. Or, le bien intelligible ne peut être atteint que par l'intelligence, comme le bien sensible est atteint par les sens. Donc, la possession et l'obtention de ce bien consistent dans un acte de l'intelligence.

2) La béatitude formelle ne peut consister dans un acte de la volonté.

Aucun acte de volonté ne peut acquérir ou obtenir le bien souverain. Or, la béatitude formelle consiste essentiellement dans l'acquisition et l'obtention du bien souverain. Donc, la béatitude formelle ne peut consister dans un acte de la volonté.

La mineure est la définition de la béatitude formelle prise essentiellement.

À la majeure. — Elle peut se prouver de deux manières.

1° La volonté, de sa nature, est une inclination au bien. Or l'inclination n'obtient pas le bien; autrement, pour obtenir un bien, il suffirait d'avoir une inclination à ce bien ou de le vouloir. Donc, aucun acte de volonté ne peut acquérir ou obtenir le bien souverain.

2° Aucun acte de volonté ne peut acquérir le souverain bien ou la fin dernière: car la volonté désire un bien ou en jouit; si elle le désire, c'est que le bien est absent; si elle en jouit, c'est que le bien est déjà présent.

289 - La béatitude formelle naturelle de cette vie. — La thèse que nous avons démontrée s'applique rigoureusement à la béatitude surnaturelle de l'autre vie qui seule est la béatitude parfaite. Certains philosophes qui admettent cette thèse, enseignent cependant que la béatitude naturelle de cette vie ne consiste pas essentiellement dans la connaissance, mais plutôt dans l'amour de Dieu, amour qui préfère l'auteur de la nature à toutes les choses créées.

À ces auteurs, nous devons répondre avec saint Thomas (1-2æ, q. 3, a. 5) que la béatitude imparfaite de cette vie — béatitude naturelle — consiste premièrement et principalement dans la contemplation, c'est-à-dire dans la connaissance analogique de Dieu et secondairement dans l'exercice des vertus morales.

Pour expliquer ces mots de saint Thomas, notons deux considérations:

1) La contemplation naturelle de Dieu, pour constituer la béatitude, doit connoter l'exercice des vertus morales. Celui qui est en état de péché mortel n'est pas heureux même s'il a une connaissance (naturelle) très élevée de Dieu.

2) La béatitude naturelle qui consiste dans la vie contemplative est la béatitude principale et première; mais il y a aussi une béatitude secondaire qui consiste dans la vie active, c'est-à-dire dans l'exercice des vertus morales.

290 - La gloire de Dieu comme fin de l'homme. — 1° La gloire se définit *formellement:* «une notoriété éclatante accompagnée de louange».

En d'autres termes, c'est la connaissance de la perfection d'un être, connaissance qui engendre l'amour, la vénération et la louange dans celui qui connaît.

Prise *objectivement*, la gloire est la perfection d'un être qui fait naître dans celui qui la connaît, l'amour, la vénération et la louange.

2° La gloire de Dieu considérée formellement est dite *intrinsèque* ou *extrinsèque*.

La première est la connaissance et l'amour que Dieu a de sa propre perfection.

La seconde est la connaissance et l'amour que la créature douée d'intelligence a de la perfection divine.

La gloire de Dieu, considérée objectivement, est en Dieu ou se manifeste dans les effets de Dieu.

La première est la perfection divine telle qu'elle existe en Dieu.

La seconde est la perfection de Dieu manifestée dans les créatures.

3° Ces notions étant posées, nous devons dire *premièrement* que le monde a été créé pour la gloire de Dieu, c'est-à-dire que la fin dernière de tout l'univers créé est la gloire de Dieu. Car Dieu, en créant le monde, n'a pu se proposer d'autre fin que sa propre bonté ou perfection, qui est la fin propre de la volonté divine. Et comme la fin de l'agent et du patient en tant que tel est la même, la fin dernière de l'univers créé ne peut être que la bonté ou la perfection de Dieu à manifester à l'extérieur, non à augmenter en soi. Et la perfection de Dieu à manifester à l'extérieur, c'est la gloire de Dieu considérée objectivement dans son second sens (voir plus haut).

Deuxièmement, la créature douée d'intelligence, et, par suite, l'homme, est ordonnée à la gloire de Dieu comme à la fin dernière d'une manière spéciale. Car l'homme est non seulement un vestige de Dieu dans lequel se réflète la perfection divine, mais il est de plus *l'image* de Dieu, capable de connaître Dieu, de l'aimer et de le louer. En d'autres termes, la fin dernière de l'homme est la gloire formelle de Dieu, non intrinsèque, mais extrinsèque.

Troisièmement, certains auteurs enseignent que la gloire formelle de Dieu considérée extrinsèquement est la fin dernière *principale* de l'homme, tandis que la béatitude est la fin dernière *secondaire*. D'autres soutiennent que la gloire de Dieu prise dans le même sens, est la fin dernière *extrinsèque* de l'homme, tandis que la béatitude est sa fin dernière *intrinsèque*.

Nous devons noter que la gloire (formelle et extrinsèque) de Dieu et la béatitude sont une seule et même chose, puisqu'elles consistent toutes deux dans la connaissance de Dieu complétée par l'amour et la louange.

Nous pouvons cependant établir une distinction formelle: la connaissance de Dieu, avec l'amour et la louange, en tant qu'ordonnée à Dieu est dite la gloire (formelle et extrinsèque) de Dieu; en tant que perfectionnant l'homme, elle est dite la béatitude. Et en ce sens, la gloire de Dieu peut être dite la fin *première* ou *extrinsèque* de l'homme, et la béatitude, sa fin *secondaire* ou *intrinsèque*.

291 - L'ACQUISITION DE LA BÉATITUDE DANS CETTE VIE. — 1° La béatitude consiste dans des actes de l'intelligence et de la volonté, c'est-à-dire dans la connaissance et l'amour. Elle a donc son siège dans l'âme raisonnable d'abord.

2° L'âme peut se trouver soit dans l'état de la vie présente où elle est unie à un corps mortel, soit dans l'état de séparation du corps après la mort, ou encore dans l'état d'union à un corps ressuscité.

Nous nous demandons si la béatitude peut être atteinte dans l'état de vie présente.

3° La béatitude est soit parfaite, soit imparfaite.

La béatitude *parfaite* est celle qui rend l'homme absolument heureux.

La béatitude *imparfaite* est celle qui rend l'homme heureux non pas d'une manière absolue, mais d'une manière relative, autant que le permet un certain état de vie. La béatitude imparfaite est une certaine participation de la béatitude parfaite.

4° Ces notions préliminaires étant posées, établissons les propositions suivantes:

1) En cette vie, l'homme ne peut obtenir la béatitude parfaite.

La béatitude parfaite étant un bien complet qui se suffit à lui-même, doit exclure tout mal et combler tout désir. Or, en cette vie, il n'est pas possible d'écarter tous les maux, et le désir du bien ne peut être rassasié. Donc, en cette vie, l'homme ne peut obtenir la béatitude parfaite.

La majeure est évidente.

À la mineure. — a) *En cette vie, il n'est pas possible d'écarter tous les maux.*—Cette vie est soumise à beaucoup de maux inévitables, comme l'ignorance en ce qui concerne l'intelligence, les affections désordonnées du côté de l'appétit, et un grand nombre d'afflictions en ce qui touche le corps.

b) *En cette vie, le désir du bien ne peut être rassasié.* — L'homme désire naturellement la permanence du bien qu'il possède. Or, les biens de cette vie sont transitoires comme la vie elle-même que nous voudrions voir durer toujours, puisque nous avons naturellement la mort en horreur. Donc...

2) En cette vie, l'homme peut acquérir une béatitude imparfaite.

Une participation de la béatitude parfaite est une béatitude imparfaite. Or, en cette vie, l'homme peut participer, d'une certaine manière, à la béatitude parfaite, car il peut déjà, d'une certaine manière, jouir du souverain bien, par la connaissance et l'amour. Donc, en cette vie, l'homme peut acquérir une béatitude imparfaite.

Ajoutons de plus que les hommes peuvent être appelés heureux en cette vie, à cause de l'espoir qu'ils ont d'acquérir la béatitude dans la vie future, conformément à ces paroles: «nous sommes sauvés en espérance».

292 - La béatitude imparfaite exige quelques biens extérieurs et la société d'amis. — 1° Les biens extérieurs sont ceux qui servent à la sustentation de la vie animale ou à certaines opérations convenant à la vie humaine et s'exerçant par le moyen du corps.

Les biens extérieurs ne font pas partie de l'essence de la béatitude qui consiste dans l'exercice de la vertu. Ils sont cependant comme des instruments au service de cette béatitude.

En effet, l'homme, en cette vie, a besoin de ce qui est nécessaire au corps, tant pour l'opération de la vie contemplative que pour celle de la vie active, car l'exercice de l'intelligence et de la volonté humaines, dans cette vie, est en dépendance indirecte de la vie animale.

La vie contemplative a moins besoin des biens extérieurs que la vie active, car celle-ci exige plusieurs biens extérieurs qui serviront à ses opérations.

2° L'homme qui jouit de la béatitude imparfaite a besoin d'amis non pour son utilité, car il se suffit à lui-même; ni pour sa délectation, puisqu'il possède en lui-même, du fait de l'opération vertueuse, la délectation parfaite; mais pour le bien de son action, c'est-à-dire pour avoir la possibilité de leur faire du bien, pour trouver du plaisir dans le bien qu'ils accomplissent et un concours dans le bien que lui-même accomplit. L'homme, en effet, a besoin du concours des amis pour agir vertueusement, tant dans les œuvres de la vie active que dans celles de la vie contemplative.

293 - L'ACQUISITION DE LA BÉATITUDE PARFAITE. — La béatitude parfaite consiste dans la vision de l'essence divine.

L'homme, laissé à ses seules forces naturelles, ne peut atteindre cette béatitude. Mais, avec le secours divin, il peut arriver à la vision de l'essence divine. Car son intelligence peut concevoir le bien infini, et sa volonté peut le désirer.

CHAPITRE II

LE VOLONTAIRE ET L'INVOLONTAIRE

ARTICLE PREMIER

LE VOLONTAIRE

294 - LE VOLONTAIRE. — 1) **Notion.** — Le volontaire se définit: *ce qui déri-ve d'une inclination intérieure avec connaissance de la fin.*

Cette définition distingue le volontaire du naturel, du violent et de l'artificiel et explique ce qui est propre à l'acte de volonté.

Elle distingue le volontaire du naturel qui provient d'un principe intrinsèque, mais sans connaissance de la fin; elle le distingue du violent et de l'artificiel qui proviennent d'un principe extrinsèque.

Elle explique ce qui est propre à l'acte de volonté en énonçant ses deux principes: l'inclination intérieure et la connaissance de la fin.

2) **Division du volontaire.** — a) Le volontaire se divise *essentiellement* en volontaire parfait et en volontaire imparfait.

Le volontaire parfait est celui qui procède de la volonté avec une connaissance parfaite de la fin. La connaissance parfaite de la fin appartient à l'intelligence qui connaît la fin comme fin, selon sa proportion et sa comparaison aux moyens.

Le volontaire imparfait est celui qui procède de l'appétit sans la connaissance parfaite de la fin. Et ceci a lieu quand la fin est connue comme chose et non pas formellement comme fin. L'acte d'un animal non raisonnable peut être en ce sens volontaire d'une manière imparfaite.

Le volontaire parfait se divise en volontaire nécessaire et en volontaire libre.

Le volontaire nécessaire est celui qui procède de la volonté avec une connaissance parfaite de la fin, mais sans indifférence de la volonté à l'égard de cette fin. Ainsi, dans la vision béatifique, l'acte d'amour est volontaire d'une manière parfaite, car l'intelligence a la connaissance parfaite de la fin qui est Dieu; la volonté ne peut pas cependant ne pas aimer Dieu: l'acte volontaire est nécessaire.

Le volontaire libre est celui qui procède de la volonté avec une connaissance de la fin comme fin, et avec l'indifférence de la volonté à l'égard de cette fin. Et ceci a lieu quand le bien connu par l'intelligence n'est pas le bien complet ou parfait, capable de combler tous les désirs de la volonté.

Le volontaire libre peut être libre *d'une manière parfaite* ou d'une *manière imparfaite*, selon qu'il procède de la volonté avec délibération pleine et entière ou avec délibération imparfaite.

b) *Accidentellement*, le volontaire se divise *premièrement* en volontaire en soi et en volontaire dans la cause.

Le volontaire en soi est la fin ou le moyen sur lequel la volonté se porte directement et immédiatement. Ex.: un vol voulu directement et en soi.

Le volontaire dans la cause est celui qui en soi n'est pas objet d'intention de la part de la volonté, mais qui résulte de ce qui est l'objet d'intention en soi. Exemple: le trouble causé par celui qui s'enivre délibérément est volontaire dans la cause, si celui qui s'enivre sait que dans cet état il va causer du trouble.

Trois conditions sont nécessaires pour qu'une chose soit volontaire dans la cause:

1) Celui qui pose la cause doit savoir, au moins d'une manière confuse, que l'effet suivra de la cause, car la connaissance est nécessaire pour qu'une chose soit volontaire;

2) Celui qui pose la cause doit pouvoir ne pas la poser, car s'il est dans l'impossibilité de ne pas la poser, le volontaire disparaît;

3) Celui qui pose la cause ne doit pas être dans l'obligation de la poser, car s'il a un motif raisonnable de poser une cause, l'effet qui suit de cette cause n'est pas volontaire. L'effet, dans ce cas, n'est aucunement objet de la volonté.

Deuxièmement, le volontaire se divise *accidentellement* en volontaire positif et en volontaire négatif.

Le volontaire positif a lieu quand un acte est posé.

Le volontaire négatif a lieu par omission de l'acte, lorsque la volonté peut poser l'acte et ne le pose pas de propos délibéré: celui qui n'assiste pas à la messe quand il peut le faire. Pour que l'omission d'un acte soit volontaire, il n'est pas nécessaire qu'il y ait obligation ou précepte de poser l'acte.

Troisièmement, le volontaire se divise en volontaire direct et en volontaire indirect.

Le volontaire direct est celui qui procède de la volonté comme d'une cause agissante.

Le volontaire indirect est celui qui procède de la volonté comme d'une cause non agissante. C'est l'effet d'une omission volontaire ou du volontaire négatif. Exemple: l'immersion d'un navire due au pilote qui abandonne le gouvernail.

Pour que l'effet ou la conséquence d'une abstention soit volontaire, a) l'effet doit être prévu; b) il faut que la volonté *puisse* agir ou soit en état de substituer un vouloir et un acte à une abstention correspondante; c) il faut, de plus, que la volonté soit dans l'obligation d'agir. En résumé, trois conditions sont requises pour qu'une chose soit imputée à la volonté indirectement: il faut *savoir, pouvoir* et *devoir.*

Quatrièmement, le volontaire se divise en volontaire pur et en volontaire mixte.

Le volontaire pur est celui qui n'a aucun mélange d'involontaire.

Le volontaire mixte est l'acte qui est à la fois volontaire et involontaire. Le volontaire mixte est volontaire absolument et involontaire relativement. Exemple: le fait de jeter des marchandises à la mer pendant une tempête, par crainte de danger, est absolument volontaire. En effet, cet acte, envisagé dans toutes ses circonstances, procède de la volonté. Il demeure cependant involontaire relativement parce que, si on le considère en soi, abstraction faite des circonstances qui l'accompagnent, selon qu'il n'existe que dans l'esprit, il répugne à la volonté.

Une chose est *absolument* lorsqu'elle existe en acte, dans le concret, avec toutes les circonstances qui l'entourent; elle est *relativement* lorsqu'elle n'existe que dans l'esprit.

ARTICLE II

L'INVOLONTAIRE

295 - L'INVOLONTAIRE. — L'involontaire est la privation du volontaire. Le volontaire contient deux éléments: un acte provenant de l'inclination de la volonté et la connaissance de la fin.

Ce qui détruira l'un de ces éléments détruira le volontaire.

Lorsque l'acte est opposé à l'inclination de la volonté, on a l'involontaire qui s'oppose *d'une manière contraire* au volontaire; lorsque l'acte n'est pas opposé à l'inclination de la volonté mais se fait par ignorance, on a le volontaire *privatif*, qui s'appelle proprement le *non-volontaire*.

Les causes qui détruisent le volontaire sont au nombre de quatre: la *violence* et la *crainte* qui poussent l'homme à poser un acte contraire à l'inclination propre de la volonté; la *concupiscence* et *l'ignorance* qui troublent ou détruisent la connaissance de l'intelligence.

296 - LA VIOLENCE. — a) Le violent se définit: *ce dont le principe est extérieur, sans que celui qui souffre violence apporte sa coopération.*

b) La violence, selon qu'elle s'oppose au volontaire, est *absolue* ou *relative*.

La violence est *absolue* quand la volonté n'apporte aucune coopération; elle est *relative,* quand la volonté coopère d'une certaine façon à la violence qui lui est imposée, quoique contre son gré.

La violence relative est plutôt une violence *morale*, et se ramène à la crainte.

c) Distinguons entre l'acte propre de la volonté, qui émane d'elle directement, c'est-à-dire le vouloir, et les actes commandés par elle, mais exécutés par d'autres puissances.

Le premier échappe toujours à la violence, car on ne peut faire vouloir une volonté qui ne veut pas; mais les autres peuvent souffrir violence, et sous ce rapport être involontaires. Exemple: on peut empêcher quelqu'un de marcher; on ne peut l'empêcher de vouloir marcher.

d) Ces notions étant posées, prouvons la proposition suivante:

La violence absolue rend l'acte totalement involontaire.

Un acte opposé à l'inclination de la volonté auquel celle-ci ne coopère aucunement est totalement involontaire. Or, dans le cas de la violence absolue, l'acte est opposé à l'inclination de la volonté, et celle-ci n'apporte aucune coopération. Donc, la violence absolue rend l'acte totalement involontaire.

297 - LA CRAINTE. — 1) La crainte se définit: *un trouble de l'esprit, eu égard au mal que l'on veut éviter.* La crainte provient de l'appréhension du mal et pousse la volonté qu'elle déprime à fuir ce mal.

2) La crainte se divise en considération *du mal à éviter, de la cause de ce mal,* ou *de l'influence de la crainte sur l'action.*

a) Eu égard au mal à éviter, la crainte est *grave* ou *légère,* si ce mal est lui-même grave ou léger.

La crainte peut être grave *d'une manière absolue* ou *d'une manière relative.*

La crainte est *grave d'une manière absolue* quand le mal à éviter est grave en soi et influence un homme ferme.

Elle est *grave d'une manière relative* quand le mal à éviter est grave pour une personne déterminée à cause de son tempérament ou d'autres circonstances. La crainte révérentielle (crainte d'offenser un supérieur), quoique légère en soi, se ramène parfois à la crainte grave d'une manière relative.

b) Eu égard à la cause du mal, la crainte provient *d'une cause intrinsèque,* comme la crainte provenant d'une maladie grave, ou *d'une cause extrinsèque.*

La crainte provenant d'une *cause extrinsèque* peut provenir d'une *cause naturelle,* comme la crainte d'un naufrage, ou *d'une cause libre.*

La crainte provenant d'une cause libre peut être inspirée pour un *motif juste,* comme la crainte qu'on inspire à un voleur en le menaçant, ou encore pour un *motif injuste,* comme la crainte que le voleur fait naître par ses menaces.

c) Eu égard à son influence sur l'action, la crainte est dite *antécédente* ou *concomitante*.

La crainte antécédente est celle qui pousse à agir: elle est la cause de l'acte, de telle sorte que cet acte provient de la crainte. Exemple: le marchand qui, par crainte du naufrage, jette ses marchandises à la mer.

La crainte concomitante est celle qui accompagne l'action sans en être la cause: l'action est faite non *par crainte*, mais *avec crainte*. Exemple: le voleur qui agit avec la crainte d'être découvert.

c) Ces notions préliminaires posées, établissons la proposition suivante:

Une action posée sous l'empire de la crainte est absolument volontaire et relativement involontaire.

On dit d'une chose qu'elle est absolument, lorsqu'elle existe en acte, et relativement lorsqu'elle n'existe que dans l'esprit. Or, une action posée sous l'empire de la crainte est volontaire selon qu'elle existe en acte, et involontaire selon qu'elle n'existe que dans l'esprit. Donc, l'action posée sous l'empire de la crainte est absolument volontaire et relativement involontaire.

La mineure s'établit par un exemple. Le propriétaire qui jette ses marchandises à la mer par crainte du danger pose une action volontaire en acte; cette action cependant, abstraction faite des circonstances qui l'accompagnent, selon qu'elle n'existe que dans l'esprit, répugne à la volonté. Et sous ce rapport, elle est involontaire.

298 - LA CONCUPISCENCE. — a) La concupiscence, telle que nous l'entendons ici, se définit: *un mouvement de l'appétit sensible vers un bien délectable.*

La concupiscence s'oppose à la crainte, car elle attire l'appétit vers le bien sensible.

b) La concupiscence est *antécédente* ou *conséquente*.

La concupiscence antécédente est celle qui précède tout mouvement de la volonté et qui en est la cause. Exemple: David voit Bethsabée; la concupiscence naît dans son cœur, et il choisit librement ce qui lui répugnait d'abord.

La concupiscence conséquente est celle qui suit l'acte de volonté, soit parce que la volonté excite directement ou du moins favorise l'appétit sensible, soit que l'ardeur de la volonté ait sa répercussion sur le même appétit.

c) Ces notions préliminaires étant posées, établissons les propositions suivantes:

1) La concupiscence antécédente augmente le volontaire.

L'inclination intérieure de la volonté à son acte est intensifiée par la concupiscence antécédente.

2) La concupiscence antécédente diminue la liberté du volontaire.

Ce qui trouble le jugement de la raison diminue la liberté du volontaire. Or, la concupiscence antécédente trouble le jugement de la raison. Donc, la concupiscence antécédente diminue la liberté du volontaire.

La majeure est évidente, parce que la liberté a sa racine dans le jugement indifférent de la raison.

À la mineure. — La concupiscence applique la raison à une considération plus intense du bien qui convient à l'appétit sensible et la détourne de la considération des motifs qui devraient pousser la volonté à s'éloigner de ce bien.

3) La concupiscence conséquente n'augmente, ni ne diminue le volontaire libre.

La concupiscence conséquente n'est qu'un effet du volontaire libre. Elle ne peut donc pas l'augmenter ni le diminuer, comme il est évident.

La concupiscence conséquente est plutôt le signe de l'intensité du volontaire libre.

L'effet fait connaître la cause. Or, la concupiscence conséquente est l'effet du volontaire libre. Donc, la concupiscence conséquente manifeste l'intensité du volontaire libre.

299 - L'IGNORANCE. — 1) L'ignorance est l'absence de connaissance. L'absence d'une connaissance qu'on ne doit pas posséder est plutôt un *non-savoir* (nescientia), comme, par exemple, l'absence de connaissances juridiques chez un ouvrier; l'absence d'une connaissance qu'on doit posséder est proprement de *l'ignorance*, comme l'absence de la connaissance du droit chez l'avocat ou le juge.

A l'ignorance se ramènent *l'erreur* qui inclut un jugement contraire à la vérité, et *l'inattention* qui est l'absence de considération actuelle.

2) L'ignorance se divise en raison de *l'objet*, du *sujet* et de *l'influence sur l'acte de la volonté*.

a) *En raison de son objet*, l'ignorance est soit de *droit*, si elle porte sur la loi, — soit *de fait*, si elle porte sur un fait.

L'ignorance de celui qui ignore la loi du précepte dominical est de *droit*; l'ignorance de celui qui ne sait pas que tel jour du mois est un dimanche, est de *fait*.

b) *En raison de son sujet,* l'ignorance est *vincible* ou *invincible*.

L'ignorance invincible est celle qui ne pourrait être corrigée, même si celui qui ignore employait l'attention morale suffisante. L'attention morale suffisante est celle qu'apporterait un homme prudent, selon la gravité de la chose.

L'ignorance vincible est celle qui peut et doit être corrigée.

Trois choses sont requises pour que l'ignorance vincible soit imputable:

1) Un doute au sujet de la connaissance à acquérir;
2) La connaissance de l'obligation qu'on a de corriger l'ignorance;
3) La négligence de la recherche pour corriger l'ignorance.

c) *En raison de son influence sur l'acte de la volonté*, l'ignorance est *antécédente, concomitante* ou *conséquente*.

L'ignorance antécédente est celle qui n'est pas volontaire et qui cependant incline à vouloir ce qu'autrement on ne voudrait pas. Exemple: l'ignorance de celui qui ne voit pas son ami et lance un flèche qui tue cet ami.

L'ignorance concomitante est l'ignorance involontaire qui porte sur ce qui se fait, mais de telle sorte que, si on en avait conscience, on ne le ferait pas moins. Exemple: le cas de celui qui a l'intention de tuer son ennemi, et le tue sans le savoir, en croyant tuer un cerf.

L'ignorance conséquente est l'ignorance qui est elle-même volontaire.

L'ignorance conséquente peut être *directement* volontaire, en vertu d'un acte de volonté qui porte sur l'ignorance elle-même, comme lorsque quelqu'un veut ignorer pour trouver une excuse à son péché, ou pour n'en pas être détourné; c'est alors de l'ignorance affectée.

Elle peut être *indirectement* volontaire dans le cas où quelqu'un ne prend pas garde actuellement à ce qu'il peut et doit considérer, ou bien lorsque quelqu'un ne se soucie pas d'acquérir la connaissance qu'il doit avoir.

L'ignorance conséquente provenant d'une négligence grave est dite *crasse* ou *supine;* dans le cas d'une négligence légère, elle est dite *légère.*

L'ignorance conséquente est toujours une ignorance vincible, tandis que l'ignorance antécédente et l'ignorance concomitante coïncident avec l'ignorance invincible, car elles sont involontaires.

3) *L'ignorance antécédente rend des actes absolument involontaires.*

En effet, l'acte posé par ignorance antécédente non seulement n'est pas voulu, mais il est contraire à l'inclination intérieure de la volonté.

L'ignorance concomitante ne fait pas que l'acte soit involontaire, car elle ne produit rien qui répugne à la volonté; *néanmoins, elle est cause qu'il n'est pas volontaire,* car on ne peut vouloir en fait ce que l'on ignore.

L'ignorance conséquente, étant volontaire, ne peut rendre involontaires, du moins absolument, les actes qui en sont la conséquence; elle peut cependant rendre ces actes involontaires d'une façon relative, en tant qu'elle précède un mouvement de la volonté aboutissant à l'action qui ne se serait pas produite s'il y avait eu connaissance.

CHAPITRE III

LA MORALITÉ

ARTICLE PREMIER

LA MORALITÉ

300 - NOTION DE LA MORALITÉ. — Nous nommons actes moraux les actes humains, c'est-à-dire les actes propres à l'homme comme tel, à l'homme agissant comme animal raisonnable, se conduisant selon sa raison.

Nous pouvons donc dire que les actes moraux sont les actes mesurables par la raison, tout comme les opérations artistiques sont celles qui sont mesurées et dirigées par la conception de l'artiste, c'est-à-dire par l'art selon qu'il existe dans la raison de l'artiste.

De là nous pouvons déjà saisir que la moralité dit un rapport à la raison. Elle se définit: *la conformité ou la difformité de l'acte humain par rapport à la raison.* Elle peut aussi se décrire: *cette bonté ou cette malice propre à l'acte humain en tant qu'humain.*

301 - LA LIBERTÉ ET LA MORALITÉ. — 1) La difficulté à résoudre est la suivante: dans les actes moraux, la liberté constitue-t-elle formellement la moralité ou plutôt n'est-elle qu'un élément antérieur à la moralité, élément qui jouerait le rôle de disposition matérielle nécessaire dans l'acte humain pour que celui-ci soit moral.

2) Certains scolastiques affirment que la moralité prise au sens

générique n'est que la liberté. La bonté et la malice de l'acte humain ne seraient que des divisions spécifiques de la liberté.

Parmi ces auteurs, certains soutiennent que la moralité n'est que la liberté de la puissance qui pose l'acte; d'autres prétendent que la moralité est la liberté intrinsèque de l'acte lui-même.

La plupart des scolastiques enseignent que la moralité présuppose la liberté de l'acte humain lui-même, mais qu'elle ne consiste pas dans cette liberté.

D'après cette opinion, la liberté est une condition présupposée à la moralité, condition qui fait de l'acte humain une cause matérielle apte à recevoir cette détermination qu'on appelle la moralité.

C'est cette opinion qu'il faut accepter.

3) Pour qu'un acte soit moral, il doit être libre lui-même. Sur ce point, il ne peut y avoir aucun doute. En effet, un acte nécessaire ne peut être moral, parce qu'il ne peut être réglé par la loi et la prudence, et qu'il ne tombe pas sous l'empire de la raison.

Nous devons prouver que *la liberté n'est pas la moralité, mais qu'elle est une condition nécessaire de l'acte, lequel reçoit la moralité comme une cause matérielle reçoit une détermination.*
Preuve:

Un acte est moral parce qu'il se rapporte à une mesure ou une règle. Or, la liberté n'est pas la mesure et la règle des actes moraux: cette règle ou cette mesure, c'est la raison et la loi, surtout la loi divine. Donc, la liberté n'est pas la moralité. La liberté est plutôt une condition de l'acte qui devient moral: elle est dans la ligne de la causalité matérielle par rapport à la moralité, car seuls les actes libres et volontaires peuvent être réglés et mesurés par la prudence et la loi.

A la majeure. — De même qu'un objet d'art doit être mesuré par certaines règles déterminées, ainsi un acte moral doit avoir sa mesure et ses règles propres.

A la mineure. — La mesure d'un acte moral ne peut être la liberté, car agir à sa guise est plutôt agir sans mesure et sans ordre. La mesure de l'acte moral ne peut être que la raison et la loi.

302 - LE CONSTITUTIF FORMEL DE LA MORALITÉ. — 1) Le constitutif formel de

la moralité est ce déterminant spécifique par lequel un acte moral est
formellement moral.

2) Certains auteurs, comme nous l'avons vu, enseignent que la
liberté constitue formellement la moralité.

Une autre opinion pose le constitutif formel de la moralité dans
un rapport intrinsèque de l'acte moral à son principe, c'est-à-dire aux
normes de la raison.

Vasquez affirme que la moralité consiste daus une relation de
raison par laquelle l'acte volontaire dit un rapport à une loi morale.
L'acte de volonté est moral, non pas parce qu'il dépend réellement
ae la loi et du jugement de la raison, mais parce qu'il est *extrinsèquement dénommé* par la loi. Un acte est moral, parce qu'il existe une
loi; si la loi n'existe pas, il n'y a pas de moralité.

Jean de Saint-Thomas dit que la moralité consiste formellement
dans l'ordre intrinsèque ou la relation transcendantale de l'acte libre
à l'objet considéré dans la ligne de la moralité, c'est-à-dire considéré
dans sa convenance ou disconvenance à la raison.

C'est là l'enseignement de saint Thomas lui-même.

3) *Preuve de cette dernière opinion.*

La moralité des actes se prend de l'objet considéré non pas dans
son être physique, mais dans ses rapports aux règles des mœurs. Or,
l'acte dit un rapport réel et intrinsèque, une relation transcendantale
à l'objet et à tout ce qui est contenu dans l'objet. Donc, la moralité
consiste formellement dans le rapport réel et intrinsèque ou dans la
relation transcendantale de l'acte à l'objet considéré dans ses rapports
aux règles des mœurs.

La majeure est évidente. L'homicide est un péché non pas précisément en tant qu'acte vital, mais parce qu'il comporte la mort d'un
homme qui a droit à la vie.

La quantité du bien d'autrui qu'on s'approprie augmente la gravité du vol, non pas parce que la quantité affecte directement l'acte
vital par lequel on s'approprie le bien d'autrui, mais parce qu'elle affecte directement l'objet du vol et qu'elle devient ainsi l'objet de l'acte
vital.

À la mineure. — L'acte se rapporte à son objet comme à ce qui le spécifie. Il se porte donc vers lui, en vertu de sa nature même. Par suite, il comporte un ordre réel et intrinsèque, une relation transcendantale à son objet.

303 - Division de la moralité. — 1° La moralité se divise *essentiellement* comme suit: *bonté, malice, indifférence.*

La bonté morale consiste dans la conformité de l'acte, de l'objet aux règles des mœurs.

La malice morale consiste dans la *privation* de conformité aux règles des mœurs, conformité que devrait avoir l'acte ou l'objet.

L'indifférence morale a lieu quand il n'y a aucune relation à la règle des mœurs.

2° Par rapport à son sujet, la moralité se divise en moralité de *l'objet,* et en moralité de *l'acte.*

Certains scolastiques appellent *objective* la moralité de l'objet, et *formelle* la moralité de l'acte.

3° Par rapport à ses règles, la moralité est dite *objective* et *subjective.*

La moralité objective est la moralité considérée par rapport aux règles des mœurs, — à la droite raison et à la loi éternelle — indépendamment du jugement pratique de celui qui agit. Ex.: le vol est objectivement mauvais.

La moralité subjective est la moralité considérée par rapport au jugement pratique de celui qui agit. Ce jugement pratique indique à l'agent ce qui est bon ou mauvais, quoiqu'il puisse être erroné. Ex.: les Germains considéraient le vol comme permis. Donc, le vol, pour eux, était subjectivement bon, quoique objectivement mauvais.

4° La moralité est aussi dite *matérielle* et *formelle.*

La moralité matérielle est la moralité non volontaire et, par suite, non imputable.

La moralité formelle est la moralité volontaire et imputable.

L'enfant n'ayant pas l'usage suffisant de la raison peut commettre un péché matériel en blasphémant; il ne commet pas un péché formel.

Nous devons donc distinguer entre la moralité formelle prise au sens de moralité de l'acte, et la moralité formelle prise au sens de moralité volontaire.

Nous devons aussi distinguer entre la moralité objective considérée comme moralité de l'objet, et la moralité objective prise par opposition à la moralité subjective.

304 - LE CONSTITUTIF FORMEL DU MAL MORAL. — 1) Tout mal est une privation du bien qu'un être devrait avoir. Le mal moral inclut donc une privation.

2) Cette privation incluse dans le mal moral a pour sujet l'acte humain lui-même. En effet, le sujet du bien moral est l'acte humain. Or, le mal moral est la privation de ce bien. Donc, l'acte humain est le sujet du mal moral, car le sujet de la *privation* est le sujet même de la *forme* que nie ou détruit la privation.

3) Le problème est de savoir si le constitutif formel du mal moral consiste dans la *privation* ou dans *quelque chose de positif.*

4) Nous parlons d'un acte positif ou du péché de *commission* ou d'action, et non pas du péché d'*omission.* En effet, l'omission comme telle consiste dans une privation.

5) Dans le péché de commission, nous devons distinguer: *l'entité physique* de l'acte, *la relation de l'acte à son objet* considéré dans la ligne de la moralité, *la privation* du bien ou de rectitude.

Le constitutif formel du mal moral ne consiste certainement pas dans *l'entité physique* du péché. Nous avons à chercher s'il consiste dans la relation de l'acte à l'objet mauvais ou plutôt dans la privation de rectitude.

6) Nous devons dire que le constitutif formel du mal moral consiste dans la *relation de l'acte humain* à un objet mauvais, selon le mot du Prophète: *«Ils sont devenus abominables comme l'objet de leur amour».* Osée, c. 10. — Cette relation de l'acte à un objet mauvais a cependant comme conséquence la *privation* de rectitude. Elle con-

note cette privation, car, du fait qu'un acte se porte sur un objet mauvais, elle n'a pas la rectitude qui lui est due.

7) *Prouvons notre énoncé.*

Dans l'acte moral mauvais, nous devons distinguer la relation de l'acte à un objet mauvais et la privation de rectitude. Or, la privation de rectitude n'est qu'une conséquence de la relation de l'acte à l'objet mauvais, relation par laquelle l'acte est déjà mauvais dans l'ordre moral. Donc, le constitutif formel de la malice morale consiste dans la relation transcendantale de l'acte humain à un objet mauvais, relation qui infère et connote la privation.

La majeure est claire par elle-même. En effet, l'acte humain qui est péché dit une relation à un objet mauvais; de plus, comme il est un mal, il dit une privation.

À la mineure. — L'homicide, l'adultère sont des actes mauvais par le fait même que leurs objets sont mauvais.

ARTICLE II

305 - CERTAINS ACTES HUMAINS SONT ESSENTIELLEMENT BONS, ET D'AUTRES SONT ESSENTIELLEMENT MAUVAIS. — 1° Nous avons déjà noté que la bonté et la malice divisaient essentiellement la moralité.

Ici nous cherchons si certains actes humains sont bons ou mauvais essentiellement, c'est-à-dire en raison de leur nature même, indépendamment de la volonté soit humaine, soit divine.

Il est certain que la malice et la bonté de certains actes humains ne dépendent que d'une détermination extrinsèque, c'est-à-dire de la loi positive. Ex.: *manger de la viande le vendredi.*

Le problème est de savoir si tous les actes humains ne sont bons ou mauvais que par la seule détermination positive, ou si certains actes sont bons ou mauvais intrinsèquement, essentiellement ou par leur nature même.

2° Le Positivisme moral enseigne que la bonté et la malice des actes humains proviennent uniquement d'une détermination positive.

a) D'après certains auteurs, cette détermination positive serait soit la loi humaine (Carnéade, Hobbes, etc), soit la coutume et l'opinion publique (Saint-Lambert), soit l'enseignement des savants et des gouvernants (Mandeville), soit la conscience collective (les Évolutionnistes).

Les Nominalistes, Descartes, Pufendorff enseignent que la distinction entre la bonté et la malice de tous les actes humains provient de la libre volonté de Dieu.

3° Contre le Positivisme moral, nous devons enseigner que certains actes humains sont essentiellement bons, et que d'autres sont essentiellement mauvais, indépendamment de toute volonté même divine. C'est là l'enseignement commun chez les Catholiques, et c'est là un point fondamental de toute la Morale.

4° *Prouvons notre proposition.*

Certains actes humains sont essentiellement bons, et d'autres sont essentiellement mauvais.

1) Les actes qui, par leur entité même, conviennent à la nature humaine sont intrinsèquement et essentiellement bons; ceux qui, de soi, ne sont pas en harmonie avec la nature humaine sont intrinsèquement et essentiellement mauvais. Or, certains actes humains, de soi, conviennent à la nature humaine; d'autres, de soi, ne sont pas en harmonie avec la même nature. Donc, certains actes humains sont intrinsèquement et essentiellement bons, tandis que d'autres sont intrinsèquement et essentiellement mauvais.

À la majeure. — Si un acte, indépendamment de toute détermination positive, convient à la nature humaine qui est raisonnable, il est intrinsèquement et essentiellement bon dans l'ordre moral, car, par sa nature même, il est conforme à la raison; s'il n'est pas en harmonie avec la même nature, indépendamment de toute détermination positive, il est intrinsèquement et essentiellement mauvais, car, par sa nature même, il n'est pas conforme à la raison.

À la mineure. — La nature humaine est déterminée, comme toute nature, et elle a, par suite, des opérations déterminées. Donc, certains actes humains, par leur essence même, lui conviennent, tandis que d'autres lui disconviennent.

2) Les actes qui, par leur nature même, conduisent l'homme à Dieu sont intrinsèquement bons; les actes qui, par leur nature même, détournent l'homme de Dieu sont intrinsèquement mauvais. Or, par leur nature même, certains actes humains conduisent l'homme à Dieu, tandis que d'autres l'en détournent. Donc, certains actes humains sont essentiellement bons, tandis que d'autres sont essentiellement mauvais.

À la majeure. — L'homme est ordonné à Dieu comme à sa fin naturelle. Si certains actes, indépendamment de toute volonté, conduisent l'homme à Dieu ou l'en détournent, ces actes sont essentiellement bons ou essentiellement mauvais.

La mineure est évidente. L'amour et la connaissance de Dieu conduisent l'homme à Dieu, tandis que la haine de Dieu l'en détourne, indépendamment de la volonté même divine.

3) Les actes par lesquels l'homme observe ou viole l'ordre naturel sont bons ou mauvais. Or, indépendamment de toute volonté, certains actes humains conservent ou violent l'ordre naturel. Donc, indépendamment de toute volonté, certains actes sont bons ou mauvais.

La majeure est évidente.

À la mineure. — a) La société est naturelle à l'homme. Or, il existe certains actes sans lesquels la société ne peut subsister, comme rendre à chacun ce qui lui est dû, s'abstenir des injures, etc. Donc...

b) Selon l'ordre naturel, l'homme doit se servir des choses inférieures d'après une mesure déterminée, pour la conservation et le développement de sa vie. S'il n'observe pas cette mesure déterminée, il fait un acte essentiellement mauvais, car l'usage des choses inférieures devient nuisible.

c) Selon l'ordre naturel, le corps est ordonné au bien de l'âme, et les forces inférieures de l'âme sont ordonnées à la perfection de la partie raisonnable de l'homme. Donc, les actes humains qui conservent cette hiérarchie sont conformes à l'ordre naturel et sont essentiellement bons; les actes humains qui violent cette hiérarchie font injure à l'ordre naturel et sont essentiellement mauvais.

4) Le témoignage de la conscience et le consentement universel des peuples confirment la doctrine que nous avons prouvée.

La conscience nous indique que certaines actions sont bonnes ou mauvaises en elles-mêmes, indépendamment de toute détermination positive.

Chez tous les peuples, certaines actions sont considérées comme bonnes ou mauvaises, indépendamment de toute loi ou coutume.

Difficulté. — Si certaines actions étaient essentiellement bonnes ou mauvaises, il y aurait unanimité de jugement à leur sujet chez tous les hommes. Or, cette unanimité de jugement n'existe pas: certains hommes considèrent la polygamie, les sacrifices humains, le vol comme des actes intrinsèquement mauvais, tandis que d'autres les considèrent comme des actes licites. Donc, il n'existe pas d'actes humains essentiellement bons ou essentiellement mauvais.

À la majeure. — Chez tous les hommes qui ont le jugement droit, je concède; chez les hommes qui ont le jugement déformé, je nie.

À la mineure. — Cette unanimité de jugement n'existe pas chez les hommes qui ont le jugement droit, je nie; chez les hommes qui ont le jugement déformé, je concède.

Des hommes dont le jugement est déformé par l'éducation, par l'ignorance ou par les passions, peuvent faire erreur sur la moralité naturelle des actes humains.

ARTICLE III

LA RÈGLE DE MORALITÉ

306 - LA RÈGLE PROCHAINE DE MORALITÉ. — 1° Nous parlons ici de la *moralité* des actes humains, c'est-à-dire de leur bonté et de leur malice, et non pas de *l'obligation* qui commande de poser ou d'éviter certains actes.

2° Nous entendons par règle de moralité *cet exemplaire par lequel nous pouvons juger de la bonté ou de la malice des actes humains.*

3° La règle prochaine de moralité est *cette règle immanente sur laquelle les actes humains se mesurent immédiatement dans l'ordre de la moralité.*

4° Nous parlons ici de la moralité *objective*, et non pas de la moralité *subjective* qui dépend du dernier jugement pratique de la raison.

5° 1) *Selon certains auteurs*, la règle prochaine de moralité serait uniquement *subjective. Elle serait*

soit un sens moral — Th. Reid, Hutcheson, A. Smith, Jouffroy;

soit un goût moral — Herbart;

soit la raison pratique pure et autonome — Kant. La raison pratique qui, d'après Kant, est la règle de moralité, est *pure* à cause de son indépendance de toute expérience, et *autonome* à cause de son indépendance de toute loi.

2) *Selon d'autres auteurs*, la règle prochaine de moralité serait *objective. Elle serait*

soit la loi civile — Hobbes;

soit la coutume humaine — les Positivistes;

soit l'utilité pour diminuer les peines et les douleurs — l'utilitarisme négatif de Schopenhauer et d'Ed. de Hartmann;

soit l'utilité en vue des jouissances sensibles de cette vie — le sensualisme moral ou l'hédonisme d'Aristippe, d'Épicure, de Démocrite, de Spinoza, de Diderot et d'Helvetius, etc;

    soit l'utilité en vue de la félicité publique — l'utilitarisme social ou l'altruisme d'Auguste Comte, de Stuart Mill;

    soit l'utilité qui assure le progrès indéfini de l'humanité — l'évolutionnisme: H. Spencer, etc.

3) Chez les catholiques, saint Alphonse enseigne que la règle prochaine de moralité est la *conscience*, tandis que d'autres, comme Suarez ou Cathrein, affirment que cette règle est la *nature humaine*. Liberatore la place dans *l'ordre essentiel des choses*.

Les Thomistes, en général, enseignent que la règle prochaine de moralité est la *raison droite*.

Nous devons expliquer ce que signifie la raison droite.

a) La raison droite n'est pas la raison dans ce qu'elle peut avoir de *propre ou d'individuel* dans tel ou tel homme chez qui elle peut être déformée en fait, mais la raison prise dans ce qu'elle a *de commun* chez tous les êtres raisonnables.

b) La raison, pour être droite, doit d'abord juger avec rectitude de la fin des actes humains. Lorsque cette fin est proposée à la volonté, celle-ci est disposée à tendre vers la fin par les vertus morales. Les désirs de la volonté étant rectifiés par ces vertus à l'égard de la fin, la raison, par un acte de prudence, doit porter un jugement sur les moyens d'obtenir la fin, jugement qui doit être conforme aux désirs de la fin.

La raison droite comporte donc des jugements *dans deux lignes différentes:*

a) Un jugement droit *dans la ligne de la fin*, jugement *de la syndérèse* qui propose à la volonté la fin véritable à poursuivre;

b) Un jugement droit *dans la ligne des moyens*, jugement *prudentiel* dont la vérité pratique consiste dans la conformité aux désirs rectifiés de la fin. En effet, le jugement prudentiel est *vrai* lorsqu'il présente à la volonté des moyens conformes aux tendances rectifiées de celle-ci vers sa fin.

6° Après ces préliminaires, prouvons la proposition suivante:

La raison droite est la règle prochaine de moralité.

1) Le principe immanent qui présente à la volonté l'objet mesuré dans la ligne des mœurs est la règle prochaine de moralité. Or, la raison droite est le principe immanent qui présente à la volonté l'objet mesuré dans la ligne des mœurs. Donc, la raison droite est la règle prochaine de moralité.

À la majeure. — L'acte de la volonté est spécifié par son objet dans l'ordre moral. Donc, le principe immanent qui mesure cet objet dans un tel ordre mesure aussi l'acte humain lui-même. Il est la règle prochaine de la moralité de l'acte lui-même.

À la mineure. — La raison présente à la volonté un objet qu'elle juge bon ou mauvais dans la ligne de moralité. C'est donc la raison droite qui présente à la volonté l'objet mesuré dans la ligne des mœurs.

2) Les actes humains sont bons en tant que conformes, d'une manière prochaine, à la raison droite. Or, la règle prochaine de moralité est cette règle à laquelle doivent se conformer, d'une manière prochaine, les actes humains pour être bons. Donc, la raison droite est la règle prochaine de moralité.

À la majeure. — La bonté d'un acte consiste dans sa conformité à la nature de sa cause efficiente. Or, la nature de l'homme est d'être un animal *raisonnable*. Donc, la bonté de l'acte humain consiste dans sa conformité à la raison droite.

La mineure est évidente.

307 - La règle suprême de moralité. — 1° Nous parlons toujours ici de la moralité *objective* de l'acte humain, et non de sa moralité *subjective*.

2° La règle suprême de moralité est cette règle *première, transcendante à l'homme,* d'où découle toute moralité.

3° Tous les auteurs catholiques affirment que la règle suprême de moralité est en Dieu. La troisième proposition condamnée du Syllabus se lit comme suit: «La raison humaine, sans tenir aucun compte de Dieu, est l'unique arbitre du vrai et du faux, du bien et du mal.»

Cette proposition condamnée résume la doctrine des *modernistes*.

4°Les auteurs catholiques ne sont pas tous d'accord quand il s'agit d'indiquer ce qui en Dieu constitue *formellement* la règle suprême de la moralité des actes humains.

Scot, Suarez, Vasquez, Cathrein enseignent que la règle suprême de moralité est *l'essence divine elle-même,* selon qu'elle est antérieure, d'après notre mode de comprendre, à l'intelligence et à la volonté divines.

Selon Occam, Descartes, la règle suprême de moralité serait *la volonté divine* ou *la loi divine positive.*

Les Thomistes, en général, affirment que la règle suprême de moralité est la loi *éternelle.*

La loi éternelle se définit: «*l'ensemble des pensées de la Divine Sagesse, selon lesquelles celle-ci imprime une direction à tous les actes et à tous les mouvements.*»

5° Prouvons notre thèse.

La règle suprême de moralité est la loi éternelle.

1) Le principe premier qui ordonne l'acte humain à sa fin dernière est la règle suprême de moralité. Or, la loi éternelle est le principe premier qui ordonne l'acte humain à sa fin dernière. Donc, la loi éternelle est la règle suprême de moralité.

À la majeure. — Un acte humain est bon ou mauvais selon qu'il est ordonné ou non ordonné à la fin dernière. Donc, le principe premier qui ordonne l'acte humain à sa fin est la règle suprême de moralité.

À la mineure. — Dieu, par son intelligence ou la loi éternelle, est la cause première qui ordonne tous les actes à leur fin. En effet, ordonner est l'acte propre de l'intelligence.

2) Le principe premier auquel est subordonnée la règle prochaine de moralité, est la règle suprême de moralité. Or, la loi éternelle est le principe premier auquel est subordonnée la règle prochaine de moralité. Donc, la loi éternelle est la règle suprême de moralité.

La majeure est évidente par l'énoncé même.

À la mineure. — La règle prochaine de moralité est la raison droite. Or, la raison droite n'est qu'une cause seconde subordonnée à l'intelligence divine ou à la loi éternelle comme à la cause première: la raison droite ne fait que connaître la vérité, tandis que l'intelligence divine est la cause productrice de toute vérité créée. Donc, la loi éternelle est le principe premier dont dépend la règle prochaine de moralité.

308 - La nature humaine, l'ordre essentiel des choses, la fin ultime peuvent être appelés les règles fondamentales de moralité. — 1° La nature humaine et l'ordre essentiel des choses signifient ici la même chose. En effet, la nature humaine est prise ici adéquatement avec toutes les relations qu'elle a avec les êtres. De même, l'ordre essentiel des choses s'entend des relations entre la nature humaine et les autres êtres.

2° Ce que la raison considère pour discerner le bien et le mal peut être dit règle fondamentale de moralité. En effet, c'est là le fondement sur lequel la raison, qui est la règle formelle de moralité, s'appuie pour diriger l'acte humain.

3° En ce sens, nous pouvons dire que la nature humaine, l'ordre essentiel des choses, la fin ultime sont des règles fondamentales de la moralité. En effet, un acte humain est bon s'il est ordonné à la fin ultime ou s'il est conforme à la nature humaine et à l'ordre essentiel des choses. Il est mauvais, s'il n'est pas ordonné à la fin ultime ou s'il n'est pas conforme à la nature humaine et à l'ordre essentiel des choses. Exemple: le suicide, parce qu'il est contraire à l'inclination de la nature qui tend à sa propre conservation, est un acte mauvais.

4° Pour démontrer que la nature est la règle formelle de moralité, certains auteurs apportent l'argument suivant:

Un acte humain doit être conforme à la raison, parce que l'homme a une nature raisonnable. Donc, c'est la nature de l'homme, et non la raison, qui est la règle de moralité.

Nous répondons à cet argument en distinguant l'antécédent et le conséquent.

À l'antécédent. — Parce que l'homme a une nature raisonnable, la raison doit être la règle formelle de la moralité des actes humains, *je concède;* la nature elle-même est la règle des actes humains, *je distingue:* la règle fondamentale, *je concède;* la règle formelle, *je nie.*

Au conséquent. — La nature de l'homme est une règle fondamentale de moralité, *je concède;* la règle formelle et prochaine, *je nie.*

CHAPITRE IV

LES SOURCES DE MORALITÉ

La moralité d'un acte lui vient de trois sources différentes:

1° du *sujet* qui est l'acte humain lui-même;

2° de *l'objet* qui lui donne son espèce morale;

3° des *circonstances* qui sont des déterminations accidentelles de la moralité; en particulier de *la fin*, circonstance principale.

Ayant traité de la fin de l'acte humain, nous nous demanderons si celui-ci peut être indifférent sous le rapport de la moralité.

Nous aurons donc quatre articles:

Article   I. — Le sujet de moralité.

Article II. — La moralité et l'objet de l'acte humain.

Article III. — La moralité et les circonstances de l'acte humain.

Article IV. — L'indifférence des actes humains.

ARTICLE PREMIER

LE SUJET DE MORALITÉ

309 - L'ACTE HUMAIN PEUT ÊTRE BON OU MAUVAIS. — 1° Les Sceptiques, les Athées, les Fatalistes et les Déistes rejettent la distinction entre le bien et le mal moral.

2° D'autres auteurs, comme le rapporte saint Thomas, prétendent que toute action humaine, parce qu'elle procède d'une cause en acte, est nécessairement bonne.

3° La conscience individuelle et le témoignage des peuples attestent la distinction entre le bien et le mal.

Ici nous prouvons que l'action humaine peut être bonne ou mauvaise en nous basant sur la nature même de cette action.

Preuve.

Une action est bonne ou mauvaise dans la mesure où elle possède ou ne possède pas la plénitude d'être qui lui est due. Or, un acte humain peut posséder ou ne pas posséder la plénitude d'être qui lui est due. Donc, un acte humain peut être bon ou mauvais.

À la majeure. — Comme les actions sont proportionnées aux choses qui les produisent, nous devons parler du bien et du mal qui s'attachent aux actions, comme du bien et du mal qui se trouvent dans les choses. Or, dans la mesure où une chose manque de quoi que ce soit qui contribue à la plénitude de son être, dans cette même mesure elle manquera de bonté et sera appelée mauvaise: c'est mal pour un homme d'être privé de la vue. Si, au contraire, une chose a la plénitude d'être qui lui est due, elle est bonne, car la bonté est la perfection ou l'être ayant sa perfection ou sa plénitude. Donc...

À la mineure. — L'acte humain, comme toute créature, ne possède la plénitude de son être que d'une façon multiple, c'est-à-dire par l'union de tous les éléments multiples qui lui sont dus, à l'opposition de Dieu qui possède son être dans toute sa plénitude, du fait de son unité et de sa simplicité. Or, un élément dû à un acte humain peut lui faire défaut, par exemple si cet acte manque de la quantité déterminée par la raison, ou ne se fait pas au lieu voulu, et autres choses de ce genre. Donc, un acte humain peut posséder ou ne pas posséder la plénitude d'être qui lui est due.

ARTICLE II

LA MORALITÉ ET L'OBJET DE L'ACTE HUMAIN

310 - L'ACTE MORAL TIRE SA PREMIÈRE BONTÉ DE SON OBJET. — 1° L'objet d'un acte humain peut se prendre *au sens large* et *au sens strict.*

Au sens large, l'objet comprend *tout ce sur quoi porte l'acte.* En ce sens, l'objet comprend les circonstances de l'acte humain.

Au sens strict, l'objet se distingue des circonstances et se définit: *ce qui est atteint en tout premier lieu et directement par l'acte,* ou encore: *le terme premier et immédiat auquel un acte est ordonné par sa nature même.* L'objet, pris au sens strict, est la fin intrinsèque de l'acte. Exemple: si quelqu'un vole pour secourir un ami, la chose d'autrui est *l'objet* du vol, tandis que le soulagement de l'ami est une *circonstance.*

Ici nous parlons de l'objet *au sens strict.*

2° Nous pouvons considérer l'objet *sous son aspect physique* et *sous son aspect moral.*

L'objet sous son aspect physique, *c'est l'objet considéré dans son entité propre.*

L'objet sous son aspect moral, *c'est l'objet considéré dans ses rapports avec la loi de moralité.*

Il s'agit ici de l'objet sous son aspect moral.

3° La première bonté (ou malice) de l'acte moral est celle qui est antérieure à toute autre. C'est la bonté (ou malice) fondamentale ou spécifique de l'acte humain.

4° Certains auteurs enseignent que la moralité première et fondamentale de l'acte humain provient de la fin.

Si ces auteurs veulent parler de *la fin de l'œuvre* ou *de l'acte lui-*même, ils affirment, comme nous, que l'acte moral tire sa première bonté de son objet. En effet, la fin de l'œuvre ou de l'acte est l'objet de cet acte.

Si ces auteurs veulent parler de *la fin de l'agent,* leur opinion ne peut être acceptée.

La fin de l'agent est l'objet de l'acte intérieur de la volonté ou de l'intention. Mais par rapport à l'acte extérieur de la volonté, elle ne joue pas le rôle *d'objet.* Elle est uniquement une fin.

Exemple: si quelqu'un vole pour soulager un ami, le secours à donner à l'ami est l'objet de l'intention; il n'est pas l'objet du vol.

5° Prouvons *que l'acte humain tire sa première bonté (ou malice) de l'objet.*

L'objet spécifie l'acte humain dans l'ordre moral. Or, l'acte humain tire sa première bonté ou sa première malice de ce qui le spécifie. Donc, l'acte humain tire sa première bonté ou sa première malice de l'objet.

À la majeure. — Tout acte est spécifié par son objet, car l'acte, de sa nature, dit une relation transcendantale à l'objet. Il est en vue de l'objet.

À la mineure. — La bonté et la malice d'une action, comme d'ailleurs de toute autre chose, se mesurent à sa plénitude d'être ou à son amoindrissement. Or, c'est l'élément spécificateur qui concourt en premier lieu à la plénitude de l'être. Exemple: le mal primordial d'une chose produite provient de ce qu'elle n'aboutit pas à sa forme spécifique, lorsque, par exemple, un monstre est engendré au lieu d'un homme. Donc, l'acte humain, comme toute action, tire sa première bonté ou sa première malice de ce qui le spécifie.

ARTICLE III

LA MORALITÉ ET LES CIRCONSTANCES

311 - LES CIRCONSTANCES AFFECTENT LA MORALITÉ DES ACTES HUMAINS.— 1° Les circonstances se définissent: *les éléments accidentels de l'acte humain qui peuvent en modifier la moralité.*

Nous disons:

a) *des éléments accidentels:* c'est-à-dire des éléments secondaires qui sont extérieurs à l'essence même de l'acte humain, qui présupposent l'acte humain déjà constitué dans sa nature, tout comme dans les choses, les accidents présupposent la substance déjà constituée et sont extérieurs à la substance;

b) *qui peuvent modifier la moralité des actes humains:* l'acte humain concret, par les circonstances qui l'entourent, dit un rapport aux règles de la moralité. Les circonstances affectent donc la moralité de cet acte.

2° On compte sept circonstances de l'acte humain qui répondent aux questions résumées dans ce vers latin:

Quis? Quid? Ubi? Quibus auxiliis? Cur? Quomodo? Quando?

Les circonstances ne sont pas des éléments qui se rapportent à la nature de l'acte. Elles sont des éléments affectant l'acte humain déjà constitué dans sa nature. Voilà pourquoi nous devons bien comprendre le sens des questions résumées dans le vers latin.

Quis (qui?) n'interroge pas sur la nature de l'agent, mais plutôt sur sa condition accidentelle. Est-ce un prêtre, un religieux, un laïc, un riche, un pauvre, un enfant, un adolescent, etc. ?

Quid (de quelle qualité est l'objet de l'acte?) n'interroge pas sur la nature de l'objet de l'acte humain, mais plutôt sur sa qualité ou sa quantité. L'objet volé est-il une chose profane ou une chose sacrée? Quelle est la quantité des objets volés? Sont-ils de peu de valeur?

Ubi (où?) ne tend pas à renseigner sur le lieu en lui-même, mais sur le caractère ou la qualité du lieu. Est-ce un lieu profane, sacré, public?

Quibus auxiliis (par quels moyens?): quels instruments l'agent principal a-t-il employés? Avec quelles personnes a-t-il coopéré?

Cur (pourquoi?): pour quelle fin a-t-on agi? Il n'est pas question de la fin intrinsèque de l'acte, mais de la fin de celui qui a posé l'acte, soit de l'intention (finis operantis). Pourquoi Pierre a-t-il volé? Est-ce pour s'enivrer, pour acheter de la nourriture, etc. ?

Quomodo (de quelle manière?): quel mode accidentel entoure l'acte posé? A-t-on agi avec réflexion ou avec légèreté, avec ardeur ou sans passion, avec cruauté ou avec humanité?

Quando (quand?): quelle a été la durée de l'action? Quelles sont les circonstances spéciales du temps où l'action a été posée? Etait-ce un jour de fête, un dimanche ou un jour ordinaire?

3° Prouvons la proposition suivante:

Les circonstances affectent la moralité des actes humains.

1) Nous devons parler du bien et du mal qui s'attachent aux actions comme du bien et du mal qui se trouvent dans les choses. Or, dans les choses, la plénitude de bonté ne provient pas seulement de la forme substantielle qui donne l'espèce, mais encore des accidents qui s'y surajoutent. Donc, dans les actions humaines, la plénitude de perfection ne provient pas seulement de l'élément spécificateur, mais encore des accidents, c'est-à-dire des circonstances qui sont dues, de telle sorte que si l'une fait défaut, l'action sera mauvaise. En d'autres termes, les circonstances affectent la moralité des actes humains.

À la majeure. — Les actions sont proportionnées aux choses qui les produisent.

À la mineure. — Dans un homme, par exemple, la plénitude de bonté ou de perfection ne provient pas seulement de la forme spécifique, mais encore des accidents qui se surajoutent à celle-ci, comme la couleur, la figure et autres choses semblables, au point que, si la proportion normale des parties est brisée par l'absence de l'une d'elles, il en résulte un mal.

2) Tout ce qui, dans l'acte humain, dit un rapport à la droite raison et à la loi éternelle, affecte la moralité de cet acte. Or, les circonstan-

ces de l'acte humain disent un rapport à la droite raison et à la loi éternelle. Donc, les circonstances affectent la moralité de l'acte humain.

À la majeure. — La droite raison et la loi éternelle sont les règles de moralité.

À la mineure. — Le vol, l'homicide, par exemple, en tant que commis dans un *lieu sacré*, répugnent à la droite raison.

312 - LA MORALITÉ DE L'ACTE HUMAIN DÉPEND DE LA FIN D'UNE MANIÈRE SPÉCIALE. — 1° La fin, comme nous le savons, se divise en fin *de l'agent* et en fin de *l'œuvre*.

La fin de l'œuvre, c'est l'objet vers lequel un acte tend en vertu de sa nature même.

La fin de l'agent, c'est la fin que se propose celui qui agit.

Nous ne parlons pas ici de la *fin de l'œuvre,* puisque celle-ci est l'objet de l'acte, mais de la *fin de l'agent* qui seule peut être une circonstance de l'action humaine.

2° La fin de l'agent peut se considérer sous plusieurs aspects.

Premièrement, la fin dit rapport à l'intention ou à l'acte intérieur de celui qui agit. Sous cet aspect, la fin de l'agent n'est pas une circonstance. Elle est l'objet même de l'intention.

Deuxièmement, la fin de l'agent peut se comparer aux actes qui suivent l'intention, actes qui sont appelés extérieurs, comme l'élection, etc.

Par rapport à ces actes, la fin peut être considérée comme le motif de choisir des moyens *qui disent un ordre essentiel* à cette fin. Dans ce cas, la fin n'est pas une circonstance. Elle fait partie de l'objet des actes extérieurs d'une *manière oblique,* car le moyen comme tel n'est désirable et recherché que dans son ordre à la fin. *Ex.:* contracter mariage pour avoir des enfants.

Nous pouvons aussi considérer la fin comme motif de poser un acte d'élection ou de choisir des moyens qui *n'ont aucune relation essentielle ou nécessaire* avec cette fin. *Exemple:* si quelqu'un vole pour jouer, pour commettre un adultère ou par plaisir. Dans ce cas, la fin est une circonstance, car l'acte posé, comme le vol, garde toute sa moralité spécifique sans son rapport à la fin que se propose l'agent.

Dans ce cas, la fin est une circonstance par rapport à l'acte d'élection et aux autres actes volontaires qui suivent l'intention.

C'est de la fin envisagée sous cet aspect que nous parlons ici.

3° Nous disons que la moralité de l'acte humain dépend de la fin d'une manière spéciale, parce que la fin comme circonstance est *le motif* ou la *cause* qui pousse l'agent à poser les actes qui suivent l'intention.

4° *Prouvons notre proposition.*

Il en va de la bonté des choses comme de leur être. Or, l'être de l'acte humain dépend de la fin comme de sa cause. Donc, la bonté (ou la malice) de l'acte humain dépend de la fin comme de sa cause. En d'autres termes, la moralité de l'acte humain dépend de la fin d'une manière spéciale.

À la majeure. — L'être et le bien sont convertibles.

À la mineure. — Si l'acte humain est posé dans l'existence, c'est parce que l'agent veut obtenir la fin qu'il poursuit par son intention.

5° La bonté de l'action humaine peut donc être envisagée sous quatre aspects:

a) une bonté générique qui convient à l'action en tant que telle, et fait qu'elle est bonne dans la mesure où elle est;

b) une bonté spécifique qui lui vient d'un objet convenable;

c) une bonté accidentelle due aux circonstances;

d) une bonté spéciale qui lui vient de son rapport avec la fin de l'agent, fin qui est cause de cette bonté.

313 - DANS CERTAINS CAS, LA CIRCONSTANCE NE FAIT QU'AUGMENTER LA BONTÉ OU LA MALICE D'UN ACTE, SANS EN CHANGER L'ESPÈCE. — Ceci arrive lorsqu'une circonstance ne dit pas par elle-même un ordre spécial à la raison, ou, en d'autres termes, ne relève pas d'une vertu spéciale. Dans ce cas, la circonstance ne dit un ordre à la raison qu'à cause d'un certain élément préalable de l'acte ou de l'objet, etc. *Exemple:* la quantité de la chose volée ne constitue pas un péché spécial distinct du vol, mais ne fait qu'augmenter ou que diminuer la malice du vol. En effet, la quantité de la chose volée, dans le cas, est contraire à l'ordination de la raison uniquement parce qu'il s'agit de la chose d'autrui. S'il ne s'agissait pas de la chose d'autrui, la plus ou moins grande quantité ne dirait pas une relation à la raison comme règle des mœurs.

314 - DANS CERTAINS CAS, LA MORALITÉ PROVENANT D'UNE CIRCONSTANCE EST SPÉCIFIQUE. — 1° Dans ce cas, la circonstance n'augmente ou ne diminue pas la moralité de l'acte à l'intérieur de l'espèce qui provient de l'objet de l'acte, mais elle constitue une espèce particulière de moralité. *Exemple*: le vol dans un lieu sacré n'a pas uniquement la nature d'un vol; il a encore la nature d'un sacrilège, péché essentiellement distinct du vol.

2° La moralité provenant d'une circonstance est spécifique, lorsque la circonstance dit par elle-même un ordre spécial à la raison comme règle des mœurs, indépendamment d'un élément préalable. Dans un vol sacrilège, il y a deux malices distinctes: la malice du vol et la malice de la profanation d'un lieu sacré.

3° La moralité spécifique provenant d'une circonstance est parfois *essentielle* et parfois *accidentelle*.

La moralité spécifique provenant d'une circonstance est *essentielle*, lorsque la circonstance revêt la *condition d'objet*. Et ceci arrive dans deux cas:

a) *Premièrement*, lorsque l'objet d'un acte est bon et la fin de l'agent est mauvaise. En effet, si la fin de l'agent est mauvaise, l'acte devient *totalement* mauvais, *pourvu que cette fin soit la raison adéquate et totale de cet acte*. Donc, dans ce cas, la moralité de l'acte change complètement dans sa nature à cause de la circonstance de la fin. Il y a un passage de la bonté à la malice. En d'autres termes, l'espèce de moralité qui convient à cet acte provient non pas de son objet, mais d'une circonstance qui revêt les conditions de l'objet. *Exemple*: celui qui fait l'aumône *uniquement* par vaine gloire pose un acte totalement mauvais.

b) *Deuxièmement*, une circonstance revêt l'aspect d'objet, lorsqu'un acte indifférent par son objet devient bon ou mauvais en raison d'une circonstance. En effet, dans ce cas, la moralité première et spécifique de l'acte provient de la circonstance elle-même. *Exemple*: celui qui marche pour une fin bonne ou mauvaise pose un acte en soi indifférent. Cet acte, cependant, devient bon ou mauvais par la fin que se propose celui qui marche.

4° La moralité spécifique provenant d'une circonstance est *accidentelle*, lorsqu'elle s'ajoute à la moralité déjà constituée par l'objet sans la faire disparaître ou la changer.

Deux conditions sont donc nécessaires pour que la moralité provenant d'une circonstance soit *spécifique* et *accidentelle:*

a) La circonstance doit dire par elle-même un ordre spécial à la raison comme règle des mœurs;

b) La moralité essentielle provenant de l'objet ne change pas, mais demeure, et la moralité spécifique provenant de la circonstance ne fait que s'ajouter à cette moralité première.

Lorsque ces conditions sont posées, l'acte revêt diverses bontés ou diverses malices essentiellement distinctes.

Exemples: Celui qui fait l'aumône pour l'expiation de ses péchés fait, par le seul et même acte, une œuvre de miséricorde et une œuvre de pénitence.

Le vol dans un lieu sacré a la malice du vol et la malice du sacrilège.

315 - Un même acte peut-il être en même temps bon et mauvais?—1° Un même acte qui n'est pas interrompu physiquement peut être bon et ensuite devenir mauvais par suite du changement de l'objet. Ainsi, quelqu'un peut faire un acte bon en mangeant de la viande avant minuit le jeudi soir. Mais s'il continue à manger de la viande après minuit, son acte devient moralement mauvais.

2° Il s'agit ici de savoir si un acte peut être *en même temps* bon ou mauvais.

3° Un acte mauvais spécifiquement, c'est-à-dire mauvais par son objet, ne peut pas devenir bon par la fin de l'agent. En d'autres termes, la fin comme circonstance ou la fin de l'agent, quoiqu'elle soit bonne, ne peut faire disparaître la malice provenant de l'objet de l'acte. *Exemple:* celui qui vole pour faire plaisir à un ami fait un acte totalement mauvais.

4° Le problème se pose donc de la manière suivante: lorsque l'objet d'un acte est bon et la fin de l'agent est mauvaise, cet acte est-il totalement mauvais, ou est-il partiellement bon et partiellement mauvais?

5° Si la fin mauvaise de l'agent est la raison unique qui pousse à agir, l'acte est alors totalement mauvais.

En effet, lorsque la fin mauvaise de l'agent est le motif unique qui fait agir, l'objet bon en soi n'est pas désiré pour lui-même. Il est recherché uniquement comme un moyen en vue d'une fin mauvaise. Et ceci est absolument opposé à la droite raison, car c'est ordonner le bien au mal. *Exemple:* celui qui fait l'aumône uniquement par vaine gloire ne fait nullement un acte bon. Tout son acte est vicié par la fin.

6° Si, par contre, la fin de l'agent n'est pas le motif unique ou adéquat qui fait agir, l'acte, semble-t-il, garde la bonté qui lui vient de son objet. Dans ce cas, l'acte est partiellement bon et partiellement mauvais: il est bon par son objet et mauvais à cause de la fin de l'agent.

En effet, si la fin mauvaise n'est qu'un motif partiel d'agir, l'objet n'est pas poursuivi uniquement comme un moyen en vue d'une fin mauvaise. Il est aussi recherché pour lui-même à cause de sa bonté intrinsèque, et communique ainsi sa bonté à l'acte.

À fortiori, un acte bon par son objet et par la fin de l'agent demeure partiellement bon, même s'il est vicié par une circonstance légère.

Certains auteurs prétendent, il est vrai, que tout acte devient totalement mauvais dès que la fin de l'agent ou une autre circonstance est mauvaise.

Cette opinion semble un peu rigoriste. Si nous l'acceptions, nous devrions conclure que la plupart des actes humains sont mauvais. Car, il y a peu d'actes humains dont une circonstance n'est pas défectueuse à cause de l'amour-propre, de la vaine complaisance, de l'inconsidération ou de la précipitation, etc.

ARTICLE IV

DE L'INDIFFÉRENCE DES ACTES HUMAINS

316 - À n'envisager que son espèce, un acte humain peut être moralement indifférent; envisagé concrètement, nul acte humain ne peut être indifférent. — 1° L'homme peut être considéré *spécifiquement*, selon ses prédicats essentiels. Sous cet aspect, l'homme n'est *qu'un animal raisonnable*.

L'homme peut être considéré *concrètement*, comme individu, avec tous les accidents qui le déterminent dans chaque cas particulier. Sous cet aspect, l'homme n'est pas seulement un animal raisonnable. Il est savant ou ignorant, en bonne santé ou malade, etc.

De même l'acte humain peut être considéré *spécifiquement*, c'est-à-dire quant à son objet seulement, et *concrètement*, c'est-à-dire avec toutes les circonstances qui le déterminent.

2° Un acte est indifférent moralement, quand il n'est ni bon ni mauvais.

3° Il s'agit ici des actes délibérés, et non des actes indélibérés, comme l'acte de lever la main ou le pied sans aucune réflexion.

4° Nous parlons de l'ordre naturel et non de l'ordre surnaturel. Il est évident, en effet, que certains actes sont indifférents, c'est-à-dire qu'ils ne sont ni bons ni mauvais, ni méritoires ni déméritoires quant à l'ordre surnaturel. *Exemple:* l'aumône faite pour un motif de miséricorde par un homme en état de péché mortel n'est ni bonne ni mauvaise, ni méritoire ni déméritoire dans l'ordre surnaturel. Elle ne procède pas, en effet, de la grâce qui est principe de bonté et de mérite dans l'ordre surnaturel. Elle est en dehors de l'ordre surnaturel.

5° Des auteurs, comme Scot, ses disciples, Vasquez, affirment que certains actes humains, envisagés concrètement, peuvent être moralement indifférents.

Saint Thomas enseigne ce qui suit:

a) À n'envisager que son espèce, un acte humain peut être moralement indifférent;

b) Envisagé concrètement, nul acte humain ne peut être indifférent.

6° Prouvons ces deux propositions:

a) À n'envisager que son espèce, un acte humain peut être moralement indifférent.

Tout acte humain reçoit son espèce, dans l'ordre moral, de l'objet considéré dans ses rapports à la raison. Or, il arrive que l'objet d'un acte humain n'implique rien qui se rapporte à l'ordre rationnel. Donc, à n'envisager que son espèce, un acte humain peut être moralement indifférent.

À la majeure. — Tout acte est spécifié par son objet. Dans l'ordre moral, l'acte humain est donc spécifié par son objet selon que celui-ci dit un rapport à la raison, règle prochaine de moralité.

À la mineure. — La mineure est évidente. Soulever une paille, aller aux champs et faire autres choses du même genre de soi n'impliquent rien qui se rapporte à l'ordre rationnel.

b) Envisagé concrètement, nul acte ne peut être indifférent.

Un acte humain ordonné à une fin ne peut être indifférent; il est bon ou mauvais. Or, envisagé concrètement, un acte humain est toujours ordonné à une fin. Donc, envisagé concrètement, nul acte humain ne peut être indifférent; il est bon ou mauvais.

À la majeure. — Un acte ordonné à une fin normale est bon; un acte ordonné à une fin anormale est mauvais. Or, la fin d'un acte humain est soit normale, soit anormale; l'alternative s'impose. Donc, un acte humain ordonné à une fin est bon ou mauvais: il ne peut être indifférent.

À la mineure. — Un acte procédant de la volonté délibérée est ordonné à une fin, car la volonté se porte sur la fin comme sur son objet.

Or, envisagé concrètement, tout acte humain procède de la volonté délibérée et ne fait pas abstraction de son lien avec la volonté délibérée. Donc, envisagé concrètement, un acte humain est toujours ordonné à une fin.

CHAPITRE V

LES CONSÉQUENCES DE LA MORALITÉ

L'acte humain, du fait qu'il est bon ou mauvais, implique trois notions:

a) celle de rectitude ou de péché;

b) celle d'imputabilité et, par suite, celle de responsabilité;

c) celle de mérite ou de démérite.

Nous avons donc trois articles:

Article   I. — Le péché.

Article II. — L'imputabilité et la responsabilité.

Article III. — Le mérite.

ARTICLE PREMIER

LE PÉCHÉ

317 - DÉFINITION DU PÉCHÉ. — Un acte humain, du fait qu'il est mauvais, implique la notion du péché. Mais la notion du mal déborde celle du péché.

Le mal est partout où il y a privation d'une perfection exigée. *Le péché* est proprement le mal d'une action. Il consiste dans la déviation d'une action à l'égard de la fin qui lui est due. Et comme l'ordre d'un acte à sa fin est soumis à une certaine règle, tout acte qui s'écarte de sa règle ou de sa mesure est un péché.

On peut avoir un péché soit *dans la ligne de la nature,* soit *dans la ligne de l'art,* soit *dans la ligne de la moralité.*

Dans la ligne de la nature, un acte est un péché quand il n'est pas conforme à la forme naturelle qui incline l'être à une fin déterminée. *Exemple:* la génération humaine d'un monstre.

Dans la ligne de l'art, un acte est un péché quand il n'est pas conforme aux règles de l'art.

Dans la ligne de la moralité, un acte est un péché quand il n'est pas conforme aux règles de la moralité. Et comme la règle suprême de moralité est la loi éternelle qui ordonne tous les actes humains à leur fin, le péché se définit, selon saint Augustin: *toute action, parole ou convoitise contre la loi éternelle.*

Cette définition comprend l'élément matériel et l'élément formel du péché.

L'élément.. matériel, c'est tout acte humain que l'on divise ici, pour plus de clarté, en action, parole ou convoitise. L'action, la parole désignent *les actes extérieurs* dont la moralité est niée par certains auteurs; la convoitise désigne *l'acte intérieur.*

L'élément formel, c'est la déviation de la loi éternelle.

Nous pouvons aussi définir le péché, d'une manière plus simple: *un acte humain mauvais.*

318 - LA DIVISION DU PÉCHÉ. — 1° Le péché se divise d'abord en *péché originel* et en *péché personnel.*

Le péché originel est le péché des premiers parents transmis à leurs descendants par la génération.

Le péché personnel est celui que chacun commet par un acte de sa propre volonté.

2° Le péché personnel est dit *actuel* ou *habituel.*

Le péché actuel est l'acte ou l'omission de l'acte qui manque de conformité à la règle des mœurs.

Le péché habituel est la tache qui demeure dans l'âme par suite du péché actuel.

3° Le péché actuel se divise en péché de *commission* et en péché *d'omission.*

Le péché de commission est un acte opposé à la règle des mœurs. Il est contraire à un précepte négatif.

Le péché d'omission est la privation d'un acte qui devrait être posé. Il est contraire à un précepte affirmatif.

4° Le péché actuel est encore soit *charnel*, soit *spirituel*.

Le péché charnel (le péché de la chair) est le péché s'accomplissant par la jouissance sensible, jouissance qui provient principalement du toucher corporel. *Exemple:* la luxure.

Le péché spirituel (le péché de l'esprit) est le péché s'accomplissant par la jouissance spirituelle, jouissance qui a son origine dans la connaissance spirituelle d'une chose désirée. *Exemples:* l'orgueil, l'envie.

5° Le péché actuel est soit *contre Dieu*, soit *contre soi-même*, soit *contre le prochain*.

Le péché contre Dieu est celui qui est opposé directement et immédiatement à la soumission de l'homme à Dieu. *Exemples:* le blasphème, le sacrilège, l'infidélité, la haine de Dieu.

Le péché contre soi-même est le péché opposé directement à l'ordre que l'homme doit observer envers lui-même, ordre lui demandant de se conduire raisonnablement dans les choses se rapportant à son propre bien. *Exemples:* la gourmandise, la luxure.

Le péché contre le prochain est le péché opposé directement à l'ordre que l'homme, en tant qu'animal social et politique, doit observer envers autrui. *Exemples:* le vol, l'homicide, etc.

Au sujet de cette division, il est à noter que tout péché est contre Dieu en un sens très général, parce que tout péché est une offense à Dieu. Mais nous disons, d'une manière spéciale, qu'un péché est contre Dieu, lorsqu'il est directement contre Dieu, et non directement contre le prochain, contre celui qui le commet.

6° Le péché se divise encore en péché *de faiblesse*, en péché *d'ignorance* et en péché *de malice*.

Le péché de faiblesse est celui qui a pour cause une passion dont la force pousse la volonté à donner son consentement, en même temps qu'elle diminue la liberté.

Le péché d'ignorance est celui qui a pour cause une ignorance vincible et coupable, ignorance qui diminue le volontaire.

Le péché de malice est le péché commis en pleine liberté, sans passion et sans ignorance, ou avec une ignorance affectée.

7° Le péché est encore dit *matériel* et *formel* dans deux sens.

a) Dans un premier sens, *le péché matériel* est l'acte mauvais considéré dans son entité, tandis que *le péché formel* est la malice ou la difformité de cet acte ou de l'omission.

b) Dans un autre sens, *le péché formel* est la libre violation de la loi, violation imputable à la volonté; *le péché matériel* est la violation de la loi, violation non imputable à la volonté. *Exemple:* une violation d'une loi faite avec une ignorance invincible.

Il y a encore plusieurs autres divisions du péché. Nous en avons indiqué les principales.

319 - LA DISTINCTION SPÉCIFIQUE DES PÉCHÉS. — 1° Notons d'abord que le péché *d'omission* implique uniquement la privation d'un acte qui devrait être posé. Et comme toute privation tire sa distinction spécifique de la forme qu'elle nie, de même le péché d'omission tire sa spécification de l'acte qui est omis.

L'acte lui-même est spécifié par l'objet considéré dans la ligne de moralité, comme nous l'avons déjà vu. Ainsi, l'omission de la Messe est un péché spécifiquement distinct de l'omission de l'aumône, car entendre la Messe et faire l'aumône sont deux actes spécifiquement distincts.

2° Il s'agit ici de rechercher le fondement de la distinction spécifique des péchés de *commission*.

Certains auteurs enseignent que cette distinction provient des vertus auxquelles le péché est opposé.

D'autres affirment que la distinction spécifique des péchés a pour origine les préceptes qu'ils violent.

Ces opinions, bien que contenant une part de vérité, n'indiquent pas la raison prochaine et immédiate de la diversité spécifique des péchés.

Selon plusieurs auteurs, en particulier les Thomistes, la raison immédiate et prochaine de la diversité spécifique des péchés provient de la diversité formelle des objets considérés dans la ligne de moralité.

C'est cette opinion qu'il faut adopter.

3° Prouvons donc que *la distinction spécifique des péchés provient de la distinction spécifique des objets, c'est-à-dire de la moralité spécifiquement distincte des objets.*

1) Tout acte est spécifié par son objet formel. Or, c'est sous son aspect d'acte volontaire que le péché est spécifié. Donc, le péché est spécifié par son objet formel. En d'autres termes, puisque le péché est un acte moral, sa distinction spécifique provient de la distinction spécifique des objets considérés dans la ligne de moralité.

À la majeure. — L'acte, par sa nature même, dit un ordre transcendantal à l'objet formel. Il est posé en vue de l'objet et pour l'objet.

À la mineure. — Deux choses concourent à la nature du péché: a) l'acte volontaire et b) le désordre provenant de ce que l'acte dévie de la loi et de la vertu. Or, le désordre dans le péché n'est qu'accidentellement voulu par le pécheur; tout ce vers quoi tend d'abord la volonté, c'est l'exercice d'un acte portant sur tel objet. Donc, puisque la nature d'une chose n'est pas spécifiée par ce qui est accidentel, c'est sous son aspect d'acte volontaire que le péché est spécifié.

2) Tout mouvement est spécifié par son point d'arrivée (terminus ad quem) et non par son point de départ (terminus a quo). Or, dans le mouvement ou l'acte du péché, la vertu ou la loi auxquelles le péché est opposé sont comme des points de départ (terminus a quo), tandis que l'objet formel est le point d'arrivée (terminus a quem). Donc, le péché est spécifié par son objet.

320 - La distinction spécifique des objets dans la ligne de moralité. — Nous venons de dire que la distinction spécifique des péchés se prend de la distinction de leurs objets formels dans la ligne de moralité. Le problème demeure de savoir comment les objets sont eux-mêmes spécifiquement distincts.

En général, nous pouvons dire que les objets du péché sont spécifiquement distincts dans l'ordre moral quand ils sont opposés, d'une manière spéciale et distincte, à la loi éternelle et à la droite raison. Et ceci arrive selon l'une ou l'autre des trois manières suivantes:

a) Lorsque les objets sont opposés à des vertus distinctes. Car, de même que chaque vertu a sa bonté spéciale et distincte, ainsi l'objet opposé à telle vertu a une malice spéciale et distincte. Voilà pourquoi le vol, qui est opposé à la vertu de justice, a une malice spécifiquement distincte de celle du parjure qui est opposé à la vertu de religion;

b) Lorsque les objets sont opposés à la même vertu, mais d'après des modes divers. Un objet est opposé, par exemple, par excès, tandis qu'un autre l'est par défaut. Ainsi, la prodigalité qui viole la libéralité par excès, est spécifiquement distincte de l'avarice qui viole la même vertu par défaut;

c) Lorsque les objets sont opposés à des préceptes formellement et non pas matériellement divers.

Les préceptes *ne sont que matériellement divers* lorsqu'ils proviennent de divers supérieurs. Ainsi un même précepte a une diversité matérielle s'il est de droit humain et divin, de droit ecclésiastique et civil.

Les préceptes *sont formellement divers* lorsqu'ils se distinguent par la chose qu'ils commandent, ou encore en raison du motif intrinsèque pour lequel ils défendent une chose. *Exemple:* le précepte défendant le vol d'une chose quelconque est formellement distinct du précepte défendant le vol d'une chose sacrée.

Donc, lorsque les objets du péché sont opposés à des préceptes formellement divers, ils ont des malices spécifiquement distinctes. *Exemple:* le précepte du jeûne a pour motif intrinsèque la tempérance, tandis que le précepte de l'aumône a pour motif intrinsèque la miséricorde. Un objet opposé au précepte du jeûne a donc une malice spécifiquement distincte de la malice de l'objet opposé au précepte de l'aumône.

321 - LA DISTINCTION NUMÉRIQUE DES PÉCHÉS. — Nous pouvons poser comme principe général qu'il y a une multiplication numérique de péchés lorsque, d'après l'appréciation morale des hommes, il n'y a pas d'union entre eux. Or, cette union fait défaut de deux manières:

a) par l'interruption morale des actes de la volonté;

b) par la diversité numérique des objets.

1) *Il y a multiplication numérique des péchés, quand il y a une interruption morale des actes de la volonté.* En effet, les actes humains sont des péchés, parce qu'ils sont des actes volontaires. Donc, quand les actes de la volonté sont distincts par suite d'une interruption, les péchés sont distincts.

L'acte de la volonté est moralement interrompu, quand il ne persiste ni formellement, ni virtuellement. Et cela arrive de trois façons:

a) Lorsqu'il y a une révocation expresse d'un acte de volonté par un acte contraire. *Exemple:* si un homme veut commettre un vol, rétracte son intention et ensuite reprend la même intention, il commet deux péchés;

b) Lorsqu'il y a un abandon *volontaire* de l'acte de volonté. *Exemple:* l'homme qui forme l'intention de voler, abandonne cette intention spontanément en pensant à d'autres choses et reprend la même intention, pèche deux fois;

c) Lorsqu'il y a un abandon *involontaire ou naturel* de l'acte de volonté, comme par la lecture d'une lettre, le sommeil, l'enivrement, si l'acte abandonné de la volonté ne demeure pas *virtuellement* et n'est pas la cause de l'acte postérieur de la volonté portant sur le même objet.

Nous pouvons juger que l'acte de volonté abandonné demeure ou ne demeure pas *virtuellement* par le signe suivant:

Si la volonté revient sur son objet spontanément et sans délibération nouvelle, l'acte antérieur, bien qu'abandonné, influe encore sur la volonté et demeure virtuellement;

Si, au contraire, la volonté doit délibérer pour revenir sur son objet, l'acte antérieur de la volonté n'existe plus, même virtuellement.

2) *Pour un même acte de volonté, et même pour un même acte extérieur, il y a multiplication numérique de péchés quand il y a distinction numérique des objets considérés dans la ligne de moralité.* Ceci est évident. Car, de même que les péchés se distinguent spécifiquement par des objets spécifiques divers, ainsi les péchés se multi-

plient numériquement, quand il y a une distinction numérique des objets moraux.

Il y a une multiplication numérique des objets moraux, *lorsqu'un* objet n'est pas une partie de l'autre, *lorsque* les objets ne sont pas des parties intégrales d'un tout, *ou encore lorsqu'ils* ne sont pas ordonnés à la consommation du même effet ou à la même fin.

Celui donc qui, par un même acte, tue trois hommes, commet trois péchés numériquement distincts. Trois hommes, en effet, ne forment pas un seul objet moral, mais constituent trois objets numériquement distincts.

322 - PÉCHÉ ET CONNAISSANCE DE DIEU. — Tout péché, même si nous faisons abstraction de l'ordre surnaturel, est une offense contre Dieu. Le problème se pose si, pour pécher, il est nécessaire de connaître l'existence de Dieu.

Nous répondons que, pour pécher, il n'est pas nécessaire d'avoir une connaissance claire et distincte de l'existence de Dieu. Une connaissance obscure suffit. Et celui qui a conscience d'un ordre rationnel auquel il est obligé de se conformer, a cette connaissance obscure de Dieu. Celui qui sait qu'il doit faire le bien a aussi cette connaissance obscure de Dieu.

Voilà pourquoi Alexandre VIII (24 août, 1690) a condamné la distinction entre le péché philosophique et le péché théologique.

Le péché philosophique serait un acte humain en désaccord avec la nature raisonnable et la droite raison. Il n'offenserait pas Dieu chez celui qui ignore l'existence de Dieu.

Le péché théologique serait la transgression de la loi divine et lui seul offenserait Dieu.

Il faut affirmer que tout acte contraire à la nature raisonnable et à la droite raison est une offense contre Dieu.

ARTICLE II

L'IMPUTABILITÉ ET LA RESPONSABILITÉ

323 - L'ACTE MORAL EST IMPUTABLE. -- 1° Imputer, d'après son étymologie, signifie: porter en compte.

Dans l'ordre moral, imputer implique l'attribution d'un acte moral à son auteur. C'est le jugement par lequel on louange ou blâme quelqu'un de la bonté ou de la malice de son acte.

2° L'imputabilité peut donc se définir: *la propriété de l'acte moral en vertu de laquelle il est attribué à son auteur, en tant que cet auteur est maître de poser cet acte ou de ne pas le poser.*

L'imputabilité se définit: *une propriété de l'acte moral.* En effet, l'imputabilité n'est pas la moralité.

La moralité est un rapport de l'acte à la raison droite comme à sa règle.

L'imputabilité est un rapport de l'acte à la volonté.

C'est, en effet, par sa volonté, que l'homme a la maîtrise de son acte. Et l'imputabilité présuppose cette maîtrise, c'est-à-dire la liberté. On ne louange ou ne blâme quelqu'un que d'un acte qu'il peut poser ou ne pas poser.

3° Prouvons que *l'acte moral est imputable.*

Un acte est imputable, quand nous pouvons louer ou blâmer son auteur de la bonté ou de la malice de cet acte. Or, nous pouvons louer ou blâmer l'agent moral de la bonté ou de la malice de son acte. Donc, l'acte moral est imputable.

À la majeure. — Imputer un acte, c'est attribuer la bonté ou la malice de cet acte à son auteur. C'est louer ou accuser l'auteur de la bonté ou la malice de son acte.

À la mineure. — Nous pouvons louer ou blâmer un agent de la bonté ou de la malice de son acte, si cet agent a la maîtrise de son acte, s'il est libre. Or, l'agent moral a la maîtrise de son acte: l'acte moral procède, en effet, de la volonté délibérée. Donc...

324 - LA RESPONSABILITÉ DE L'AGENT MORAL. — 1° Le concept de responsabilité est corrélatif au concept d'imputabilité. Mais, tandis que l'imputabilité est une détermination de l'acte moral, la responsabilité se rapporte à l'auteur de l'acte. L'acte moral est imputable; l'auteur de l'acte est responsable.

2° La responsabilité se définit: *la propriété de l'être libre en vertu de laquelle il doit rendre compte de ses actes, en «répondre» devant une autorité supérieure.*

La responsabilité inclut donc deux choses:

a) la liberté de l'agent;

b) une autorité supérieure à qui cet agent doit rendre compte de ses actes.

3° La responsabilité est *morale* ou *juridique.*

a) La responsabilité morale se définit: *l'obligation de rendre compte de ses actes à Dieu, législateur suprême et fin dernière.*

C'est la responsabilité au for intime de la conscience, *au for interne.*

La responsabilité juridique se définit: *l'obligation de répondre de ses actes extérieurs à un juge humain.*

C'est la responsabilité *au for externe.*

b) La responsabilité juridique est soit *criminelle,* soit *civile.*

La responsabilité criminelle est l'obligation de répondre de certains actes en vue d'une peine à recevoir.

La responsabilité civile est l'obligation de répondre d'un acte en vue d'un dommage à réparer.

4° L'école *d'anthropologie criminelle* de Lombroso, Ferri, etc., a une tendance à nier la responsabilité de certains criminels.

Au sujet de cette opinion, nous devons dire ceci:

L'homme a la liberté. C'est là une vérité qu'on doit affirmer. Les passions, les maladies, les états anormaux peuvent diminuer, ou même détruire cette liberté dans certains cas spéciaux et déterminés. Nous sommes ici en face de cas pratiques à résoudre par les saines données de la psychologie, de l'expérience et de la prudence.

5° Les modernes, comme Comte, Léon Bourgeois, etc, substituent à la responsabilité, *la solidarité.*

Dans le monde *social,* la solidarité c'est la dépendance économique, intellectuelle, morale de chaque homme à l'égard de ses ancêtres par hérédité, de ses contemporains (famille, patrie, humanité) par suite de la division du travail.

Ce mot de solidarité est plutôt vague.

S'il signifie la responsabilité que nous avons à l'égard des groupes sociaux dont nous faisons partie, il désigne la responsabilité *sociale,* responsabilité qui fait partie d'ailleurs de la responsabilité morale.

Si la solidarité implique une dépendance de l'individu à l'égard des ancêtres et de la société, dépendance qui serait la négation de la responsabilité *personnelle,* la doctrine de la solidarité serait fausse.

6° *Prouvons que l'homme, en tant qu'agent moral, est responsable de ses actes.*

Deux choses sont nécessaires pour qu'un agent soit responsable de ses actes: a) la liberté; b) l'existence d'un supérieur. Or, l'homme, en tant qu'auteur d'actes moraux, est libre. Il doit de plus rendre compte de ses actes à un supérieur qui est soit Dieu, soit un dépositaire humain de l'autorité. Donc, l'homme, en tant qu'agent moral, est responsable de ses actes.

ARTICLE III

LE MÉRITE

325 - L'HOMME, PAR SES ACTES HUMAINS, PEUT MÉRITER OU DÉMÉRITER. — 1° Le mérite, d'une manière générale, se définit par rapport à la rétribution qui se fait selon la justice.

2° Quatre éléments sont requis pour le mérite:

a) *L'auteur du mérite*, qui doit jouir de la liberté.

Le mérite, en effet, implique un échange d'activité pour une récompense. Or, nul ne peut donner son action comme prix d'une récompense à moins d'avoir la maîtrise de cette action ou d'être libre.

b) *Le mérite lui-même* qui peut être considéré d'une manière concrète ou d'une manière abstraite.

Considéré concrètement, le mérite est l'action méritoire elle-même.

Considéré abstraitement, le mérite est la propriété de l'action, propriété en vertu de laquelle cette action implique un rapport à la rétribution, parce que son auteur a agi au profit ou au dommage d'autrui.

c) *La récompense*, s'il s'agit du mérite, et la peine, s'il s'agit du démérite.

d) *Une personne* qui donne la récompense ou qui inflige la peine.

3° Le mérite implique la notion d'égalité. Il doit, en effet, exister une égalité entre la récompense (ou la peine) reçue par la personne qui mérite, et le profit (ou le dommage) que l'acte a apporté à autrui. Et comme l'égalité à autrui est le *droit*, le mérite se définit par rapport à la rétribution qui se fait selon la justice.

4° Le mérite se divise en mérite *proprement dit (de condigno)*, et en mérite *de convenance (de congruo)*.

Le mérite proprement dit appelle la récompense *en justice*.

Le mérite de convenance n'appelle pas la récompense en justice, mais en vertu de la libéralité, à cause de l'amitié, etc. *Exemple:* les honneurs sont dus, en convenance, au soldat qui se distingue par sa bravoure.

Le mérite proprement dit peut présupposer une faveur faite par la personne qui récompense à la personne qui mérite, faveur permettant à celle-ci de mériter (le mérite *ex condignitate*). *Exemple:* le chrétien ne mérite le ciel que s'il a reçu d'abord la grâce comme don gratuit.

Si le mérite ne présuppose pas une telle faveur, il est en justice rigoureuse (le mérite *ex rigore justitiæ*).

5° Prouvons que *l'acte humain peut être méritoire ou déméritoire devant les hommes pris individuellement, devant la société et devant Dieu.*

a) L'acte humain peut être méritoire ou déméritoire devant les hommes pris individuellement.

Un acte, posé librement, qui blesse ou favorise autrui est méritoire ou déméritoire. Or, l'acte humain est un acte posé librement, qui peut blesser ou favoriser des hommes pris individuellement. Donc, l'acte humain peut être méritoire ou déméritoire devant les hommes pris individuellement.

À la majeure. — La justice implique rétribution à l'égard de qui a librement favorisé ou blessé autrui.

À la mineure. — L'acte humain est posé librement, parce qu'il procède de la volonté délibérée. Il est évident, de plus, qu'il peut blesser ou favoriser des hommes pris individuellement.

b) L'acte humain peut être méritoire ou déméritoire devant la société.

L'acte humain peut, en effet, favoriser ou léser la société elle-même. Il faut cependant distinguer trois cas.

Si l'acte humain atteint directement la société ou le bien commun de la société, cet acte est méritoire ou déméritoire directement devant la société et indirectement auprès des personnes qui constituent la société comme des parties constituent un tout.

Si l'acte humain atteint directement une personne prise individuellement, cet acte est méritoire ou déméritoire indirectement devant la société: car, qui atteint la partie atteint le tout.

Si un homme agit contre lui-même ou en faveur de lui-même, son acte est encore méritoire ou déméritoire devant la société, d'une manière indirecte. En effet, tout homme est partie d'une société.

c) L'acte humain est méritoire ou déméritoire devant Dieu.

1) Un acte libre qui rend ou ne rend pas à Dieu l'honneur qui lui est dû, est méritoire ou déméritoire devant Dieu. Or, l'acte humain est un acte libre, et il peut honorer ou ne pas honorer Dieu. Donc, l'acte humain peut être méritoire ou déméritoire devant Dieu.

A la majeure. — Un tel acte glorifie Dieu ou l'offense. Dieu doit donc le récompenser ou le punir.

A la mineure. — Dieu est la fin dernière. Un acte libre qui peut être rapporté à Dieu, rend à Dieu l'honneur qui lui est dû comme fin dernière; un acte libre qui ne peut être rapporté à Dieu, offense Dieu comme fin dernière.

2) Celui qui gouverne et dirige une communauté doit récompenser le bien qui se fait dans cette communauté et punir le mal. Or, Dieu gouverne et dirige tout l'univers, et spécialement les créatures raisonnables. Donc, Dieu, comme chef de l'univers, doit récompenser les actes humains qui sont bons, et punir les actes humains qui sont mauvais. C'est dire que les actes humains sont méritoires ou déméritoires devant Dieu, précisément en tant qu'il gouverne et dirige la vaste communauté des êtres raisonnables.

326 - DIFFICULTÉS. — 1° Le mérite ou le démérite implique une rétribution d'un bienfait ou d'un dommage fait à autrui. Or, l'acte humain ne peut profiter ni nuire à Dieu. Donc, devant Dieu, l'acte humain n'est ni méritoire, ni déméritoire.

À la majeure. — Le mérite ou le démérite implique une rétribution d'un bienfait ou d'un dommage fait soit à autrui lui-même, soit à autrui dans ce qui lui est dû, je concède; seulement à autrui lui-même, je nie.

À la mineure. — Un acte humain ne peut profiter ni nuire à Dieu envisagé en lui-même, je concède; ne peut profiter ni nuire à l'honneur dû à Dieu, je nie.

2° Un instrument n'a aucun mérite ni démérite devant celui qui s'en sert. Or, l'homme, en agissant, est l'instrument de Dieu qui le meut en qualité de cause principale. Donc, l'homme, en agissant, ne peut avoir ni le mérite, ni démérite devant Dieu.

À la majeure. — Un instrument doué de liberté, je nie; un instrument n'ayant aucune liberté dans ses actes, je **concède.**

À la mineure. — L'homme est un instrument qui agit librement sous l'influence de la vertu divine, je **concède**; qui n'agit pas librement, **je nie.**

CHAPITRE VI

LOI ET CONSCIENCE

Nous traiterons de la loi en général et de ses principales parties, c'est-à-dire de la loi éternelle, de la loi naturelle, de la loi humaine, et de la loi divine.

Nous parlerons ensuite de la conscience qui applique la loi aux actes concrets.

Nous aurons donc six articles:

ARTICLE PREMIER

LA LOI EN GENERAL

327 - NOTION NOMINALE DE LA LOI. — La loi peut signifier des choses diverses.

1° Nous appelons loi, l'instinct ou l'inclination qui pousse à faire quelque chose. La concupiscence, en ce sens, est dite la loi de nos membres.

2° Nous appelons encore loi toute règle prescrivant une action, que cette action soit bonne ou mauvaise. En ce sens, nous parlons des lois de l'art, des lois tyranniques.

3° Les œuvres prescrites par la loi sont aussi dites des lois. Exemple: nous pouvons dire des pécheurs qu'ils n'accomplissent pas la loi.

4° La loi se dit enfin, en son sens propre, de toute prescription faite par celui qui commande une multitude.

La loi, prise au sens propre, peut être considérée sous trois aspects:

a) *d'abord*, en celui qui pose la loi;

b) *deuxièmement*, en celui qui est soumis à la loi;

c) *troisièmement*, dans son signe extérieur, comme par exemple dans les paroles ou les écrits qui la signifient. Nous disons que la loi, en ce dernier sens, est claire ou obscure, qu'elle doit être interprétée, qu'elle a telle ou telle signification.

Ici nous traitons de la loi considérée sous son premier aspect, c'est-à-dire telle qu'elle se trouve dans le législateur qui la porte.

328 – DÉFINITION RÉELLE DE LA LOI. — La loi se définit: *une ordonnance de raison, en vue du bien commun, établie et promulguée par celui qui a charge de la communauté.*

a) *Une ordonnance*, c'est-à-dire une dictée, un dictamen imposant l'ordre à une fin convenable.

b) *De la raison*, c'est-à-dire de la raison pratique. Selon certains auteurs, la loi est constituée par un acte de volonté; selon d'autres auteurs, elle est constituée simultanément par un acte de volonté et un acte d'intelligence.

Saint Thomas enseigne que la loi est formellement constituée par la raison.

En effet, la loi est une règle d'action. Or, ce qui règle et ce qui mesure les actes humains, c'est la raison, qui est le principe premier de nos actes délibérés. Donc, la loi est formellement une œuvre de la raison.

c) *En vue du bien commun*: la loi est en vue d'un bien, car, règle des actes humains, elle doit les ordonner à une fin convenable et non à une fin mauvaise.

La loi est aussi en vue du bien *commun*. Puisque la loi mesure les actes humains, elle doit ordonner ces actes à la béatitude qui, en tant que fin dernière, est leur premier principe. Tout acte humain est en vue de la béatitude. Mais comme la béatitude privée est ordonnée elle-même à la béatitude commune ou au bien commun, comme une partie est ordonnée au tout, la loi doit donc avoir comme fin le bien commun.

La même considération se prouve d'une autre manière.

La loi s'applique à une communauté, à un corps social organisé. Or, la fin de la communauté est le bien commun. Donc, la loi est en vue du bien commun.

d) *Établie par celui qui a charge de la communauté:* la loi, en effet, est en vue du bien commun. Or, il appartient à la communauté ou à celui qui a charge de la communauté de prendre soin du bien commun, car de même que le bien particulier est une fin proportionnée à un agent particulier, ainsi le bien commun est la fin proportionnée à la communauté ou à celui qui a charge de la communauté. Donc, la loi est établie par la communauté ou par celui qui a charge de la communauté.

e) *Promulguée,* c'est-à-dire manifestée ou signifiée à ceux qui sont soumis à la loi.

La promulgation est une condition nécessaire pour que la loi oblige en fait. La promulgation cependant, d'après l'opinion la plus probable, n'est pas un élément essentiel de la loi.

329 - LA COMMUNAUTÉ PEUT-ELLE ÉTABLIR UNE LOI ? — Nous avons dit que la loi est établie par la communauté ou par celui qui a charge de la communauté. Il semble bien que la communauté ne puisse pas porter des lois. Il appartient, en effet, au supérieur de légiférer. Or, la loi s'applique à la communauté. Elle ne peut donc pas être établie à la communauté qui n'est pas supérieure à elle-même.

Nous résolvons cette objection de la manière suivante:

Une communauté, considérée sous un seul et même aspect, n'est pas supérieure à elle-même. Mais si nous envisageons une communauté sous divers aspects, nous pouvons y découvrir des rapports de supériorité et d'infériorité.

Ainsi, nous pouvons envisager une communauté *collectivement*, comme un corps social, ou *distributivement*, dans chacun de ses membres.

La communauté, sous le premier aspect, est supérieure à la communauté envisagée sous le second aspect. En d'autres termes, la communauté, en tant que telle, peut porter des lois qui obligent chacun de ses membres.

Nous pouvons encore considérer la communauté en tant qu'elle tient la place de Dieu de qui vient toute autorité ou en tant qu'elle doit être dirigée vers le bien commun.

Sous le premier aspect, la communauté peut légiférer; sous le second aspect, elle doit se conformer aux lois qu'elle a établies.

330 - LA LOI ET LE PRÉCEPTE. — Le précepte, *pris spécifiquement,* signifie une ordonnance d'un supérieur, ordonnance qui n'a pas la perfection de la loi.

Pris génériquement, le précepte désigne la loi et le précepte au sens spécifique. Nous pouvons dire, par exemple, que toute loi est un précepte.

Le précepte au sens spécifique, ou le pur précepte, se distingue de la loi,

en raison de la fin, car la fin de la loi est le bien commun, tandis que la fin du précepte est un bien personnel;

en raison de son auteur: le législateur est une personne publique qui a charge d'une communauté politique; l'auteur d'un précepte peut être une personne privée n'ayant qu'un pouvoir privé, comme le père de famille;

en raison du sujet: la loi s'applique à la communauté; le précepte peut être imposé à des personnes individuelles;

en raison de l'extension: la loi n'oblige pas en dehors du territoire où habite la communauté pour qui elle a été portée; le précepte peut obliger la personne en tous lieux;

en raison de la stabilité: comme la communauté est stable de sa nature, la loi est de soi perpétuelle et ne disparaît pas par la mort du législateur; le précepte, qui est donné à la personne, est transitoire par sa nature même; il peut être donné pour un temps déterminé, et disparaît, à moins de stipulations contraires, lorsque son auteur disparaît ou perd son autorité.

331 - LES EFFETS DE LA LOI. — La loi rend les hommes bons; elle commande, elle interdit et punit, elle permet.

a) La loi rend les hommes bons de deux manières: premiè.e ment, en commandant au subordonné d'être soumis à ceux qui gouvernent, elle lui impose ce qui constitue sa vertu propre, car «la vertu de n'importe quel sujet consiste à être bien soumis à celui qui commande»; deuxièmement, elle ordonne au bien commun, et par suite, dirige l'homme à une bonne fin et à des bonnes actions.

b) La loi commande, interdit, punit et permet.

La loi imprime une direction aux actes humains. Or, certains actes sont bons; d'autres sont mauvais; d'autres sont indifférents.

La loi commande les actes bons; elle interdit et punit les actes mauvais; elle permet les actes indifférents.

En regard de la loi humaine, on peut classer comme actes indifférents, les actes qui ne sont que légèrement bons ou légèrement mauvais.

332 - L'OBLIGATION MORALE. — Que la loi commande, punisse ou permette, elle oblige toujours. Car, même lorsqu'une loi permet certains actes, elle impose toujours l'obligation de ne pas empêcher ou de ne pas punir ces actes.

Nous pouvons donc dire que l'obligation est un effet général de la loi. Et comme cette obligation s'impose aux actes humains, elle est dite morale.

Le concept d'obligation dit une nécessité. Et comme le premier principe dans l'ordre de l'agir humain est la fin, nous pouvons dire que l'obligation morale est une nécessité provenant de la fin.

L'obligation morale, comme effet de la loi, se définit donc: *une nécessité absolue de poser ou d'omettre certains actes en vue d'une fin.*

a) *Une nécessité:* est nécessaire ce qui ne peut pas ne pas être.

b) *Une nécessité absolue*... en vue d'une fin, fin qui est, en dernier ressort, la fin ultime.

La nécessité provenant d'une fin peut être *absolue* ou *hypothétique*.

Elle est absolue, lorsqu'elle porte sur des moyens ou des actes nécessaires en vue d'une fin qui doit être atteinte.

Elle est hypothétique, lorsqu'elle porte sur des moyens ou des actes nécessaires en vue d'une fin, dans l'hypothèse où cette fin devrait être atteinte.

Exemple d'une nécessité absolue provenant de la fin: puisque tu veux traverser l'océan, l'usage d'un bateau (ou d'un avion) te sera absolument nécessaire.

Exemple d'une nécessité hypothétique provenant de la fin: si tu voulais traverser l'océan, l'usage d'un bateau te serait nécessaire.

Puisque la loi ordonne les actes au bien commun ou au bonheur, comme à une fin qui doit être atteinte, elle impose une nécessité absolue provenant de la fin. Et c'est cette nécessité que nous appelons l'obligation morale.

Considérée dans l'acte humain lui-même, l'obligation morale peut se définir: *une propriété de l'acte humain en vertu de laquelle il doit être nécessairement posé ou omis en vue de la fin dernière.*

333 - OBLIGATION MORALE, MORALITÉ ET LIBERTÉ. — a) L'obligation morale et la moralité sont des choses distinctes.

La moralité est la relation transcendantale de l'acte humain à l'objet selon que celui-ci est conforme ou non conforme à la raison droite et à la loi éternelle.

L'obligation morale est la relation transcendantale de nécessité qu'un acte humain dit à la fin dernière.

b) L'obligation morale, quoiqu'elle soit un lien, ne détruit pas la liberté.

La liberté est le pouvoir physique de poser ou de ne pas poser un acte. L'obligation morale n'impose la nécessité qu'en vue de la fin. Puisque la fin est à atteindre, tels ou tels actes doivent être posés ou omis. Mais la volonté demeure toujours physiquement libre de tendre vers la fin dans telles circonstances données, soit de poser tels ou tels actes.

334 - DIVISION DE LA LOI. — 1° La loi se divise d'abord en *loi éternelle*, en *loi naturelle* et en *loi positive*.

La loi éternelle est celle qui réside dans l'intelligence divine et qui gouverne toutes choses.

La loi naturelle est la loi imprimée en nous par la nature, c'est-à-dire la loi connue par la raison naturelle, à la lumière des premiers principes de l'ordre pratique.

La loi positive est la loi établie par la libre détermination du législateur.

2° La loi positive est *uniquement* positive, ou *accidentellement* positive.

La loi uniquement positive consiste en des déterminations ou précisions qu'apporte à la loi naturelle l'autorité légitime, déterminations ou précisions qui ne sont pas contenues dans la loi naturelle.

La loi accidentellement positive est la loi promulguée par un acte libre d'un législateur, loi n'énonçant que les préceptes déjà contenus dans la loi naturelle. *Exemples:* tu ne tueras pas. Le vol est défendu.

3° La loi positive, qu'elle soit uniquement ou accidentellement telle, est *humaine* ou *divine*.

La loi divine est la loi que Dieu détermine.

La loi humaine est la loi établie par une autorité humaine.

4° La loi humaine est *civile* ou *ecclésiastique* selon que son auteur est un chef civil ou un chef ecclésiastique.

ARTICLE II

LA LOI ÉTERNELLE

335 - L'EXISTENCE DE LA LOI ÉTERNELLE. — 1° La loi éternelle peut se définir: *l'ordonnance par laquelle la divine Sagesse dirige tous les êtres à la fin qui leur est propre.*

Nous comprendrons mieux cette définition, si nous comparons la loi éternelle aux idées divines et à la Providence.

a) Les idées divines sont les exemplaires à l'imitation desquels Dieu crée les choses. Dieu, en contemplant son essence, voit qu'elle est participable de diverses manières. Les idées sont les divers modes d'après lesquels l'essence divine peut être participée à l'extérieur. Voilà pourquoi les idées divines sont multiples comme connues par Dieu; elles n'imposent aucune obligation.

La loi éternelle a rapport au gouvernement des choses à leur fin. Elle est l'exemplaire de l'ordre qui doit exister dans toutes les actions par lesquelles les choses créées doivent tendre à leur fin. Elle est par conséquent une et non multiple, et elle impose la nécessité ou l'obligation.

b) La Providence divine est un acte de prudence par lequel Dieu pourvoit au bien particulier de chacun des êtres. De même que l'acte de prudence, chez nous, présuppose les lois, ainsi, en Dieu, la Providence présuppose l'existence de la loi éternelle.

En d'autres termes, la loi éternelle dicte les règles qui doivent diriger l'univers vers le bien commun; la Providence dispose les actes et les mouvements des créatures d'après cette loi.

La Providence n'oblige pas, tandis que la loi éternelle oblige.

La loi éternelle concerne le bien commun de tout l'univers, tandis que la Providence prend soin du bien particulier de chaque créature.

La loi éternelle est à la Providence comme un principe général à une conclusion. La Providence est comme l'exécution ou l'application de la loi éternelle.

2° Tous ceux qui nient la Providence nient, par le fait même, l'existence de la loi éternelle.

De même, les auteurs qui proclament la liberté absolue en matière morale et en matière religieuse, considèrent l'existence de la loi éternelle comme une pure fiction.

3° Prouvons *qu'il existe une loi éternelle.*

1) La Providence suppose l'existence de la loi éternelle. Or, la Providence existe. Donc, la loi éternelle existe.

À la majeure. — La Providence dirige chaque acte particulier des créatures à la fin. Or, cette direction prudentielle suppose, dans la Sagesse divine, une ordonnance générale de tous ces actes et mouvements vers la fin commune, ordonnance qui est une loi. Donc, la Providence suppose l'existence de la loi éternelle.

La mineure a été prouvée en Métaphysique. (n. 260).

2) La conception qui inspire les actes de celui qui gouverne est une loi. Or, Dieu gouverne toutes les créatures. Donc, il existe en Dieu une loi qui est éternelle.

À la majeure. — De même que la conception des choses à faire est un art, ainsi la conception de celui qui gouverne les actes des subordonnés est une loi, dès que cette conception ordonne tous les actes vers le bien commun.

À la mineure. — Il répugnerait à la Bonté divine de produire les choses et de ne pas les conduire à leur perfection. Or, la perfection de chaque chose consiste à atteindre la fin. Donc, Dieu doit diriger chaque chose vers la fin, c'est-à-dire gouverner.

336 - TOUTES LES LOIS DÉRIVENT DE LA LOI ÉTERNELLE. — 1° Toutes les lois dérivent de la loi éternelle de trois manières:

a) *comme de leur cause exemplaire,* parce que toutes les lois, pour être justes, doivent être conformes à la loi éternelle;

b) *comme de leur cause efficiente,* parce que toute autorité législative vient de Dieu;

c) *comme du principe qui approuve et dicte,* car la loi éternelle, par l'intermédiaire de la lumière de la raison (et de la foi), dicte et approuve les lois à établir selon les diverses circonstances de personnes, de temps et de lieux.

2° *Prouvons que toutes les lois dérivent de la loi éternelle.*

Lorsqu'il y a une subordination de gouvernants, le programme de gouvernement qui est la loi se transmet du chef suprême à ceux qui commandent en sous-ordre. Or, Dieu est le gouvernant suprême de l'univers, et toutes les autres autorités lui sont soumises. Donc, tous les programmes de gouvernement propres à ces autorités dérivent du programme divin de gouvernement, c'est-à-dire toutes les lois autres que la loi éternelle dérivent de la loi éternelle.

À la majeure. — a) En toute série ordonnée de moteurs, la force d'un moteur second lui vient d'un moteur premier, puisque celui qui meut comme agent second ne meut que dans la mesure où il reçoit le mouvement d'un agent premier. Or, gouverner c'est, en un certain sens, mouvoir vers une fin. Donc, là où il y a une subordination de gouvernants, le programme de gouvernement qui est la loi se transmet du chef suprême à ceux qui commandent en sous-ordre.

b) *La majeure* se prouve encore par des exemples. Le plan qui doit être réalisé dans la cité est communiqué par le roi aux administrateurs subalternes sous forme d'ordre; de même encore, dans le domaine des arts techniques, les procédés de fabrication sont communiqués par l'ingénieur aux artisans subalternes qui travaillent des mains.

337 - La promulgation de la loi éternelle. — À première vue, la loi éternelle ne semblerait pas être une loi au sens strict, parce qu'elle ne serait pas promulguée de toute éternité.

À cette difficulté, nous pouvons d'abord répondre que la promulgation, bien que nécessaire à la loi, n'est pas, selon certains auteurs, un élément essentiel et constitutif de la loi. Par suite, la loi éternelle, bien que non promulguée de toute éternité, aurait toute la nature d'une loi véritable.

Mais si la promulgation est un élément essentiel de la loi, comme le prétendent certains auteurs, nous pouvons dire que cet élément ne fait pas défaut à la loi éternelle.

La loi éternelle n'est pas signifiée à la créature de toute éternité, il est vrai, mais elle est exprimée de toute éternité dans le Verbe, et en particulier dans le Livre de vie pour les créatures raisonnables. Et cela suffit pour que la loi éternelle soit promulguée. Car, bien qu'elle ne soit pas connue de toute éternité par la créature, elle peut cependant, par son expression dans le Verbe, être manifestée à toute créature par l'intermédiaire de la lumière de la raison. Et la loi est suffisamment promulguée, dès qu'elle peut être connue par ceux qui lui sont soumis. Il n'est pas nécessaire qu'elle soit actuellement connue. *Exemple:* les lois humaines sont lois non seulement pour les générations actuelles, mais encore pour les générations futures qui, cependant, ne la connaissent pas encore.

338 - LES CRÉATURES SONT SOUMISES À LA LOI ÉTERNELLE DE DIVERSES MANIÈ-RES. — En effet, les créatures raisonnables sont des êtres libres qui sont dirigés par la loi éternelle au moyen de la connaissance intellectuelle qu'elles en ont.

La loi naturelle et les lois humaines ne sont que des participations de la loi éternelle.

Les créatures irraisonnables ne connaissent pas la loi éternelle. Celle-ci les dirige dans leurs mouvements au moyen de l'instinct et par les inclinations naturelles.

À l'égard des créatures irraisonnables, la loi éternelle n'a pas la nature de la loi au strict et propre, car ces créatures ne sont pas susceptibles de connaissance intellectuelle, et, par suite, d'obligation morale.

ARTICLE III

LA LOI NATURELLE

339 - L'EXISTENCE DE LA LOI NATURELLE. — 1° Toute loi est une énonciation, un jugement de la connaissance. Elle est une œuvre de l'intelligence ou de la raison.

Une loi ne peut donc être dite *naturelle*, au sens où elle serait constituée par la nature même.

Une loi sera appelée naturelle lorsque la raison, en la constituant, agit sous la poussée de la nature. En d'autres termes, une loi est naturelle lorsqu'elle a pour principe la *raison naturelle*. Et la raison est dite *naturelle*, selon qu'elle s'oppose à la raison *discursive*.

Au sens strict, la loi naturelle est celle que ia raison forme sans recourir au raisonnement.

En un sens un peu plus étendu, nous appellerons encore loi naturelle cette loi que la raison forme par un raisonnement très facile, accessible à la plupart des hommes. Dans ce cas, en effet, la raison agit encore sous la poussée de la nature.

2° Saint Thomas donne plusieurs définitions de la loi naturelle. Il dit parfois qu'elle est *la loi qui imprime la première direction de nos actes à leur fin*.

Ailleurs, il la décrit comme *la conception naturelle imposée à l'homme, conception qui l'ordonne à agir convenablement*.

Ce que nous avons dit de la raison naturelle explique ces définitions.

Saint Thomas appelle aussi la loi naturelle *une participation à la loi éternelle, selon laquelle la créature raisonnable possède une inclination naturelle au mode d'agir et à la fin qui lui conviennent*.

a) *Une participation à la loi éternelle*: toute loi dérive de la loi éternelle, comme nous venons de le voir.

b) *Selon laquelle la créature raisonnable:* cette participation, puisqu'elle existe dans la créature raisonnable comme telle, est une participation connue par l'intelligence. Voilà pourquoi elle est une loi au sens strict. Par opposition, la participation de la loi éternelle dans la créature irraisonnable par mode d'inclination physique ou instinctive n'est pas une loi au sens strict.

c) *Possède une inclination naturelle au mode d'agir et à la fin qui lui conviennent:* l'inclination à l'action et à la fin, dans la créature raisonnable, appartient à la volonté. Mais, comme la volonté suit la connaissance, l'inclination naturelle de la créature raisonnable suppose une connaissance naturelle. Voilà pourquoi saint Thomas dit que l'inclination qui résulte de la loi connue par la raison naturelle, est elle-même naturelle.

3° Nous pouvons brièvement définir la loi naturelle: *une ordonnance de la raison naturelle au bien commun.*

a) *Une ordonnance de la raison au bien commun:* c'est là un élément commun à toute loi.

b) *De la raison naturelle:* ces mots distinguent la loi naturelle de la loi positive, et désignent l'auteur de la loi naturelle.

Ils la distinguent de la loi positive: la raison, en effet, constitue la loi naturelle sans discourir ou encore en se servant d'un raisonnement très facile, accessible à la plupart des hommes, tandis que la loi positive est le fruit de multiples expériences et d'un raisonnement très élaboré.

Ces mots désignent l'auteur de la loi naturelle, car, en la rattachant à la nature, ils indiquent qu'elle provient de Dieu lui-même, l'auteur immédiat de la nature.

4° Tous ceux qui nient la nature, nient, par le fait même, l'existence de la loi naturelle. Et la négation de la nature est commune à toutes les erreurs modernes, comme le Positivisme, le Marxisme, etc.

5° *Prouvons l'existence de la loi naturelle.*

1) La conception *naturelle* qui dirige les opérations propres de la créature raisonnable est la loi naturelle. Or, il existe une conception *naturelle* qui dirige les opérations propres de la créature raisonnable. Donc, la loi naturelle existe.

La majeure n'est que la définition propre de la loi naturelle.

À la mineure. — La créature raisonnable est ordonnée à des actions propres qui lui conviennent naturellement. Or, cette inclination naturelle à des opérations propres suppose une conception naturelle, car l'inclination de la volonté suit la connaissance de l'intelligence et lui est proportionnée. Donc....

2) Il existe des lois positives. Or, les lois positives présupposent l'existence de la loi naturelle. Donc, la loi naturelle existe.

La majeure ne peut être niée.

À la mineure. — Les lois positives sont constituées par un raisonnement: elles sont des conclusions de la raison pratique. Or, dans l'ordre pratique comme dans l'ordre spéculatif, le raisonnement présuppose l'existence de principes premiers et indémontrables. Donc, il existe des principes premiers et indémontrables de l'ordre pratique, principes dont l'ensemble n'est que la loi naturelle.

3) Le témoignage de la conscience atteste l'existence en nous d'une loi naturelle. De plus, chez tous les peuples, nous retrouvons certains principes invariables de moralité. Ces principes ne sont que les principes de la loi naturelle.

340 - Loi naturelle et inclination naturelle. — Nous avons dit que la loi naturelle est la mesure des inclinations naturelles de l'homme à ses opérations propres et à ses fins.

Nous ne devons cependant pas confondre, dans la créature raisonnable, les inclinations naturelles et les inclinations antérieures à la connaissance, que nous pouvons appeler physiques.

Dans l'homme, par exemple, il existe, antérieurement à la connaissance, des inclinations physiques à des opérations et à des fins déterminées. L'enfant qui vient de naître, par exemple, a une inclination physique à manger, à conserver sa vie. Mais, dès que la raison se développe, elle saisit, sous la poussée des inclinations physiques, l'ordination de la nature humaine à des fins déterminées. C'est alors qu'elle énonce la loi naturelle qui va, dans la suite, régler et mesurer les actes de ces inclinations.

Les inclinations physiques entrent, alors, sous la conduite de la raison, dans la sphère de la moralité.

Et c'est en ce sens que nous disons que la loi naturelle règle et dirige les inclinations naturelles de la créature raisonnable.

341 - La distinction des préceptes de la loi naturelle. — 1° On appelle préceptes de la loi naturelle les divers principes dont l'ensemble constitue la loi naturelle.

2° La distinction des préceptes de la loi naturelle est soit *matérielle*, soit *formelle*.

La distinction matérielle se prend des diverses matières sur lesquelles porte la loi naturelle.

La distinction formelle se prend du mode selon lequel les préceptes se rapportent à la loi naturelle.

3° Si nous considérons la distinction matérielle des préceptes de la loi naturelle, nous devons d'abord chercher quel est le premier principe sur lequel repose tout l'ordre moral.

Car, de même que dans l'ordre spéculatif il existe un premier principe dont la négation entraînerait la destruction de toute connaissance, ainsi, dans l'ordre pratique il existe un premier précepte dont la négation entraînerait la destruction de toute moralité.

Le premier principe doit être en connexion avec le premier connu de l'intelligence.

Dans l'ordre spéculatif, l'être est le premier connu de l'intelligence. Voilà pourquoi le premier principe est le principe de contradiction qui énonce l'opposition contradictoire entre l'être et le non-être: *il est impossible qu'une chose soit et ne soit pas en même temps et sous le même rapport.*

Le premier connu de la raison pratique, c'est le bien, car tout agent agit pour une fin qui est un bien.

Le premier principe de l'ordre pratique, dans la ligne de moralité, sera donc le suivant: *il faut faire le bien et éviter le mal.*

4° Comme la fin a valeur de bien, il s'ensuit que l'homme saisira comme des biens les choses auxquelles il se sent porté par la force de sa nature, et comme des maux à éviter les choses opposées aux précédentes.

Par suite, sous cet aspect, la distinction matérielle des préceptes de la loi naturelle se prendra de la distinction des inclinations naturelles.

Dans l'homme, nous pouvons distinguer les aspects de substance, de nature animale, d'être raisonnable.

En tant que substance, l'homme a une inclination naturelle à sa propre conservation. A ce point de vue, tout ce qui assure la conservation de la vie et tout ce qui empêche le contraire de la vie, c'est-à-dire la mort, relève de la loi naturelle.

En tant qu'animal, l'homme a une inclination naturelle à rechercher certains biens plus spéciaux conformes à la nature qui lui est commune avec les autres animaux. A ce point de vue, relèvera de la loi naturelle ce que l'instinct naturel apprend à tous les animaux, comme l'union du mâle et de la femelle, le soin des petits, etc.

En tant qu'être raisonnable, l'homme a des tendances propres qui répondent formellement à sa nature d'être raisonnable, comme de connaître Dieu et de vivre en société. Par suite, ce qui relèvera de cet attrait appartiendra à la loi naturelle. L'homme devra, par exemple, éviter l'ignorance, ne pas faire de tort à son prochain avec qui il devra entretenir des rapports de société, etc.

5° Si nous considérons les préceptes de la loi naturelle selon *le mode d'après lequel* ils sont contenus dans cette loi, nous devons dire qu'ils se divisent formellement en préceptes premiers et en préceptes seconds.

Les préceptes premiers de la loi naturelle sont ceux qui ordonnent à l'obtention de la fin première de l'inclination naturelle. Ils commandent de poser les actes nécessaires à cette fin et d'éviter les actes contraires. *Exemple:* manger est un précepte premier de la loi naturelle, car, c'est un acte nécessaire à la conservation de la vie, c'est-à-dire à une fin première d'une inclination naturelle.

Les préceptes seconds de la loi naturelle sont ceux qui ordonnent à l'obtention d'une fin secondaire de l'inclination naturelle ou encore à une obtention plus parfaite de la fin première. Ils commandent d'agir en vue d'obtenir la fin secondaire ou d'atteindre plus parfaitement la fin première, et défendent les actes qui détourneraient l'homme de ce but. *Exemple:* prendre de la nourriture convenable est un précepte secondaire de la loi naturelle, car cela concourt à *mieux* conserver la vie.

Les préceptes *premiers* de la loi naturelle sont des propositions de l'ordre pratique connues *par elles-mêmes*, car ils ordonnent aux fins premières et immédiates de la nature.

Les préceptes *seconds* de la loi naturelle sont des conclusions déduites des préceptes premiers, conclusions qui sont cependant très facilement connaissables.

342 - L'immutabilité de la loi naturelle. — 1° Une loi peut changer de deux manières: *par mode d'addition* ou *par mode de soustraction*.

Une loi change par mode d'addition, lorsqu'on y ajoute des prescriptions qu'elle ne contenait pas tout d'abord.

Une loi change par mode de soustraction, lorsque certaines prescriptions de cette loi disparaissent, alors qu'elles en faisaient partie auparavant.

2° Il est évident que la loi naturelle peut changer de la première manière. De fait, les lois humaines et les lois divines ont ajouté à la loi naturelle beaucoup de choses utiles à la vie humaine.

Le problème est de savoir si la loi naturelle peut changer par mode de soustraction.

3° *Le relativisme absolu* prétend que la loi naturelle est essentiellement variable. En fait, cette doctrine nie l'existence de la loi naturelle. C'est là une erreur enseignée dans l'antiquité par Aristippe, le socratique, et dans les temps modernes, par tous les Positivistes, comme Auguste Comte, Durkeim, Lévy-Bruhl, etc.

L'immobilisme absolu affirme, au contraire, que la loi naturelle est absolument immuable.

4° Pour résoudre notre problème, nous devons en distinguer deux aspects:

nous chercherons d'abord *si tous les hommes connaissent la loi naturelle;*

nous nous demanderons ensuite *si la loi naturelle s'applique uniformément à tous les actes humains.*

Le premier aspect concerne la *connaissance* de la loi naturelle, tandis que le second aspect se rapporte à sa *rectitude objective.*

5° Avant d'aborder la solution du problème, distinguons entre les préceptes très *communs* de la loi naturelle, les préceptes *premiers* dans chaque ordre d'inclinations, et les préceptes *seconds*.

Les préceptes très communs sont ceux qui sont convertibles avec le principe premier de l'ordre moral: *il faut faire le bien et éviter le mal*.

Les préceptes premiers dans chaque ordre d'inclinations sont ceux qui se rapportent à l'obtention des fins premières de chaque ordre d'inclinations.

Les préceptes seconds sont ceux qui se rapportent à la fin secondaire ou encore à une meilleure obtention de la fin première.

6° Ces notions étant données, nous pouvons poser les propositions suivantes:

1) *Tous les hommes, sans aucune exception, connaissent les principes très communs de la loi naturelle.* — Les principes très communs, en effet, sont les principes convertibles avec le principe premier: *il faut faire le bien et éviter le mal*. Or, tout homme sait qu'il faut faire le bien et éviter le mal, comme, dans l'ordre spéculatif, tout homme connaît, sous une forme ou sous une autre, le principe de contradiction. Si un homme n'a pas cette connaissance, il n'a pas l'usage de sa raison. Il est incapable de poser un acte humain.

2) *Certains hommes peuvent, par exception, ne pas connaître des préceptes premiers de la loi naturelle dans un ordre donné d'inclinations ou encore des préceptes seconds de la même loi.* — Les préceptes premiers de la loi naturelle dans un ordre donné d'inclinations sont déjà une application des préceptes très communs de la loi naturelle. Les préceptes seconds sont des conclusions ou des quasi-conclusions tirées des préceptes premiers. Et cela demande déjà un effort de la raison. Or, il peut arriver que l'éducation, la propagande, les passions, les mauvaises habitudes ou simplement la faiblesse de l'esprit obscurcissent la raison et l'empêchent de faire cette application, ou encore de tirer cette conclusion ou quasi-conclusion. Donc, par exception, certains hommes peuvent ignorer les préceptes ci-haut mentionnés de la loi naturelle. Ainsi, pour les Germains, le vol n'était pas un mal,

raconte Jules César. Certains hommes peuvent ignorer que tel ou tel acte est un péché contre nature.

3) *Les préceptes très communs de la loi naturelle et les préceptes premiers dans un ordre donné d'inclinations s'appliquent uniformément aux actes humains.* — Ils sont immuables quant à leur rectitude objective. En effet, ces préceptes commandent de poursuivre les fins qui répondent immédiatement aux divers aspects de la nature humaine. Or, ces divers aspects sont invariables: l'homme est invariablement une substance, un animal, un être raisonnable. Donc, l'homme doit nécessairement poursuivre ces fins, et les préceptes qui commandent de les atteindre sont invariables: ils s'appliquent uniformément aux actes humains.

4) *Les préceptes seconds de la loi naturelle peuvent comporter des exceptions dans leur rectitude objective.* — Les actes humains sont contingents et constituent une matière variable selon les circonstances spéciales de personnes, de temps, de lieux et autres semblables. Or, il peut arriver qu'à cause de certaines circonstances déterminées, l'application du précepte secondaire à un cas déterminé comporte la violation d'un précepte supérieur: *le mieux est parfois l'ennemi du bien.* La loi naturelle dit, par exemple, qu'il faut rendre le dépôt. Mais, si celui qui réclame le dépôt est un ennemi qui s'en servirait contre le bien commun, cette prescription de la loi naturelle tombe. Donc, les préceptes seconds de la loi naturelle peuvent comporter des exceptions dans leur rectitude objective.

Ce n'est là cependant que des exceptions. Dans la plupart des cas, les préceptes seconds de la loi naturelle ne comportent pas ces exceptions.

343 - DIFFICULTÉS. — 1° Ce qui provient de la nature est immuable. Or, la loi naturelle provient de la nature. Donc, la loi naturelle est immuable (raisonnement de l'immobilisme absolu).

À la majeure. — Ce qui provient d'une nature immuable, je concède; ce qui provient d'une nature changeante, je nie.

À la mineure. — La loi naturelle provient d'une nature immuable, je nie; d'une nature changeante, je concède.

Les aspects universels de la nature humaine sont invariables. Voilà pourquoi les préceptes premiers de la loi naturelle sont immuables. Mais l'homme est un être changeant qui se meut dans un univers d'êtres mobiles. Ses relations avec les autres êtres peuvent varier, d'une manière concrète, selon des circonstances déterminées et exceptionnelles. Voilà pourquoi les préceptes seconds de la loi naturelle peuvent ne pas s'appliquer uniformément, dans tous les cas, aux actes humains.

2° Si la loi naturelle était immuable, les institutions morales ne seraient pas variables. Or, les institutions morales sont variables. Donc, la loi naturelle n'est pas immuable.

À la majeure. — Si la loi naturelle était immuable dans ses préceptes premiers et très généraux, je nie; si la loi naturelle était immuable dans ses préceptes seconds, et si les lois positives étaient immuables, je concède.

À la mineure. — Et dans ces institutions morales, on ne retrouve pas les préceptes immuables de la loi naturelle, je nie; on les retrouve, je concède.

Comme le dit Espinas (Les Sociétés animales, p. 147, 2e édit.), en dépit des variations dans le temps et l'espace, la morale est toujours composée d'un petit nombre de principes essentiels, conditions essentielles de la vie sociale qui forment en quelque sorte le thème fondamental de la moralité et qui se développent selon les milieux, les circonstances et les prescriptions particulières.

844 - La dispense de la loi naturelle. — 1° La «dispense», au sens propre, signifie une attribution de quelque chose de commun aux particuliers. Ainsi, celui qui gouverne une maison est appelé «dispensateur».

Celui qui, dans une société, règle de quelle manière un précepte général sera accompli par chacun des individus «dispense» la loi.

Au sens restreint, une dispense est *la permission de ne pas observer la loi, permission accordée par celui qui a charge de la communauté dans les cas où la loi se heurte à une exception.*

2° La dispense prise en ce dernier sens est *proprement dite ou improprement dite.*

La dispense proprement dite est la permission donnée par le supérieur de ne pas observer la loi, sans qu'il y ait changement de la matière sur laquelle porte la loi. La dispense proprement dite porte sur la loi elle-même; elle soustrait une personne à l'obligation d'observer la loi.

La dispense improprement dite est le changement de la matière sur laquelle porte la loi, changement fait par celui qui a un pouvoir sur cette matière. Exemple: la loi naturelle dit de ne pas garder le bien *d'autrui.* Mais, si quelqu'un a en sa possession un bien qui m'appartient, je puis dispenser cette personne de me rendre ce bien, en le lui donnant.

3° Il est certain que l'homme, ne peut, en aucune manière, accorder une dispense proprement dite de la loi naturelle.

Tout le problème consiste donc à savoir si Dieu peut dispenser de la loi naturelle.

4° Les Scotistes enseignent que Dieu peut accorder une dispense proprement dite dans certains préceptes seconds de la loi naturelle.

Certains Thomistes partagent aussi cette opinion.

D'autres Thomistes, comme Billuart, affirment que Dieu ne peut dispenser d'aucun précepte de la loi naturelle, si nous parlons de la dispense proprement dite. Il peut cependant, comme Maître et Seigneur de tout l'univers créé, accorder une dispense improprement dite, en changeant la matière de la loi.

Il y a peut-être entre ces auteurs une divergence de mots plutôt que de doctrine.

L'opinion de Billuart nous semble plus claire, et nous l'adoptons.

5° Prouvons *d'abord que Dieu ne peut accorder une dispense proprement dite de la loi naturelle.*

Dieu ne peut rendre bon un acte essentiellement mauvais. Or, si Dieu accordait une dispense proprement dite de la loi naturelle, Il rendrait bon un acte essentiellement mauvais. Donc, Dieu ne peut accorder une dispense proprement dite de la loi naturelle.

À la majeure. — La bonté essentielle et la malice essentielle des actes humains sont indépendantes de la volonté divine (n. 305).

À la mineure. — Si Dieu accordait une dispense proprement dite de la loi naturelle, il permettrait de poser un acte défendu par la loi naturelle, sans qu'intervienne aucun changement modifiant la nature de cet acte. Il rendrait donc bon un acte essentiellement mauvais, puisque tout acte défendu par la loi naturelle est un acte essentiellement mauvais.

6° *Dieu peut accorder une dispense improprement dite de la loi naturelle.* — Dieu est le maître souverain de l'univers. Il peut donc, comme tel, changer la matière des actes humains de telle sorte que la loi naturelle ne s'applique plus.

Dieu est le maître souverain de la vie. Il a pu commander à Abraham de tuer son fils: il lui communiquait alors son autorité propre.

De même Dieu a permis aux juifs de l'Ancien Testament d'avoir plusieurs femmes en vue de la multiplication du peuple fidèle. D'après l'ordre de la nature, une seule femme a des droits sur le corps de l'époux; mais Dieu, comme Maître souverain, par un décret spécial, a pu diviser ce droit entre plusieurs épouses, et accorder une dispense improprement dite de la loi naturelle.

345 - L'OBLIGATION DE LA LOI NATURELLE. — 1° L'obligation morale, comme nous l'avons vu, implique une relation de nécessité à la fin dernière.

Dans toute relation, nous pouvons distinguer trois choses: le *sujet*, le *fondement* et le *terme*.

Le sujet de l'obligation morale, c'est l'acte humain ou l'homme lui-même, comme il est évident.

Le terme de l'obligation morale, c'est la fin dernière.

La question que nous posons ici est celle du *fondement* de l'obligation morale imposée par la loi naturelle.

2° Le fondement de l'obligation de la loi naturelle, comme le fondement de toute relation, est éloigné ou prochain.

Le fondement prochain est la cause d'où résulte immédiatement l'obligation.

Le fondement éloigné est une cause qui doit nécessairement être posée pour que l'obligation existe, sans toutefois que l'obligation surgisse immédiatement et prochainement de cette cause.

3° Les Positivistes, comme Guyau, Durkheim, Lévy-Bruhl, nient l'existence de la loi naturelle et, par suite, nient l'existence de l'obligation qui en résulte.

Kant et les Idéalistes affirment que la raison humaine autonome est la seule source de l'obligation morale.

Certains catholiques enseignent que la loi naturelle n'engendre pas l'obligation, mais ne fait que l'exprimer.

Occam, Descartes, Pufendorff prétendent que la volonté divine est la source de l'obligation morale de la loi naturelle.

4° Contre ces auteurs, nous disons que le fondement prochain de l'obligation de la loi naturelle est l'ordre essentiel des choses, tandis que son fondement éloigné est la loi éternelle.

5° Prouvons notre assertion:

1) *Le fondement prochain de l'obligation de la loi naturelle est l'ordre essentiel des choses.*

La cause prochaine de l'obligation de la loi naturelle est l'ordre essentiel des choses. Or, le fondement prochain de l'obligation de la loi naturelle est sa cause prochaine. Donc, le fondement prochain de l'obligation de la loi naturelle est l'ordre essentiel des choses.

À la majeure. — La raison prochaine pour laquelle un acte est obligatoire en vertu de la loi naturelle est la connexion nécessaire et essentielle de l'objet de cet acte avec la fin dernière. Or, la connexion essentielle d'un objet avec la fin dernière est l'ordre essentiel des choses: c'est une relation de nécessité imposée par la nature même des choses. Donc, la cause prochaine de l'obligation de la loi naturelle est l'ordre essentiel des choses.

À la mineure. — Le fondement prochain de toute relation est sa cause prochaine.

2) *La loi éternelle est le fondement éloigné de l'obligation imposée par la loi naturelle.*

La cause première d'où dérive l'ordre essentiel des choses est le fondement éloigné de l'obligation imposée par la loi naturelle. Or, l'ordre essentiel des choses dérive de la loi éternelle comme de sa cause première. Donc, la loi éternelle est le fondement éloigné de l'obligation imposée par la loi naturelle.

À la majeure. — Le fondement éloigné de toute relation est la cause d'où dérive le fondement prochain.

À la mineure. — L'ordre essentiel des choses est un ordre créé qui a pour cause première la Divine Sagesse ordonnant toutes les créatures à leur fin, c'est-à-dire la loi éternelle.

Notes: 1° La troisième proposition condamnée du Syllabus se lit comme suit: *La raison humaine, abstraction faite de toute relation à Dieu, est l'arbitre unique du vrai et du faux, du bien et du mal, et elle est sa propre loi.*

2° La loi naturelle engendre l'obligation, et ne la manifeste pas seulement; elle est véritablement cause seconde et, par suite, produit l'obligation.

346 - Les sanctions de la loi naturelle. — 1° Prise dans un sens très général, la sanction d'une loi est l'approbation ou la confirmation de cette loi par le législateur.

Dans un sens plus restreint, la sanction est *une peine ou une récompense qui rend la loi sainte et inviolable parce qu'elle en empêche la transgression.*

Ici, nous parlons de la sanction au sens restreint.

2ᴸ La sanction, en ce sens, dit un rapport à ceux qui transgressent la loi. Si personne ne transgressait la loi, il ne serait pas nécessaire de rendre celle-ci sainte et inviolable. Elle serait inviolable par elle-même, car le bien commun auquel ordonne la loi serait suffisant pour attirer par lui-même les sujets de la loi.

De ces considérations, nous pouvons tirer trois brèves conclusions:

b)

a) La sanction inclut nécessairement l'idée de peine ou de punition. Lorsque nous disons que la sanction est une *récompense*, nous entendons par là que la privation de cette récompense constituera une punition pour ceux qui n'observent pas la loi. *Exemple: honore tes parents pour vivre heureux.* Ceci signifie que celui qui n'honore pas ses parents sera puni.

b) La sanction ne peut pas être l'unique privation du bien auquel ordonne la loi. Elle implique quelque chose de surajouté, de la part du législateur.

c) Comme, dans les actes humains, le mal est général (malum ut in pluribus), toute loi qui règle ces actes doit être pourvue de sanctions. Autrement, cette loi ne serait pas suffisamment inviolable.

3° a) La sanction est *suffisante* ou *insuffisante*.

La sanction suffisante est celle qui sauvegarde efficacement l'observation de la loi.

La sanction insuffisante est celle qui ne sauvegarde pas efficacement l'observation de la loi.

b) La sanction est *parfaite* ou *imparfaite*.

La sanction parfaite est celle qui prive l'homme de tous les biens que sa volonté désire. La sanction parfaite, dans cette vie, est la peine capitale. Dans l'autre vie, c'est la damnation éternelle.

Les sanctions imparfaites sont toutes les autres sanctions. Parfois, la sanction suffisante est dite parfaite, et la sanction insuffisante est dite imparfaite. Il faut alors distinguer ce sens de celui que nous venons d'indiquer.

4° Ces précisions étant posées, nous devons nous demander si la loi naturelle est pourvue de sanctions. Certains auteurs le nient, et, par suite, nient l'existence du droit naturel. Car, si la loi naturelle n'est pas pourvue de sanctions, le droit naturel qui en résulte manque d'une condition nécessaire à tout droit, c'est-à-dire de la *coaction*.

5° Nous résolvons le problème posé en plusieurs propositions.

1) La loi naturelle est pourvue de sanctions, même dans cette vie.

Nous pouvons appeler sanctions, en un certain sens, les remords, les maladies, le déshonneur qui résultent de la violation de la loi naturelle.

De plus, si nous considérons que la loi naturelle oblige l'homme à vivre en société sous une autorité constituée, nous devons dire que la loi naturelle est pourvue de sanctions, en ce sens que sa violation doit être punie par l'autorité humaine. Et ceci est une exigence propre de la loi naturelle. *Exemple:* celui qui commet un meurtre ou qui tente de se suicider doit recevoir, de la communauté humaine, une peine proportionnée à son crime.

Et c'est la loi naturelle qui exige cette peine positive, infligée par la communauté humaine ou par celui qui en a la garde.

2) Les sanctions de la loi naturelle ne sont pas toujours suffisantes et parfaites dans cette vie.

a) Les remords, les maladies, le déshonneur ne sont pas des peines suffisantes pour forcer les pécheurs à observer la loi naturelle.

Certains hommes en viennent à ne plus éprouver de remords. Des transgresseurs de la loi sont parfois comblés d'honneurs et ne sont pas toujours punis, dans leurs biens matériels, des excès qu'ils commettent.

b) Même les peines imposées par l'autorité humaine ne sont pas des sanctions suffisantes. En effet, le législateur humain ne peut et ne doit punir que les transgressions extérieures et graves de la loi naturelle, c'est-à-dire les transgressions qui mettent en péril directement ou indirectement le bien commun de la société.

Il reste donc une grande partie des transgressions de la loi naturelle qui échappe aux sanctions du législateur humain.

3) La loi naturelle a une sanction parfaite dans l'autre vie.

La loi naturelle exige une sanction parfaite. Or, cette sanction parfaite ne peut exister dans cette vie. Donc, la loi naturelle a une sanction parfaite dans l'autre vie.

À la majeure. — Toute sanction doit être proportionnée à la fin de la loi. Or, la fin de la loi naturelle, c'est le bien infini. Donc, la sanction de la loi naturelle doit être la privation de tout bien; elle doit être parfaite.

À la mineure. — Les punitions de cette vie n'enlèvent pas tout bien. Même la peine capitale, bien que détruisant tous les biens de cette vie, ne détruit pas les biens de l'autre vie.

4) La sanction parfaite de la loi naturelle ne consiste pas seulement dans la privation de la fin dernière, mais encore dans l'imposition des peines.

La sanction doit être proportionnée à la violation de la loi. Or, dans la violation de la loi naturelle, il y a deux éléments: l'abandon de la fin dernière véritable et l'attache aux créatures comme à des fins dernières. Donc, de même que le premier élément appelle la privation de la fin dernière, ainsi le second élément appelle l'imposition de peines provenant des créatures. En d'autres termes, la sanction parfaite de la loi naturelle ne consiste pas uniquement dans la privation de la fin dernière; elle comporte aussi l'imposition de peines.

347 - LE PÉCHÉ CONTRE LA NATURE. — Le péché contre la nature est celui qui contient une violation de l'ordre naturel. Or, l'ordre de la nature a pour auteur immédiat Dieu lui-même. Il suit que le péché contre la nature contient une injure directe à Dieu lui-même.

Dans la ligne de la luxure, le péché contre la nature est même plus grave que le sacrilège.

En effet, le sacrilège, dans cet ordre, est une profanation d'une personne consacrée à Dieu par un acte humain, par un vœu. Il est donc la violation d'un ordre surajouté à la nature. Le péché contre la nature est une violation de l'ordre de la nature humaine, ordre premier, plus stable que tout ordre surajouté.

ARTICLE IV

LA LOI HUMAINE

348 - Définition de la loi humaine. — La loi humaine se divise en loi civile et en loi ecclésiastique.

Ici, nous parlons de la loi humaine civile. Elle se définit: *une ordonnance de la raison pratique en vue du bien commun de la société civile, établie et promulguée par celui qui a la garde de cette société.*

Cette définition s'explique par ce que nous avons dit, lorsque nous avons analysé la loi en général (n. 330).

349 - Toute loi humaine dérive de la loi naturelle. — 1° Une loi n'a de valeur que dans la mesure où elle participe à la justice. Une loi injuste n'est pas une loi. Or, dans les affaires humaines, une chose est dite «juste» du fait qu'elle est conforme à la règle de la raison. Mais la règle première de la raison est la loi naturelle dont le premier principe ordonne de faire le bien et d'éviter le mal. Donc, toute loi humaine n'a valeur de loi que dans la mesure où elle dérive de la loi naturelle; si elle s'en écarte, elle n'est déjà plus une loi; elle est une corruption de la loi.

2° Pour connaître comment la loi humaine dérive de la loi naturelle, nous n'avons qu'à observer ce qui se passe dans la démonstration et dans les arts.

Dans la démonstration, la raison déduit des conclusions à partir des principes.

Dans les arts, les modèles communs sont appliqués à des œuvres particulières. Il n'y a ici qu'une détermination de ce qui est indéterminé.

La loi humaine dérive de la loi naturelle selon ces deux modes.

Certaines lois humaines ne sont que des conclusions tirées des principes de la loi naturelle. Exemple: le précepte: *«il ne faut pas voler,* dérive comme une conclusion du principe: *il ne faut pas faire le mal.»*

La vigueur de ces lois dérive en partie de la loi naturelle.

D'autres lois humaines dérivent de la loi naturelle à titre de déterminations. Exemple: la loi naturelle dit: *celui qui fait le mal doit être puni.* — La loi humaine détermine ce principe de la loi naturelle en statuant que tel crime sera puni de telle manière.

Ces lois tiennent leur autorité du législateur humain.

350 - Nécessité de la loi humaine. — Les lois humaines sont nécessaires pour deux raisons:

a) Elle manifeste d'abord aux membres de la communauté les prescriptions qui dérivent de la loi naturelle comme des conclusions ou des déterminations. Tous les membres de la communauté ne peuvent par eux-mêmes connaître ces prescriptions, soit à cause de la faiblesse de la raison, soit à cause des passions, soit à cause de leurs occupations qui ne leur laissent pas le temps nécessaire à la recherche. Il appartient aux *sages*, c'est-à-dire aux législateurs, de manifester et de promulguer ces prescriptions.

b) La loi humaine est aussi nécessaire pour imposer des sanctions aux hommes pervers et portés aux vices. Ces hommes ne peuvent guère être menés par des paroles. Il est nécessaire de les contraindre par la force et la violence. De la sorte, ils s'abstiennent de mal agir. La loi, par là, garantit aux autres une vie paisible.

La loi, par la contrainte, peut aussi amener les hommes pervers à la vie vertueuse.

351 - L'extension de la loi humaine. — 1° La loi humaine ne commande directement que les actes extérieurs. Elle est, en effet, constituée pour la société civile dans laquelle la communication se fait par les actes extérieurs.

Elle peut, selon une opinion généralement partagée, commander aussi les actes intérieurs qui sont directement causes des actes extérieurs.

2° La loi humaine ne réprime pas tous les vices. La loi est une mesure. Et comme il doit y avoir homogénéité entre la mesure et le mesuré, la loi doit s'appliquer aux hommes suivant leur condition. Une loi pour les enfants n'est pas identique à une loi pour les adultes. Il faut tenir compte des capacités vertueuses du sujet de la loi.

Or, la loi humaine s'applique à la masse des hommes qui ne sont pas tous éprouvés dans la vertu. Elle ne doit donc pas prohiber tous les vices dont les personnes vertueuses s'abstiennent. Il lui suffit de défendre les vices les plus graves dont il est possible à la majeure partie des gens de s'abstenir, surtout ceux qui tournent au dommage d'autrui. Ainsi, elle interdit l'assassinat, les vols, et les autres crimes de ce genre dont la tolérance rendrait impossible la vie en société.

3° Les vertus se distinguent par leurs objets. Or, les objets des vertus peuvent se rapporter soit au bien privé de la personne, soit au bien général.

La loi s'occupe du bien général. Elle peut donc commander les actes de toutes les vertus, puisque tout bien privé est ordonné au bien général. Elle ne commande pas cependant tous les actes de toutes les vertus, mais seulement ceux qui peuvent concourir au bien commun soit immédiatement, quand ils ont un rapport direct avec le bien commun, soit médiatement, quand ils sont ordonnés à conserver la paix, l'amitié entre les membres d'une même communauté.

352 - L'ÉVOLUTION DES LOIS HUMAINES. — 1° La loi humaine est une ordonnance de la raison qui règle les actes humains en vue du bien commun.

Par suite, deux causes peuvent concourir à une évolution légitime de la loi humaine:

a) La raison humaine.

b) La multitude des hommes régis par la loi.

1) Il est naturel à la raison humaine d'aller de l'imparfait au plus parfait. C'est ce que nous voyons dans les sciences spéculatives. Les premiers philosophes ont d'abord connu la vérité d'une manière sommaire et imparfaite. Dans la suite, les autres philosophes ont perfectionné cette connaissance de la vérité. Le temps, comme le dit saint Thomas, est un bon coopérateur de la science et de la sagesse.

Il en est de même des sciences pratiques. Les premiers législateurs, incapables de tout prévoir et de tout considérer, portent des lois imparfaites, insuffisantes en beaucoup de cas. Ceux qui viennent dans la suite modifient ces lois, en instituent des nouvelles dont l'insuffisance s'étend à des cas moins nombreux.

2) Les lois sont des mesures qui doivent s'adapter à la multitude comme au mesuré. Des conditions nouvelles peuvent survenir qui modifient la situation de la multitude. Dans ces cas, il est expédient de changer la loi, et d'en instituer des nouvelles.

2° La loi humaine ne doit pas toujours être changée quand on trouve quelque chose de mieux. En effet, la connaissance de la loi et l'accoutumance jouent un rôle de premier plan dans l'observation de la loi. Par suite, un changement de lois porte toujours un certain préjudice à l'intérêt général.

Un changement de lois ne sera légitime et raisonnable que s'il comporte une compensation pour le tort que le changement même fait à l'intérêt général.

Cette compensation existe lorsque la loi nouvelle est d'une utilité très grande et très manifeste, ou encore lorsque l'observation de la loi à changer contient quelque chose d'inique ou de nuisible.

353 - LA COUTUME PEUT ACQUÉRIR FORCE DE LOI. — 1° La loi est une ordonnance de la raison. Or, les actes extérieurs, surtout s'ils sont répétés de manière à constituer une coutume, peuvent, tout comme les formules, manifester une ordonnance de la raison. Donc, s'il s'agit d'une multitude qui a le pouvoir de disposer d'elle-même et de légiférer, la coutume pourra acquérir force de loi, car elle aura toutes les conditions nécessaires pour être une loi.

2° S'il s'agit d'une multitude qui ne peut s'imposer la loi à elle-même, qui ne peut rejeter la loi établie par un chef, la coutume pourra encore avoir force de loi, si elle est tolérée par ceux à qui il appartient de porter les lois. Car, dans ce cas, tolérer c'est approuver ce que la coutume a introduit.

354 - L'OBLIGATION IMPOSÉE PAR LA LOI HUMAINE. — 1° Nous cherchons si la loi humaine oblige en conscience. Il ne peut être question que des lois justes, car une loi injuste n'est pas une loi, mais une corruption de la loi.

2° Une loi peut être injuste de quatre manières: par sa *matière*, par sa *fin*, par son *auteur* et par son *manque de proportion*.

a) *Une loi est injuste par sa matière*, lorsqu'elle est opposée au bien divin, c'est-à-dire lorsqu'elle commande des actes intrinsèquement mauvais ou défend des actes intrinsèquement bons.

b) *Une loi est injuste par sa fin*, lorsqu'elle ne vise pas l'intérêt général, mais plutôt l'intérêt personnel du législateur.

c) *Une loi est injuste par son auteur*, lorsque le législateur n'a pas autorité pour la porter.

d) *Une loi est injuste par son manque de proportion*, lorsqu'elle est au-dessus des capacités de ceux à qui elle s'adresse.

3° Nous devons noter qu'il n'est jamais permis d'obéir à une loi humaine injuste par sa matière. Une telle loi, en effet, est opposée au bien divin. Et *il faut obéir à Dieu plutôt qu'aux hommes*. (Actes, c. 4).

Il n'est pas défendu d'obéir aux autres lois injustes. Parfois, l'obéissance est même nécessaire pour éviter le scandale, pour sauvegarder le bien commun, la paix de la société. Dans ce cas, ce n'est pas, à proprement parler, la loi injuste qui oblige; c'est plutôt la loi naturelle.

4° Toute loi humaine qui est juste, oblige en conscience.
Prouvons cette proposition.

1) Toute loi humaine dérive de la loi naturelle et, en dernier lieu, de la loi éternelle (n. 351). Or, la loi éternelle et la loi naturelle obligent en conscience. Donc, la loi humaine oblige en conscience.

2) La loi naturelle et la raison droite imposent à la conscience l'obligation d'obéir aux justes prescriptions des supérieurs légitimes. Or, les lois humaines sont des prescriptions des supérieurs légitimes, prescriptions conformes à la justice. Donc, les lois humaines obligent en conscience.

355 - LES LOIS PÉNALES. — 1° On appelle lois purement pénales les lois qui n'obligent pas en conscience à poser l'acte commandé ou à omettre l'acte défendu, mais qui obligent à subir la peine statuée pour la transgression de ces lois.

En termes plus brefs, une loi purement pénale n'oblige pas

à l'acte; elle oblige à la peine imposée par le supérieur.

2° La difficulté est de savoir s'il existe des lois purement pénales. Les moralistes, en général, l'affirment.

3° Les moyens de savoir si une loi est purement pénale sont les suivants:

a) *L'intention du législateur* ouvertement manifestée;

b) *La teneur même de la loi* qui déclare simplement que celui qui fait telle chose devra payer une amende;

c) *La matière de la loi:* si la matière est légère et n'a aucun rapport avec les mœurs, ou encore si l'obligation de subir la peine suffit pour obtenir la fin de la loi;

d) *La nature et la quantité de la peine:* si la peine est suffisante pour réparer la violation de la loi, ou encore si la peine, par sa gravité, est disproportionnée au délit. Le législateur, en effet, détermine une peine disproportionnée, lorsqu'il ne veut obliger qu'à la peine;

e) *L'interprétation commune* qui se manifeste par la coutume, par le jugement des gens consciencieux, des moralistes.

4° D'après ces critères, sont, en général, purement pénales:

a) Les lois et les arrêtés de police;

b) Les lois de chasse et de pêche, les lois défendant de couper du bois sur les terres de la Couronne, à moins qu'elles ne protègent le droit d'un tiers;

c) Les lois qui déterminent les droits de douane: d'entrée, de sortie, de transit; les lois qui déterminent les droits d'accise, d'enregistrement, de mutation, de timbre, d'hypothèque, de greffe;

d) Les lois qui défendent les jeux, à moins qu'il s'agisse de cas où l'on peut porter atteinte à l'intérêt général ou à la justice, comme dans les jeux de hasard.

5° La violation de la loi pénale peut devenir coupable par accident. Une telle violation, surtout si elle est habituelle, peut être une occasion de scandale, d'injustice, ou encore un manque de charité envers soi ou envers les autres. Dans ces cas ou autres semblables, l'observation de la loi pénale s'impose à la conscience.

ARTICLE V

LA LOI DIVINE

356 - Nécessité de la loi divine. — 1° Nous appelons loi divine *la loi positive établie et promulguée par un acte spécial de la Sagesse Divine.*

La loi divine, en ce sens, se distingue de la loi éternelle et de la loi naturelle.

2° La loi divine est d'abord nécessaire *à cause de l'élévation de l'homme à une fin surnaturelle.*

En effet, la loi naturelle et la loi humaine n'ordonnent l'homme qu'à sa fin naturelle. Pour ordonner l'homme à la fin qui dépasse les capacités naturelles de l'homme, une loi divinement donnée est nécessaire.

3° Mais la loi divine est encore nécessaire pour deux autres raisons: *l'incertitude du jugement humain et les limites de la loi humaine.*

a) *Le jugement humain est incertain,* surtout dans les choses variables et contingentes, comme le sont les actes humains. Cette incertitude explique la diversité des lois qui s'opposent parfois. Or, l'homme doit savoir, sans crainte d'erreur, ce qu'il doit faire ou éviter pour atteindre sa fin dernière. Voilà pourquoi s'impose une loi donnée divinement, loi qui ne peut tromper.

b) *La loi humaine ne peut ordonner suffisamment les actes humains intérieurs,* car l'homme ne peut juger que par l'extérieur. Et, cependant, l'ordre dans les actes humains intérieurs est nécessaire pour la perfection de l'homme. Une loi divine qui s'étend même aux actes intérieurs de l'homme est donc nécessaire.

De plus, la loi humaine ne peut pas défendre tous les vices, comme nous l'avons vu. Pour qu'aucun acte vicieux ne reste impuni, il est nécessaire qu'intervienne une loi qui défend tous les péchés, et cette loi, c'est la loi divine.

357 - L'UNITÉ DE LA LOI DIVINE. — 1° Il ne peut y avoir de distinction spécifique à l'intérieur de la loi divine. La loi divine a, en effet, *un objet unique* qui est la subordination de l'homme à Dieu. Elle est donc une spécifiquement.

2° Nous pouvons cependant distinguer la loi divine selon ses dégrés de perfection, comme nous pouvons distinguer chez l'homme, l'enfant et l'adulte. À ce point de vue, la loi divine se distingue en *Loi Ancienne* et en *Loi Nouvelle*.

La Loi Ancienne est une loi *imparfaite*, tandis que la Loi Nouvelle est une loi de *perfection*.

a) *La Loi Ancienne* ordonnait les hommes à Dieu en leur proposant les biens terrestres. Voilà pourquoi elle visait directement les biens terrestres. Aussi la Loi mosaïque invita-t-elle le peuple de Dieu à s'emparer du royaume des Chananéens.

La Loi Nouvelle a pour objet direct le royaume des cieux. Aussi, au début de sa prédication, le Christ invite-t-il les hommes à se détacher des biens terrestres: *Faites pénitence, car le royaume des cieux approche.* (Matth. c. 4, v. 17).

b) *La Loi Ancienne* ne commandait que les actes extérieurs, tandis que *la Loi Nouvelle* commande les actes internes du cœur: «*Si votre justice n'est pas supérieure à celle des Scribes et des Pharisiens, vous n'entrerez pas dans le royaume des cieux*». (Matth. c. 5, v. 20). Voilà pourquoi on dit que la Loi Ancienne commande la main, tandis que la Loi Nouvelle commande l'esprit.

c) *La Loi Ancienne* conduisait les hommes à l'observation des commandements par la crainte des châtiments; *la Loi Nouvelle*, pour atteindre ce but, fait plutôt appel à l'amour qui est infusé dans les cœurs par la grâce du Christ. Celle-ci, en effet, n'était que figurée dans la Loi Ancienne; elle est donnée par la Loi Nouvelle.

ARTICLE VI

LA CONSCIENCE

858 - Définition de la conscience. — 1° La conscience, d'après son étymologie, signifie la science disant rapport à quelque chose. Elle est l'acte par lequel nous appliquons la science à un fait particulier.

2° La conscience se divise en *conscience psychologique* et en *conscience morale.*

La conscience psychologique est le jugement qui atteste l'existence d'un acte soit présent, soit passé. *Elle atteste.* Par la conscience psychologique, nous reconnaissons que nous posons un acte, ou encore que nous avons posé ou n'avons pas posé un acte.

La conscience morale est le jugement que nous portons sur la bonté ou la malice d'un acte humain concret. Elle comporte l'application de la science morale aux actes humains individuels.

3° La conscience morale est *conséquente* ou *antécédente.*

La conscience conséquente est celle qui examine un acte déjà posé. Elle juge si cet acte moral est bon ou mauvais. Elle excuse ou accuse.

La conscience antécédente est celle qui dirige un acte à poser. Elle juge s'il doit être posé parce qu'il est bon, ou s'il doit être évité parce qu'il est mauvais. Elle incite, oblige, pousse à l'action, ou encore empêche d'agir.

4° La conscience antécédente est la conscience morale au sens strict. C'est elle que nous considérons.

Nous pouvons donc définir la conscience morale: *le jugement de la raison pratique qui règle nos actes humains dans leur individualité concrète.*

a) *Le jugement:* la conscience n'est pas une faculté, ni un «habitus», ni une vertu; elle est un acte de la raison.

b) *De la raison pratique:* la conscience ne tend pas à connaître la vérité pour elle-même; elle connaît la vérité pour diriger l'acte humain. Elle ressort donc à la raison pratique.

c) *Qui règle:* la conscience juge qu'un acte est licite ou illicite, et par suite commande d'agir, défend d'agir ou encore permet d'agir. Elle se distingue de la conscience conséquente qui ne règle pas un acte à poser.

d) *Nos actes humains,* c'est-à-dire les actes propres de celui que la conscience dirige, et non les actes d'autrui.

e) *Dans leur individualité concrète:* par là, la conscience se distingue de la science morale qui donne seulement les principes généraux de l'opération morale. La conscience a pour objet l'acte humain individuel, c'est-à-dire l'acte humain revêtu de toutes ses circonstances concrètes.

359 - La conscience est la règle prochaine et subjective de moralité. — La conscience est le jugement du *sujet* qui doit agir ou ne pas agir, jugement qui applique la loi, et, en particulier, la loi éternelle, à l'acte humain pris dans son individualité concrète. Or, la loi éternelle est la règle suprême de la moralité objective. Il résulte que la conscience est la règle prochaine et subjective de moralité.

360 - Division de la conscience. — 1° Par rapport à son objet, la conscience est *vraie* ou *erronée.*

La conscience vraie est celle dont le jugement est conforme à la réalité spéculative.

La conscience erronée est celle qui n'est pas conforme à la réalité spéculative.

2° La conscience erronée peut être *invincible* ou *vincible.*

La conscience erronée invincible est celle dont l'erreur n'est nullement volontaire. Même une attention et une recherche très soignées ne sauraient faire disparaître cette erreur.

La conscience erronée vincible est celle dont l'erreur est volontaire, soit à cause de la négligence, soit pour toute autre raison.

3° Eu égard à son sujet, la conscience est encore dite *droite* ou *fausse.*

La conscience droite est celle dont le jugement est conforme aux règles de la prudence.

C'est la conscience *vraie au point de vue pratique*, ou la conscience de l'homme bien intentionné.

La conscience fausse est celle dont le jugement n'est pas conforme aux règles de la prudence.

C'est la conscience de l'homme mal intentionné. La conscience erronée invincible est une conscience *droite*, car elle est vraie pratiquement (n. 376).

4° Par rapport à l'assentiment, la conscience est *certaine, probable* et *douteuse*.

La conscience certaine est celle dont le jugement sur la bonté ou la malice d'un acte est parfaitement déterminé, de sorte qu'il exclut toute crainte d'erreur.

La conscience probable est celle dont le jugement incline à une partie de la contradictoire, c'est-à-dire au oui ou au non, y adhère même, sans que toute crainte sur la vérité de la partie opposée soit exclue. Cette crainte provient de ce que l'intelligence n'est pas parfaitement déterminée par la vérité.

La conscience douteuse est la suspension de l'adhésion de l'intelligence, suspension provenant de la crainte d'erreur.

Le doute provient de l'indétermination de l'intelligence.

361 - Règles au sujet de la conscience. — 1° *Il n'est pas permis d'agir avec une conscience douteuse portant sur l'acte à poser.* — Nous parlons de l'acte pris dans son individualité concrète. La raison de ce principe est évidente. Celui qui poserait un acte, sans être certain de sa licéité, serait disposé à poser un acte illicite. Et cette disposition même serait une faute.

2° *Pour agir, une conscience moralement certaine suffit.* — Nous appelons la certitude morale, celle qui est propre au prudent. Or, dans les actes humains, la certitude du prudent suffit, car la prudence est la vertu qui dirige et règle les actes humains dans leur individualité concrète. Donc...

3° *Il n'est jamais permis d'agir contre une conscience moralement certaine.* — Ce serait là, en effet, vouloir un acte jugé contraire à la loi éternelle, puisque la conscience est le jugement qui applique la loi à l'acte humain pris dans son individualité concrète. Or, vouloir un acte jugé contraire à la loi éternelle, c'est faire offense à cette loi, c'est une faute. Il n'est donc jamais permis d'agir contre une conscience moralement certaine.

Par suite, celui qui agirait contre une conscience invinciblement erronée, ferait un péché même si l'acte posé était matériellement bon.

4° Quand il s'agit de la seule licéité de l'acte, il est permis de suivre une opinion solidement probable qui nie l'existence ou l'application de la loi. — La licéité seule d'un acte est en jeu lorsqu'il s'agit uniquement de la conformité d'un acte à la loi.

Une loi douteuse n'oblige pas. Or, une loi dont l'existence ou l'application est incertaine, est une loi douteuse. Donc, il est permis, s'il s'agit de la seule licéité de l'acte, de suivre une opinion solidement probable qui nie l'existence ou l'application de la loi.

Dans ce cas, celui qui agit, n'agit pas avec une conscience pratiquement probable, mais plutôt avec une conscience pratiquement certaine. Il est, en effet, certain qu'une loi douteuse n'oblige pas.

S'il s'agit de poser un acte nécessaire pour obtenir une fin nécessaire, ou encore s'il s'agit d'un dommage à éviter, le parti le plus sûr doit être choisi. Il n'est pas permis, dans ces cas, de suivre une opinion solidement probable.

Exemple: il n'est pas permis au chasseur de tirer, même si, d'après les probabilités, l'objet qu'il vise n'est pas un homme, mais un animal.

CHAPITRE VII

LES VERTUS

Après avoir parlé du principe extérieur des actes humains, c'est-à-dire de la loi, nous parlerons de leurs principes intérieurs, c'est-à-dire des vertus. Nous traiterons d'abord des vertus en général, et ensuite des vertus cardinales: *la prudence, la justice, la force* et *la tempérance,* et de leur parties. Nous terminerons par *l'amitié* qui est une conséquence de toutes les vertus. Nous avons donc six articles:

Article I. — Les vertus en général.

Article II. — La prudence.
1. — La prudence elle-même.
2. — Les parties intégrantes de la prudence.
3. — Les parties subjectives de la prudence.
4. — Les parties potentielles de la prudence.
5. — Les vices opposés à la prudence.

Article III. — La justice.
1. — L'objet de la justice ou le droit.
2. — La justice en général.
3. — Les parties subjectives de la justice.
4. — Les parties intégrantes de la justice.
5. — Les parties potentielles de la justice.
6. — L'équité.

Article IV. — La force.
1. — La force elle-même.
2. — Les parties intégrantes de la force.
3. — Les parties potentielles de la force.

Article V. — La tempérance.
1. — La tempérance elle-même.
2. — Les parties intégrantes de la tempérance.
3. — Les parties subjectives de la tempérance.
4. — Les parties potentielles de la tempérance.

Article VI. — L'amitié.

ARTICLE PREMIER

LES VERTUS EN GÉNÉRAL

362 - Nécessité et définition de la vertu. — 1° *Nécessité de la vertu.* — Se
lon l'ordre de la nature, l'homme doit agir conformément aux exigences de ses fins: il doit poser des actes bons. Mais les facultés de l'homme
ne sont pas déterminées par elles-mêmes à tendre vers les actes qui lui
conviennent. Elles ont, en elles-mêmes, une certaine indifférence passive qui rend difficile la poursuite de l'acte bon, et qui parfois fait dé-
vier vers des actes non conformes à la nature.

Afin que l'homme puisse tendre à sa perfection d'une manière
stable, avec facilité et même avec joie, un intermédiaire entre la faculté et l'acte est donc nécessaire, intermédiaire qui dispose ou incline la faculté aux actes qui lui conviennent.

C'est cet intermédiaire ou cette disposition de la faculté que nous
appelons *la vertu.*

2° *Définition de la vertu.* — La vertu peut donc se définir: *un «habitus» opératif d'où n'émanent que des actes bons.*

a) *Un «habitus»*, c'est-à-dire une disposition stable dont le sujet
pourra se servir à son gré;

b) *Opératif*, ordonné à l'opération, ou fait pour agir;

c) *D'où n'émanent que des actes bons*, et c'est là la différence
spécifique des vertus.

Certains habitus portent toujours au mal, tel le vice; d'autres
habitus inclinent parfois au bien et parfois au mal: l'opinion, par exemple, va au vrai et au faux. La vertu n'incline qu'au bien.

La vertu est donc un «habitus» parfait par lequel on ne peut faire
que le bien.

363 - Le siège des vertus humaines. — Comme la vertu est un «habitus»
d'opération, le siège des vertus sera la faculté, comme il est évident.

D'autre part, la faculté propre à l'homme est la raison. Le siège des vertus *humaines* sera donc, en premier lieu, la raison elle-même, et, en second lieu toutes les facultés qui obéissent à la raison, c'est-à-dire la volonté, l'appétit irascible et l'appétit concupiscible.

L'appétit irascible et l'appétit concupiscible ne sont pas les sièges de vertus humaines, en tant qu'ils sont des fonctions de la vie sensible, mais en tant qu'ils participent de la raison, c'est-à-dire en tant qu'ils sont faits pour obéir à la raison.

364 - LA DIVISION DES VERTUS. — 1° D'après leur origine, les vertus se divisent en *vertus infuses* et en *vertus acquises*...

Les vertus infuses sont celles que Dieu dépose en nous, avec la grâce, pour nous faire atteindre notre fin surnaturelle: *la foi, l'espérance, la charité et les vertus morales infuses de prudence, de justice,* etc.

Les vertus acquises sont celles qui ont pour origine la répétition des actes et qui sont ordonnées à notre perfection naturelle.

2° Les vertus acquises se divisent d'abord, eu égard à leurs sièges, en *vertus intellectuelles* et en *vertus morales.*

Les vertus intellectuelles *sont celles qui ont la raison pour siège.*

Les vertus morales *sont celles qui ont l'appétit pour siège.*

3° Comme l'ordre pratique et l'ordre spéculatif contiennent des difficultés distinctes, les vertus intellectuelles se divisent en *vertus de la raison spéculative* et en *vertus de la raison pratique.*

4° *Les vertus de la raison spéculative* sont *l'intelligence,* la *sagesse* et la *science.*

L'intelligence est l'«habitus» des premiers principes.

La sagesse est la connaissance des choses par leurs causes absolument premières.

La science est la connaissance des choses par leurs causes premières dans un ordre déterminé.

Les sciences se divisent spécifiquement selon les ordres distincts de connaissables: Logique, Philosophie de la nature.

La sagesse est une: la Métaphysique.

Que l'intelligence, la science et la sagesse soient des vertus intellectuelles distinctes, c'est évident.

La connaissance immédiate des principes et la connaissance médiate par les causes présentent des difficultés distinctes.

De plus, les difficultés de la connaissance par les causes absolument premières sont autres que les difficultés de la connaissance par les causes premières dans un ordre déterminé.

Les autres «habitus» de la raison spéculative, comme la Dialectique, la foi humaine, ne sont pas des vertus, parce qu'ils n'inclinent pas toujours au vrai.

5° *Les vertus de la raison pratique* sont l'*art* et la *prudence*.

L'art est la vertu qui perfectionne la raison par rapport aux œuvres à faire (factibilia) conformément à certaines règles.

La prudence est cette vertu de la raison qui dirige l'activité morale, les actes à accomplir (agibilia).

6° *Les vertus morales* se distinguent selon qu'elles modèrent les opérations de la volonté ou les passions de l'appétit.

Les vertus qui modèrent les opérations de la volonté sont la *justice* et ses vertus annexes.

Les vertus qui modèrent les passions de l'appétit sont la *tempérance*, la *force* et leurs *vertus annexes*.

La tempérance a pour matière les passions de l'appétit concupiscible, tandis que la force a pour matière les passions de l'appétit irascible.

365 - Les vertus intellectuelles et les vertus morales. — 1°La prudence, bien qu'elle soit une vertu intellectuelle dans son essence, est cependant une vertu morale par sa matière: elle règle et dirige l'activité morale.

2° Les vertus intellectuelles dont nous parlons ici sont l'intelligence, la science et la sagesse.

3° Nous cherchons si les vertus intellectuelles ont la primauté sur les vertus morales.

4° Les vertus intellectuelles donnent le pouvoir de bien agir: *Exemple:* la science permet de bien connaître.

Les vertus morales ne donnent pas seulement le pouvoir de bien agir, mais rectifient l'usage et l'exercice même du pouvoir d'action qu'elles constituent.

Un savant demeure savant même s'il ne se sert pas de sa science, ou encore s'il fait un mauvais usage de sa science. Un homme ne demeure pas juste s'il ne rend pas effectivement à autrui ce qui lui est dû.

Ce sont donc les vertus morales, et non les vertus intellectuelles, qui donnent à l'homme ce par quoi il mérite d'être appelé *bon* et *droit* au sens pur et simple.

Par suite, les vertus morales, au point de vue formel de vertus et dans leur fonction même de vertus,ont la primauté sur les vertus intellectuelles: elles sont, par excellence, les vertus humaines.

5° Si nous considérons les vertus, non plus comme vertus, mais au point de vue de leurs opérations et de leur manière d'atteindre l'objet, nous devons dire que les vertus intellectuelles priment les vertus morales. Le vrai, objet des vertus intellectuelles, est plus abstrait et plus universel que l'objet des vertus morales.

366 - LES VERTUS CARDINALES. — 1° Certaines vertus sont dites *cardinales* ou *principales* parce qu'en elles surtout se trouvent les caractères distinctifs de la vertu.

Les vertus cardinales sont donc des vertus morales, parce que les vertus morales réalisent plus parfaitement la nature de vertus que les vertus intellectuelles. Elles sont, de plus, comme les gonds sur lesquels repose toute la vie morale.

2° Si nous voulons connaître le nombre des vertus cardinales, nous n'avons qu'à considérer l'objet formel de la vertu morale, c'est-à-dire le bien de la raison.

Le bien de la raison peut se trouver dans l'application même de la raison ou dans une matière où doit exister un ordre raisonnable.

La vertu principale qui applique la raison est la *prudence.*

La matière donnée où doit exister l'ordre de la raison est soit l'opération de la volonté, soit le domaine des passions de l'appétit concupiscible ou de l'appétit irascible.

La vertu principale qui ordonne les opérations de la volonté, c'est la *justice*.

Celle qui refrène et *tempère* les passions de l'appétit concupiscible, c'est la *tempérance*.

Celle qui règle le mouvement de l'appétit irascible et l'affermit contre la crainte ou la peur qui pourrait détourner du bien, c'est la *force*.

Il y a donc quatre vertus cardinales: la *prudence*, la *justice*, la *tempérance* et la *force*.

367 - LES PARTIES DES VERTUS CARDINALES. — Nous pouvons distinguer, dans chaque vertu cardinale, *les parties intégrantes, les parties subjectives* et *les parties potentielles*.

1° *Les parties intégrantes* ou constitutives d'une vertu cardinale sont les éléments qui concourent à l'achever, à lui faire produire un acte parfait. Elles sont requises à l'intégrité de la vertu, comme les fondements, les murs et le toit constituent la maison et sont requis à son intégrité.

2° *Les parties subjectives* d'une vertu cardinale sont les espéces de cette vertu contenues en elle comme en un genre, de même que *homme* et *brute* sont contenus dans le genre animal. La vertu cardinale se dit essentiellement de ses parties subjectives. La prudence politique, qui est une espèce de la prudence, est essentiellement une prudence.

3° *Les parties potentielles* d'une vertu cardinale sont des vertus annexes qui ne réalisent pas toute l'essence de la vertu cardinale, mais qui en accomplissent les actes secondaires.

Elles ont quelque chose de commun avec la vertu cardinale, mais n'en réalisent le concept que d'une manière déficiente.

Exemple: la piété filiale est une vertu annexe de la justice, car elle rend *à autrui*, c'est-à-dire au père, ce qui lui est dû. Elle ne réalise pas toute l'essence de la justice, car le père, pour le fils, n'est pas parfaitement *autrui*. Le fils est la chose du père. Ainsi, la piété filiale est une partie potentielle de la justice.

368 - La vertu morale est un juste milieu. — 1° Le juste milieu n'est pas la médiocrité morale, mais le point fixe entre l'excès et le défaut.

2° Le juste milieu peut être de raison *(medium rationis)* ou de réalité *(medium rei)*.

Le juste milieu de raison est celui qui se prend par rapport au sujet. Il est le juste milieu propre aux vertus morales qui regardent les passions intérieures.

Comme les hommes se comportent très diversement dans les passions, le juste milieu ne peut être établi, dans ce domaine, que par rapport au sujet qui est atteint par ces passions. *Exemple:* l'excès ou le défaut dans le manger varient avec les hommes. Ce qui est défaut pour l'un peut être excès pour un autre. Le juste milieu de la tempérance est donc relatif.

Le juste milieu de réalité est celui qui est établi d'une façon absolue. C'est le juste milieu de la justice dont les opérations portent sur des choses extérieures au sujet qui agit, où la chose droite doit être établie d'une façon absolue et pour elle-même. *Exemple:* si quelqu'un doit à autrui cent dollars, la justice l'oblige à donner cent dollars, ni plus ni moins.

Le juste milieu réel est en même temps un juste milieu de raison, en ce sens qu'il est un milieu conforme à la raison droite.

3° Prouvons la proposition suivante:

La vertu morale consiste dans un juste milieu.

Tout ajustement ou toute conformité à une mesure est un milieu entre l'excès et le défaut. Or, le bien de la vertu morale consiste dans un ajustement ou une conformité à la raison droite. Donc, le bien de la vertu morale consiste dans un juste milieu.

La majeure est claire. Une chose n'est pas ajustée ou conforme à sa règle ou mesure parce qu'elle va au delà de la mesure ou encore parce qu'elle reste en decà. Or, aller en delà de la mesure, c'est l'excès;

rester en deçà, c'est le défaut. Donc, tout ajustement à une mesure est un milieu entre l'excès et le défaut.

À la mineure. — La vertu morale règle les mouvements de l'appétit. Or, tout mouvement de l'appétit a pour règle et mesure la raison droite. Donc, le bien de la vertu morale consiste dans un ajustement ou une conformité à la raison droite.

369 - **LA CONNEXION RÉCIPROQUE DES VERTUS MORALES.** — 1° Les vertus morales peuvent être prises soit à l'*état imparfait,* soit à l'*état parfait.*

2° *À l'état imparfait,* la vertu n'est qu'une *disposition* à agir en une matière déterminée, dans un sens conforme à la droite raison.

À l'état parfait, la vertu est une disposition qui non seulement incline à une œuvre de bien, en une matière déterminée, mais qui de plus incline à *bien faire l'œuvre de bien.* En d'autres termes, la vertu à l'état parfait ne dispose pas seulement à une œuvre de bien; elle fait agir selon toutes les exigences de la vertu. (Perfecta autem virtus moralis est habitus inclinans ad bonum opus *bene* agendum).

3° À l'état imparfait, les vertus morales ne sont pas connexes, comme il est évident. Un homme peut avoir des inclinations à des œuvres de libéralité sans être chaste. Ou encore, il peut avoir des inclinations aux actes de force, sans posséder la vertu de tempérance.

4° *À l'état parfait, les vertus morales sont connexes, en ce sens que l'une ne peut exister sans l'autre.*

Nous pouvons le prouver soit en considérant chacune des vertus, soit en considérant le lien réciproque qui unit la prudence et les autres vertus morales.

1) La force n'est pas une vertu parfaite si elle n'est pas accompagnée de la modération qui est une fonction de la tempérance, de la discrétion qui est le propre de la prudence. De même, celui qui n'a pas la tempérance est exposé à manquer à la force ou à la justice, non pas précisément par absence d'inclination aux œuvres de justice ou de force, mais plutôt par désir de satisfaire le vice d'intempérance. *Exemple:* la luxure peut détourner de son devoir un soldat qui aurait la force suffisante pour braver les plus grands périls dans la bataille.

2) Les vertus à l'état parfait sont connexes, si toute vertu parfaite dépend de la prudence, et si inversement toutes les vertus sont nécessaires à la prudence parfaite. Or, toute vertu parfaite dépend de la prudence, et inversement toutes les vertus sont nécessaires à la prudence parfaite. Donc, les vertus à l'état parfait sont connexes.

La majeure est évidente.

À la mineure. — a) *Toute vertu parfaite dépend de la prudence.* —Toute vertu morale est une disposition à la bonne fin par des moyens proportionnés. Or, c'est la prudence qui, supposant l'intention droite de la fin, détermine, ordonne, en chaque cas particulier, les moyens qui conviennent pour atteindre la fin. Donc, toute vertu parfaite dépend de la prudence.

b) *Inversement, toutes les vertus morales sont nécessaires à la prudence parfaite.* — La prudence parfaite suppose l'intention droite de la fin dans tous les domaines de l'activité morale, car la prudence porte sur les moyens qui conviennent à la fin, et non sur la fin elle-même. Or, dans la ligne de l'activité morale, ce sont les vertus morales qui rectifient l'intention de la fin, chacune en son domaine propre. Donc, toutes les vertus morales sont nécessaires à la prudence parfaite.

La même chose peut se prouver en termes plus brefs.

Toute inclination désordonnée peut corrompre le dernier jugement pratique de la raison, *car tel on est, tel on juge.* Donc, la prudence parfaite suppose toutes les autres vertus morales qui ordonnent et rectifient les inclinations de l'appétit.

170 - L'ÉGALITÉ ET L'INÉGALITÉ DES VERTUS MORALES. — 1° La question de l'égalité et de l'inégalité des vertus morales peut d'abord se poser dans la ligne de la *perfection spécifique.*

À ce point de vue, les vertus morales sont égales, si la perfection spécifique des unes n'est pas supérieure à la perfection spécifique des autres.

Elles sont inégales, s'il existe des degrés divers dans la perfection spécifique des vertus.

La réponse à ce problème ne fait aucun doute: les vertus morales sont spécifiquement inégales entre elles.

En effet, ce qui est formel dans la vertu, c'est son rapport avec la raison, car la raison est le principe et la cause de tout bien humain. Or, les vertus ont des rapports gradués avec la raison:

La prudence perfectionne la raison *elle-même*, et, par suite, l'emporte en perfection sur les autres vertus qui perfectionnent l'appétit en tant que celui-ci *participe de la raison;*

Parmi les vertus qui perfectionnent l'appétit, la justice est la plus parfaite, parce qu'elle a son siège dans la volonté qui est plus proche de la raison que l'appétit sensible;

Enfin, la force est supérieure à la tempérance, parce que l'appétit irascible qu'elle règle participe plus de la rationalité que l'appétit concupiscible: les mouvements de l'appétit irascible impliquent résistance au plaisir et à la douleur.

Donc, les vertus morales sont spécifiquement inégales, et elles se graduent selon l'échelle suivante: au sommet, la *prudence*; ensuite, la *justice*, la *force*, et, au bas, la *tempérance.*

2° Nous pouvons nous demander, en parlant de l'égalité ou de l'inégalité des vertus, si telle vertu est plus grande chez un sujet que chez un autre, et plus grande aujourd'hui ou demain chez le même sujet.

Deux points de vue sont à distinguer:
l'extension de l'objet;
la participation de la vertu dans le sujet.

a) Si nous considérons l'extension de son objet, nous devons dire qu'une vertu ne peut être plus grande chez un sujet que chez un autre, car, toute vertu, pour être telle, doit s'étendre à tout ce qui est de son domaine. Elle ne peut exclure quoi que ce soit de celui-ci. Toute exclusion serait une offense à la raison, et, par suite, une négation de la vertu.

Exemple: Un homme qui ne respecte pas le droit d'un seul être n'est pas un homme juste, même si, par ailleurs, il respecte intégralement la justice.

b) Si nous considérons la participation de la vertu dans le sujet, nous devons dire que telle vertu est plus grande chez un sujet que chez un autre, plus grande aujourd'hui ou demain chez le même sujet.

En effet, tel sujet peut être mieux disposé qu'un autre à atteindre le juste milieu rationnel qui est le but de la vertu humaine; le même sujet peut être lui-même mieux disposé aujourd'hui ou demain à atteindre ce juste milieu.

Les causes de ces différences peuvent être soit une meilleure disposition de la nature, soit une plus grande accoutumance, soit un jugement plus perspicace de l'esprit, soit un secours extérieur plus grand, comme celui de la grâce.

3° Une dernière question au sujet de l'égalité et de l'inégalité des vertus est la suivante: les vertus, dans un même sujet, sont-elles égales d'une certaine égalité de proportion? Par suite, croissent-elles ou décroissent-elles chez lui d'une manière égale, tout comme les doigts de la main qui, bien qu'inégaux entre eux, gardent dans leur croissance une proportion identique?

Nous devons distinguer deux aspects de la vertu:

l'aspect formel, c'est-à-dire le juste milieu conforme à la raison;
l'aspect matériel, à savoir l'inclination même à l'acte vertueux.

a) *Sous le premier aspect,* les vertus sont toujours, dans un même sujet, égales entre elles d'une égalité de proportion.

L'égalité proportionnelle n'est, en effet, qu'une connexion dans la quantité. Or, les vertus morales sont connexes entre elles, comme nous l'avons vu: il y a une dépendance réciproque entre la prudence qui connait le juste milieu et les autres vertus morales. Donc, sous leur aspect formel, les vertus morales sont toujours proportionnellement égales dans un même sujet: toute augmentation ou diminution d'une vertu morale a son influence sur la prudence qui applique au juste milieu conforme à la raison, et par suite, sur les autres vertus morales considérées sous leur aspect formel.

b) *Sous le second aspect,* c'est-à-dire quant à l'inclination à l'acte vertueux, les vertus ne sont pas toujours proportionnellement égales dans un même sujet. Un même homme peut avoir plus d'inclination aux actes d'une vertu qu'à ceux d'une autre. Voilà pourquoi un saint peut exceller plus dans une vertu que dans une autre.

371 - *Le vice.* — 1° Le vice est l'opposé de la vertu. Il se définit: *un «habi-tus» opératif d'où émanent des actes mauvais.*

Cette définition s'explique par ce que nous avons dit de le vertu.

2° *Les vices sont plus nombreux que les vertus.* — La vertu consiste dans un juste milieu; le vice lui est opposé par excès et par défaut.

De plus, tandis que le bien existe lorsque rien ne manque à une chose de ce qu'elle doit avoir, le mal provient de n'importe quelle déficience. Voilà pourquoi le mal est plus fréquent et arrive plus facilement que le bien.

3° *Les vices ne sont pas connexes comme les vertus.* — Il arrive souvent qu'un vice serve de frein à l'exercice d'un autre vice. *Exemple:* l'avarice peut être un obstacle à l'intempérance.

4° *Les vices ne sont pas égaux entre eux.* — Car, les actes mauvais, c'est-à-dire les péchés qui en procèdent, ont des degrés divers de malice.

Le degré de malice des vices se mesure d'abord par les objets: plus la perfection à laquelle est opposé le vice est grande, plus le vice aura de malice.

Le degré de malice des vices se mesure aussi, dans un certain sens, à leur degré de participation dans le sujet: un vice plus difficile à corriger est plus grand qu'un vice facile à corriger.

ARTICLE II

LA PRUDENCE

1. — La prudence elle-même.

372 - Définition de la prudence. — La prudence se définit: *la vertu par laquelle la raison pratique dirige les actes humains dans leur individualité concrète* (recta ratio agibilium).

a) *La vertu:* la prudence est une vertu cardinale, comme nous l'avons montré;

b) *Par laquelle la raison pratique:* la prudence est une vertu intellectuelle dont le sujet est la raison pratique, et non la raison spéculative. Elle se distingue donc des habitus de l'intellect spéculatif;

c) *Dirige les actes humains:* la prudence se distingue de *l'art,* vertu de la raison pratique qui a pour objet une *oeuvre* à produire (factibile).

Comme l'agir est une oeuvre de *libre choix,* la prudence, pour le diriger, devra *tenir conseil, juger* et enfin *appliquer* à l'agir. L'application à agir (le commandement ou intimation vertueuse—«imperium») est l'acte principal de la prudence;

d) *Dans leur individualité concrète:* la prudence porte sur les actes humains comme ordonnés à la fin. Elle ne rectifie donc pas la volonté, elle dirige la détermination et le choix des moyens individuels en vue de la fin.

373 - La prudence et la syndérèse. — La prudence suppose l'intention droite de la fin dans tous les domaines de l'activité morale. Ce sont les vertus morales qui rectifient universellement l'intention de la fin, chacune dans son domaine propre.

Mais cette rectification de la volonté doit être à son tour dirigée par un «habitus» de l'intelligence, car la volonté suit l'intelligence.

Cet «habitus» de l'intelligence proposant les fins à la volonté s'appelle la *syndérèse*.

La syndérèse se définit: *l'«habitus» par lequel l'intelligence connaît les premiers principes de la moralité*. Elle correspond *à l'intelligence* en tant qu'«habitus» des premiers principes spéculatifs.

On voit très clairement la relation entre la syndérèse, les vertus morales et la prudence.

La syndérèse fait connaître les fins déterminées par la nature.

Les vertus morales disposent la volonté à la recherche de ces fins.

La prudence, par un raisonnement correct et une direction pratique, détermine le moyen qui convient, dans la pratique concrète de la vie, à la fin recherchée.

374 - LA PRUDENCE ET L'ART. — 1° La prudence est une vertu intellectuelle qui règle l'acte humain en tant qu'humain, c'est-à-dire en tant que volontaire et libre (agibile).

L'art est une vertu intellectuelle qui a pour objet une œuvre à produire (factibile).

2° Une œuvre à produire, un *factibile*, c'est *proprement* un effet d'une action transitive. Exemple: une maison, une statue.

Mais l'expression *s'étend* aussi à l'opération elle-même considérée non pas en tant que *volontaire* ou *libre*, mais en tant qu'ordonnée à des fins ou des perfections particulières. *Exemple:* l'opération de la raison ordonnée à la connaissance de la vérité.

De là vient la distinction entre les *arts serviles* et les *arts libéraux*.

Les arts serviles sont ceux qui portent sur les effets *permanents* de l'action transitive: une maison, un bateau, etc.

Ces arts sont dits *serviles* parce que, portant sur les effets plutôt que sur les opérations, ils s'exercent sur des matières extérieures qui doivent être transformées et façonnées par le travail corporel.

Les arts libéraux sont ceux qui portent plutôt sur les opérations que sur les effets. Ils ordonnent soit l'opération immanente, comme la Logique ordonne médiatement les actes de la raison, soit l'opération transitive ne produisant qu'un effet transitoire. *Exemple:* l'artiste qui touche la lyre produit le son qui n'est pas un effet permanent, mais un effet transitoire. Voilà pourquoi l'art de ce joueur est un art libéral.

3° De ces notions, nous pouvons voir comment la prudence et l'art se distinguent.

a) La prudence et l'art se distinguent d'abord *eu égard à leur matière*.

La matière de la prudence, c'est *l'agir*, c'est-à-dire l'acte humain en tant que volontaire et libre.

La matière de *l'art*, c'est l'oeuvre à occomplir — le *factible* — c'est-à-dire soit les effets permanents de l'action transitive, soit les opérations elles-mêmes, non pas en tant que volontaires ou libres, mais en tant qu'ordonnées à des fins ou perfections particulières.

b) Deuxièmement, la prudence et l'art se distinguent par la *forme* qu'ils produisent.

La forme que la prudence introduit dans les actes humains, c'est leur régulation morale par rapport à la fin qui leur convient.

Cette régulation n'est pas imprimée dans les actes humains comme une forme dans une matière. Elle provient de ce que la prudence produit les actes humains en les ordonnant à des objets réglés et disposés selon les règles prudentielles. La régulation de la prudence atteint d'abord les objets, et comme conséquence atteint l'acte humain lui-même.

La forme que l'art introduit, c'est la conformité à l'idée de l'artiste. Cette conformité à l'idée de l'artiste s'imprime dans la chose extérieure par une qualité qui l'actue comme la forme actue la matière, qui la transforme de telle sorte qu'elle représente l'idée de l'artiste.

Si l'art est libéral, il atteint d'abord les objets, tout comme la prudence.

Mais la régulation de l'art libéral diffère de la régulation de la prudence.

La prudence dirige les actes humains en conformité aux lois morales et à l'intention rectifiée de la fin: elle rectifie *le libre choix* de celui qui agit.

L'art libéral ne rectifie pas le libre choix de celui qui agit; il fait abstraction de l'intention et de la rectitude de la volonté, mais ne rectifie en soi que la chose à connaître ou à produire en conformité à la fin de l'art.

c) *Troisièmement*, la prudence et l'art se distinguent quant à leurs modes de procéder.

Nous pouvons considérer ces modes de procéder soit *dans leurs rapports avec l'intelligence*, soit *dans leurs rapports avec la volonté*.

Du côté de l'intelligence, l'art procède selon des règles déterminées et fixes, tandis que la prudence procède selon des règles arbitraires et variables.

Les règles de la science morale sont fixes, il est vrai. Mais, par rapport à l'acte concret, ces règles, parce que générales, restent indéterminées et par elles-mêmes inefficaces. La prudence doit donc déterminer ce que la science morale et la loi générale ne sauraient définir. Et cette détermination de la prudence varie avec la diversité des occasions, des circonstances et des négoces où s'agite la vie humaine.

Les règles de l'art, au contraire, ne varient pas selon la diversité des occasions ou des circonstances.

Envisagé du côté de la volonté, l'art ne requiert pas que l'artiste comme tel agisse avec une intention droite, avec une liberté complète, ou avec fermeté et par habitude. Il demande seulement que l'artiste agisse avec connaissance.

La prudence, au contraire, requiert l'intention droite, la liberté, la fermeté et l'habitude.

Voilà pourquoi l'artiste comme tel n'est pas à blâmer s'il pèche contre son art par libre choix et non par ignorance.

Par contre, l'homme qui pèche volontairement est plus à blâmer que celui qui pèche involontairement, car il pèche avec plus de malice.

375 - L'ART ET LA MORALITÉ. — 1° Selon certains auteurs, l'art est tellement supérieur que l'artiste, dans l'*usage* de son art, n'a pas à s'occuper de la loi morale. Ce serait là, disent-ils, imposer une limite à l'art qui est une vertu supérieure aux vertus morales.

Selon d'autres auteurs, l'art se justifierait par son utilité morale.

2° Contre ces auteurs, nous établissons les deux propositions suivantes:

1) L'art, envisagé en lui-même, est indépendant de la moralité.

L'art, en lui-même, dépendrait de la moralité, si la vertu morale était nécessaire pour produire une œuvre parfaite. Or, la vertu morale n'est pas nécessaire pour produire une œuvre parfaite. Donc, l'art est indépendant de la moralité.

À la majeure. — Si l'art, en lui-même, dépendait de la moralité, il devrait être réglé par les vertus morales pour atteindre son objet. Or, l'objet de l'art, c'est l'œuvre à produire. Donc...

À la mineure. — La production d'une œuvre parfaite ne présuppose pas la rectitude de l'appétit: un très grand pécheur peut être un logicien ou un grammarien accompli. Or, les vertus morales ont pour matière la rectification de l'appétit. Donc, la vertu morale n'est pas nécessaire pour produire une œuvre parfaite.

2) L'usage de l'art est soumis à la loi morale.

L'usage de l'art est un acte humain par lequel on ordonne l'art ou l'œuvre d'art au bien de l'homme. Or, cet acte humain est soumis à la loi morale. Donc, l'usage de l'art est soumis à la loi morale.

Cette subordination de l'art, dans son usage, à la moralité, oblige et celui qui contemple une œuvre d'art ou s'en sert, et l'artiste qui produit l'œuvre d'art. Mais elle s'impose surtout à la conscience de l'artiste.

L'artiste ne peut donc pas se servir de son art, sans user d'une grande prudence. La condition d'homme qui se trouve chez lui le demande.

Ainsi un artiste ne peut, sans pécher, produire des œuvres qui seraient pour autrui des occasions directes de péché.

De même, l'artiste ne peut mettre sa fin dernière dans son art ou dans ses œuvres d'art.

376 - LA VÉRITÉ PROPRE À LA PRUDENCE. --- 1° La prudence, parce qu'elle est une *vertu intellectuelle*, doit, d'une part, porter sur la vérité d'une manière infaillible. D'autre part, les actes concrets que règle la prudence constituent une manière contingente et variable, et, par suite, exposent le prudent à des erreurs fréquentes.

La difficulté se pose donc comme suit: la prudence, comme vertu, doit être infaillible; mais par sa matière, elle est exposée à porter des jugements erronés.

2° Pour résoudre cette difficulté, notons d'abord que la vérité propre à·l'acte de prudence n'est pas une vérité *spéculative*, mais une vérité *pratique*.

La vérité spéculative est la conformité de la connaissance à ce qui est.

La vérité pratique est la conformité à la règle ou la mesure. C'est une vérité de régulation.

Notons de plus que la mesure ou le principe de l'acte de prudence, c'est l'intention droite de la fin, c'est-à-dire l'appétit rectifié de la fin.

Par suite, l'acte de prudence, parce qu'il est toujours conforme à son principe, c'est-à-dire à l'intention droite de la fin, dirige l'agir humain comme il le doit, et, sous cet aspect, il est infaillible, quoiqu'il puisse errer sur la nature des choses ou sur leur résultat.

En termes plus brefs, la prudence est infaillible dans sa direction, en assurant *un mode de procéder* certain, quoiqu'elle puisse errer sur les choses considérées dans leur nature ou leur existence.

Exemple: celui qui a l'intention droite et qui apporte à agir toute l'attention dont il est capable, procède comme il le doit et pose un acte bon, quoique son jugement puisse ne pas être, en tous points, conforme à la réalité. Il peut, en effet, faire une erreur spéculative sur la nature des moyens qu'il choisit, sur l'existence ou l'interprétation de la loi, etc., sans errer dans son mode d'agir.

Note. Nous voyons, par là, la nécessité de purifier ses intentions.

377 - LES ACTES DE LA PRUDENCE. — Nous avons dit que les actes ou les fonctions de la prudence sont au nombre de trois: *le bon conseil, le jugement droit et l'intimation vertueuse (imperium) ou l'application à agir.*

Nous devons expliquer ces trois actes de prudence.

La prudence, tout d'abord, tient *conseil;* elle cherche quels moyens et quelles circonstances sont nécessaires pour que l'acte humain soit honnête et vertueux.

Elle *juge* ensuite que les moyens cherchés et trouvés sont bons et convenables. Elle juge, par exemple, que la restitution doit se faire de telle manière, selon telles circonstances de temps, de lieu, etc

Enfin, elle *applique* les autres vertus morales à l'action par le *commandement* ou l'*intimation vertueuse* (imperium).

Le commandement ou l'intimation vertueuse est l'acte principal de la prudence. Car, quelque science qu'on ait de ce qu'on doit faire, si on ne s'applique pas à l'acte quand on le doit, on est *imprudent*.

DIFFICULTÉ. — Les vertus morales portent sur la fin, tandis que la prudence porte sur les moyens. Or, la vertu qui porte sur la fin commande à la vertu qui porte sur les moyens: l'architecte commande aux manœuvres. Donc, les vertus morales commandent à la prudence, et l'intimation vertueuse ou l'imperium n'est pas l'acte principal de la prudence.

À la majeure. — La prudence porte sur les moyens seulement, je nie; sur les moyens et la fin concrète; je concède.

À la mineure. — La vertu qui porte sur la fin concrète commande à la vertu qui porte uniquement sur les moyens, je concède; une vertu qui a pour objet la fin en général commande à la vertu qui porte sur les moyens et la fin prise concrètement, je nie.

Explication. La fin des vertus morales peut être considérée sous son aspect général ou sous son aspect individuel.

C'est la syndérèse qui prescrit la fin des vertus morales sous son aspect général, aspect que l'on peut exprimer ainsi: il faut être tempérant, il faut agir avec justice, il faut souffrir avec force.

Les vertus morales rectifient l'appétit à l'égard de la fin ainsi proposée par la syndérèse.

Mais la vertu morale est appliquée par la prudence à la fin prise individuellement, dans telle circonstance. C'est, en effet, la prudence qui applique, dans les cas concrets, la vertu morale à son juste milieu, parce qu'elle ne détermine pas seulement les moyens pour atteindre la fin, mais parce qu'elle commande de tendre à la fin et d'atteindre la fin par les moyens qu'elle a dictés.

2. — Les parties intégrantes de la prudence.

378 - LES PARTIES INTÉGRANTES DE LA PRUDENCE SONT AU NOMBRE DE HUIT.— Les parties intégrantes d'une vertu sont les perfections ou dispositions qui coopèrent à la production d'un acte complet de cette vertu.

Les parties intégrantes de la prudence sont au nombre de huit:

1. — la *mémoire*;
2. — l'*intelligence* (intuition);
3. — la *docilité* (ou souplesse);
4. — la *sagacité personnelle* (eustochia, solertia);

5. — la *raison;*
6. — la *prévoyance;*
7. — la *circonspection;*
8. — la *précaution* ou *mise en garde.*

Les cinq premières parties sont ordonnées aux deux actes de connaissance impliqués dans l'acte prudentiel, tandis que les trois dernières assurent le *commandement* ou intimation vertueuse et perfectionnent surtout la *prudence* elle-même.

Examinons chacune de ces parties.

1° La *mémoire* n'est pas prise ici comme faculté, mais comme souvenir des événements passés. Elle est nécessaire à la prudence qui, pour tenir conseil au sujet d'une matière contingente et variable comme l'acte humain et pour en juger, doit s'appuyer sur ce qui arrive dans la plupart des cas. Or, l'expérience seule renseigne sur ce qui arrive dans la plupart des cas, et l'expérience est constituée par le souvenir des événements passés. Donc, la mémoire, prise comme souvenir des événements passés, est nécessaire à la prudence.

2° L'*intelligence* ne s'entend pas ici de la faculté, ni de l'«habitus» des premiers principes, mais de la connaissance des choses présentes et de l'appréciation juste d'une fin morale ou d'un principe moral particulier.

L'intelligence, en ce sens, est nécessaire à l'acte de prudence, car, pour qu'un homme juge prudemment, il doit connaître clairement le présent et le principe moral qu'il appliquera à une conclusion pratique.

3° La *docilité* est l'aptitude à accepter un conseil, une suggestion, un avertissement.

Les opérations que dirige la prudence sont d'une diversité presque indéfinie. Un seul homme ne peut acquérir par lui-même l'expérience et la connaissance qui le guideront dans une matière aussi complexe. Voilà pourquoi, dans la ligne de la prudence, l'homme doit avoir recours à autrui, surtout aux sages qui ont un jugement sain de l'agir humain et de ses fins.

4° La *sagacité personnelle* (solertia) est la facilité et la promptitude à trouver le moyen qui convient, surtout lorsqu'il faut agir promptement.

5° La *raison* est nécessaire à la prudence, car la prudence tient conseil. Et pour tenir conseil, la prudence doit rechercher en passant d'une considération à une autre. Cette recherche est le propre de la raison. La prudence exige donc que l'homme puisse raisonner.

6° La *prévoyance* peut s'entendre soit de l'ordination des moyens à la fin, soit de la considération des conséquences que peut entraîner tel ou tel acte pour l'avenir. Il est évident que la prévoyance, sous ces deux aspects, coopère à l'acte parfait de la prudence.

7° La *circonspection* est la considération attentive des circonstances. Elle est nécessaire à l'acte de la prudence, car l'objet d'un acte humain peut être, en soi, bon et convenable à la fin, et cependant devenir inopportun et mauvais par suite d'une circonstance déterminée.

8° La *précaution* ou *mise en garde* (cautio) est le soin d'éviter les difficultés qui pourraient empêcher ou vicier de l'*extérieur* un acte *de vertu*.

3. — Les parties subjectives de la prudence.

379 - Division spécifique de la prudence. — 1° Les parties subjectives d'une vertu sont les espèces de cette vertu.

2° La prudence se divise spécifiquement en *prudence personnelle* et en *prudence politique* (prudentia gubernativa).

3° La prudence politique est un genre qui se subdivise en plusieurs espèces: la *prudence économique*: prudence de celui qui dirige la famille; la *prudence de gouvernement* (prudentia regnativa), la *prudence politique* prise en un sens particulier. et la *prudence militaire*.

4° a) La *prudence personnelle* est celle qui concerne le bien privé.

b) *La prudence politique au sens générique* est la prudence qui a pour objet direct le bien d'une communauté ou d'une société.

c) La *prudence économique* est celle qui régit la famille.

d) La *prudence de gouvernement* est la prudence du prince, c'est-à-dire de celui qui gouverne la société parfaite: la cité ou la société civile.

e) La *prudence politique prise au sens spécifique ou particulier* est la vertu du citoyen qui doit obéir prudemment comme le prince doit commander prudemment.

f) La *prudence militaire* est celle qui régit l'armée non seulement en ce qui concerne son organisation intérieure, mais aussi dans la bataille contre l'ennemi.

4. — Les parties potentielles de la prudence.

380 - L'eubulie, la synèse, la gnomé. — 1° Les parties potentielles d'une vertu cardinale sont des vertus annexes qui ne réalisent pas toute l'essence de la vertu cardinale, mais qui en accomplissent les actes secondaires.

Les parties potentielles de la prudence sont l'*eubulie*, la *synèse*, la *gnomé*.

2° L'*eubulie* est cette vertu qui donne l'habileté dans le conseil.

La *synèse* est la vertu qui permet de bien juger des choses à faire d'après les lois et les règles communes de l'agir humain.

La *gnomé* est la vertu qui permet de bien juger des choses à faire d'après les principes supérieurs lorsqu'il faut s'éloigner des règles ordinaires de l'activité humaine, et non de l'esprit du législateur.

3° L'*eubulie*, la *synèse*, la *gnomé* sont des vertus, car elles sont des principes d'opération d'où émanent des actes humains bons.

Elles sont des vertus distinctes de la prudence et distinctes entre elles.

Elles sont distinctes de la prudence, car leurs actes sont séparables de l'acte principal de la prudence qui est le commandement ou l'intimation vertueuse.

On peut, en effet, bien délibérer ou bien juger sans être habile à appliquer — à commander — les vertus morales.

L'*eubulie* et la *synèse* sont des vertus distinctes entre elles, car, le conseil et le jugement ont chacun leur difficulté propre. Tel délibère bien qui est peu capable de juger et inversement.

De même, la *gnomé* est une vertu distincte de la *synèse*, parce que son acte propre, c'est-à-dire le jugement selon les principes supérieurs, comporte des difficultés que ne comporte pas l'acte propre de la *synèse*, c'est-à-dire le jugement selon les règles communes.

En termes plus brefs, la *gnomé* est à la *synèse* comme la sagesse est à la science.

5. — Les vices opposés à la prudence.

381 - LES VICES OPPOSÉS À LA PRUDENCE PAR DÉFAUT. — Les vices qui constituent les défauts de la prudence sont les *imprudences*. Ils s'opposent soit à la prudence elle-même, soit à telle ou telle de ses parties. Telles sont *l'imprudence* (proprement dite), la *précipitation*, *l'inconsidération* ou *témérité*, *l'inconstance* et la *négligence*.

1) *L'imprudence* peut s'entendre de trois manières:

a) *Négativement*, selon qu'elle dit la simple négation ou absence de prudence. Sous cet aspect, elle peut ne pas être un principe de péché. *Exemple:* l'imprudence de l'enfant;

b) *Privativement*, selon qu'elle dit l'absence de la prudence qu'un homme devrait posséder. Sous cet aspect, elle participe à tous les vices. Car, de même que la prudence se trouve par participation dans toutes les vertus, en tant qu'elle dirige les actes de toutes les vertus, ainsi l'imprudence est présente à tous les vices et à tous les péchés. On ne peut, en effet, commettre un péché, sans qu'il y ait une défaillance dans la raison qui dirige les actes humains;

c) *Par opposition de contrariété* à la prudence, selon que la raison agit directement contre la prudence, en méprisant ou en rejetant directement un conseil, une prescription divine. Sous cet aspect, l'imprudence est un péché spécial directement opposé à la vertu de prudence.

2) La *précipitation* est le vice opposé à la vertu d'*eubulie*. Elle fait omettre les actes à poser pour *tenir conseil*. Ces actes se rapportent à la *mémoire*, à la *docilité* et à la *raison*, considérées comme parties potentielles de la prudence.

3) L'*inconsidération* est le vice opposé à la *synèse* et à la *gnomé*. Elle fait omettre ou négliger ce qui est nécessaire en vue du jugement à porter.

4) L'*inconstance* est le vice qui empêche la raison de commander, après qu'elle a tenu conseil et porté jugement.

Par l'inconstance, l'homme abandonne la poursuite du bien qu'il s'était proposé d'atteindre. Cet abandon a lieu à cause d'un désir désordonné d'un autre bien. Voilà pourquoi l'inconstance a sa source dans l'appétit. Elle se complète cependant dans l'intelligence: un homme abandonne la poursuite d'un bien, parce qu'il change son jugement au sujet de ce bien. Sous cet aspect, l'inconstance est opposée à la prudence.

L'imprudence, la précipitation, l'inconsidération et l'inconstance surgissent de la luxure comme de leur source principale. En effet, la prudence est une vertu intellectuelle. Elle trouvera sa perfection en faisant abstraction des biens sensibles. La luxure, par contre, absorbe l'âme et l'attire aux jouissances sensibles. Elle porte donc atteinte, d'une manière spéciale, à l'appréciation propre à la prudence.

5) La *négligence* peut s'entendre soit de l'*omission d'un acte qu'on devrait poser*, soit du *manque de sollicitude*.

En tant qu'omission d'un acte à poser, la négligence n'est pas opposée à la prudence, mais à la vertu dont relève l'acte à poser. Ainsi, la négligence à restituer est opposée à la justice.

Comme manque de sollicitude, elle est opposée à la prudence. Elle se définit sous cet aspect: *le manque de sollicitude requise dans l'acte intérieur de l'intelligence pour exciter et diriger la volonté à l'exécution d'un acte bon.*

La négligence empêche donc le commandement ou l'intimation vertueuse de la prudence. Elle se distingue cependant de l'inconstance. *L'inconstant* ne passe pas à l'intimation vertueuse, après avoir tenu conseil et jugé, comme s'il en était empêché par un autre; le *négligent* agit de la même façon, parce que sa volonté fait défaut.

La négligence se distingue aussi de *l'omission*, de la *paresse*, de la *torpeur*.

La *négligence*, en effet, porte sur l'acte intérieur de la raison qui ne commande pas ce qu'elle devrait commander.

L'omission porte sur l'acte extérieur.

La *paresse* et la *torpeur* se rattachent à l'exécution de l'acte. La paresse comporte la lenteur à se mettre à l'œuvre, tandis que la torpeur inclut l'indolence dans l'exécution elle-même.

882 – LES VICES OPPOSÉS À LA PRUDENCE PAR EXCÈS. — Les vices opposés à la prudence par excès sont la *prudence de la chair, l'astuce, le dol,* la *fraude,* la *sollicitude désordonnée des choses temporelles et de l'avenir.*

1) La *prudence de la chair* est ce vice qui oriente l'activité humaine vers les biens charnels. Si l'homme met sa fin dernière dans les biens charnels, la prudence de la chair est un péché grave. Elle est un péché véniel, si l'homme s'attache d'une manière désordonnée aux biens de la chair, sans toutefois les considérer comme sa fin dernière.

2) L'*astuce*, au sens propre, incline l'homme à user de machinations et de faux fuyants pour obtenir une fin, que cette fin soit bonne ou mauvaise.

3) Le *dol* et la *fraude* portent sur l'exécution de l'astuce.

La fraude pousse à l'usage des actions ou des faits, tandis que le dol consiste *principalement* dans l'emploi des mots.

4) La *sollicitude* comporte une certaine application à conserver une chose ou à poursuivre un but.

La sollicitude des choses temporelles et de l'avenir peut être illicite de trois manières:

a) Si les choses temporelles sont poursuivies comme des fins de préférence aux choses spirituelles;

b) Si on emploie trop de soin à conserver ou à acquérir les cnoses temporelles;

c) Si l'on s'inquiète hors de propos au sujet du nécessaire.

Il y a une sollicitude permise des choses temporelles et de l'avenir. Seule la sollicitude exagérée est à condamner.

ARTICLE III

LA JUSTICE

1. — L'objet de la justice.

383 - L'OBJET DE LA JUSTICE. — L'objet de la justice est ce qui est juste, comme il est évident. Ce qui est juste peut être pris en un sens général et en un sens plus restreint.

Ce qui est juste, au premier sens, est ce qui est conforme à la loi. Au sens plus restreint, le juste est ce qui est dû à autrui. Dans les deux cas, le juste est le droit. Donc, l'objet de la justice est le droit.

384 - EMPLOIS DIVERS DU MOT DROIT. — 1° Selon sa signification première. le droit signifie ce qui est juste, ou la chose juste. C'est le *droit objectif* dont nous parlerons plus bas.

2° En un sens dérivé, le droit désigne la faculté d'exiger une chose comme sienne. C'est le *droit subjectif* ou le droit-faculté.

3° Enfin, nous employons le mot droit pour désigner la loi ou l'ensemble des lois, l'art par lequel on connait ce qui est juste (*étudier le droit*), le lieu où le droit est rendu (*comparaître en droit*), la sentence du juge (*rendre le droit*).

385 - LE DROIT OBJECTIF. — Le droit objectif est ce qui est dû à autrui. Ce qui est dû à autrui est ce qui lui est ajusté en conformité à la loi qui est la mesure de l'activité humaine.

Nous voyons par là les éléments contenus dans le droit objectif. Le droit objectif est à *autrui*. Il met donc des personnes en relation.

Mais, comme les personnes ne communiquent que par les opérations extérieures ou les choses, le droit comporte l'existence d'un intermédiaire entre les personnes; c'est la chose juste, c'est-à-dire l'opération extérieure ou la chose.

Cette opération extérieure ou cette chose est due à autrui, parce qu'elle lui est ajustée.

Donc le droit objectif comprend trois éléments:

a) une opération extérieure ou une chose, ou plutôt deux choses;

b) une relation d'ajustement ou d'égalité entre ces deux choses et, par suite, entre deux personnes;

c) une relation d'exigence ou de nécessité en vertu de laquelle *l'autrui* peut réclamer une chose comme sienne.

La chose ou l'opération extérieure est le droit objectif pris *matériellement*.

La relation d'égalité est ce qui constitue *formellement* le droit objectif.

La relation d'exigence ou de nécessité est une conséquence de la relation d'égalité: autrui peut réclamer une chose comme sienne, parce qu'elle lui est ajustée.

Le droit objectif peut donc se définir: *ce qui est ajusté et dû à autrui.*

386 - Le droit subjectif. — Le droit subjectif, appelé droit-faculté, se définit: *la puissance légitime et inviolable d'avoir, de faire ou d'exiger quelque chose comme sien, à son propre avantage.*

a) *Puissance légitime*, c'est-à-dire pouvoir conforme à la loi, et, par suite, pouvoir *moral*, et non pas simple capacité physique;

b) *Inviolable:* personne ne peut licitement empêcher l'exercice de ce pouvoir, car le droit-faculté impose à autrui l'obligation de le respecter;

c) *D'avoir, de faire ou d'exiger quelque chose*: ces mots indiquent l'objet du droit subjectif, qui est triple: *la possession des choses extérieures, l'exercice* (ou le non-exercice) *de facultés propres, la prestation d'un service par autrui*, ou l'action d'autrui;

d) *Comme sien, à son propre avantage*: le droit subjectif, au sens propre, est le pouvoir qu'a un homme de se servir d'une chose exclusivement pour sa propre utilité. Il se distingue du droit de juridiction par lequel un homme dirige les autres hommes en vue de leur bien.

387 - Relation entre le droit objectif et le droit subjectif. — 1° Certains scolastiques, comme Suarez, Billuart, etc., enseignent que le droit subjectif est le droit au sens rigoureux et premier, et qu'il est le fondement du droit objectif. Car, disent-ils, une chose est ajustée et due à *autrui,* parce qu'autrui a le droit subjectif ou la faculté morale d'exiger cette chose comme sienne.

Ils ajoutent qu'au droit subjectif chez l'un correspond le devoir ou l'obligation de respecter ce droit chez l'autre. Le droit subjectif est, en effet, une faculté *inviolable.*

Les modernes, particulièrement les juristes, ont adopté cette conception du droit. Elle est opposée à l'enseignement d'Aristote et de saint Thomas, et nous ne devons pas l'accepter.

2° Le droit, au sens premier, strict et formel, est le droit objectif. Le pouvoir moral d'exiger une chose comme sienne, n'est appelé un droit que parce qu'il porte sur le droit objectif. Il n'est un droit que par *dénomination extrinsèque* et que par *analogie d'attribution.*

En effet, nous avons le pouvoir moral de faire, de posséder ou d'exiger une chose, une action, parce qu'au *préalable* cette chose, cette action nous est adaptée et due en conformité à la loi. Cette chose ou cette action due est le droit objectif.

Le droit objectif a pour corrélatifs chez l'un le pouvoir moral ou le droit subjectif, et chez l'autre le *devoir* de justice. Le droit objectif est, en effet, l'objet de la justice.

3° *Dans la conception aristotélicienne et thomiste,* le droit-faculté et la justice sont mesurés par la chose, la réalité ajustée en conformité à la loi. Et comme la loi ordonne au bien commun, tout l'ordre juridique est orienté vers le bien commun.

Dans la conception moderne, le droit prend l'aspect d'une certaine indépendance, d'une autonomie ou d'une liberté. Car, dans cette conception, le droit, au sens premier, est une faculté morale, c'est-à-dire une liberté. Et cette liberté a la primauté sur le droit objectif. Elle n'est plus mesurée sur la chose due, mais la chose due est à la mesure de la faculté morale ou de la liberté.

Par suite, tout l'ordre juridique est orienté vers la liberté plutôt que vers le bien commun. De là découlent logiquement les erreurs modernes de l'individualisme. L'État a pour fin la protection des libertés individuelles: liberté de pensée, liberté de presse, liberté du culte, liberté économique ou libéralisme économique, etc.

388 - Division du droit. — 1° *Division du droit objectif.* — 1) En raison de son origine, le droit objectif se divise en *droit naturel* et en *droit positif.*

a) Le droit naturel est *celui qui est déterminé par la nature.*

Le droit positif est *celui qui est établi par une loi, un contrat ou une volonté commune.*

b) Le droit naturel est *immédiat* et *médiat.*

Le droit naturel immédiat est la chose dont la commensuration à autrui est établie par la nature sans relation à une autre chose. Exemple: rendre le dépôt.

Le droit naturel médiat est la chose dont la commensuration naturelle à autrui est établie en relation avec une autre chose. *Exemple:* la division de la propriété privée n'est pas voulue pour elle-même par la nature; elle est voulue en vue de la paix et de la concorde entre les hommes.

Le droit naturel médiat est établi par un raisonnement, sous l'impulsion de la nature.

Les anciens scolastiques le désignaient sous le nom de *droit des gens*, et le ramenaient tantôt au droit naturel, parce qu'il est constitué sous la poussée de la nature, et tantôt au droit positif, parce qu'il est établi par un raisonnement.

L'expression: *droit des gens*, se comprend facilement. Ce droit positif, si près de la nature, est admis par tous les peuples.

Aujourd'hui, nous entendons par droit des gens, le droit international qui régit les rapports soit entre les différents peuples, soit entre les personnes des différentes nations.

c) Le droit positif est *divin, humain*, selon qu'il est déterminé par une loi divine ou humaine. Le droit humain est *civil* ou *ecclésiastique.*

2) En raison de sa nature de droit, le droit objectif se divise en *droit proprement dit* (jus simpliciter), et *en droit au sens diminué* (jus secundum quid.)

Cette distinction provient du fait que le droit dit rapport à *autrui.* Quand autrui est parfaitement *autre*, le droit réalise parfaitement sa nature. Quand autrui est comme une partie ou la chose de celui qui doit rendre le droit, le droit ne réalise pas parfaitement la notion du droit. Il est un droit au sens diminué.

a) Le droit proprement dit est *celui qui unit des personnes à l'intérieur d'un groupe politique.* C'est le droit politique (jus politicum).

Le droit au sens diminué (jus secundum quid) *est celui qui s'établit à l'intérieur de la société familiale.*

b) Le droit au sens diminué se divise en droit *paternel*, en droit du *maître*, et en droit *domestique*.

Le droit paternel est *celui qui relie les parents aux enfants.*

Le droit du maître est *celui qui oblige le maître et le serviteur.*

Le serviteur dont nous parlons ici, est le serviteur tel que défini par Aristote: celui qui, tout en conservant sa dignité d'homme, est comme la propriété du chef de famille qu'il sert.

Le droit qui existe entre le chef de famille et le serviteur qui loue ses services pour un salaire, n'est pas le droit du maître (jus dominativum), tel que nous venons de le définir. C'est plutôt le droit politique, car un tel serviteur n'est pas la chose du chef de famille.

Le droit domestique est *celui qui existe entre les époux.*

2° *Division du droit subjectif.* — 1) En raison de son principe, le droit subjectif se divise en droit *naturel* et en droit *positif*, tout comme le droit objectif et la loi.

2) En raison de son terme, le droit subjectif se divise en *droit réel* (jus in re) et en *droit personnel* (jus ad rem).

Le droit réel est *le droit que quelqu'un possède sur une chose déjà sienne.* Il donne prise sur la chose elle-même.

Pour l'existence d'un droit réel, trois conditions sont nécessaires:
a) *l'existence de la chose;*
b) *un titre légitime*, comme l'achat, le don fait par autrui, etc.;
c) *la transmission de la chose.*

Le droit personnel est *le droit d'exiger qu'autrui nous transmette une chose.* Ce droit confère le pouvoir sur la personne qui doit fournir la chose exigée.

Un titre légitime suffit pour constituer le droit personnel.

3) Au droit subjectif, se rattachent le *dominium*, l'*usufruit*, l'*usage* (usus).

a) Le mot *dominium*, (de dominus) comporte d'une part la puissance et l'autorité sur une chose ou une personne; d'autre part une sujétion de cette personne ou de cette chose, telle que cette chose ou cette personne puisse être dite la chose ou la personne d'autrui.

Le *dominium* est double:

> le *dominium* de juridiction: le pouvoir de gouverner des sujets;
>
> le *dominium* de propriété: le pouvoir de disposer d'une chose pour l'utilité personnelle.

Le *dominium de propriété* est double:

> le *dominium* entier et complet: le pouvoir sur la chose et sur les fruits ou bénéfices de la chose;
>
> le *dominium* imparfait et incomplet: le pouvoir sur la chose — la nue propriété — et non sur les fruits ou bénéfices de la chose (dominium direct); ou encore le pouvoir sur les fruits ou bénéfices de la chose, et non sur la chose elle-même (dominium utile).

b) *L'usufruit*: c'est le pouvoir ou le droit d'user d'une chose qui appartient à autrui, et d'en percevoir les fruits à titre définitif, le propriétaire de la chose n'en conservant que la nue propriété.

Celui qui a l'usufruit d'une chose n'a pas la propriété de cette chose; il peut cependant disposer des fruits de cette chose non pas uniquement en les faisant servir à son utilité propre, mais encore en les vendant, en les donnant, en les louant.

c) L'*usage* ou le *simple usage* est le droit que possède quelqu'un de se servir d'une chose d'autrui pour ses besoins personnels et quotidiens.

L'usage ne comporte pas le droit de disposer pour un tiers des fruits de la chose d'autrui, ou de les vendre, comme le comporte l'usufruit.

389 - Le sujet du «dominium» est exclusivement l'être doué d'intelligence. — 1° Nous entendons par *dominium*, le pouvoir général de disposer d'une chose pour sa propre utilité.

Le *dominium* entendu en ce sens comporte le droit subjectif.

2° Le sujet du *dominium* est l'être qui a ce pouvoir appelé *dominium*.

3° Nous disons que le sujet du dominium est exclusivement

l'être doué d'intelligence.

Nous entendons par là *premièrement* que tout être intelligent est capable de *dominium:* Dieu, les Anges, l'homme, l'enfant, le faible d'esprit qui n'a pas l'usage de sa raison, et même une personne morale, comme une société humaine.

Deuxièmement, nous affirmons que seul l'être doué d'intelligence est capable de droits.

4° Pythagore, Empédocle, Gerson, Arhens ont enseigné que les animaux irraisonnables ont des droits véritables.

Damiron accordait des droits à toutes les créatures.

Dans l'antiquité, on considérait l'esclave comme inapte à tout *dominium.*

5° *Prouvons notre énoncé.*

1) Seul l'être qui peut disposer de ses actes peut être sujet du *dominium.* Or, seul l'être doué d'intelligence et tout être doué d'intelligence a le pouvoir de disposer de ses actes. Donc, seul l'être doué d'intelligence et tout être doué d'intelligence est sujet du *dominium* et de droits.

À la majeure. - Le *dominium* et le droit subjectif est le pouvoir de disposer d'une chose. Donc, seul l'être qui dispose de ses actes peut avoir le *dominium,* car un être dispose d'une chose par ses actes propres. Il atteint une chose en agissant, en posant un acte.

À la mineure. - Un être dispose de ses actes quand il a la maîtrise sur ses actes. Or, seul l'être doué d'intelligence et de volonté a la maîtrise sur ses actes. Donc . . .

2) Seul l'être qui peut atteindre immédiatement la fin commune de tout l'univers peut être sujet du *dominium.* Or, seul l'être doué d'intelligence et tout être doué d'intelligence peut atteindre immédiatement la fin commune de tout l'univers. Donc, seul l'être doué d'intelligence et tout être doué d'intelligence est sujet du *dominium.*

À la majeure. — Lorsque plusieurs êtres sont ordonnés à une fin commune, l'être qui atteint immédiatement la fin commune dispose des êtres qui ne l'atteignent pas de la même manière, et les ordonne lui-même à la fin. En d'autres termes, les êtres qui n'atteignent pas la fin immédiatement sont pour *l'utilité* de celui qui l'atteint immédiatement. Celui-ci a donc sur ceux-là un pouvoir de supériorité, un *dominium*.

A la mineure. — Dieu est la fin commune de tout l'univers. Or, seul l'être doué d'intelligence et tout être doué d'intelligence a le pouvoir d'atteindre Dieu immédiatement par la connaissance et l'amour. Donc .. ...

390 - Le dominium absolu de dieu. — Dieu a un *dominium*, un pouvoir de souveraineté absolu, universel, et indépendant sur toutes les créatures. Le titre de ce pouvoir, c'est son acte libre de création et de conservation par lequel il produit et conserve l'existence de toute creature.

391 - Le dominium de l'homme sur lui-même et sur autrui. — 1° L'homme, par son libre arbitre, se meut à sa fin. Il est donc actif par rapport à lui-même. Sous ce rapport, il y a en lui des aspect de supériorité et d'infériorité. Il a sur lui-même une certaine souveraineté.

2° L'homme est maître des opérations qu'il pose librement, c'est-à-dire de toutes les opérations soumises à la raison.

Il n'est pas maître de ses opérations végétatives, car celles-ci échappent à l'emprise de la raison.

3ª L'homme n'est pas directement et absolument le maître de sa vie et ses membres. Il n'en a que la garde et l'usage.

Car la vie et le corps sont antérieurs au *dominium* que l'homme peut avoir. Ils en sont le fondement et, par suite, ne peuvent tomber sous ce *dominium*.

4° L'homme peut acquérir un *dominium* sur l'activité *d'autrui*. L'homme est un animal naturellement social. De plus, la nature fait les hommes inégaux, de telle sorte qu'il est convenable et même nécessaire que les hommes moins doués mettent leur activité au service des hommes supérieurs. Il suit que certains hommes peuvent acquérir un *dominium*, une propriété sur l'activité d'autrui.

5° Le *dominium* de l'homme sur lui-même et sur autrui n'est pas indépendant et illimité. Il est soumis au dominium universel et absolu de Dieu.

392 - LES DEVOIRS IMMANENTS. --- 1° Le problème des devoirs immanents est connexe au problème du droit.

Le devoir, selon les modernes, est corrélatif au droit. Mais comme le droit dit toujours un rapport à autrui, il semblerait, à première vue, que l'homme n'a des devoirs qu'envers autrui et non envers lui-même.

Un devoir immanent est un devoir de l'homme envers lui-même.

2° Déjà, au temps de saint Thomas, certains auteurs enseignaient que seules sont mauvaises les actions qui scandalisent le prochain ou lui font du tort.

Tous les auteurs qui, comme Pufendorff, prétendent que les devoirs et les droits ont leur origine dans la société nient au moins implicitement l'existence des devoirs immanents.

Thomasius, Fleischer, Herbert, Lipps, et plusieurs modernes nient l'existence des devoirs de l'homme envers lui-même. Car, disent-ils, l'homme ne peut s'obliger lui-même. Et le devoir comporte une certaine obligation.

De plus, l'homme est libre. Il peut donc toujours renoncer à un bien propre, et, par suite, n'a pas l'obligation de tendre à ce bien.

3° L'existence des devoirs immanents ne fait aucun doute.

Posons et prouvons la proposition suivante:

L'homme a des devoirs immanents.

1) L'être libre qui est soumis au *dominium* universel de Dieu a des devoirs immanents. Or, l'homme est un être libre qui est soumis au *dominium* (à la souveraineté) universel de Dieu. Donc, l'homme a des devoirs immanents.

À la majeure. — Cet être doit se conformer, même dans les actions qui sont ordonnées à sa perfection propre, aux lois et aux exigences du Dieu souverain.

À la mineure. — L'homme est libre, car il a raison. De plus, il est soumis à Dieu comme à son maître, car Dieu a pouvoir sur toute créature.

2) Selon l'ordre de la nature, la raison est soumise à Dieu, le corps est ordonné à la perfection de l'âme, les facultés inférieures doivent se développer en conformité aux dictées de la raison. Par suite, même dans les opérations qui tendent à sa perfection propre, l'homme doit observer cet ordre. C'est dire qu'il a des devoirs immanents.

Note: Le fondement suprême des devoirs immanents est la loi éternelle.

393 - LE DOMINIUM DE L'HOMME SUR LES CHOSES EXTÉRIEURES. — 1° Nous parlons ici de tout homme, quel qu'il soit.

2° Par choses extérieures, nous entendons les choses matérielles inférieures à l'homme, comme les animaux irraisonnables, les plantes, les êtres inorganiques.

3° Le *dominium* sur les choses extérieures est le pouvoir général qu'a l'homme de disposer des choses extérieures pour sa propre fin.

Nous ne parlons donc pas ici de la propriété privée.

4° Selon saint Thomas, l'homme n'a pas le pouvoir, le domaine sur la nature des choses. C'est là un privilège réservé à Dieu.

L'homme ne peut donc pas s'approprier ou accumuler les biens extérieurs pour la seule fin de les accumuler.

L'homme cependant a droit de se servir des choses extérieures. Il est maître des choses extérieures quant à *leur usage.*

Faire usage des choses comporte la notion d'*utilité*: c'est les ordonner à soi comme à une fin.

Et comme il appartient à la raison d'ordonner, le *dominium* naturel de l'homme sur les choses extérieures présuppose:

a) la supériorité de la nature humaine sur les choses extérieures;

b) le caractère raisonnable de la nature humaine.

Par suite, la brute, bien que supérieure aux plantes, n'a pas sur elles de *dominium*, parce qu'elle est irraisonnable.

5° Le pouvoir ou le domaine de l'homme sur les choses extérieures a donc sa source et son fondement dans la nature humaine. Il est naturel.

Notre thèse est opposée au Marxisme.

Marx, en effet, enseigne que seul le travail donne à l'homme le pouvoir et le droit de se servir des biens extérieurs pour son utilité propre.

6°)   Prouvons la proposition suivante:

**L'homme a le droit naturel de se servir des choses extérieures
en vue de son utilité.**

L'homme a ce droit, s'il a la raison et si les choses extérieures sont ordonnées à l'homme comme à leur fin. Or, l'homme est doué de la raison, et les choses extérieures sont ordonnées à l'homme comme à leur fin. Donc, l'homme a le droit naturel de se servir des choses extérieures en vue de son utilité.

À la majeure. — Ces deux conditions donnent à l'homme le droit *d'ordonner* les choses extérieures à son propre bien, c'est-à-dire de s'en servir pour son utilité personnelle.

À la mineure. — a)   L'homme est un animal raisonnable.

b) Les choses extérieures sont plus imparfaites que l'homme. Or, selon l'ordre de la nature, les êtres imparfaits existent pour les plus parfaits. Donc, les choses extérieures sont ordonnées à l'homme comme à leur fin.

La même conclusion apparaît très clairement si l'on considère que la matière première est ordonnée à l'âme humaine comme à la forme la plus parfaite qu'elle puisse posséder. Donc, lorsqu'elle est actuée par les formes inférieures, elle tend à l'âme humaine. En d'autres termes, la fin des choses extérieures est toujours l'homme.

394 - DROIT ET COACTION. — 1° Le droit est coactif, car il impose l'obligation de ne pas le violer.

La coaction propre au droit a deux sens:

a) *La coaction morale:* c'est l'obligation morale imposée à chacun de rendre à autrui ce qui lui est dû;

b) *La coaction au sens propre:* c'est le pouvoir moral d'employer la force physique pour protéger l'inviolabilité du droit.

Ici, nous parlons de la coaction au *second sens*.

2° La coaction, prise en ce sens, n'est pas un élément essentiel du droit; il en est une *propriété*. Nous le prouverons plus bas.

Il n'y a pas lieu cependant d'exercer la coaction lorsqu'il s'agit de droits qui reviennent aux citoyens en vertu de la justice distributive: les citoyens ne peuvent se servir de violence contre les chefs de la société pour obtenir une juste distribution des honneurs et des fardeaux. Le bien commun le défend.

3° L'ordre exige que l'exercice de la force physique pour défendre le droit soit réservé à l'autorité publique.

Si l'autorité publique n'est pas constituée, comme dans une société à l'état primitif, ou encore si le recours à l'autorité publique est impossible à cause de circonstances déterminées, une personne privée peut se servir de la violence pour défendre ses droits.

Elle pourra même blesser ou tuer l'injuste agresseur en observant certaines conditions.

Ces conditions exprimées par l'adage juridique: «il est permis d'opposer la violence à la violence, en la mesurant toutefois aux nécessités de la sécurité menacée» sont les suivantes:

a) la coaction ou la violence doit être employée uniquement pour la défense du droit: il n'est donc pas permis d'agir par haine de l'adversaire, etc,;

b) aucun autre moyen ne doit être possible pour défendre le droit;

c) l'emploi de la violence pour défendre le droit doit se faire au moment même de l'agression;

d) les droits à défendre doivent être d'une grande importance, comme la vie, la liberté. Autrement, il n'y aurait pas de proportion entre la violence et le droit à défendre.

4° Kant et les juristes modernes soutiennent que la coaction est un élément essentiel du droit.

5° Prouvons les propositions suivantes:

1) La coaction n'est pas un élément essentiel du droit.

Ce qui suppose l'existence du droit n'est pas un élément essentiel du droit. Or, la coaction suppose l'existence du droit. Donc, la coaction n'est pas un élément essentiel du droit.

La majeure est évidente.

À la mineure. - La coaction est le pouvoir moral d'employer la violence pour protéger l'inviolabilité du droit. Elle suppose donc l'existence du droit.

2) La coaction est une propriété du droit.

Ce qui, selon l'ordre naturel, résulte du droit est une propriété du droit. Or, selon l'ordre naturel, la coaction résulte du droit. Donc, la coaction est une propriété du droit.

La majeure est claire.

À la mineure. - Le droit est naturellement inviolable. Or, le droit ne serait pas inviolable, sans le pouvoir moral de repousser par la force physique les violateurs du droit. Donc.

3) Dans une société ordonnée, la coaction est réservée à l'autorité publique.

Si chaque personne se servait elle-même de la violence pour défendre ses droits, la paix publique et le bien commun pourraient être gravement compromis.

4) Lorsque le recours à l'autorité publique est impossible, une personne privée peut employer la coaction pour défendre ses droits.

Autrement, le droit ne serait pas inviolable. Il deviendrait illusoire, à cause de la méchanceté de ceux qui ne le respectent pas.

2. — La justice en général.

395 - DÉFINITION DE LA JUSTICE. — 1° La justice a deux significations principales.

Premièrement, elle s'entend de la sainteté chrétienne ou de l'ensemble de toutes les vertus. En effet, est juste ce qui est conforme à sa règle. Et l'ensemble de toutes les vertus rend la volonté créée conforme à sa règle, c'est-à-dire à la loi divine. Par suite, cet ensemble de vertus peut être appelé à bon droit la justice, et chaque vertu doit être considérée comme une partie de la justice.

Deuxièmement, la justice est prise comme une vertu spéciale et cardinale qui incline à rendre à autrui ce qui lui est dû.

Nous parlons ici de la justice comme vertu spéciale.

2° La justice, comme vertu cardinale, se définit: *la volonté constante et perpétuelle de rendre à chacun son droit*. C'est la définition du juriste Ulpianus, définition unanimement reçue.

Nous pourrions aussi définir la justice: *une vertu inclinant constamment la volonté à rendre d'une manière perpétuelle à autrui ce qui lui est dû.*

Expliquons la définition d'Ulpianus:

a) *La volonté*: nous n'entendons pas par là, la faculté, mais l'acte de la volonté. En définissant la justice par un acte, nous atteignons deux buts: *premièrement*, nous décrivons la justice en tant qu'«habitus» ou vertu, car l'acte fait connaître la vertu qui en est le principe; *deuxièmement*, nous faisons ressortir que l'acte de la justice relève de la volonté.

b) *Constante*: ce qualificatif se rapporte à la volonté. Il indique la fermeté de la volonté à respecter le droit d'autrui.

c) *Perpétuelle*: ce qualificatif se prend non pas du côté de l'acte, mais plutôt du côté de l'objet de la justice. Pour qu'un homme soit juste, l'acte par lequel il rend à autrui ce qui lui est dû, ne doit pas être continu et perpétuel—ceci est impossible —, mais cet homme doit respecter les droits d'autrui en tout et sans exception, c'est-à-dire *perpétuellement* ou toujours.

Il y a donc une distinction à faire entre la constance et la perpétuité propres à la justice.

d) *De rendre à chacun son droit*: le droit d'autrui est l'objet propre de la justice. La justice se distingue ainsi des autres vertus morales qui ont pour objet le bien propre de leur sujet.

Notons que *rendre à chacun son droit* peut s'entendre d'une manière négative. Celui *qui ne nuit pas à autrui lui rend son droit.*

396 - L'ACTE DE JUSTICE. — L'acte de la justice est double en quelque sorte:

a) Rendre effectivement à autrui ce qui lui appartient;

b) Au préalable, trouver, déterminer la proportion à établir entre les personnes ou les choses.

Notons deux choses:

a) La justice ne détermine pas la proportion entre les choses ou les personnes, en *jugeant* elle-même en quoi consiste cette proportion. Ce jugement est l'acte propre de la *synèse*, partie de la prudence à qui revient le jugement correct, comme nous l'avons dit. Mais la justice dispose la volonté à mouvoir l'intelligence à ce jugement correct. C'est en ce sens qu'elle trouve ou détermine la juste proportion.

b) La justice n'a pas à régler les actes volontaires uniquement en tant que volontaires, selon leur rapport au sujet moral lui-même. Elle doit encore trouver la proportion ou l'égalité entre les choses ou les personnes. Voilà pourquoi son juste milieu est un *milieu de réalité*, comme nous l'avons déjà dit, tandis que le juste milieu des autres vertus morales est un *milieu de raison*.

3. — Les parties subjectives de la justice.

397 - DIVISION SPÉCIFIQUE DE LA JUSTICE. — 1° Les parties subjectives d'une vertu sont les espèces contenues sous cette vertu comme sous un genre.

2° La justice est une vertu qui établit l'ordre par rapport à autrui. Or, autrui peut s'entendre de toute la communauté ou d'une personne privée, membre de la société. La justice qui établit l'ordre par rapport à la communauté ou qui ordonne la personne privée, le citoyen, au bien commun de la société s'appelle la *justice générale* ou *légale*.

La justice qui établit l'ordre par rapport à la personne privée s'appelle la *justice particulière*.

La justice particulière est elle-même double: l'ordre qu'elle établit put s'envisager soit entre deux personnes privées, deux citoyens: c'est alors la justice des échanges ou la *justice commutative*; soit entre la société et le citoyen — et non entre le citoyen et la société: c'est la justice de répartition ou la *justice distributive*.

Les parties subjectives ou les espèces de la justice sont donc au nombre de trois: la *justice générale* ou *légale*, la *justice commutative* et la *justice distributive*.

Aujourd'hui nous parlons fréquemment de justice sociale.

Dans les enseignements pontificaux, la justice sociale est celle, semble-t-il, qui ordonne les citoyens à la société et au bien commun. Elle serait donc la *justice légale*.

Certains sociologues appellent *justice sociale* la justice de la société à l'égard de ses membres — ce serait là la justice distributive; ou encore la justice exercée entre les classes diverses de la société civile.

Au lieu de parler de *justice légale* ou *générale*, comme saint Thomas, ils parleront plutôt de *devoir social* ou de *civisme*.

398 - La justice générale ou légale. — 1° **Explication de la définition nominale.** — Nous disons de la justice légale qu'elle est *générale*. Une chose peut être générale comme attribut ou comme cause.

Un attribut, un prédicat général ou universel s'identifie avec ses inférieurs. Il fait partie de leur définition. *Exemple: animal* est général ou universel par rapport à *homme* et *cheval*. L'homme est un animal, comme le cheval est un animal.

Une cause générale ou universelle ne s'identifie pas avec ses inférieurs ou ses effets. Elle s'en distingue. *Exemple:* Dieu est la cause générale ou universelle des créatures.

Une vertu est dite justice générale parce qu'elle ordonne les actes de toutes les autres vertus au bien commun. Cette justice n'est donc pas un universel, un genre qui s'identifie avec les autres vertus de l'ordre naturel; elle est une vertu spéciale, «sui generis», qui exerce à l'égard des autres, le rôle de cause universelle.

Et c'est en ce sens qu'on l'appelle justice générale..

Comme la loi ordonne au bien commun, la justice générale adapte le citoyen à la loi. Elle le pousse à observer la loi, comme elle incline le législateur à porter des lois conformes au bien commun. Voilà pourquoi nous la nommons aussi *justice légale*.

2° **La justice générale ou légale est une vertu spéciale.** — Chaque fois que la poursuite d'un bien comporte une difficulté spéciale, une vertu spéciale est nécessaire pour ordonner à ce bien. Or, l'objet de la justice générale ou légale est un bien «sui generis» dont la poursuite comporte une difficulté spéciale: c'est le bien commun, bien qui lie le citoyen, comme partie, à la société qui est le tout. Des personnes peuvent être vertueuses dans leur vie privée et ne pas s'occuper des intérêts généraux ou communs de la société. Voilà pourquoi l'on dit: autre chose est d'être un *homme simplement vertueux*, et autre chose est d'être *un bon citoyen* (aliud esse bonum virum, aliud esse bonum civem). Donc, la justice générale ou légale est une vertu spéciale.

3° **Le sujet de la justice générale ou légale.** — La justice légale ou générale a son siège dans la volonté de l'homme, comme toute justice. Mais, dans la société, la justice légale ou générale réside chez le gouvernant comme dans l'architecte et comme dans son sujet principal; chez le gouverné comme dans son sujet secondaire. La raison en est claire.

La justice légale a pour objet immédiat le bien commun. Or, le gouvernant a pour fonction principale de veiller au bien commun, tandis que le gouverné doit tendre au bien commun sous la direction du gouvernant.

4° **La justice légale, l'obéissance, le patriotisme.** — La justice légale ou générale se distingue de l'obéissance et du patriotisme.

L'obéissance nous porte à nous soumettre à la loi, tout comme la justice légale, mais son motif formel est le *respect dû à un supérieur.* Nous obéissons à un précepte parce qu'il est prescrit par un supérieur que nous vénérons.

Le patriotisme nous fait rendre ce que nous devons à notre patrie.

Son motif formel est la soumission que nous devons à notre patrie, *en tant que la patrie est principe de notre existence.*

La justice légale incline au respect de la loi et au respect des droits de la patrie ou de la société civile. Son motif formel n'est pas la soumission au supérieur ou au principe de l'existence; c'est le bien commun, ou encore la condition du *citoyen comme partie de ce tout qui est la société.*

Les devoirs imposés par la justice légale sont plus rigoureux que les devoirs imposés par le patriotisme. Ainsi, la justice légale demande que l'on préfère le bien commun aux parents, bien que les parents,

en tant que principes de notre existence, l'emportent sur la patrie: les
parents sont principes de notre existence, en un sens plus prochain **et**
plus complet que ne l'est la patrie.

399 - LA DIVISION DE LA JUSTICE PARTICULIÈRE. —1° **Origine de la division.—**
La justice particulière est cette vertu par laquelle on rend ce qui est dû
à une personne privée: elle est dite particulière parce que son acte
est ordonné à une personne privée et non à la société. Or, une chose
peut être due à une personne privée, à un citoyen, soit par la société
elle-même, soit par un autre citoyen. La justice *commutative* règle et
détermine le droit entre les personnes privées, c'est-à-dire entre les
citoyens; la justice *distributive* règle et détermine le droit que la société doit rendre à la personne privée ou au citoyen.

   2° **La justice commutative et la justice distributive sont deux vertus spécifiquement distinctes.** — Toute justice est spécifiée par l'égalité
due à autrui. Or, l'égalité propre à la justice commutative est spécifiquement distincte de l'égalité propre à la justice distributive. Donc, la
justice commutative et la justice distributive sont deux vertus essentiellement distinctes.

   À la majeure. — Toute vertu est spécifiée par son objet. Or, l'objet
de la justice est le droit ou l'égalité due à autrui. Donc...

   À la mineure. — Dans la justice commutative, l'égalité ou le juste
milieu est une égalité de chose à chose: elle est une égalité de type
mathématique ou une égalité de quantité. Ce qui est dû en justice est
égal à ce qui a été reçu ou encore au dommage causé.

   Dans la justice distributive, l'égalité n'est pas une égalité de chose à chose, mais une proportion des choses aux personnes. En d'autres
termes, la mesure de l'égalité dans la justice distributive n'est pas la
quantité de la chose donnée ou retenue, du service rendu, du dommage causé, mais la condition de personne dans la société: chaque citoy-
en a droit à la partie du *bien commun* qui lui revient selon sa *condition sociale.*

   Voilà pourquoi l'égalité propre à la justice distributive est une é-
galité de proportion ou de type géométrique.   La proportion entre
les conditions des personnes détermine les droits qui reviennent à ces
personnes. Ou encore, les droits sont proportionnés aux conditions

des personnes. Si telle personne a droit à telle partie du bien commun à cause de sa condition, une autre personne, à cause de sa condition inférieure ou supérieure, aura droit à telle autre partie.

3° La matière de la justice particulière. — a) Tandis que les autres vertus morales rectifient l'homme en lui-même, la justice rectifie l'homme dans ses rapports avec autrui. Il suit que la matière propre de la justice n'est pas les affections ou les passions intérieures de l'homme, mais les choses et les actions extérieures par lesquelles les hommes communiquent entre eux.

Les choses extérieures sont les biens de la fortune, l'argent, les champs, la nourriture, les immeubles, etc.

Les actions extérieures sont les actions qui portent sur les choses extérieures, comme les ventes, les prêts, les locations, etc. ou encore certaines actions où n'intervient aucune chose extérieure, comme l'honneur, la louange, la détraction, etc.

b) Les actions et les choses extérieures constituent la *matière éloignée* de la justice commutative et de la justice distributive. Nous pouvons donc dire que ces deux justices ont la même matière éloignée.

Mais la *matière prochaine*, c'est-à-dire les actes principaux eux-mêmes par lesquels nous faisons usage des choses, des personnes et des œuvres, n'est pas la même pour la justice commutative et pour la justice distributive.

La justice commutative a pour matière prochaine *les échanges* entre les individus.

La justice distributive a pour matière prochaine *la répartition* ou *la distribution* du bien commun entre les citoyens.

400 - LA JUSTICE DISTRIBUTIVE. — 1° **Sa fonction véritable.** — La justice distributive a deux notes essentielles:

a) Elle est la justice de la société envers ses membres;

b) La mesure de son égalité est la dignité relative ou la condition des citoyens.

Nous devons considérer attentivement ces deux aspects de la justice distributive pour connaître sa fonction véritable.

La société qui paie un salaire à ses employés pour leur travail ne fait pas un acte de justice distributive. Elle fait un acte de justice commutative, car l'égalité, dans le cas, est de chose à chose: le salaire est égal au travail.

De même, celui qui offense une personne constituée en dignité mérite une punition plus grande que celui qui offense un simple citoyen. Cette punition n'est cependant pas un acte de justice distributive. Car, la dignité de la personne n'intervient pas ici formellement comme mesure de l'égalité ou du droit, mais uniquement comme un élément qui augmente la gravité de l'offense. La quantité de la peine devra être égale à la quantité de l'offense. Il y a donc ici une égalité de chose à chose. Par suite, la punition est un acte de justice commutative.

La justice distributive est la justice de la société envers ses membres, eu égard à leurs conditions dans la société.

Son rôle véritable ne consiste pas — sauf exception — à distribuer même proportionnellement des biens quantitatifs, comme une somme d'argent, une terre, etc.

Le rôle véritable de la justice distributive est de donner à chacun sa part de bien commun et de lui imposer les charges exigées pour la conservation de ce bien, comme les taxes.

Et comme le bien commun est la béatitude, le rôle de la justice distributive est d'assurer à chaque citoyen l'ensemble de *conditions sociales* qui lui permettront de mener une vie pleinement humaine, en conformité à sa position ou à sa dignité dans la société.

2° **Le sujet de la justice distributive.** — Comme la justice distributive consiste à donner à chacun sa part de bien commun, elle existe *principalement* dans le gouvernement comme dans son sujet. *Secondairement*, elle existe dans les citoyens. Car, ceux-ci pratiquent la justice distributive, lorsqu'ils se montrent satisfaits de la juste répartition du bien commun.

401 - LES PÉCHÉS OPPOSÉS À LA JUSTICE PARTICULIÈRE. — I. **Péché opposé à la justice distributive.** — C'est l'acception des personnes. Elle consiste à ne pas tenir compte dans la répartition du bien commun de la *dignité* de la personne — cause et fondement du droit — mais de la *personne* elle-même.

II. — **Péchés opposés à la justice commutative.** — Ils sont multiples. La justice commutative s'exerce dans les échanges.   Or, les échanges peuvent être *consentis*, volontaires de part et d'autre, c'est-à-dire *contractuels;* ou encore *involontaires*, lorsqu'ils ont lieu malgré l'une des deux personnes qui demeure passive.

1° *Péchés d'injustice dans les échanges involontaires.*
L'injustice peut se commettre par action ou par paroles.
1) L'injustice d'action peut porter

a) sur une personne quelconque: *homicide, mauvais traitements, etc.;*

b) sur une personne unie à autrui: si c'est la femme d'autrui, c'est *l'adultère;* si c'est la fille d'autrui, c'est le *stupre;*

c) sur une personne unie à soi-même par le lien du sang: c'est *l'inceste.*

L'adultère, le stupre et l'inceste sont des péchés de luxure, en même temps qu'ils sont opposés à la justice.

L'injustice d'action peut porter sur le *bien d'autrui* dont on s'empare, malgré le propriétaire,

a) en cachette: c'est le *vol;*
b) au grand jour, par violence: c'est la *rapine.*
2) L'injustice par paroles se commet dans les   procès, ou en dehors des tribunaux.

a) L'injustice par paroles dans les procès:
l'injustice du juge;
l'injustice de l'accusateur;
l'injustice des témoins;
l'injustice de l'accusé;
l'injustice de l'avocat.

b) L'injustice par paroles en dehors des tribunaux:
l'injure;
la détraction;
le murmure malfaisant;
la dérision;
la malédiction.
L'injure est un outrage fait à l'honneur dû à quelqu'un.
La détraction est un injuste dénigrement de la réputation de quel-

qu'un, dénigrement fait à l'insu de celui qui est attaqué.

L'injure et la détraction se distinguent de deux manières:

a) L'injure est contre l'honneur dû à autrui, tandis que la détraction est dirigée contre la réputation d'autrui.

Honneur et réputation ou renommée sont deux choses distinctes.

L'honneur présuppose la supériorité de la vertu chez celui qui est honoré.

La réputation ou bonne renommée présuppose uniquement l'existence des vertus, sans supériorité spéciale, chez celui qui jouit d'une bonne réputation.

L'honneur consiste surtout dans le témoignage extérieur rendu à la supériorité de celui qui est honoré; la réputation consiste principalement dans l'opinion intérieure et générale sur la vie vertueuse d'une personne.

b) L'injure est dirigée contre une personne présente, ou du moins, dans l'intention de son auteur, doit parvenir à la connaissance de la victime; la détraction, dans l'intention de son auteur, doit être cachée à celui qui en est la victime.

Le murmure malfaisant (susurratio) consiste à dire du mal de son prochain, en secret, en vue de détruire l'amitié véritable. Il consiste à semer la discorde ou la zizanie entre amis, en disant à l'un du mal de l'autre.

Nous avons dit que le murmure malfaisant tend à détruire l'amitié *véritable*. En effet, celui qui détruirait une fausse amitié, fondée sur le vice, ne se rendrait pas coupable d'injustice, mais ferait plutôt un acte de charité.

La dérision ou moquerie est le vice qui consiste à faire connaître, en plaisantant, un vice ou un défaut du prochain pour lui faire honte, le couvrir de confusion.

La malédiction consiste, non à affirmer le mal du prochain, mais à en exprimer le voeu devant lui, à lancer contre lui des imprécations.

2° Péchés d'injustice dans les échanges volontaires ou contractuels.

Les échanges contractuels donnent lieu à deux péchés principaux:

a) *la fraude,*

b) *l'usure.*

La fraude a lieu dans les achats et les ventes et dans les contrats analogues, tels que la location, le contrat de travail, l'association, le commerce ou négoce.

Chez Aristote et saint Thomas, les achats et les ventes sont des échanges contre argent ou en nature de choses nécessaires à la vie qu'on doit consommer ou utiliser soi-même.

Echanger en vue d'un gain à réaliser, c'est faire du commerce ou négoce.

L'usure est l'injustice commise dans les *prêts* ou contrats analogues.

402 - L'HOMICIDE. — 1° L'homicide consiste à tuer *directement* un *innocent*.

Tuer *directement* le prochain, c'est poser ou omettre une action dans le but de le priver de la vie.

Tuer *indirectement* le prochain, c'est poser ou omettre une action ordonnée non à la mort du prochain, mais à une autre fin. La mort du prochain n'est qu'une conséquence médiate et non voulue pour elle-même de cette action ou de cette omission, comme dans le cas de légitime défense. (n. 394).

L'homicide consiste à tuer un *innocent*. En effet, l'autorité civile peut infliger la mort à un malfaiteur dont l'existence devient un danger pour le bien commun de la société, sans commettre un homicide.

2° L'homicide est un péché très grave; il est une injure à Dieu, à la société civile, et au prochain.

C'est ce que nous prouvons.

a) L'homicide est une injure à Dieu.

L'homicide viole le souverain domaine de Dieu, puisque Dieu est le maître de la vie humaine et du corps humain. Il suit que même l'autorité civile ne peut tuer directement un innocent.

b) L'homicide est une injure à la société.

L'homicide, en effet, prive la société civile d'une de ses parties.

c) L'homicide est une injure au prochain.

L'homicide enlève au prochain la vie, condition et fondement de tous ses droits. Par suite, l'homicide est le péché le plus grave envers le prochain.

403 - Le suicide. — 1° Le suicide se définit: *l'acte accompli volontairement par la victime en vue de se donner la mort.*

Cette définition exclut le suicide-accident, le suicide-démence, ou le suicide indirect: le cas du soldat qui s'expose à la mort pour défendre sa patrie.

2° Certains moralistes anciens et modernes, comme Sénèque, Marc-Aurèle, les Donatistes, Montaigne, Montesquieu, Rousseau, Hume, Schopenhauer, Nietzsche, etc., ont affirmé que le suicide pouvait être licite dans certaines circonstances.

3° Prouvons la proposition suivante:

Le suicide est un péché très grave, opposé à la loi naturelle.

1) Le suicide est opposé à la loi de la conservation propre qui est naturelle. Il va contre la fin première de cette loi, et, par suite, il est un péché défendu par les préceptes premiers de la loi naturelle.

2) Le suicide est un péché d'injustice envers la société. Car, tout homme est une partie de la société. Il appartient à la société; la société, en effet, bien qu'elle ne soit pas maîtresse de la vie des citoyens, a la garde de cette vie qu'elle ordonne à sa fin propre qui est le bien commun. Donc, le suicide est un péché d'injustice envers la société.

3) Le suicide est une injure faite à Dieu, car la vie est un bien divinement donné à l'homme, bien qui demeure soumis à la puissance et au jugement de Dieu. C'est lui qui fait vivre et qui fait mourir. (Deut. c. XXXII, v. 39).

4. — Les parties intégrantes de la justice.

404 - Faire le bien et éviter le mal. — 1° Les parties intégrantes ou intégrales d'une vertu cardinale sont les actes ou les fonctions qui concourent à l'exercice parfait de cette vertu.

2° Les parties intégrantes de la justice sont les suivantes: *faire le bien* et *éviter le mal*.

3° Le bien et le mal peuvent s'envisager sous un aspect général et sous un aspect spécial.

Sous un aspect général, le bien est le juste milieu poursuivi par la vertu, et le mal est tout écart qui éloigne de ce juste milieu.

Cet écart peut d'ailleurs provenir soit d'un excès, soit d'un défaut.

A ce point de vue, faire le bien et éviter le mal ne sont pas deux actes distincts: qui fait le bien évite le mal, et qui évite le mal fait le bien. Ce ne sont pas là des parties intégrales d'une vertu. Ce sont des fonctions communes à toute vertu.

Sous un aspect spécial, le bien est le droit objectif ou *l'égalité* qu'établit la justice dans la chose ou l'action extérieure; le mal, c'est ce qui est nuisible au prochain.

A ce point de vue, faire le bien et éviter le mal sont deux choses distinctes et constituent les parties intégrales de la justice.

En effet, faire le bien c'est *établir l'égalité* de la justice; éviter le mal, c'est *ne pas faire du tort* au prochain. Or, autre chose est de rendre ce que l'on doit, et autre chose est de ne pas léser un droit. Qui fait l'un ne fait pas continuellement l'autre.

5. — Les parties potentielles de la justice.

405 - Énumération des parties potentielles de la justice. — 1° Les parties potentielles d'une vertu cardinale sont les vertus qui coïncident en quelque point avec cette vertu, mais qui, par ailleurs, ne satisfont pas complètement aux conditions qui la définissent.

2° La justice dit rapport à *autrui* et lui fait rendre *ce qui lui est dû* de manière à établir une *égalité*.

Il suit que la justice requiert deux conditions essentielles:

a) une dette rigoureuse;

b) la possibilité d'acquitter cette dette de manière à atteindre l'égalité parfaite.

Une vertu sera donc une partie potentielle ou une annexe de la justice, lorsqu'elle dira rapport à autrui,

mais portera sur *une dette rigoureuse* qu'on ne pourra acquitter adéquatement, *selon l'égalité parfaite,*

ou encore portera sur une *dette non rigoureuse* dont on pourra s'acquitter adéquatement.

3° Les vertus annexes de la justice ayant comme objet une dette rigoureuse qu'on ne peut acquitter parfaitement, sont,

la religion envers Dieu;

la piété, vertu qui fait rendre ce qu'on leur doit aux parents, aux personnes de même sang, à la patrie;

l'observance ou vénération, vertu par laquelle nous honorons et respectons les personnes constituées en dignité qui nous régissent ou nous gouvernent, sans être à aucun titre principes de notre être tels que le sont Dieu, nos parents, la patrie.

4° Les vertus ayant pour objet une dette non rigoureuse, c'est-à-dire une dette exigée par l'honnêteté et non déterminée par la loi (une dette morale) se divisent en deux classes:

les unes sans lesquelles on ne peut conserver l'honnêteté ni satisfaire aux exigences de la vie en société;

les autres qui ont seulement pour fin de mieux conserver l'honnêteté, et de mieux satisfaire aux exigences de la vie en société.

I. Les premières sont:

a) *la gratitude* ou reconnaissance, vertu par laquelle nous payons en bien une bonne action d'autrui à notre égard;

b) *la vindicte* ou vengeance vertueuse, vertu par laquelle nous payons de retour le mal. Exercer la vindicte, c'est punir le tort qui a été fait. Et c'est là un acte vertueux, si l'on entend empêcher le malfaiteur de nuire, et assurer le repos d'autrui.

Le magistrat ou celui qui est publiquement investi de l'autorité punit le mal. Il n'exerce pas par là la vindicte, mais pose un acte de stricte justice.

La vindicte est la vertu propre de la *personne privée* qui venge le mal soit en se défendant, soit en recourant au magistrat.

Enfin, la vindicte ne réprime pas le mal en tant qu'il est nuisible au malfaiteur — c'est là l'office propre de la correction fraternelle —, mais en tant qu'il est nuisible à l'auteur de la vindicte ou à d'autres.

La vindicte est donc une vertu par laquelle la *personne privée*, soit en se défendant elle-même, soit par recours au magistrat, réprime le mal, en tant que ce mal est nuisible non *à son auteur*, mais à *celui* qui exerce la vindicte ou à *d'autres personnes;*

c) *la véracité*, vertu par laquelle on se montre en dehors, en paroles et en actes, tel qu'on est en dedans, évitant tout mensonge.

II. Les secondes sont:
l'affabilité;
la libéralité.

a) *L'affabilité* est cette vertu qui établit des relations agréables dans la vie sociale, selon les conditions de personnes ou les autres circonstances.

L'affabilité n'est pas l'amitié, quoique parfois on l'appelle une amitié. Elle est la *politesse, la civilité, l'honnêteté.* Elle ne consiste pas dans l'amour mutuel et ne se fonde pas sur la bienveillance.

Son motif formel se tire des exigences de la vie sociale. Elle porte sur les relations extérieures qui favorisent la vie en société.

Les vices opposés à l'affabilité sont *l'adulation*, par excès, et *l'esprit de litige*, par défaut.

L'adulation ou la *flatterie* est ce vice par lequel on est disposé à complaire à autrui en tout, même dans le mal.

Si l'adulateur a pour unique motif un désir excessif de plaire, il est taxé de *platitude;* s'il agit par intérêt, il est appelé *flatteur* ou *adulateur au sens spécifique du mot.*

L'esprit de litige ou *la morosité* est ce vice qui consiste à contredire autrui par égoïsme, faute de craindre suffisamment de contrister, faute d'avoir égard à autrui.

L'esprit de litige a pour fondement une méconnaissance des exigences de la vie en société, et sous cet aspect, il s'oppose à l'affabilité.

La tendance à contredire provenant d'un manque d'amour est opposée à la charité et s'appelle *la discorde;* la même tendance s'oppose à la mansuétude, si elle provient de la colère.

b) *La libéralité* est la vertu qui modère l'amour des richesses et qui, par suite, incline l'homme à faire des dons à autrui, dans les limites de la raison droite.

L'homme libéral donne à autrui ce qui est sien, et non ce qui est dû à autrui. Par là, la libéralité ne réalise pas toutes les conditions de la justice. Elle est cependant une vertu annexe de la justice,

a) parce qu'elle dit rapport à autrui;

b) parce qu'elle porte sur des choses extérieures, tout comme la justice.

La libéralité, la miséricorde, la bienveillance, bien que portant sur la même matière, sont des vertus distinctes, à cause de leurs motifs formels divers.

La *miséricorde* donne du sien pour un motif de pitié, parce qu'autrui est dans le besoin ou l'indigence.

La *bienveillance* pose le même acte pour un motif d'amour. L'amour envers autrui inspire la bienfaisance.

La libéralité fait des largesses à cause d'une disposition vertueuse à l'égard des richesses. L'homme libéral donne facilement, parce qu'il estime les richesses à leur juste valeur. Il donne même à des inconnus, à des indifférents, à des gens qui n'excitent pas la pitié par aucune indigence spéciale.

La libéralité se distingue aussi de la magnificence.

La magnificence a pour objet propre les grandes dépenses. Elle relève de la vertu de force, car faire de grandes dépenses, selon les normes de la raison droite, est un bien difficile à réaliser (bonum sub ratione ardui).

La libéralité a pour objet les dépenses ou les dons modérés.

Les vices opposés à la libéralité sont au nombre de deux:

l'avarice, par défaut;
la prodigalité, par excès.

L'avarice est le désir immodéré des richesses.

L'avarice, au sens général du mot, s'oppose à deux vertus. Elle s'oppose à la justice, lorsque le défaut de modération porte immédiatement sur l'acquisition et la conservation des richesses. Dans ce cas, l'avarice incline à prendre ou à retenir le bien d'autrui. Elle est un péché grave de sa nature.

Elle s'oppose à la libéralité, lorsque le défaut de modération ne réside que dans les sentiments intérieurs à l'égard de l'argent. Dans ce cas, l'avarice n'implique pas la volonté de violer le bien d'autrui. Elle tarit la libéralité à sa source et n'est pas un péché grave de sa nature.

L'avarice est appelé un vice capital, car, en inclinant l'homme au bien le plus vil entre tous les biens humains — les richesses, en effet, sont inférieures au bien du corps lui-même, car elles sont pour la vie corporelle et animale de l'homme —, elle engendre une foule d'autres péchés.

Les filles de l'avarice sont:

la dureté du coeur, opposée à la miséricorde;
l'inquiétude de l'esprit, qui n'est satisfait de rien;
la violence qui arrache indûment ce qu'elle convoite;
la tromperie;
le parjure;
la fraude;
la trahison.

La prodigalité est une passion exagérée de donner qui fait faire des dépenses sans tenir compte des circonstances de temps, de lieux, de personnes, etc.

La prodigalité est opposée à la libéralité.

Le libéral conserve la mesure de la raison droite dans les dons; le prodigue ne conserve pas cette mesure.

La prodigalité est aussi opposée à l'avarice par excès ou par défaut, sous divers aspects.

L'avare aime plus les richesses qu'il ne convient. Il excède dans cet amour.

Le prodigue, au contraire, n'a pas un souci suffisant des richesses. Il pèche par défaut.

L'avare pèche *par défaut* dans les dons, et *par excès* dans la conservation et l'acquisition des richesses. .

Le prodigue pèche *par excès* dans les dons, et *par défaut* dans la conservation et l'acquisition des richesses.

406 - La religion. — 1° **Définition.** — La religion signifie soit un ensemble de vérités et de devoirs qui relient l'homme à Dieu, soit une vertu qui fait rendre à Dieu l'honneur qui lui est dû.

Nous parlons ici de la religion comme vertu. Elle se définit: *la vertu par laquelle l'homme rend à Dieu, en tant que principe de toutes choses, le culte qui lui est dû.*

Le culte est un témoignage de sa propre soumission et de l'excellence d'autrui. C'est un acte ou un ensemble d'actes qui atteste la soumission d'une créature raisonnable et la perfection d'autrui.

2° **La religion est une vertu morale.** — a) La difficulté est la suivante: la religion ordonne l'homme à Dieu. Mais les vertus qui ont Dieu comme objet, comme la foi, l'espérance, la charité, ne sont pas des vertus *morales*, mais des vertus *théologales*. Il semble donc, à première vue, que la religion soit une vertu théologale.

b) Nous devons cependant affirmer que la religion est une vertu morale.

Une vertu théologale a Dieu pour objet immédiat. Or, la religion, bien qu'ordonnée à Dieu comme *à sa fin*, n'a pas Dieu comme *objet*. Son objet immédiat est le *culte* qui est dû à Dieu. La religion n'est donc pas une vertu *théologale*. Elle est une vertu morale annexe de la justice, car elle a pour objet un droit.

3° **L'excellence de la vertu de religion.** — La vertu de religion est la plus noble de toutes les vertus morales. En effet, plus une vertu morale a des rapports immédiats avec la fin dernière, plus elle est parfaite: la raison en est que la vertu morale ordonne les actes humains dans leurs rapports à la fin dernière. Or, parmi les vertus morales, la religion est celle qui a les rapports les plus immédiats avec la fin dernière: son objet immédiat et direct est l'honneur dû à Dieu. Donc, la vertu de la religion est la plus noble de toutes les vertus morales.

La vertu de religion est donc supérieure à la justice légale. Celle-ci ordonne au plus grand des biens humains; celle-là ordonne au bien divin.

4° **Les actes de religion.** — Les actes de religion se diversifient en raison et du côté de la matière, c'est-à-dire selon les choses qu'on consacre au culte de Dieu.

La religion soumet à Dieu et à son culte

I.   une chose intérieure et spirituelle,

a) comme la volonté: c'est *la dévotion,* qui consiste dans la promptitude et l'application attentive de la volonté au culte divin;

b) comme l'intelligence: c'est *la prière,* qui est une élévation de l'esprit vers Dieu;

II.   une chose extérieure,

a) qui est notre propre corps: c'est *l'adoration,* c'est-à-dire l'humiliation extérieure de notre corps en vénération de l'excellence de Dieu;

b) qui est un bien auquel nous renonçons en le détruisant ou changeant en l'honneur de Dieu: c'est *le sacrifice.*

5° **Les vices opposés à la religion.** — Les principaux vices opposés à la vertu de religion sont la *superstition* et *l'irréligion.*

407 - LE MENSONGE. — 1° Le mensonge s'oppose à la véracité.

Le mensonge s'entend soit d'un «habitus», soit d'un acte qui émane de cet «habitus».

Le mensonge comme «habitus» est ce vice qui incline l'homme à dire ce qui est faux.

Le mensonge comme acte est la manifestation extérieure de ce qui est faux. Puisque l'acte manifeste l'«habitus», nous parlons surtout ici de l'acte du mensonge.

2° Comme le mensonge est un acte mauvais dans l'ordre moral, il implique l'intervention de la volonté. Or, la volonté, dans la manifestation du faux, peut avoir une double intention:

a) manifester le faux, chose qu'elle affecte en soi;

b) tromper autrui.

Il suit que, dans le mensonge, nous pouvons distinguer une triple fausseté:

a) *une fausseté matérielle*: c'est l'expression de ce qui est faux;

b) *une fausseté morale formelle*: c'est la volonté de dire ce qui est faux;

c) *une fausseté active ou effective*: c'est l'intention de tromper autrui.

Le mensonge ne consiste pas dans la fausseté matérielle. Autrement, celui qui, sans le vouloir, exprimerait une fausseté, une erreur, ferait un mensonge. Le mensonge est essentiellement constitué par la fausseté morale formelle. Il consiste à parler *intentionnellement* contre sa pensée.

La fausseté effective porte sur un complément, un achèvement du mensonge.

Tout cela est évident, car

qui parle avec l'intention de dire le faux, fait un mensonge, bien que par accident, sans le savoir, il dise la vérité — fausseté morale formelle et non fausseté matérielle —;

et qui dit le faux pour dire le faux, fait encore un mensonge, bien qu'il n'ait pas l'intention explicite de tromper autrui — fausseté morale formelle et non fausseté active ou effective.

3° Le mensonge se définit donc essentiellement: *une conversation tenue avec l'intention de dire ce qui est faux.*

Nous disons que le mensonge est une conversation, car il consiste dans les paroles orales ou écrites.

Le mensonge fait abstraction de la fausseté *réelle* de la conversation, car il est formellement constitué par l'intention de dire ce qui est faux.

Enfin, nous ne disons pas que le mensonge est une conversation tenue *avec l'intention de tromper*: c'est là un complément, une suite du mensonge.

4° Au mensonge se rattachent la *simulation* et l'*hypocrisie*.

La simulation est la feinte de celui qui, par des signes autres que la parole, cherche à exprimer ce qui n'est pas en lui. *Exemple*: la feinte de celui qui veut paraître joyeux alors qu'il est triste.

L'hypocrisie est la simulation de la vertu: l'hypocrite agit comme s'il était vertueux, alors qu'il ne l'est pas.

Nous ne devons pas confondre entre la *simulation* et la *dissimulation*.

Nous simulons ce qui est faux: et ceci n'est pas permis.

Nous dissimulons ce qui est vrai, c'est-à-dire nous cachons prudemment la vérité: et ceci peut être permis.

La simulation et l'hypocrisie ont la nature du mensonge, de sorte que nous pouvons définir le mensonge, selon qu'il comprend la simulation et l'hypocrisie: *toute manifestation intentionnellement fausse.*

5° Le mensonge se divise, en raison de sa fin ou de son effet, en mensonge *joyeux, officieux* et *pernicieux*.

Le mensonge joyeux est celui qui divertit, qui amuse. Il est ordonné à l'agréable.

Le mensonge officieux est ordonné à un bien utile. On le commet pour se procurer à soi ou à autrui un bien, ou encore pour écarter un mal.

Le mensonge pernicieux est celui qui est inspiré par la méchanceté et qui cause du tort au prochain.

6° Platon, Origène, Cassien ont affirmé que, dans le cas de nécessité, le mensonge était permis.

Grotius enseigne que le mensonge est permis à deux conditions:
a) si celui à qui il s'adresse n'a pas le droit d'exiger la vérité;
b) si le mensonge ne fait aucun tort au prochain.

Plusieurs protestants et certains catholiques, comme Dubois et Fonsegrive, ont adopté l'opinion de Grotius.

7° Selon l'enseignement catholique traditionnel, il n'est jamais permis de mentir. Prouvons donc la proposition suivante:

Le mensonge n'est jamais permis.

1) Un acte intrinsèquement mauvais n'est jamais permis. Or,

le mensonge est un acte intrinsèquement mauvais. Donc, le mensonge n'est jamais permis.

La majeure est évidente.

À la mineure. — Toute dérogation à l'ordre de la nature est un acte intrinsèquement mauvais. Or, le mensonge est une dérogation à l'ordre de la nature: qui ment se sert de la parole ou de signes autres contre leur fin naturelle qui est l'expression de la pensée. La parole ou les autres signes nous ont été donnés pour exprimer nos concepts à autrui. Donc, le mensonge est un acte intrinsèquement mauvais.

2) Un acte qui, de sa nature, est opposé à la raison droite n'est jamais permis. Or, le mensonge est un acte naturellement opposé à la raison droite. Donc, le mensonge n'est jamais permis.

À la majeure. — La raison droite est la règle prochaine de moralité. Tout acte opposé à la règle prochaine de moralité est mauvais et, par suite, ne peut être permis.

À la mineure. — Le mensonge trompe le prochain. C'est là son effet normal. Or, tromper autrui est opposé à la raison droite: c'est une violation de l'amitié naturelle qui doit unir les hommes, et c'est un désordre nuisible à la vie en société. Donc . . .

408 - LA GRAVITÉ DU MENSONGE. — 1° En lui-même, abstraction faite de telle ou telle matière, de telle ou telle fin, le mensonge n'est pas une faute grave. Le désordre qu'il comporte et le fait de tromper le prochain ne causent pas en eux-mêmes un tort considérable à autrui et ne ruinent pas la vie en société.

2° Le mensonge *joyeux* et le mensonge *officieux* ne sont en eux-mêmes que des fautes légères. Ils peuvent devenir des fautes graves à cause du scandale donné ou encore à cause des conséquences qu'ils peuvent entraîner.

3° Le mensonge *pernicieux* est en lui-même une faute grave. Il est, en effet, opposé à la charité qui unit l'âme à Dieu.

Il peut n'être qu'une faute légère, soit à cause du manque de délibération suffisante, soit à cause du tort léger causé au prochain.

409 - LA RESTRICTION MENTALE. — 1° La restriction mentale est l'acte de l'esprit par lequel nous détournons de leur véritable signification des paroles que nous employons.

Exemple: si nous répondons à un mendiant que *nous n'avons rien,* en sous-entendant: *à te donner.*

2° La restriction mentale peut être *purement mentale,* ou encore *mentale au sens large.*

La restriction purement mentale est cette restriction qui est purement intérieure à l'esprit et qui ne peut être aucunement perçue à l'extérieur.

Exemple: si un criminel répond: *je n'ai pas tué,* en sous-entendant: *avec ma main gauche.*

La restriction mentale au sens large est cette restriction qui peut être perçue extérieurement par ceux à qui la parole s'adresse, quoique, de fait, elle ne soit pas perçue.

3° La restriction purement mentale n'est jamais permise. En effet, elle est un mensonge, car elle consiste à changer arbitrairement la signification des mots. Exemple: le voleur qui dit: *je n'ai pas volé,* en sous-entendant: *avec ma main gauche,* dit uniquement qu'il n'a pas volé.

4° Il est toujours permis de se servir d'une restriction mentale au sens large, lorsque le sens des paroles prononcées est évident par la manière de répondre ou à cause d'une autre circonstance.

Si l'on demandait à quelqu'un: *avez-vous vu votre père?*, il pourrait répondre: *je ne l'ai pas vu,* en sous-entendant: *dans la circonstance dont nous parlons.*

5° Lorsque celui qui parle emploie des mots équivoques pour cacher la vérité, l'emploi de la restriction mentale au sens large est permise, mais uniquement pour une raison grave et dans le cas de nécessité.

a) La restriction mentale au sens large est permise, car,

elle n'est pas un mensonge: les mots employés signifient vraiment ce que pense celui qui parle, quoique d'un manière cachée et obscure;

elle n'est pas une injustice: celui qui parle ne veut que cacher la vérité — c'est là son droit —; il ne veut pas tromper autrui, quoique de fait il le trompe;

elle n'est pas opposée à la vie en société: la vie en société n'exige pas toujours et dans toutes les circonstances la manifestation des secrets ou des pensées intimes. Au contraire, cette révélation est parfois nuisible à la vie sociale et opposée aux bonnes moeurs.

b) La restriction mentale au sens large n'est permise, dans les circonstances que nous avons indiquées, que pour une raison grave et dans le cas de nécessité, car, son emploi, sans raison suffisante, serait contraire à la sincérité chrétienne et à la simplicité, et serait opposé au précepte commandé par la vertu de véracité, précepte qui n'est pas uniquement négatif — *tu ne mentiras pas* —, mais qui est aussi affirmatif: *en parlant, tu dois dire la vérité à autrui*, car le bien commun et le bien de la vie sociale t'y obligent.

6. — L'équité ou épikie.

410 - EXISTENCE DE L'ÉQUITÉ. — 1° *Notion.* — L'équité est *cette vertu qui règle l'observation de la loi dans les cas où celle-ci fait défaut à cause de son universalité.*

2° *Explication.* — La loi mesure les actes humains. Or, les actes humains peuvent varier à l'infini. Il est donc impossible de porter une loi applicable à tous les cas particuliers. Les législateurs établissent la loi en se basant sur ce qui arrive dans la plupart des cas. En certaines circonstances, observer cette loi serait contre la rectitude de la justice et contre le bien commun. Ce serait alors un mal de suivre la loi établie. La droite raison demande, dans ce cas, d'omettre la lettre de la loi et d'agir selon les exigences de la justice et de l'utilité commune. Et c'est là le propre de la vertu que nous appelons *équité* ou *épikie*.

411 - NATURE DE L'ÉQUITÉ. — 1° **Objet de l'équité.** — L'objet de l'équité est le bien commun, car cette vertu fait omettre la lettre de la loi, à cause des exigences du bien commun dans telle ou telle circonstance.

Le bien commun est objet de l'équité, sous un aspect très spécial, c'est-à-dire en tant que nous devons le rechercher en omettant les règles communes et la lettre de la loi, dans certains cas particuliers où l'observation de la loi serait contre l'intention du législateur.

2° L'équité est une vertu spéciale.— La recherche du bien commun qui n'est pas mesurée par les règles communes et par la lettre de la loi comporte une difficulté spéciale. La preuve en est que certains juges, tout en suivant scrupuleusement les textes légaux, portent parfois des sentences opposées à la justice. Pour vaincre cette difficulté spéciale, l'homme juste a besoin d'une vertu spéciale. Et cette vertu spéciale s'appelle l'équité ou épikie. L'équité est donc une vertu spéciale.

3° L'équité est une justice légale supérieure.— Nous avons déjà dit que la justice légale est la vertu qui a pour objet le bien commun. Or, la recherche du bien commun peut être mesurée par la lettre de la loi ou par un principe supérieur au texte légal, principe dont l'observation est voulue par le législateur lui-même. *Exemple*: la loi exige que le dépôt soit rendu. L'intention supérieure du législateur, en portant cette loi, est de préserver le bien commun. En effet, celui-ci exige qu'à chacun soit donné ce qui lui est dû. Si donc l'observation de cette loi était opposée, dans un cas particulier, au bien commun, un principe supérieur — il faut respecter le bien commun — demande qu'on omette la lettre de la loi pour se conformer aux vues du législateur. Il ne faut pas remettre à un ennemi de la patrie les armes qu'il a confiées en dépôt. Il suit donc que la justice légale se divise comme suit:

a) *justice strictement légale*: celle qui a pour objet le bien commun à rechercher selon le texte de la loi;

b) *justice légale supérieure*: celle qui a pour objet le bien commun à rechercher selon des principes supérieurs à la loi écrite.

ARTICLE IV

LA FORCE

1. — La force elle-même.

412 - DOUBLE ACCEPTION DE LA FORCE. — La force signifie deux choses:

1° Employée au sens large, elle signifie toute fermeté dans la poursuite du bien conforme à la raison. Sous cet aspect, elle est une vertu générale, ou plutôt une condition de toute vertu. Car toute vertu de sa nature comporte la fermeté dans l'opération, surtout lorsque cette vertu est parfaite.

2° Employée au sens strict, la force désigne une fermeté spéciale de l'âme qui incline à supporter et à affronter les périls les plus graves, comme les périls de mort. Sous cet aspect, la force est une vertu spéciale.

Difficulté. — Toute vertu, surtout lorsqu'elle est parfaite, suffit à supporter ou à affronter les périls les plus graves. Aucun mal, si grave soit-il, ne peut déterminer celui qui possède la chasteté à un degré héroïque, à violer cette vertu. Il semble donc que la force ne soit pas une vertu spéciale, mais qu'elle soit plutôt une condition de toute vertu.

A cette difficulté, nous répondons comme suit: les vertus autres que la force poursuivent leur bien propre, bien qui est déterminé: la justice a pour objet le droit, etc. Mais lorsque des graves périls se présentent, un bien nouveau conforme à la raison doit être recherché, bien dont la poursuite offre des difficultés spéciales. Il faut alors une vertu spéciale permettant de vaincre ces difficultés. Cette vertu spéciale est la force qui modère la crainte et l'audace. La force doit alors venir au service d'une autre vertu qui commande l'acte de force. La personne qui, pour conserver sa chasteté, s'expose à la mort, agit par amour de la chasteté. Mais, dans ce cas, la chasteté commande ou impère l'acte de la vertu de force.

413 - DÉFINITION DE LA FORCE. — La force, comme vertu spéciale, se définit:

une vertu qui modère les passions dans les difficultés et les dangers.
Explication:

a) *Une vertu qui modère les passions*: l'acte de la force est un acte d'élection. Il est donc proprement une oeuvre de la volonté, seule faculté capable de libre choix. Mais la volonté ne peut faire un choix raisonnable sans la modération des passions. La force modère et règle les passions de l'appétit irascible. Le sujet propre de la vertu de force est donc l'appétit irascible;

b) *Dans les difficultés et les dangers*: par là nous indiquons la matière médiate ou éloignée de la force: *les dangers et les labeurs.*

L'objet immédiat ou prochain de la force, ce sont *la crainte et l'audace.* En effet, la force enlève cet obstacle au bien que constitue *la crainte immodérée.* Elle réprime aussi la passion opposée, *l'audace excessive*, en la retenant d'affronter les dangers plus qu'il ne convient.

414 - LES VICES OPPOSÉS À LA FORCE. — Pour connaitre les vices opposés à la force, nous devons d'abord considérer que cette vertu modère deux passions:

a) la crainte;

b) l'audace.

Il est donc possible de pécher contre la force par crainte et par audace. Mais, dans les deux cas, il peut y avoir excès ou défaut. Il y aura donc quatre vices opposés à la force:

a) Au point de vue de la crainte

    1) Par excès: *la crainte excessive.*

    2) Par défaut: *la fausse intrépidité.*

b) Au point de vue de l'audace

    1) Par excès: *l'audace folle.*

    2) Par défaut: *le défaut de hardiesse.*

La crainte excessive est ce vice qui empêche de s'exposer au péril quand il serait raisonnable de l'affronter.

La fausse intrépidité est ce vice qui fait qu'on ne craint pas, même quand il serait raisonnable de craindre.

L'audace folle est ce vice qui pousse quelqu'un à courir au devant du danger, sans prendre conseil et sans raison.

Le défaut de hardiesse est ce vice qui empêche quelqu'un, qui a délibéré, d'affronter le danger ou de tenir devant lui.

A première vue, le défaut de hardiesse semble s'identifier à la crainte excessive. Il est cependant probable qu'il demeure un vice distinct: *la lâcheté* (*vecordia*). En effet, le défaut de hardiesse ne provient pas de la crainte; il est plutôt un manque d'espérance. Le lâche n'ose pas affronter le danger, non pas parce qu'il craint, mais parce qu'il n'espère pas le succès.

2. — Les parties intégrantes de la force.

415 - Les parties intégrantes de la force.— 1° Les parties d'une vertu cardinale se divisent de trois manières:

   a) les parties subjectives;

   b) les parties intégrantes;

   c) les parties potentielles.

2° La force n'a pas de parties subjectives: elle ne divise pas en vertus spécifiquement distinctes. Sa matière est, en effet, très limitée: les périls de mort, les dangers les plus redoutables.

Elle a des parties intégrantes et des parties potentielles.

3° Les parties intégrantes de la force — comme de toute vertu cardinale — ne sont pas des éléments qui constituent la vertu de force elle-même; ce sont plutôt des éléments qui concourent à lui faire produire son acte parfait.

4° Pour connaître exactement les parties intégrantes de la force, nous devons considérer que cette vertu a deux actes principaux:

   a) attaquer ou entreprendre;

   b) résister ou supporter.

Chacun de ces actes requiert deux vertus qui s'incorporent à la force comme parties intégrantes.

a) Dans l'entreprise,
    1) *La magnanimité* donne l'espérance du succès, la confiance dans la victoire;
    2) *La magnificence* assure l'exécution sans défaillance de la tâche ardue.

ʟ) Dans la résistance ou le support,	1) *La patience* raffermit le courage contre la grandeur du mal; 2) *La persévérance* raffermit le courage contre la durée et la continuité du mal.

Il y a donc quatre parties intégrantes de la force: *la magnanimité, la magnificence, la patience* et *la persévérance.*

3. — Les parties potentielles de la force.

416 - LES PARTIES POTENTIELLES DE LA FORCE. — La magnanimité, la magnificence, la patience et la persévérance, lorsqu'elles s'exercent sur la matière propre de la force, c'est-à-dire sur les grands dangers, les périls mortels, jouent le rôle de parties intégrantes de la force. Lorsque les mêmes vertus portent sur des périls moindres, comme sur des dépenses à faire, des honneurs à mériter, des revers à subir, elles deviennent des vertus distinctes, annexes à la force. Elles constituent les parties potentielles de cette vertu cardinale. La force a donc quatre parties potentielles: *la magnanimité, la magnificence, la patience* et *la persévérance* en tant qu'elles portent sur des périls inférieurs aux périls de mort.

417 - LA MAGNANIMITÉ. — La magnanimité, comme son nom l'indique, est la grandeur d'âme. Elle se définit: *une vertu qui porte à des actes grands, qui règle l'esprit d'entreprise et l'espérance des grands honneurs.*

Au sujet de cette définition, notons deux choses:

1) La magnanimité ne recherche pas l'honneur pour lui-même, mais ce dont l'honneur n'est qu'un résultat, c'est-à-dire la grandeur de la vertu.

2) Chaque vertu, dans son domaine, tend non seulement à ce qui est petit, mais aussi à ce qui est grand. Mais, tandis que les autres vertus tendent à la grandeur comme condition accidentelle de leur œuvre, la magnanimité tend à la grandeur comme à une bonté spéciale. Le magnanime considère qu'il est bon d'affronter les difficultés et de les vaincre. Voilà pourquoi la magnanimité est une vertu spéciale, parce qu'elle est spécifiée par un objet formel propre.

418 - LES QUALITÉS DU MAGNANIME. — 1° *Le magnanime se reconnaît apte* *aux grandes choses, s'il l'est réellement.* Celui qui se croit apte aux grandes choses, quand il ne l'est pas, est un sot.

2° *Le magnanime se complaît modérément dans les honneurs que les hommes dignes d'estime lui rendent, et méprise les honneurs qui lui sont rendus sans cause suffisante ou qui lui viennent de trop bas.*

3° *Le magnanime se montre parfaitement égal dans la prospérité et l'adversité.* Il ne se laisse pas émouvoir par les caprices de la fortune, et il garde en tout la modération qui lui est propre.

4° *Le magnanime ne se plaint jamais et ne supplie personne.* Les plaintes et les supplications montrent un esprit abattu et sans valeur.

5° *Le magnanime reconnaît largement les bienfaits reçus.* Il aime mieux donner que recevoir, parce que c'est plus noble et plus grand.

6° *Le magnanime ne demande rien à personne.* Le magnanime est détaché de bien des choses. Il ne fait pas grand cas de ce que les hommes peuvent donner et ne veut rien devoir aux autres.

7° *Le magnanime se montre grand envers les grands, modéré envers ceux qui sont dans un état médiocre.* Il imite Dieu qui traite chacun selon sa condition et ses mérites.

8° *Le magnanime montre sa haine et son amour dans ses paroles et ses actions.* Celui qui se cache est un homme timide qui n'est pas sûr de la valeur de ses actions.

9° *Le magnanime oublie les maux et les injures.* Il ne tient aucun compte du passé, surtout si ce passé est mauvais.

10° *Le magnanime ne se mêle pas de tout, reste indifférent et cède volontiers aux autres, excepté lorsqu'il s'agit de grandes choses.*

11° *Le magnanime n'admire point facilement.* Seules les grandes choses sont dignes d'admiration. Et les grandes choses ne se présentent pas fréquemment.

12° Le magnanime agit lentement; il est grave dans ses paroles, ferme et posé dans ses discours. Celui qui ne s'occupe pas de beaucoup de choses n'est pas pressé; celui qui estime les choses à leur juste valeur et tend aux grandes choses ne dépense pas son activité en vain. Et la vaine activité est ce qui rend la voix aigre et l'action précipitée. Le magnanime agit donc avec lenteur et il est grave dans ses paroles.

419 - Les vices opposés à la magnanimité. — Les vices opposés à la magnanimité sont au nombre de quatre. Trois s'y opposent par excès, et un par défaut.

Les vices opposés à la magnanimité par excès sont:
a) *la présomption;*
b) *l'ambition;*
c) *la vaine gloire.*

Le vice opposé à la magnanimité par défaut est la *pusillanimité.*

La présomption est le vice qui tend à de grandes oeuvres hors de mesure. Elle tend à des actions qui sont disproportionnées aux forces et aux moyens de celui qui veut les poser.

L'ambition est le désir désordonné de l'honneur.

La vaine gloire est le désir désordonné de la célébrité et de la louange.

L'honneur est la révérence rendue à quelqu'un en témoignage de son excellence, soit par une inclination du corps, l'érection d'un monument, etc.

La gloire qui se définit: *la célébrité accompagnée de louange,* est l'effet de l'honneur, tandis que celui-ci est la suite d'une grande œuvre.

Nous voyons par là que l'ambition et la vaine gloire portent sur des objets distincts et que, par suite, elles sont deux vices distincts.

La pusillanimité s'oppose à la magnanimité par défaut. Elle se définit : le vice qui nous fait reculer devant les oeuvres qui nous conviennent parce qu'elles sont proportionnées à nos forces.

420 - La magnificence. — La magnificence, comme son nom l'indique, consiste à faire de grandes choses (*magna facere*).

Mais *faire* a deux significations:

a) *Au sens large*, faire signifie toute opération soit immanente, soit transitive;

b) *Au sens strict*, faire signifie l'action transitive seulement, c'est-à-dire l'action selon qu'elle s'exerce sur une matière extérieure, selon qu'elle porte sur les *factibilia*: faire une maison ou toute oeuvre d'art.

1) Toute vertu tend à la grandeur, en tant que celle-ci est une condition accidentelle de l'oeuvre propre à la vertu. Nous pouvons donc dire que, sous cet aspect, faire de grandes choses — nous donnons à faire son sens large - est commun à toutes les vertus. C'est, en quelque sorte, la perfection de chaque vertu.

2) Tendre aux grandes actions morales (agibilia) en tant qu'elles sont grandes est le propre de la magnanimité. Ces actions sont, en vérité, les effets immédiats et les signes de la grandeur d'âme.

3) Mais tendre aux grandes oeuvres extérieures (*factibilia*), aux grandes entreprises extérieures, est le propre de la magnificence. Et comme les grandes entreprises extérieures exigent des dépenses considérables, des grosses sommes d'argent à engager, la magnificence se définit: *une vertu qui fait engager de grandes dépenses dans les entreprises extérieures, pour réaliser quelque chose de difficile.*

Au sujet de cette définition, notons deux choses:

a) Les grandes dépenses constituent la matière de la magnanificence.

b) La magnificence se distingue de la libéralité. La libéralité modère l'amour de l'argent et dispose à donner pour donner. La magnificence modère l'amour de l'argent, mais ne produit pas précisément le goût de donner pour donner: elle fait engager de grosses sommes d'argent pour entreprendre, pour attaquer une difficulté, pour faire grand. Elle est une vertu de l'appétit irascible et relève de la force, tandis que la libéralité se rattache à la justice.

421 - LES VICES OPPOSÉS À LA MAGNIFICENCE. — Deux vices s'opposent à la magnificence:

a) l'un par défaut: c'est la *parcimonie*;

b) l'autre par excès: c'est la *profusion* ou le *gaspillage*.

La parcimonie est le vice qui fait tant redouter les grandes dépenses qu'on n'ose entreprendre rien de grand.

La magnificence tend *principalement* à la grandeur de l'oeuvre, et *secondairement* aux grandes dépenses qu'elle n'évite pas pour faire grand; la parcimonie, au contraire, pousse *tout d'abord* à réduire les dépenses, et, *par voie de conséquence*, à ne viser, que des petites œuvres.

La profusion ou *le gaspillage* est le vice qui fait dépenser sans raison, sans tenir compte des proportions avec l'oeuvre à accomplir.

422 - LA PATIENCE. — La patience se définit: *la vertu qui affermit contre les tristesses provenant des maux ordinaires.*

Nous disons les *maux ordinaires*, et non les maux qui menacent la vie. Ceux-ci sont la matière propre de la force comme vertu cardinale.

Le support des maux qui menacent la vie est l'oeuvre de la patience, comme partie intégrante de la force.

Le support des maux ordinaires est l'oeuvre de la patience, comme partie potentielle de la force, ou comme vertu annexe à la force.

423 - LES VICES OPPOSÉS À LA PATIENCE. — Deux vices s'opposent à la patience:

    a) l'un par défaut: *l'insensibilité;*

    b) l'autre par excès: *l'impatience.*

L'insensibilité consiste à ne pas s'émouvoir des maux personnels ou des maux d'autrui. L'insensibilité n'est conforme ni à la nature humaine, ni à la vie sociale. Elle est apparentée à la stupidité de la brute: elle est inhumaine.

L'impatience consiste à trop s'attrister des maux, ou à ne pas faire le bien à cause de la tristesse qui abat.

424 - LES MOYENS D'ACQUÉRIR LA PATIENCE. — La patience est une vertu déjà nécessaire à la vie morale naturelle. La patience *chrétienne* est nécessaire pour rester ferme dans la lutte en vue du salut éternel. Pour acquérir cette patience, nous devons considérer:

1° La patience de Dieu qui tolère les pécheurs;

2° La patience de Notre-Seigneur souffrant et mourant pour nous sur la croix;

3° La patience des saints;

4° Les fruits de la patience dans cette vie et dans l'autre: la satisfaction pour nos péchés dans la vie présente, et la gloire éternelle dans la vie future;

5° Le rachat des peines de l'enfer et du purgatoire qu'elle nous procure;

6° Les maux qui résultent de l'impatience: celle-ci fait perdre le mérite de la patience; elle ne diminue pas le mal, mais l'augmente; elle torture plus que le mal d'où elle procède; enfin, elle fait tomber dans plusieurs péchés.

425 - LA PERSÉVÉRANCE. — La persévérance se définit: *la vertu qui fait vaincre la difficulté spéciale consistant dans la durée du mal à supporter.*

Notons comment *la persévérance* se distingue de *la patience* et de *la constance.*

La patience triomphe de la *tristesse* produite par l'intensité du mal présent.

La constance affermit contre les difficultés provenant des empêchements *extérieurs.*

La persévérance fait vaincre la difficulté spéciale que constitue la *durée* du mal à supporter.

426 - LES VICES OPPOSÉS À LA PERSÉVÉRANCE. — Deux vices s'opposent à la persévérance: l'un par défaut, l'autre par excès.

Le premier est la *mollesse.*

Le second est l'*obstination.*

La *mollesse* est le vice de celui qui ne peut soutenir une tâche laborieuse, parce qu'il ne peut vivre longtemps sans plaisir.

L'*obstination* est le vice de celui qui s'entête indûment dans son propre avis, au point d'endurer, pour le soutenir, des maux prolongés.

ARTICLE V

LA TEMPERANCE

1. — La tempérance elle-même.

427 - DÉFINITION DE LA TEMPÉRANCE. — La tempérance, comme son nom l'indique, signifie une proportion convenable, c'est-à-dire une juste mesure.

La tempérance peut se prendre au sens large et au sens strict.

Au sens large, la tempérance signifie la juste mesure de la raison dans n'importe quelle matière morale. Sous cet aspect, elle est commune à toute vertu.

Au sens strict, elle signifie la juste mesure dans ce qui attire le plus l'appétit. Sous cet aspect, la tempérance est une vertu cardinale.

Elle se définit: *une vertu qui modère les délectations du toucher.*

Au sujet de cette définition, notons ce qui suit:

a) Le sujet de la tempérance est l'appétit concupiscible qui recherche les biens sensibles. La recherche des biens sensibles n'est pas mauvaise en soi; elle devient mauvaise, lorsqu'elle n'est pas conforme à la raison. La tempérance est la vertu qui mesure cette recherche.

b) La matière de la tempérance est *principalement* la délectation du toucher, *secondairement* et par voie de conséquence la jouissance des autres sens, en particulier du goût.

En effet, la tempérance modère les délectations sensibles auxquelles la nature incline davantage. Et la nature incline davantage aux délectations accompagnant les opérations qui la conservent soit dans l'individu, soit dans l'espèce, c'est-à-dire aux délectations accompagnant l'exercice des fonctions *nutritive* et *générative*. Or, ces délectations relèvent principalement du toucher et secondairement des autres sens, c'est-à-dire du goût, de la vue, de l'ouïe, de l'odorat. Il suit que la tempérance a pour matière principale les délectations du toucher, et pour matière secondaire des délectations des autres sens, en tant que ceux-ci concourent à augmenter la délectation du

toucher dans l'usage des aliments ou dans les actes qui se rapportent
à la génération.

428 - LA TEMPÉRANCE A SA MESURE DANS LA NÉCESSITÉ DE LA VIE PRÉSENTE. —
1° Nous entendons par la nécessité de la vie présente, non seulement
ce qui est absolument nécessaire à cette vie, mais encore ce qui est convenable eu égard aux circonstances de personne, de dignité, d'office, de
santé, d'honnêteté, de richesse, etc.

2° Toute chose ordonnée à une fin a sa mesure dans cette fin. La
fin de la tempérance est la béatitude.

La fin des choses ou des jouissances que modère la tempérance
est la nécessité de la vie présente, prise au sens où nous venons de
l'expliquer.

La nécessité de la vie présente ne mesure donc pas directement
la vertu de tempérance en elle-même; elle mesure l'usage des choses
sur lesquelles porte la vertu de tempérance. C'est en ce sens que
doit s'entendre notre proposition.

3° *Ces notions étant données, prouvons notre énoncé.*
La fin mesure les choses ordonnées à la fin. Or, les choses agréables au toucher et aux autres sens, sur lesquelles porte la vertu de
tempérance, sont ordonnées à la nécessité de la vie présente comme
à leur fin. La nécessité de la vie est donc la mesure des choses sur lesquelles porte la tempérance.

4° La fin des choses qui a rapport à la génération est autre que la
fin des aliments (du boire et du manger). Voilà pourquoi la règle de
tempérance dans ces deux domaines n'est pas la même.

La règle de tempérance dans ce qui touche à la génération est
de s'en abstenir totalement en dehors du mariage, et de s'en servir
dans le mariage selon les lois morales.

La règle de tempérance dans le boire et le manger se prend de
la fin de ceux-ci. Et cette fin est la santé du corps et une disposition
de l'esprit favorable à ses opérations propres. En d'autres termes,
c'est, selon le mot de saint Augustin, la nécessité de la vie et des devoirs «necessitas vitæ et officiorum». Voilà pourquoi on ne doit man-

ger et boire que dans la mesure où le requiert cette fin, ni plus, ni moins, à moins qu'un bien supérieur, comme la satisfaction pour les péchés, demande de s'écarter de cette mesure.

Donc, en général, celui qui mange et boit plus qu'il ne faut ou moins qu'il ne faut, n'observe pas la règle de tempérance. Se rend coupable du même écart celui qui mange ou boit uniquement par plaisir. Le plaisir n'est pas en soi une fin honnête, car il est commun à l'homme et à la brute. La nourriture n'a pas le plaisir comme fin, selon l'ordre de la nature. Le plaisir est donné pour faciliter l'usage des aliments.

129 - Les vices opposés à la tempérance. — Deux vices s'opposent à la tempérance: l'un par excès, c'est *l'insensibilité*, qui fuit jusqu'à l'usage réglé et ordonné des biens sensibles; l'autre par défaut, c'est *l'intempérance*, qui convoite désordonnément des délectations du toucher et s'y plonge.

2. — Les parties intégrantes de la tempérance.

430 - Les parties intégrantes de la tempérance. — 1° Les parties intégrantes d'une vertu cardinale sont des conditions, des éléments requis pour l'exercice parfait de l'acte de cette vertu.

La fonction de la tempérance est double:

a) la fuite de tout ce qui présente un caractère de turpitude;

b) l'amour de ce qui présente le caractère opposé.

Une disposition, une vertu est requise pour chacune de ces deux fonctions. Il y aura donc deux parties intégrantes de la tempérance:

a) *la crainte de la honte* (verecundia);

b) *l'honnêteté*.

La crainte de la honte est cette disposition qui fait redouter la confusion et les reproches que provoque et mérite ce qui est honteux.

Le motif formel de cette disposition — elle n'est pas, à proprement parler, une vertu — est la peur de la confusion et de l'infamie qui découlent d'un acte honteux. La crainte de la honte ne doit donc pas se confondre avec la *pénitence* qui fait redouter le péché en tant qu'il est une offense faite à Dieu.

L'honnêteté ou l'honneur est cette vertu qui fait aimer la vertu d'une manière toute spéciale, en tant qu'elle exclut la laideur qui s'attache aux concupiscences honteuses.

3. — Les parties subjectives de la tempérance.

431 - Les parties subjectives de la tempérance. — Les parties subjectives d'une vertu cardinale sont les diverses espèces de cette vertu.

Pour connaître les espèces de la tempérance, nous devons considérer que cette vertu modère principalement les délectations du toucher.

Or, les délectations du toucher sont ordonnées:

a) *soit à la nourriture;*

b) *soit à la génération.*

Les délectations du toucher ordonnées à la nourriture portent

a) *soit sur le manger:* elles sont modérées par l'*abstinence* proprement dite;

b) *soit sur les boissons enivrantes:* elles sont modérées par la *sobriété.*

Les délectations du toucher ordonnées à la génération portent

a) *soit sur le rapport sexuel:* elles sont modérées d'une manière commune par la *chasteté;* d'une façon excellente par la *virginité;*....

b) *soit sur les circonstances extérieures et les signes de ce rapport,* comme les touchers, les baisers, les embrassements, etc.; sous cet aspect, les délectations du toucher sont modérées par la *pudeur,* vertu qui n'est pas spécifiquement distincte de la *chasteté.*

Il y a donc quatre parties subjectives ou quatre espèces de la vertu de tempérance: l'*abstinence proprement dite,* la *sobriété,* la *chasteté* et la *virginité.*

432 - L'abstinence. — 1° L'abstinence est un genre qui se divise en deux espèces: l'abstinence proprement dite et la sobriété.

Nous parlons ici de l'abstinence proprement dite.

2° L'abstinence proprement dite se définit: *une vertu spéciale qui règle l'usage de la nourriture.*

Par nourriture, nous entendons non seulement les aliments, mais encore les boissons non enivrantes. En effet, l'usage de celles-ci ne constitue pas, pour la vie raisonnable, une difficulté distincte de celle que présente l'usage des aliments. Voilà pourquoi il est réglé par la même vertu.

3° L'acte principal de cette vertu est le jeûne.

4° Le vice opposé à l'abstinence est la *gourmandise*. Elle se définit: *la recherche désordonnée de la nourriture*. La gourmandise recherche la nourriture pour le plaisir que celle-ci procure.

La gourmandise est un vice capital, parce qu'elle entraîne à beaucoup de péchés.

N'étant pas directement contraire à l'amour de Dieu et à l'amour du prochain, la gourmandise n'est pas, de sa nature, un péché mortel. Elle peut devenir indirectement un péché mortel, soit en raison du dommage que subit la santé, soit en raison du mépris de Dieu qu'elle peut entraîner, etc.

133 - LA SOBRIÉTÉ. — 1°Prise *dans un sens très large*, la sobriété signifie toute modération à conserver dans une matière morale quelconque.

Au sens large, la sobriété désigne la modération dans les plaisirs des sens. Sous cet aspect, elle n'est que la vertu de tempérance prise génériquement.

En un sens plus strict, elle se dit de la vertu d'abstinence. Est sobre celui qui boit et mange avec modération.

Au sens très strict, la sobriété désigne la modération dans l'usage des boissons enivrantes. Elle se définit: *une vertu qui règle la passion et l'usage des boissons enivrantes*.

Comme il existe, dans la passion des boissons enivrantes, un obstacle spécial à la vie rationnelle, la sobriété est une vertu spéciale.

2° La vertu de sobriété est nécessaire à tous les hommes. En effet, tous les hommes doivent conserver intact l'usage de la raison.

La sobriété convient cependant, d'une manière particulière,
a) *aux adolescents;*
b) *aux femmes;*
c) *aux chefs spirituels;*
d) *aux chefs politiques;*

e) *aux vieillards.*

Les adolescents sont, en effet, à cause de leur ardeur, plus attirés par la concupiscence des sens. Ils doivent, d'une manière spéciale, régler cette concupiscence par la vertu.

Les femmes se troublent facilement, et ne peuvent résister avec force aux attraits de la concupiscence. Voilà pourquoi, chez les anciens Romains, les femmes ne faisaient aucun usage de vin.

Les chefs spirituels, comme les Évêques et les autres ministres de l'Église, doivent consacrer tous leurs efforts à des offices spirituels. Ils doivent donc cultiver la sobriété avec soin, afin d'avoir l'esprit toujours libre.

Les chefs politiques gouvernent le peuple par leur sagesse.

Les vieillards doivent diriger et enseigner les autres par leur exemple et leurs conseils. La sobriété leur est nécessaire pour qu'ils puissent remplir ces fonctions.

434 - L'IVRESSE. — 1° L'ivresse désigne la défaillance de la raison qui résulte de l'usage des boissons enivrantes. Sous cet aspect, elle n'est pas la faute; elle est plutôt une conséquence d'une faute.

L'ivresse désigne l'acte qui a pour conséquence cette défaillance de la raison. Sous cet aspect, l'ivresse, lorsqu'elle est volontaire, est une faute et s'oppose à la vertu de sobriété. Elle se définit: *une faute qui consiste à prendre volontairement une boisson enivrante jusqu'à la privation de l'usage de la raison.*

Pour que l'ivresse soit une faute, deux conditions sont requises:

a) la consommation de la boisson enivrante doit être un acte volontaire;

b) la privation de l'usage de la raison doit être aussi volontaire, en ce sens que cette privation a été prévue ou au moins a pu et a dû être prévue.

2° L'ivresse, lorsqu'elle est pleinement volontaire, constitue un péché mortel, même si quelqu'un ne se mettait dans cet état qu'une seule fois dans sa vie. Et pour que l'ivresse soit un péché mortel, il n'est pas nécessaire que la privation de l'usage de la raison soit totale: il suffit d'un désordre notable de la raison qui rend un homme inapte à diriger ses actions ordinaires. En effet, ce désordre répugne gravement à l'ordre de la nature.

135 - L'ALCOOLISME. — 1° **Notion.** — L'alcoolisme se définit: *l'habitude d'absorber fréquemment des boissons enivrantes.*

Au sujet de cette définition, notons ce qui suit:

a) L'alcoolisme n'inclut pas l'ivresse, et ne l'exclut pas. Un alcoolique peut ne jamais boire jusqu'à l'ivresse, tout comme il peut parfois boire jusqu'à l'ivresse.

b) Le plaisir que procure l'absorption des boissons enivrantes est très grand. Voilà pourquoi l'alcoolisme, une fois contracté, devient une passion très difficile à réprimer. Cette passion s'acquiert par l'usage *habituel* d'une quantité *même faible* de boissons alcooliques.

c) L'alcoolisme s'oppose, semble-t-il, à la vertu de sobriété, qui règle l'usage des boissons enivrantes.

2° **Effets de l'alcoolisme.** — L'alcoolisme engendre des maux innombrables pour l'individu, pour la famille et pour la société civile.

a) *Pour l'individu.* — L'alcoolisme affaiblit *physiquement* l'individu, ruine ses facultés *intellectuelles* et le dégrade *moralement.*

Il l'affaiblit physiquement: en effet, l'alcool ne s'assimile pas. Il pénètre très rapidement en nature dans le sang et s'élimine très lentement. Il s'accumule dans les organes, particulièrement dans le *cerveau* et le *foie*, qu'il altère et désagrège. Voilà pourquoi l'alcoolique résiste très difficilement aux maladies aiguës, contracte facilement certaines maladies très graves, comme la tuberculose, et meurt parfois subitement.

Il ruine les facultés intellectuelles de l'individu: en attaquant le cerveau, l'alcool affaiblit les facultés sensibles qui y ont leur siège, comme la mémoire, l'imagination, etc. Or, ces facultés sont nécessaires, dans la vie présente, à l'exercice de l'intelligence. Ce sont elles qui présentent l'objet à l'intelligence. Voilà pourquoi l'alcoolisme ruine les facultés intellectuelles de l'individu.

Il dégrade l'individu dans sa vie morale: la passion de boire porte sur des plaisirs qui sont communs à l'homme et à la brute. Et cette passion rend l'homme esclave de ces plaisirs. Voilà pourquoi elle dégrade l'homme et offense tout particulièrement la dignité humaine. Ajoutons que cette passion est essentiellement égoïste: elle exclut tout sentiment de générosité et tout élément conforme à la raison.

b) *Pour la famille.* — L'alcoolisme, signe et cause d'égoïsme, détruit les liens d'affection et d'intimité si nécessaires à la vie de la famille.

Le père de famille, esclave de l'alcoolisme, emploie son argent pour satisfaire sa passion, argent parfois nécessaire au soutien de sa famille. Voilà pourquoi l'alcoolisme est une source de discordes entre l'époux et l'épouse. Il engendre souvent la pauvreté et fait négliger très gravement l'éducation des enfants.

De plus, l'alcoolique engendre des enfants tarés physiquement, qui, par atavisme, sont enclins à l'usage des boissons alcooliques.

c) *Pour la société civile.* — L'alcoolisme, ruinant l'individu et désagrégeant la famille, étendant parfois son influence à plusieurs générations, est une source de maux innombrables pour la société civile, comme il est évident.

Il peuple, de ses victimes, les hôpitaux, les asiles, les sanatoriums. À ce point de vue, il grève très fortement le trésor public.

3° **Malice de l'alcoolisme.** — L'alcoolisme, par sa nature même et par ses conséquences très graves, est un vice opposé à la loi naturelle et à la vertu cardinale de tempérance.

4° **Les remèdes contre l'alcoolisme.** — Les remèdes contre l'alcoolisme doivent tendre à prévenir et à guérir ce vice.

Pour prévenir ce vice, les éducateurs, et surtout les parents, doivent renseigner les enfants sur les effets de l'alcoolisme, leur donner le bon exemple, leur faire pratiquer d'une manière spéciale la vertu de tempérance et veiller, d'une manière générale, à leur formation morale et religieuse.

Pour guérir ce vice, il faut fonder des *associations de tempérance,* exhorter la victime de l'alcoolisme à la pratique de la pénitence, à la prière, à la fuite des occasions.

Enfin, l'État lui-même doit, par une législation sage, extirper, dans la mesure du possible, ce vice là où il existe. Il doit de plus favoriser la vertu de tempérance, car la pratique de la vertu est la fin de la société civile.

436 - La chasteté. — 1° La chasteté se définit: *une vertu spéciale qui modère les délectations des fonctions génératives.*

La chasteté se distingue de l'abstinence, car elle règle une matière ayant une moralité distincte. Les délectations de la nourriture et celles des fonctions génératives ne sont pas licites de la même façon.

La pudeur, comme nous l'avons déjà dit, règle les circonstances ou signes de l'acte charnel. Ces circonstances relèvent de la même passion que l'acte lui-même, car elles lui sont ordonnées comme à leur fin. Elles doivent donc être réglées par la même vertu. La pudeur ne se distingue donc pas de la chasteté.

2° Il y a trois sortes de chastetés:
la chasteté conjugale;
la chasteté du veuvage;
la chasteté virginale.

La chasteté conjugale est la chasteté de celui qui s'abstient des plaisirs illicites de la chair et qui jouit de ces plaisirs licites dans le mariage.

La chasteté du veuvage est la chasteté de celui qui s'abstient de tout plaisir de la chair, après la mort du conjoint.

Nous traiterons de *la chasteté virginale* ou de la virginité au numéro suivant.

437 - La virginité. — 1° *Vierge* signifie étymologiquement ce qui est *verdoyant*, c'est-à-dire ce qui n'a pas été brûlé par des chaleurs excessives.

Une personne est donc vierge, lorsqu'elle a échappé aux brûlures de la concupiscence, c'est-à-dire lorsqu'elle n'a pas eu l'expérience de la plus intense des délectations sensibles par la consommation de l'acte charnel.

2° Il y a une triple virginité:
la virginité naturelle ou physique;

un certain état de chasteté;

la virginité comme vertu spéciale.

a) *La virginité naturelle* consiste à conserver intacts, dans leur intégrité physique, les organes qui accomplissent les fonctions de la génération. Elle est la fraîcheur d'une chair qui n'a pas été brûlée par la consommation *volontaire* de l'acte charnel.

b) *La virginité considérée comme un certain état de chasteté* est la chasteté d'une personne ayant conservé la virginité naturelle ou physique, et se proposant de garder cette virginité si elle ne contracte pas mariage.

C'est le célibat vertueux.

Une telle virginité n'est pas une vertu spéciale, distincte de la chasteté, car elle ne comporte pas le propos stable de s'abstenir de toute jouissance charnelle. Celui qui a cette virginité ne pèche pas en se mariant.

c) *La virginité, comme vertu spéciale,* est la chasteté de celui qui, ayant conservé la virginité naturelle, exclut l'expérience charnelle au point de la rendre illicite jusque dans le mariage.

3° Pour comprendre cette définition, notons trois choses:

a) *La virginité présuppose, d'une manière accidentelle, l'intégrité de la chair.* — Si, en effet, l'intégrité de la chair avait été détruite involontairement, par hasard ou autrement, la vertu de virginité n'en souffrirait, dans l'ordre moral, aucun préjudice. .

b) *La virginité a comme matière l'abstention du plaisir charnel.*

Les plaisirs charnels à réprimer constituent la matière de la virginité.

c) *La virginité consiste formellement dans le propos stable de ne jamais connaître les plaisirs de la chair.* — Or, pour que ce propos soit stable, la virginité doit être consacrée par le vœu. C'est le vœu seul qui rend perpétuellement illicite tout plaisir charnel. Donc, pour être une vertu spéciale, la virginité doit être consacrée par le vœu.

138 - La virginité n'est pas illicite. — 1° Est illicite ce qui n'est pas conforme à la droite raison ou à la loi, surtout à la loi naturelle.

2° Nous parlons ici de la virginité comme vertu spéciale, c'est-à-dire de la virginité consacrée par un vœu.

3° Luther, ses disciples, les naturalistes considèrent la virginité comme une offense à la raison.

4° *Prouvons notre proposition:*

N'est pas illicite, dans la ligne des actes humains, ce qui est conforme à la droite raison. Or, la virginité est conforme à la droite raison. Donc, la virginité n'est pas illicite.

La majeure est évidente.

À la mineure. — Il est conforme à la droite raison de s'abstenir des délectations charnelles pour vaquer plus librement à la contemplation des choses divines. Cette contemplation est le bien le plus grand de l'âme auquel sont ordonnés tous les autres biens humains comme à leur fin. Or, c'est ce que fait la virginité. Donc, la virginité est conforme à la droite raison.

439 - DIFFICULTÉS. — 1° Ce qui est opposé à un précepte de la loi naturelle est illicite. Or, la virginité est opposée au précepte de la loi naturelle qui impose le mariage en vue de la conservation de l'espèce humaine. Donc, la virginité est illicite.

À la majeure. — À un précepte de la loi naturelle qui oblige chacun des hommes, je concède; qui n'oblige pas chacun des hommes, je nie.

À la mineure. — Le précepte naturel du mariage est donné à chaque homme en particulier, je nie; est donné au genre humain, je concède.

2° Si tous les hommes conservaient la virginité, le genre humain disparaîtrait. Donc, la virginité est illicite.

Je nie la conséquence. — a) Le précepte du mariage est donné au genre humain. Il n'oblige les individus qu'en cas de nécessité: si un homme devait se marier pour conserver le genre humain, il serait tenu de se conformer au précepte du mariage. Mais tant que la nécessité ne se présente pas en fait, la liberté demeure.

b) On ne peut pas dire que c'est la virginité qui entraînerait la disparition du genre humain, puisqu'en fait, même si tous les hommes se marient, le genre humain doit disparaître de cette terre.

c) Le monde a été créé en vue des élus. C'est là sa fin. Si tous les hommes demeuraient vierges, nous pourrions dire que le nombre des élus serait complet. Le monde présent pourrait disparaître, puisqu'il aurait atteint sa fin.

d) Du reste, comme l'écrivait saint Jérôme à Jovinianus, «n'ayez aucune crainte: tous les hommes ne demeureront pas vierges. La virginité est une chose difficile et, par suite, une chose rare».

3° Celui qui présume de ses forces n'agit pas conformément à la droite raison. Or, celui qui consacre sa virginité par un vœu présume de ses forces: il ne sait pas s'il a le don de la continence. Donc, la virginité n'est pas conforme à la droite raison. (Argument de Luther.)

À la majeure. — Celui qui présume de ses forces et des secours extérieurs qu'il peut recevoir, je concède; celui qui se fie à des secours extérieurs certains, je nie.

À la mineure. — Celui qui consacre sa virginité par un vœu présume de ses forces et des secours extérieurs qu'il peut recevoir, je nie; se confie aux secours de la grâce qui lui seront certainement donnés, je concède.

Il n'est pas nécessaire qu'un homme, pour consacrer sa virginité par un vœu, sache avec certitude qu'il a le don de continence.

Il lui suffit de savoir qu'il aura la grâce suffisante pour être fidèle à son vœu.

440 - LA VIRGINITÉ ET LE MARIAGE. — 1° Nous cherchons si la virginité est supérieure au mariage.

2° Nous ne nous demandons pas si l'intégrité de la chair est supérieure à l'usage du mariage. Ce problème est d'ordre physique plutôt que d'ordre moral.

3° Nous envisageons la virginité et le mariage comme des états de vie, et nous nous demandons si la première est supérieure, sous cet aspect, au second.

4°Par virginité, nous entendons non seulement la virginité consacrée par un vœu, mais aussi le célibat vertueux.

5° Jovinianus, contemporain de saint Jérôme, affirmait qu'il n'y avait pas plus de mérite à conserver la virginité qu'à se marier. Sa doctrine fut officiellement condamnée par l'Église.

Des hérétiques, comme Luther, ont prétendu que la virginité est une superstition impie. Elle n'est pas un mal, disent-ils, si on envisage son utilité pour la vie présente. Elle libère de bien des soucis. Elle facilite, en particulier, le ministère évangélique. Mais celui qui s'oblige à conserver la virginité fait une sottise, s'il n'est pas certain d'avoir le don de continence.

Le concile de Trente a anathématisé ceux qui affirment que le mariage est préférable à la virginité.

Notre-Seigneur a conservé la virginité. Il a choisi une mère vierge. Et les chrétiens, en quantité innombrable, ont suivi l'exemple du Maître et de sa mère.

6° Prouvons la proposition suivante:

La virginité est supérieure au mariage.

1) Le bien de l'âme est supérieur au bien du corps, et la vie contemplative est supérieure à la vie active. Or, la virginité vertueuse est ordonnée au bien de l'âme et à la vie contemplative; le mariage est ordonné à un bien corporel, c'est-à-dire à la multiplication du genre humain, et se rattache à la vie active: les époux doivent s'occuper des choses de ce monde. Donc, la virginité est supérieure au mariage.

2) Ce qui perfectionne directement la partie raisonnable de l'homme est supérieur à un bien qui convient à l'homme en tant qu'animal. Or, la virginité perfectionne directement la partie raisonnable de l'homme; le mariage convient à l'homme en tant qu'animal. Donc, la virginité est supérieure au mariage.

À la majeure. — Par sa raison, l'homme est semblable aux anges; par sa nature animale, il est semblable aux êtres inférieurs.

À la mineure. — La virginité est ordonnée au bien spirituel de l'homme; le mariage, à la multiplication du genre humain par le moyen des fonctions de la génération. Par suite, le mariage répond aux tendances génériques de l'homme, c'est-à-dire aux tendances de *l'homme* en tant qu'animal.

441 - DIFFICULTÉS. — 1° Celui qui pratique une plus grande vertu a plus de mérite. Or, il arrive qu'une personne mariée, en pratiquant la chasteté conjugale, a plus de mérite qu'une vierge. Donc, la chasteté conjugale est une vertu plus grande que la virginité, et le mariage est supérieur à la virginité.

À la majeure. — Toutes autres choses étant égales, je concède; toutes autres choses n'étant pas égales, je nie.

À la mineure. — Parce que la chasteté conjugale est une vertu supérieure à la virginité, je nie; parce que la personne mariée peut avoir plus d'amour pour Dieu que la vierge, je concède.

Celui qui pratique une vertu plus grande, à cause d'un plus grand amour envers Dieu, a plus de mérite que celui qui pratique une vertu moins noble, parce qu'il n'a pas autant d'amour envers Dieu. Mais celui qui pratique une vertu inférieure, tout en ayant dans son âme un grand amour de Dieu, amour qui le dispose à pratiquer une vertu supérieure, si celle-ci lui convenait, peut avoir autant de mérite et même plus de mérite qu'une personne pratiquant une vertu supérieure. Le mérite, en définitive, se mesure à l'amour envers Dieu.

2° Le bien commun est supérieur au bien privé. Or, le mariage est ordonné au bien commun, et la virginité, au bien privé. Donc, le mariage est supérieur à la virginité.

À la majeure. — Le bien commun est supérieur au bien privé, lorsque ces deux biens sont du même ordre, je concède; lorsque le bien privé est d'un ordre supérieur, je nie.

À la mineure. — Le mariage et la virginité sont ordonnés à des biens du même ordre, je nie; le mariage est ordonné au bien commun corporel, et la virginité au bien spirituel, je concède.

Du reste, la virginité est aussi ordonnée au bien commun. Dans l'ordre surnaturel, la virginité est ordonnée au bien commun de toute l'Église. Les vierges sont les plus purs joyaux de l'Église.

Dans l'ordre naturel, la virginité est ordonnée au bien commun de la société civile. La vie contemplative propre à la personne vierge est une partie de la vie contemplative commune aux membres de la société civile. Elle est donc ordonnée au bien commun comme la partie est ordonnée au tout.

442 - La luxure. — 1° Le vice opposé à la chasteté est la luxure (1). La luxure, qui se divise en plusieurs espèces, se définit: *l'appétit désordonné des jouissances charnelles.*

2° La luxure est un péché mortel de sa nature. Toute jouissance sexuelle, directement voulue et recherchée pour elle-même, en dehors des fins du mariage, constitue une matière grave.

---

(1) Au début de sa dissertation sur la luxure, Billuart demande au lecteur chrétien de faire avec lui cette prière: «Brûle, Seigneur, nos reins et nos cœurs par le feu du Saint-Esprit, afin que nous puissions te servir avec un corps chaste et te plaire avec un cœur pur, par le Christ, par la Vierge, par le Fils de la Vierge et par l'Époux des vierges. Ainsi soit-il.»

3° La luxure est un vice capital, car son acte, comportant une jouissance intense, exerce, par suite de la concupiscence, un attrait puissant. On est exposé à s'en faire une fin, en vue de laquelle on commettra beaucoup d'autres péchés.

4° Les filles intérieures de la luxure sont:
l'aveuglement de l'esprit;
l'inconsidération;
la précipitation;
l'inconstance;
l'amour de soi;
la haine de Dieu;
l'affection du siècle;
l'horreur du monde futur.

5° Les filles extérieures de la luxure sont:
les discours honteux;
les discours sots;
les bouffonneries;
les divertissements exagérés.

443 - LES ESPÈCES DE LUXURES. — Pour distinguer les espèces de luxures, nous devons considérer l'acte générateur
du côté de l'enfant, qui en est la fin naturelle;
du côté de la personne avec qui l'acte est accompli.

I. *Du côté de l'enfant:*

1) L'abus commis empêche la génération de l'enfant: *c'est le péché contre nature;*

2) L'abus commis ne rend pas la génération physiquement impossible, mais empêche moralement l'éducation de l'enfant: c'est la *fornication simple,* commerce charnel entre un homme et une femme qui ne sont pas unis par le lien du mariage.

Le péché contre nature se divise lui-même en quatre espèces:

a) *la bestialité,* commerce charnel avec un vivant d'espèce différente;

b) *la sodomie,* commerce infâme avec une personne du même sexe;

c) *le péché solitaire*, lorsque la semence de vie est répandue sans commerce avec une autre personne;

d) *l'onanisme*, commerce charnel avec une personne d'un autre sexe, fait de manière à empêcher la génération de l'enfant.

II. *Du côté de la personne avec qui l'acte est accompli:*

a) avec une personne à qui l'on doit un respect spécial, en raison d'un lien de consanguinité: *c'est l'inceste;*

b) avec une personne qui est unie à une autre dans le mariage: *c'est l'adultère*, péché de luxure qui comporte une injustice à l'égard du conjoint;

c) avec une personne vierge: *c'est le stupre*, péché impur qui comporte une injure à l'égard de la personne violée et une offense à l'égard des parents de cette personne, car la virginité est une dot de la nature, et les parents ont la garde de cette dot;

d) avec une personne consacrée à Dieu par un vœu: *c'est le sacrilège.*

Les baisers, les caresses, les embrassements se rattachent à l'espèce de luxure à laquelle ils disposent. *Exemple:* les baisers avec une femme mariée se rattachent à l'adultère, etc.

4.— Les parties potentielles de la tempérance.

444 - LES PARTIES POTENTIELLES DE LA TEMPÉRANCE. — Les parties potentielles d'une vertu cardinale sont les vertus secondaires qui imposent, au sujet de matières moins importantes et moins difficiles, la mesure qu'impose la vertu cardinale dans la matière principale.

La tempérance mesure les délectations du toucher qui sont très difficiles à modérer. Donc, toute vertu qui réprimera le désordre de l'appétit tendant à une délectation autre que celle du toucher, sera une partie potentielle de la tempérance.

Or, ce désordre de l'appétit peut naître

a) soit dans les mouvements de la volonté ébranlée par l'impétuosité de la passion: la *continence* règle ces mouvements;

b) soit dans les mouvements de la colère qui tendent à faire du mal à autrui: la *mansuétude* et la *clémence* règlent ces mouvements;

c) soit dans tous les autres mouvements qui ne tendent pas directement à faire du mal à autrui: la *modestie* règle ces mouvements.

Nous avons donc quatre parties potentielles de la tempérance: la *continence*, la *mansuétude*, la *clémence* et la *modestie*.

445 - **LA CONTINENCE ET L'INCONTINENCE.** — 1° La *continence* peut être comprise de deux façons:

a) On appelle continence l'abstention complète de tout plaisir charnel. Elle se confond, sous cet aspect, avec la virginité et la viduité vertueuse.

b) On appelle continence la disposition par laquelle on résiste aux impulsions véhémentes du plaisir. Sous cet aspect, elle est une partie potentielle de la tempérance, et elle se définit: *une disposition qui affermit la volonté contre la passion et la sauve.*

À noter ce qui suit:

a) *Le sujet de la continence est la volonté;*

b) *La continence ne se confond pas avec la tempérance.*

Le tempérant modère et dompte les désordres de l'appétit sensible. Le continent n'a pas ce pouvoir. Il ne peut régler les passions de l'appétit sensible, mais il empêche la volonté de céder à ces passions, de se laisser vaincre. On ne peut donc pas faire en même temps acte de tempérance et acte de continence.

2° Le défaut opposé à la continence est *l'incontinence.*

L'incontinence se définit: *cette disposition de la volonté qui abandonne celle-ci aux passions et la laisse sans force contre leur assaut.*

L'incontinent n'est pas un pervers; il est plutôt un faible. Il ne pèche pas par malice et par un choix actif; il se laisse plutôt entraîner par une passion à laquelle il ne résiste pas.

Nous ne devons donc pas le confondre avec l'intempérant.

L'acte accompli, l'incontinent éprouve du regret. L'intempérant, lui, n'en éprouve pas, car il fait le mal par choix.

446 - **LA CLÉMENCE.** — La clémence se définit: *une vertu qui, par indulgence et par douceur, mitige les peines à appliquer à autrui, dans la mesure où la justice le permet.*

a) La clémence diminue les peines, mais ne les remet pas complètement.

b) Le motif formel de la clémence est *l'indulgence affectueuse* ou *la douceur*. Celui qui mitige une peine pour un autre motif, comme la crainte, etc., ne fait pas un acte formel de clémence.

c) La clémence ne doit pas s'opposer à la justice. Autrement, elle ne serait pas une vertu, car son acte ne serait pas conforme à la droite raison.

La clémence est principalement une vertu du supérieur à l'égard des inférieurs, comme il est évident.

447 - Les vices opposés à la clémence. — Les vices opposés à la clémence sont *l'indulgence exagérée* et la *cruauté*.

L'indulgence exagérée est *ce vice qui, d'une manière irraisonnable, mitige ou remet les peines que le coupable devrait subir d'après la loi.* C'est un vice du supérieur très nuisible à la société, car il favorise les méchants.

La cruauté est *le vice d'une âme dure, âpre, que nulle douceur ne dispose à mitiger la peine méritée par les coupables.*

La cruauté ne porte pas immédiatement sur l'excès des peines; elle est une dureté, une âpreté de l'âme. Voilà pourquoi elle se distingue de l'injustice.

448 - La mansuétude et ses vices opposés. — 1° La mansuétude se définit: *une vertu qui tempère la colère, lorsque celle-ci porterait à faire du mal au prochain en dehors des peines que la loi détermine et que le supérieur inflige.*

Cette vertu s'exerce surtout entre égaux, comme il est évident.

Voilà pourquoi elle se distingue de la clémence, vertu qui convient principalement aux supérieurs.

2° Les vices opposés à la mansuétude sont:

a) *la colère;*

b) *l'absence de colère raisonnable.*

La colère est *un désir de vengeance, désir qui dépasse les limites raisonnables.*

L'absence de colère raisonnable est *le vice des gens incapables de colère, alors même qu'ils en ont un motif raisonnable.*

449 - LA MODESTIE ET SES ESPÈCES. — 1° Nous donnons le nom général de modestie à toute vertu qui ordonne les mouvements de l'appétit autres que ceux qu'ordonnent la continence, la clémence et la mansuétude.

Nous pouvons la définir: *la vertu de l'homme qui garde la mesure conforme à son état, à son talent, à sa fortune, dans ses mouvements tant intérieurs qu'extérieurs, et dans l'apparat.*

2° La modestie se divise en plusieurs espèces. En effet, nous devons mettre la retenue et la modération

a) dans notre désir d'excellence: c'est l'office de l'*humilité*;

b) dans notre désir de connaître: c'est la fonction de la *studiosité*;

c) dans les délassements: cela appartient à l'*eutrapélie*;

d) dans les occupations sérieuses: c'est l'office de la *bonne tenue*;

e) dans les vêtements et l'apparat extérieur: c'est le rôle de la *modestie de la mise.*

Les espèces de modesties sont donc: l'*humilité*, la *studiosité*, l'*eutrapélie*, la *bonne tenue*, la *modestie de la mise ou des ornements.*

450 - L'HUMILITÉ. — L'humilité peut se définir: *la vertu réprimant et modérant les mouvements qui nous feraient chercher désordonnément notre propre excellence.*

a) Les désirs de notre propre excellence constituent la matière sur laquelle s'exerce l'humilité.

b) Le motif formel de l'humilité est *la soumission* à Dieu et aux autres hommes.

L'humble considère en lui-même

des dons qui viennent de Dieu;

des défauts qui proviennent de son propre fonds.

A cause de ses défauts, l'humble rejette les honneurs, même ceux qui seraient proportionnés aux dons qu'il possède.

Il se soumet à Dieu, il s'abaisse devant les autres hommes, en comparant ses propres défauts aux dons que les autres ont reçus de Dieu.

c) L'humilité n'abat pas le courage, car elle ne méconnaît pas les dons reçus de Dieu.

Elle a pour résultat cet immense profit de nous soumettre à tout ordre, à toute loi juste, en nous empêchant de nous estimer supérieurs à aucune règle. Elle favorise, d'une manière éminente, le progrès spirituel.

451 - LES VICES OPPOSÉS À L'HUMILITÉ. — Deux vices s'opposent à l'humilité, l'un par défaut, *la bassesse;* l'autre par excès, *l'orgueil.*

1° La bassesse est *ce vice qui porte à ce qui est vil, plus que la vertu ne l'exige et que ne le souffrent les dons de Dieu.*

2° L'orgueil se définit: *le désir désordonné de sa propre excellence.*

a) *Le désir:* l'orgueil présuppose un acte de l'intelligence d'où il découle, c'est-à-dire la considération des défauts d'autrui et l'estime exagérée de ses propres mérites. Formellement, il est cependant un désir. Son sujet est donc l'appétit.

Comme l'orgueil tend au difficile, c'est-à-dire à l'excellence, il existe dans l'appétit irascible. Et comme l'orgueil recherche, d'une manière déraisonnable, l'excellence non seulement dans le domaine sensible, mais encore dans le domaine spirituel, son sujet n'est pas seulement l'appétit irascible selon qu'il se distingue de l'appétit concupiscible, mais encore la volonté selon qu'elle tend au difficile. Voilà pourquoi l'orgueil existe chez les démons, qui cependant n'ont aucun appétit sensitif.

b) *Désir désordonné:* un désir non conforme à la droite raison. La droite raison demande que la volonté tende à ce qui lui est proportionné, tandis que l'orgueil est un désir non réglé de sa propre excellence.

c) *De son excellence:* il ne s'agit pas seulement d'une excellence relative, mais aussi de l'excellence absolue. L'orgueilleux ne veut pas seulement être au-dessus des autres; il veut dépasser sa propre condition, qu'il pense ou non à autrui.

d) *De sa propre excellence:* de l'excellence personnelle, car l'objet de l'orgueil est l'excellence *de la personne,* de même que l'objet de l'humilité est l'abaissement de la personne.

Ainsi l'orgueil se distingue de *l'ambition,* de la *présomption* et de la *vaine gloire.*

L'objet de l'ambition est l'excellence dans les honneurs et les dignités.

L'objet de la présomption est l'excellence dans les entreprises.

L'objet de la vaine gloire est l'excellence dans la renommée et la gloire.

L'ambition, la présomption, la vaine gloire découlent cependant de l'orgueil et sont à son service. Car, du fait que l'orgueilleux poursuit sa propre excellence, il recherche les grands honneurs, les grandes dignités, il se lance dans les grandes entreprises, il désire la renommée et la gloire pour s'exalter lui-même et paraître supérieur.

452 - LA GRAVITÉ DU PÉCHÉ D'ORGUEIL. — 1° Dans le péché d'orgueil, comme dans tout péché, nous devons considérer un double mouvement:

a) *le mouvement par lequel l'homme se tourne vers un bien muable comme vers sa fin;*

b) *le mouvement par lequel l'homme se détourne du bien immuable qui est Dieu.*

En raison du premier mouvement, l'orgueil n'est pas le plus grave des péchés, car le bien muable vers lequel se tourne l'orgueilleux, c'est-à-dire sa propre élévation, n'est pas ce qui répugne le plus à la raison.

En raison du second mouvement, l'orgueil complet est un des plus grands péchés. En effet, dans les autres péchés, l'homme se détourne de Dieu par ignorance, par faiblesse ou par désir d'un autre bien; dans l'orgueil complet, l'homme se détourne de Dieu directement, car le refus de se soumettre à Dieu et aux lois divines est le propre de l'orgueil.

Les péchés qui ont pour objet direct l'éloignement de Dieu sont cependant plus graves que l'orgueil. *Exemple: la haine de Dieu.*

L'orgueil, quoiqu'il détourne directement de Dieu, n'a cependant pour objet l'éloignement de Dieu. L'objet de l'orgueil est l'excellence personnelle. Et parce que l'orgueilleux recherche son excellence personnelle, il ne veut pas se soumettre à Dieu et s'en détourne.

2° Certains théologiens considèrent l'orgueil comme un péché capital. D'autres, comme saint Grégoire, considérant l'influence générale de l'orgueil sur tous les vices, le placent au-dessus de tous les péchés capitaux. Ils l'appellent le roi et le père de tous les vices capitaux.

453 - LA STUDIOSITÉ. — La studiosité peut se définir: *une vertu modérant le désir et la recherche de la connaissance selon les règles de la droite raison.*

a) *Le désir et la recherche de la connaissance:* la matière prochaine de la studiosité n'est pas la connaissance elle-même, chose bonne en soi qui n'a pas besoin d'être réglée par la raison, mais le *désir* de connaître, désir qui peut être bon ou mauvais.

b) *Selon les règles de la droite raison:* il y a, chez l'homme, une double inclination au sujet de la connaissance.

La raison humaine *désire* connaître.

La nature animale *détourne* l'homme du travail nécessaire à l'acquisition de la connaissance.

La studiosité règle ces deux inclinations, et empêche l'homme de tomber dans la curiosité et la paresse.

En tant qu'elle modère le désir exagéré de connaître, la studiosité est une partie potentielle de la tempérance.

En tant qu'elle pousse à l'étude malgré les difficultés, la studiosité se rattache plutôt à la force.

Cependant, le rôle formel de la studiosité est de régler le désir de connaître. Son second rôle est accidentel.

454 - LES VICES OPPOSÉS À LA STUDIOSITÉ. — Deux vices s'opposent à la studiosité, l'un par défaut, la *négligence;* et l'autre par excès, la *curiosité.*

1° La négligence se définit: *l'omission volontaire d'acquérir les connaissances nécessaires à un état et à une condition.*

La négligence est un péché grave ou léger, selon que l'obligation d'acquérir les connaissances nécessaires est grave ou légère.

2° La curiosité, au sens large, désigne tout soin superflu dans les choses inutiles.

Prise comme vice, elle se définit: *le désir excessif de connaître.*

Cette définition doit être prise très formellement. La curiosité comporte un soin superflu de connaître les choses qui ne se rapportent pas à nous ou qui nous dépassent, *précisément* pour les connaî-

tre. Si quelqu'un cherche à connaître non précisément par amour de
la connaissance, mais en vue d'une opération, d'une jouissance, il n'est
pas formellement curieux. *Exemple:* n'est pas curieux celui qui écoute
la musique pour en jouir. Celui-là, en effet, ne cherche pas précisément à connaître, c'est-à-dire à discerner les voix, les accords, et à
en juger.

455 - L'eutrapélie et la bonne tenue. — Ces deux vertus sont utiles à la
vie sociale.

1° L'*eutrapélie* signifie une certaine *urbanité.* Elle se définit: *la
vertu qui modère le jeu selon les convenances de personnes, de temps,
de lieux et de toutes les circonstances.*
Elle implique deux aspects:
Un *aspect positif* qui est une heureuse façon de tourner les choses
en vue de la joie commune;
Un *aspect négatif,* c'est-à-dire une retenue qui empêche d'excéder.

2° La *bonne tenue* se définit: *une vertu qui ordonne les mouvements extérieurs du corps selon les données de la raison.*
Les membres extérieurs sont, en effet, sous la domination de la
raison. Ce qui est soumis à la raison peut être bien ou mal ordonné.
Une vertu morale doit donc ordonner les mouvements de ces membres
extérieurs. Le rôle de cette vertu consiste à mesurer les gestes, d'une
part, de la façon qui convient au sujet, et, d'autre part, de la façon
qui convient au milieu, aux circonstances, aux personnes étrangères.

456 - La modestie de la mise. — La modestie de la mise se définit: *une vertu qui met la modération dans l'apparat extérieur,* comme **dans le**
vêtement, les ornements, les banquets, etc.
La vertu et le vice n'existent pas dans les choses extérieures; ils
existent chez l'homme qui se sert de ces choses. Car l'homme, en s'en
servant, peut pécher par excès ou par défaut, et cela de deux manières:
a) *par comparaison aux coutumes des hommes de même condition
avec qui il vit;*
b) *par le désordre de son affection.*
Il peut y avoir désordre dans son affection:

a) *par excès;*

b) *par défaut.*

L'excès peut être triple:

a) Si quelqu'un, par un culte superflu de l'apparat extérieur, cherche *la gloire* ou une autre fin mauvaise;

b) S'il cherche *la volupté* que procurent les habits délicats;

c) S'il met *trop de sollicitude* dans l'apparat extérieur.

Le défaut est double:

a) Si quelqu'un, *par négligence,* ne prend pas assez soin de l'apparat extérieur;

b) S'il méprise l'apparat extérieur *par vaine gloire*: ceci est de l'hypocrisie.

La modestie de la mise corrige tous ces désordres.

457 - LA TOILETTE FÉMININE. — 1° Tout ce que nous avons dit au sujet de la modestie de la mise s'applique à la toilette féminine.

Deux raisons obligent cependant à faire à son sujet des considérations spéciales:

a) la toilette féminine est une occasion de lasciveté pour les hommes;

b) les femmes ont une affection spéciale pour la toilette et la beauté.

2° Notons que le culte du corps peut avoir quatre fins:

a) *la protection du corps* contre les injures de la température;

b) *le souci de la pudeur;*

c) *le souci de conserver son rang,* selon les habitudes reçues;

d) *le souci de protéger et d'augmenter la beauté.*

La première fin est nécessaire *pour le corps.*

La seconde l'est également *pour l'âme.*

La troisième est convenable et *conforme à la raison.* La raison droite, en effet, prescrit de paraître dans la vie sociale avec le décorum qu'exige la condition de chacun.

La difficulté demeure donc au sujet de *la quatrième fin.*

3° Pour résoudre cette difficulté, établissons les propositions suivantes:

1) Les femmes non mariées qui ne désirent pas l'être ou ne sont pas en état de l'être, n'ont pas le droit de se livrer à la toilette pour provoquer la recherche.

Ceci est évident. Ces femmes n'ont pas de raison leur permettant d'étaler la beauté pour plaire aux hommes. Celles qui délibérément se livrent à la toilette pour provoquer la recherche prennent la responsabilité du péché, et leur faute est grave. Celles qui agissent par légèreté, par vanité et par une certaine jactance, ne pèchent pas gravement, mais ne sont pas exemptes de faute légère.

2) Les femmes mariées et celles qui aspirent au mariage peuvent licitement chercher à plaire aux hommes par leur toilette.

La toilette conserve et augmente la beauté. Or, la beauté est un charme dont la femme mariée peut se servir pour plaire à son mari afin de conserver son amour et sa fidélité; elle est aussi un charme dont la femme qui aspire au mariage peut se servir pour attirer son futur époux. Donc...

3) Tout excès doit être évité dans la toilette.

En effet, tout excès est un mal, et, par suite, un péché.

4) L'excès dans la toilette, abstraction faite de toute autre malice qui peut s'y rattacher, n'est pas, de sa nature, un péché mortel.

Nous pouvons le prouver de deux façons:

a) L'excès dans le désir d'une chose qui n'est pas mauvaise en soi, n'est pas un péché grave, comme l'excès dans le désir des richesses, des honneurs et des choses semblables. Or, la beauté et l'ornement ne sont pas en eux-mêmes des choses mauvaises. Donc...

b) Un excès qui n'est pas opposé à la charité envers Dieu, envers le prochain ou envers le sujet lui-même n'est pas un péché grave. Or, l'excès dans la toilette n'est pas opposé à la charité envers Dieu, envers le prochain ou envers le sujet qui se rend coupable de l'excès. Donc...

À la mineure. — Un excès dans la toilette ne lèse ni l'honneur de Dieu, ni la charité envers le prochain, ou envers la personne qui se rend coupable de l'excès.

5) L'excès dans la toilette peut accidentellement constituer un péché mortel, et cela en raison d'une malice qui s'y ajoute.

a) *En raison de la fin,* si cet excès se fait dans un but de lasciveté, ou encore par mépris de Dieu;

b) *En raison du scandale,* si la pudeur était blessée;

c) *En raison d'une défense,* lorsqu'un genre de toilette ou de vêtements est strictement défendu;

d) *En raison enfin de diverses autres circonstances* qui peuvent se rencontrer.

458 - DIFFICULTÉS. — 1° La toilette est défendue même aux femmes mariées par ces paroles de saint Pierre: «Que votre parure ne soit pas celle du dehors: les cheveux tressés avec art, les ornements d'or ou l'ajustement des habits; mais, parez l'homme caché du cœur, par la pureté incorruptible d'un esprit doux et paisible.» (1ère Épître, c. 3, v. 3.)

Saint Cyprien, en commentant ce texte, écrit: «Celles qui sont revêtues de soie et de pourpre ne peuvent pas sincèrement revêtir le Christ: celles qui sont ornées d'or, de marguerites et de colliers ont perdu la dignité de l'esprit et du corps.» Ces paroles indiquent qu'il y a là un péché grave. Donc, la toilette des femmes même mariées est un péché grave.

Réponse: les femmes de ceux qui vivaient dans la tribulation pour leur foi, aux premiers siècles de l'Église, méprisaient souvent leurs maris et s'ornaient pour plaire à d'autres hommes. C'est à elles que s'adressaient saint Pierre et saint Cyprien. Ils réprouvaient la conduite de ces femmes comme gravement coupable.

Il n'est cependant pas défendu aux femmes mariées de s'orner pour plaire à leurs maris. C'est là un moyen de conserver la fidélité de ces derniers. Voilà pourquoi saint Paul écrit: «De même, que les femmes soient en vêtements décents, sans tresses, or, perles ou habits somptueux.» 1ère Épître à Timothée, c. 2, v. 9.

Ces paroles indiquent qu'un ornement sobre et modéré est permis aux femmes, et que seule une toilette superflue, impudente ou portant à la lasciveté leur est défendue.

De plus, dans les premiers siècles de l'Église, les femmes devaient pratiquer une plus grande modestie pour édifier les païens. Pour cette raison, les Pères de l'Église ont été très sévères au sujet de la toilette féminine.

Ajoutons que, dans nos siècles de corruption et de dégradation morale, les femmes doivent pratiquer une très grande modestie afin de donner l'exemple.

2° Altérer, vouloir corriger l'œuvre de Dieu est une injure grave à Dieu. Or, les femmes qui se fardent, altèrent et veulent corriger l'œuvre de Dieu. Donc, l'usage du fard est un péché mortel.

À la majeure. — Altérer ou vouloir corriger l'œuvre de Dieu en tant qu'œuvre de Dieu, je **concède**; orner, par l'art, l'œuvre de la nature en tant qu'œuvre de la nature, je **nie**.

À la mineure. — Elles altèrent et veulent corriger l'œuvre de Dieu en tant qu'œuvre de Dieu, je **nie**; elles ornent, par l'art, l'œuvre de la nature en tant qu'œuvre de la nature, je **concède**.

Il n'est pas défendu d'aider et de corriger la nature par l'art: ainsi nous naissons nus et nous nous couvrons par l'art. De même, certaines personnes naissent difformes et faibles; l'art les guérit et les refait.

3° Saint Cyprien écrit que les femmes même mariées qui se fardent portent la main sur Dieu lui-même, qu'elles combattent l'œuvre de Dieu, qu'elles ne pourront voir Dieu, mais qu'elles brûleront avec le démon. L'usage du fard est donc un péché grave.

Je réponds. — Saint Cyprien parle d'une toilette féminine qui est gravement coupable à cause d'une malice qui s'y ajoute, comme de la toilette de l'adultère. ou de la toilette faite dans un but de lasciveté ou avec mépris de Dieu.

Mais, de même que tout mensonge n'est pas grave, ainsi toute toilette ou tout usage de fard ne constitue pas nécessairement une faute mortelle.

De plus, nous pouvons ajouter ceci:

L'usage du fard fait pour cacher une couleur naturelle est une fiction à blâmer. Cependant, si une femme se sert du fard, non pour tromper, mais pour plaire à son mari, elle n'est pas coupable.

ARTICLE VI

L'AMITIÉ.

459 - L'AMOUR, L'AMITIÉ, LA DILECTION, LA CHARITÉ. — 1° L'amour, l'amitié, la dilection, la charité se rapportent à une même chose qui est le bien. Ils ont entre eux beaucoup de similitude. Il convient cependant de les distinguer.

2° Pour distinguer leurs notions, nous devons d'abord considérer le bien.

Le bien est la perfection selon qu'elle attire l'appétit, le finalise. Dès que le bien est proposé à l'appétit, il le meut et l'attire comme un poids. Et c'est à ce moment que naît l'amour.

3° L'amour peut donc se définir: *l'inclination ou la propension de l'appétit au bien.*

a) L'amour est *naturel, sensible* ou *intellectuel.*

L'amour naturel est *l'inclination inscrite dans la nature d'une chose au bien qui convient à cette chose.*

Cet amour ne présuppose pas la connaissance dans le sujet; il présuppose la connaissance chez l'Auteur de la nature.

L'amour sensible est *l'inclination au bien proposé par la connaissance sensible.*

L'amour intellectuel est *l'inclination au bien proposé par l'intelligence.*

b) L'amour intellectuel se divise lui-même en *amour de concupiscence* et en *amour de bienveillance.*

L'amour de concupiscence est *l'amour selon qu'il porte sur un bien que nous désirons pour nous.*

L'amour de bienveillance est *l'acte de volonté par lequel nous voulons du bien à autrui.*

L'amour de concupiscence porte donc sur l'objet voulu; l'amour de bienveillance sur la personne d'autrui.

4° L'amitié est un *amour mutuel ou réciproque entre deux ou plusieurs personnes.*

La dilection est un *amour de choix.* La dilection comporte le choix d'une personne de préférence à une autre.

La charité est *la vertu infuse par laquelle nous aimons Dieu pour lui-même et le prochain à cause de Dieu.*

460 - Définition de l'amitié. — L'amitié se définit: *un amour de mutuelle bienveillance, fondé sur la communication de vie.*

a) *Un amour,* c'est-à-dire une inclination à un bien.

b) *Un amour de bienveillance:* un amour par lequel une personne ne recherche pas un bien pour elle-même, mais veut du bien à un autre et lui en fait autant qu'elle le peut.

c) *De bienveillance mutuelle:* l'amitié demande la réciprocité. Si quelqu'un aime et n'est pas aimé, l'amitié n'existe pas.

d) *Fondé sur la communication de vie:* il faut que la réciprocité, dans l'amitié, soit connue. Or, une telle réciprocité d'affection bienveillante veut une société habituelle: elle se fonde sur un échange et une communication de vies. Cet échange de vies est un acte propre de l'amitié.

461 - Division de l'amitié. — L'amitié se divise *selon le bien qu'elle poursuit,* ou *selon le genre de communication de vie qu'elle comporte.*

1° Par rapport au bien poursuivi, on distingue:

a) l'amitié fondée sur la recherche de l'honnête *(amicitia honesti);*

b) l'amitié d'intérêt *(amicitia utilis);*

c) l'amitié du plaisir *(amicitia delectabilis).*

Cette division se calque sur la division classique du bien en *honnête, délectable* et *utile* (t. 1, n. 202, p. 266). Et comme le bien honnête est, en définitive, le vrai bien (bonum simpliciter), l'amitié fondée sur la recherche de l'honnête est la seule amitié véritable.

2° Par rapport à la communication des vies, on distingue:

a) l'amitié de nature, fondée sur l'identité de nature spécifique chez tous les hommes;

b) l'amitié familiale, fondée sur les échanges et les vertus domestiques;

c) l'amitié civile ou politique, unissant les membres d'une même société civile;

d) l'amitié divine, communication de vies entre Dieu et l'homme. Une telle communication ne peut provenir de la nature. L'amitié divine est donc surnaturelle.

462 - LES CAUSES DE L'AMITIÉ. — Comme l'amitié n'a pas toujours la même nature, elle peut avoir des causes diverses.

a) L'inclination naturelle suffit à faire naître l'amitié du plaisir, l'amitié jouisseuse.

b) Les cupidités, les ambitions suffisent à fonder l'amitié d'intérêt.

Ces deux amitiés ne sont pas des véritables amitiés, car elles sont passagères comme les jouissances et les intérêts qui les font naître.

c) L'amitié honnête, l'amitié désintéressée et vraie, a deux causes:

les sympathies et les attraits que la nature donne;

les vertus.

Ces deux causes font naître et conservent l'amitié.

En effet, les sympathies et les attraits sont nécessaires à l'amitié.

De plus, l'amitié doit être stable. Or, seul le bien de la vertu est stable. Donc, la vertu doit intervenir pour causer et conserver l'amitié véritable.

De plus, la légèreté, les vices qui se manifestent nécessairement à l'ami, parce qu'on vit avec lui dans un commerce habituel, militent contre le lien de l'amitié et vont à le dissoudre.

463 - L'AMITIÉ NATURELLE OU L'AMOUR DU PROCHAIN. — 1° L'amitié surnaturelle ou la charité doit s'étendre à tous les hommes, selon le précepte donné par Notre-Seigneur: *«Tu aimeras ton prochain comme toi-même.»* Matth, c. 22, v. 39.

Ici, nous faisons abstraction de l'ordre surnaturel, et nous nous demandons si, même dans l'ordre naturel, tout homme doit aimer son prochain comme lui-même. Et nous répondons affirmativement.

2° a) *Tout homme,* c'est-à-dire tout être ayant une nature raisonnable;

b) *Doit aimer:* aimer d'un amour de bienveillance;

c) *Son prochain,* c'est-à-dire *autrui* ou tous les hommes sans exception;

d) *Comme lui-même:* par cette expression, nous ne disons pas que tout homme doit aimer son prochain autant qu'il s'aime lui-même. Nous signifions seulement que l'amour de chaque homme pour lui-même doit être l'*exemplaire* de l'amour qu'il portera à son prochain.

Premièrement, nous nous servirons envers le prochain de la *même* règle dont nous voulons qu'on se serve envers nous: nous ne désirons pas le mal pour nous, mais uniquement le bien; de même, nous ne souhaiterons pas le mal à notre prochain; nous ne désirerons que le bien pour lui.

Deuxièmement, nous aimerons le prochain d'un amour *véritable,* c'est-à-dire d'un amour de bienveillance: nous ne voudrons pas son bien *pour nous,* pour nos intérêts ou notre propre plaisir — cet amour serait plutôt l'amour de nous-mêmes que l'amour du prochain —, mais nous voudrons son bien *pour lui,* comme nous voulons notre bien *pour nous.*

3° Ces préliminaires posés, prouvons notre affirmation:

Selon la loi naturelle, l'homme doit aimer son prochain comme lui-même.

1) Tous les hommes ont en commun la même nature spécifique, qui est une nature raisonnable. Or, cette communauté de nature raisonnable oblige naturellement tout homme à aimer *autrui* comme il s'aime lui-même. Donc, même selon la loi naturelle, l'homme doit aimer son prochain comme lui-même.

La majeure est évidente. L'homme se définit: *un animal raisonnable.*

À la mineure. — a) La communauté de nature, chez plusieurs êtres, les incline nécessairement les uns envers les autres: l'être tend à sa nature comme à un bien très grand; il doit aussi tendre à cette nature, lorsqu'elle se retrouve chez les autres. Autrement, il n'aimerait plus sa nature. Il se renierait lui-même.

b) La communauté de nature raisonnable fait de cette inclination naturelle une *amitié vertueuse.*

Premièrement, une telle communauté fonde une communication de vie: l'homme communique dans la même vie avec tous les autres hommes.

Deuxièmement, cette inclination, cet amour comportant une communication de vie, chez un être raisonnable, doit être un amour conforme à la raison, c'est-à-dire *vertueux.*

Donc, la communauté de nature raisonnable fonde naturellement entre les hommes un amour vertueux comportant une communication de vie, c'est-à-dire une amitié vertueuse.

2) *Le même argument sous une autre forme.*

L'homme doit s'aimer lui-même comme être raisonnable et comme image de Dieu. Or, un tel amour de soi l'oblige à aimer son prochain comme lui-même. Donc, tout homme doit aimer son prochain comme lui-même.

À la majeure. — L'homme doit aimer son bien, ses perfections. Or, les deux grandes perfections de l'homme est d'être un être raisonnable et d'être l'image de Dieu: par là, il est supérieur à tous les autres êtres de l'univers matériel qui ne sont que des *vestiges* de Dieu. Donc...

À la mineure. — L'homme, aimant la nature raisonnable et l'image de Dieu qui sont en lui, doit aussi les aimer partout où elles se trouvent, c'est-à-dire dans son prochain. Autrement, il ne s'aimerait pas véritablement comme être raisonnable et comme image de Dieu.

464 - L'ORDRE DE L'AMITIÉ ENVERS LE PROCHAIN. — 1° Le fondement de l'amitié envers le prochain est l'amour de soi ou la communauté de nature. Et comme tous les hommes ont la même nature spécifique, cette amitié doit s'étendre à tous les hommes.

Il ne suit pas de là que nous soyons obligés d'aimer nos ennemis en tant qu'ennemis. Car aimer ses ennemis en tant que tels, ce serait se haïr soi-même, puisque leur inimitié est un mal pour celui qui en est l'objet. Mais chez nos ennemis — de même que chez les méchants —, il existe la nature commune à eux et à nous. C'est cette communauté de nature avec toutes ses conséquences que nous devons aimer.

2° Dans l'amitié envers le prochain, nous devons observer un ordre voulu par la nature.

Pour connaître cet ordre, distinguons, dans l'amitié:

a) *l'objet ou le bien voulu pour l'ami;*

b) *l'intensité de l'amitié,* qui dépend des dispositions de celui qui aime.

S'agit-il de l'objet, nous devons dire que nous devons aimer avant tout les vertueux et les meilleurs parmi les vertueux.

En d'autres termes, nous souhaiterons les meilleurs biens aux plus vertueux, et aux autres, des biens proportionnés à leurs vertus.

S'agit-il de l'intensité de l'amitié, nous aimerons davantage ceux qui nous sont plus proches, et nous graduerons notre amitié selon les liens qui viennent s'ajouter au lien général de la nature spécifique.

Pour comprendre cette distinction entre *l'objet* et *l'intensité* de l'amitié, considérons l'exemple suivant: un enfant ne désire pas pour son père qui en est incapable, l'honneur de gouverner la société. Il désire ce bien pour un autre. Mais les biens moindres qu'il veut pour son père, il les veut avec plus d'ardeur, plus d'intensité.

Son amitié pour un autre est plus grande *par l'objet;* son amitié pour son père est plus grande *par l'intensité.*

465 - LES EFFETS DE L'AMITIÉ. — 1° Les effets de l'amitié sont *intérieurs* et *extérieurs.*

Les effets intérieurs de l'amitié sont la *joie,* la *paix* et la *miséricorde.*

Les effets extérieurs sont la *bienfaisance,* l'*aumône* qui en fait partie, et la *correction fraternelle,* aumône spirituelle.

a)

2° Les effets intérieurs:

a) Le premier est la *joie.*

Comme effet de la charité, vertu surnaturelle, la joie se définit: *la délectation, la jouissance de Dieu.*

Comme effet de l'amitié naturelle, elle se définit: *la jouissance des biens de l'ami.*

La joie est un effet de l'amitié. En effet, l'amitié est un amour. Et de l'amour, résulte naturellement la joie, soit à cause de la présence de la chose aimée, soit à cause des biens dont jouit l'ami.

b) Le second effet intérieur de l'amitié est la *paix*.

La paix se définit: *la tranquillité de l'ordre.*

L'amitié mutuelle est un amour vertueux. En tant que *vertueux*, l'amour établit l'ordre à l'intérieur de l'âme; en tant qu'*amour*, il associe les volontés dans le désir et la poursuite du bien. La paix est donc un effet de l'amitié.

c) Le troisième effet intérieur de l'amitié est la *miséricorde*.

La miséricorde se définit: *le désir de soulager la misère d'autrui.* Son motif formel est le soulagement du mal d'autrui, en tant que ce mal est en quelque sorte involontaire.

La miséricorde surgit des entrailles mêmes de l'amitié. Par l'amitié, en effet, nous considérons la misère d'autrui comme la nôtre. De là naît le désir de la soulager.

3° Les effets extérieurs:

a) Le premier effet extérieur de l'amitié est la *bienfaisance*.

La bienfaisance, *c'est l'exercice, par des œuvres, de la volonté de faire du bien à autrui, la possibilité s'y prêtant et l'occasion en étant donnée.*

Le motif formel de la bienfaisance n'est ni le droit d'autrui, ni la misère du prochain à soulager, ni aucune raison particulière, mais le bien voulu en tant que bien. On fait un bienfait à autrui, parce qu'on aime à faire le bien.

On voit par là que la bienfaisance découle proprement de l'amitié.

L'amitié est un amour de bienveillance par lequel une personne veut le bien pour son ami. Or, la volonté fait effectivement ce qu'elle veut, quand l'occasion lui en est donnée. Donc, la bienfaisance est un effet propre de l'amitié.

b) Le deuxième effet extérieur de l'amitié est l'*aumône*.

L'aumône se définit: *l'acte par lequel on donne à un indigent, sous l'influence de la compassion.*

S'il s'agit de l'aumône faite surnaturellement, sous l'empire de la charité, nous devons ajouter à cette définition: *à cause de Dieu ou par amour de Dieu.*

L'aumône est un acte qui procède immédiatement de la *compassion* ou *miséricorde*. On donne, en effet, l'aumône pour soulager la misère d'autrui. Mais comme la miséricorde est un effet intérieur de l'amitié, l'aumône a sa cause lointaine dans l'amitié. C'est un acte *élicité* par la miséricorde, mais *impéré* par l'amitié.

L'aumône faite, non par compassion, mais pour un autre motif, sera impérée par une autre vertu. L'aumône faite pour réparer les péchés est impérée par la vertu de pénitence; l'aumône faite pour rendre un culte à Dieu est impérée par la vertu de religion.

c) Le troisième effet extérieur de l'amitié est la *correction fraternelle*.

La correction peut être soit *judiciaire*, soit *fraternelle*.

La première est un acte de justice.

La seconde est un acte d'amitié. Elle est une aumône spirituelle et se définit: *l'acte d'amitié et de miséricorde par lequel, au moyen d'avertissements prudents, on s'efforce de détourner le prochain du mal et de lui faire pratiquer la vertu.*

La correction fraternelle, étant une aumône spirituelle, est impérée par l'amitié (la charité dans l'ordre surnaturel), et élicitée par la miséricorde.

466 - L'AMITIÉ FAMILIALE. — 1° L'amitié familiale est l'amitié qui existe entre les personnes unies par des liens de parenté.

Cette amitié est essentiellement distincte de l'amitié fondée uniquement sur la communauté de nature humaine.

En effet, l'amitié se reconnaît à son acte propre, c'est-à-dire à la communication de vie. Or, la communication de vie, à l'intérieur de la famille, est autre que la communication de vie commune à tous les hommes. L'amitié familiale est donc une amitié spéciale.

De plus, l'amitié est autre, là où les raisons d'aimer se diversifient. Or, les raisons d'aimer ceux qui nous sont unis par les liens de parenté se distinguent des raisons que nous avons d'aimer tous les hommes. Donc, l'amitié familiale est autre que l'amitié fondée sur la communauté de nature.

2° Puisque les raisons d'aimer diversifient l'amitié, l'amitié familiale se divise elle-même en plusieurs espèces. Le même motif ne pousse pas le père à aimer ses enfants et les enfants à aimer le père. De même, le père n'aime pas les enfants et l'épouse pour la même raison. Et nous pourrions étendre ces considérations.

À ce point de vue, nous pouvons distinguer:

l'amitié paternelle;
l'amitié maternelle;
l'amitié filiale;
l'amitié conjugale;
l'amitié pour les grands-parents, les oncles, les cousins, etc.

3° Les parents doivent aimer les enfants plus qu'ils n'en sont aimés. En effet, les parents aiment les enfants comme quelque chose d'eux-mêmes; les enfants aiment leurs parents, non précisément comme quelque chose d'eux-mêmes, mais comme la source de leur être. Et la poursuite, cause d'amour, est plus grande dans le premier cas que dans le second. Par conséquent, l'amitié des parents doit être plus grande.

L'amitié des parents est une amitié de surabondance. Elle ne tend pas vers l'égalité, mais cherche plus à donner qu'à recevoir.

D'autre part, les enfants sont plus *débiteurs* à l'égard des parents, que ceux-ci à l'égard des enfants. Jamais l'enfant ne peut rendre ce qui lui a été donné par son père et sa mère.

Voilà pourquoi le père peut rejeter un fils pervers et lui refuser le secours dont il abuse. L'inverse ne pourra jamais être vrai.

4° Des observations semblables s'imposent, si nous comparons l'amour *conjugal* des conjoints à l'amour *filial* des époux envers leurs parents.

Si nous considérons l'amour *dans son objet*, nous dirons que l'amour *mutuel* des époux doit être inférieur à l'amour qu'ils doivent à leurs propres parents. En effet, les conjoints doivent plus à leurs parents qui leur ont donné la vie qu'ils ne se doivent l'un à l'autre.

Si nous considérons l'amour *dans son intensité*, nous dirons que l'amour *conjugal* l'emporte sur l'amour des conjoints envers leurs parents.

Voilà pourquoi, selon le mot de la Bible, *«l'homme quittera son père et sa mère pour s'attacher à sa femme»*.

Il y a plus d'unité entre les conjoints, qui sont «une seule chair», qu'entre les enfants et les parents. Cette unité plus intime les dispose à une amitié plus ardente, plus intense.

5° De même, à l'intérieur d'une même famille, les enfants préféreront le père comme principale source de la vie, comme chef et comme procurateur des choses familiales; ils préféreront la mère comme lien d'intimité; les frères s'aimeront comme compagnons de vie égale, etc.

6° Cet ordre dans l'amitié familiale est basé sur des considérations abstraites. Il peut être changé en fait, si d'autres circonstances se présentent.

Exemple: il faut préférer le père à la mère en tant que chef. Mais le père n'est pas seulement père. Il est aussi un homme capable de vertus ou de vices, d'actions plus ou moins bienfaisantes. S'il se montre indigne, l'ordre de l'amour sera changé.

467 - L'AMITIÉ POLITIQUE. — 1° L'amitié politique se définit: *l'amitié qui existe entre les hommes vivant dans une même société civile.*

a) Cette amitié est *naturelle*. En effet, la nature incline les hommes à vivre dans la société politique. Elle veut que toutes les volontés s'unissent dans la poursuite d'un même bien commun.

b) L'amitié politique est, sous certains rapports, *supérieure* à l'amitié familiale et à toutes les amitiés d'ordre plus restreint. Elle enveloppe toutes les autres et les règle comme leur fin.

En effet, la communauté politique contient les personnes singulières et les familles, comme un tout contient les parties. Or, le bien des parties est ordonné au bien du tout. Donc, l'amitié mutuelle des personnes singulières et l'amitié des familles sont ordonnées à l'amitié politique.

L'amitié politique présuppose cependant les autres amitiés plus restreintes. Celles-ci constituent les parties matérielles de celle-là. Elles disposent à l'amitié politique et parviennent à leur perfection en s'ordonnant à l'amitié politique.

2° Trois cas sont à envisager dans l'amitié politique:
le rapport des citoyens à leurs chefs;
le rapport des chefs aux citoyens;
le rapport des citoyens entre eux.

Premier cas: le rapport des citoyens à leurs chefs.

Les citoyens doivent aux chefs, proportionnellement, ce que les enfants doivent aux parents, et ce que toute créature raisonnable doit à Dieu. Car, toute autorité vient de Dieu et doit être traitée comme une dérivation de l'Autorité divine.

Par suite, les citoyens devront à leurs chefs:

a) *une amitié d'honneur*: les chefs ont, dans la société, un rang à qui l'honneur est dû. Ils sont des supérieurs et représentent Dieu auprès de leurs inférieurs;

b) *une amitié de fidélité*: cette amitié est due aux chefs à cause de leur rôle. Ils ordonnent les sujets au bien commun. Par suite, les sujets doivent leur être fidèles;

c) *une amitié de service quasi filiale:* toute chose est perfectionnée par sa sujétion à un principe supérieur. Par suite, le fait d'être soumis à une autorité constitue, pour le sujet, un bienfait dont il devra se montrer reconnaissant. Le citoyen, dans la société civile, devra donc avoir, à l'égard de ses chefs, une amitié *semblable* à celle des enfants à l'égard des parents, c'est-à-dire une amitié quasi filiale, une amitié cordiale.

Deuxième cas: le rapport des chefs aux citoyens.

Les chefs doivent diriger vers le bien commun. Ils doivent vouloir à la communauté ce bien excellent et divin qui est le bien commun. Or, vouloir le bien à un autre est un acte d'amitié. Donc, les chefs doivent aimer leurs sujets.

Pour rendre véritable cette amitié, les chefs doivent se faire les serviteurs de la communauté. Ils ne gouverneront pas pour leur propre bien, mais pour le bien de leurs sujets.

Ils devront donc établir une administration sage et en distribuer harmonieusement les rôles.

À l'égard de leurs propres sujets, ils exerceront la justice sous toutes ses formes — légale, distributive et commutative —, en la tempérant par la miséricorde, lorsque le bien commun l'admet.

À l'égard des ennemis extérieurs, ils exerceront une justice sévère. Le bien commun, dont ils ont la garde, le réclame.

Troisième cas: le rapport des citoyens entre eux.

L'amitié entre les citoyens coïncide avec la concorde qui se définit: *l'union des volontés en vue d'un bien à atteindre.*

L'amitié entre les citoyens existera s'ils s'entendent sur ce qui regarde l'utilité commune, s'ils nourrissent les mêmes projets, s'ils tendent aux mêmes fins communes, au moins en matière importante.

468 - La justice, l'amitié et la charité. — 1° Pour saisir les relations de la justice et de l'amitié, nous devons d'abord considérer *l'égalité.* En effet, l'égalité se rapporte, quoique de manières distinctes, à la justice et à l'amitié.

La justice rétablit l'égalité — le droit —, quand celle-ci a été violée. L'égalité est *le terme* de la justice. L'égalité rétablie, la justice a fini son œuvre.

L'amitié présuppose une certaine égalité, car il ne peut y avoir d'amitié entre ceux qu'une trop grande distance sépare. L'égalité est donc *le principe* de l'amitié.

De ces brèves considérations, nous pouvons déduire quatre conclusions:

a) *Il ne peut y avoir d'amitié sans justice.* — L'amitié présuppose l'égalité comme son principe. Et là où il n'y a pas de justice, il n'y a pas d'égalité.

b) *L'injustice est directement opposée à l'amitié — et à la charité envers le prochain, dans l'ordre surnaturel.* — L'injustice, en effet, brise l'égalité qui est le principe de l'amitié.

Cette proposition se prouve aussi par un signe. Une injustice faite à une personne à qui on doit une amitié plus grande est plus grave que la même injustice faite à une autre personne à qui on doit une amitié moindre. *Exemple:* celui qui tue son père pèche plus gravement que s'il tuait un étranger.

c) *L'amitié dispose à la justice et la conserve.* — L'amitié est un amour de bienveillance qui veut le bien pour l'ami. Or, vouloir le bien pour autrui dispose à lui rendre le dû, et empêche de violer ce dû. Donc, l'amitié dispose à la justice et la conserve.

Et ceci est évident. Là où l'amitié est véritable, la stricte justice n'a pas à intervenir. On n'est pas injuste envers un ami qu'on aime véritablement.

d) *La justice, sans l'amitié, ne suffit pas.* — La justice est sévère. Elle rétablit l'égalité lésée, mais n'unit pas les hommes dans un même amour. L'amitié doit s'unir à la justice, non pas pour parfaire l'œuvre de celle-ci, mais pour continuer l'œuvre sociale commencée par la justice. En effet, la joie, la paix, la miséricorde, la bienfaisance, si nécessaires à la vie en société, ne sont pas les effets de la justice, mais plutôt les fruits de l'amitié.

2° La charité élève et dilate l'amitié. Son motif formel n'est plus l'identité de nature ou une relation d'ordre naturel, mais la Paternité d'un Dieu qui appelle *tous les hommes* à la communication ineffable de sa vie intime.

D'une manière supérieure à l'amitié, la charité présuppose la justice, l'enveloppe, la conserve et parfait l'œuvre commencée par celle-ci.

Voilà pourquoi l'Église, pour améliorer les rapports sociaux, en appelle toujours *à la justice aidée de la charité.*

469 - LES VICES OPPOSÉS À L'AMITIÉ. — 1° Les vices opposés à l'amitié sont les suivants:

a) *la haine,* qui s'oppose à l'acte de dilection propre à l'amitié;

b) *l'envie,* qui s'oppose à la joie que l'ami ressent du bien d'autrui;

c) *la discorde,* qui s'oppose à la paix, fruit de l'amitié;

d) *la contention,* qui s'oppose à la paix, dans les paroles;

e) *l'esprit de division, la sédition, la guerre, la rixe,* opposés à la paix, par des actions ou par des œuvres;

f) *le scandale,* opposé à la bienfaisance, effet de l'amitié.

2° Donnons quelques brèves notions de ces vices.

1) La haine se définit: *un acte de malveillance au sujet de quelqu'un ou de quelque chose.*

La haine est soit *d'abomination,* soit *d'inimitié.*

La haine d'abomination s'oppose à l'amour de concupiscence. Elle se définit: *un mouvement d'aversion à l'égard d'une personne ou d'une chose que nous considérons comme un mal pour nous.*

Elle a pour objet soit *une personne* considérée dans sa nature ou dans la grâce — dans ce cas, elle est toujours un péché mortel —; soit *une qualité d'autrui.* Si cette qualité est bonne, la haine est un péché;

si cette qualité est mauvaise, la haine est un bien.

L'inimitié s'oppose à l'amour d'amitié. Elle se définit: *la haine par laquelle nous voulons du mal à autrui.* L'inimitié n'est donc pas un mouvement d'aversion, comme la haine d'abomination, mais plutôt un mouvement d'attaque ou de poursuite. Elle est, de sa nature, une faute grave. Elle peut être un péché véniel soit à cause de délibération insuffisante, soit à cause de sa matière qui peut être légère.

2) L'envie se définit: *la tristesse que nous ressentons au sujet du bien d'autrui, parce que ce bien diminue notre propre excellence.*

3) La discorde, en général, se définit: *l'opposition des volontés ou des jugements.*

Selon qu'elle s'oppose à l'amitié, la discorde est *l'opposition des volontés en matière de bien que l'on devrait poursuivre et désirer en commun en vertu de l'amitié.*

Lorsque l'on doit vouloir un bien en raison d'une autre vertu, la discorde s'oppose à cette vertu, et non à l'amitié.

Celui qui ne veut pas rendre ce qu'exige un créancier, pèche contre la justice. Celui qui est en désaccord avec un supérieur pèche contre l'obéissance.

4) La contention est l'opposition dans les paroles. L'esprit de contention est l'esprit de dispute.

La contention se définit: *l'offense à la vérité, faite par des paroles inopportunes.*

Dans la contention, il y a deux éléments:

a) *le manque de mesure dans les paroles;*

b) *l'offense à la vérité.*

C'est l'offense à la vérité qui domine de beaucoup.

5) L'esprit de division ou le schisme est la *scission volontaire et injustifiée de l'unité nationale, là où cette unité est de droit et de nécessité.*

La sédition est *l'agitation belliqueuse entre factions ou parties opposées d'un même tout social.*

La rixe est *la discorde active — par des actes — entre particuliers isolés ou en petit nombre.*

Les différences entre la *sédition* et la *rixe* sont les suivantes:

La rixe comporte une discorde qui se traduit *par des actes;* la sédition se dit tant de la discorde par des actes, que des préparatifs à cette discorde.

La rixe est entre *deux particuliers* ou entre un petit nombre de particuliers; la sédition est entre *des factions de la multitude.*

Nous parlerons de la guerre en traitant de la société internationale.

6) Le scandale se définit: *une parole ou une action plus ou moins honnête qui est une occasion de ruine spirituelle pour autrui.*

a) *Une parole ou une action,* et non simplement un désir, car le péché intérieur ne peut être pour autrui un scandale.

De plus, toute omission extérieure d'une action ou d'une parole, si elle est coupable, peut aussi constituer un scandale.

b) *Plus ou moins honnête:* ces mots entrent dans la définition du scandale, non pas parce que le scandale peut être honnête, mais parce qu'une action ou une parole, bonne en elle-même, mauvaise par les circonstances ou l'apparence, peut être pour le prochain l'occasion de ruine spirituelle.

c) *Qui est une occasion de ruine spirituelle pour autrui:* lorsque quelqu'un, par sa persuasion, par ses conseils, par son exemple, etc., entraîne un autre au péché.

Il n'est pas nécessaire, pour commettre un scandale, d'avoir l'intention expresse de pousser un autre au péché; il suffit de poser un acte, de dire une parole qui, dans telle circonstance donnée, peuvent être pour autrui des occasions de ruine spirituelle. Cette ruine — ce péché d'autrui — doit cependant être prévue, ou, du moins, aurait dû être prévue.

Donc, tout péché extérieur commis devant autrui n'est pas nécessairement un scandale. On ne peut pas facilement scandaliser un dévoyé, comme on ne peut pas facilement entraîner au mal une personne affermie dans la vertu.

Cependant, dans les péchés de luxure, le scandale peut être très difficilement évité.

FIN DE LA MONASTIQUE

MORALE FAMILIALE

ou

ECONOMIQUE

INTRODUCTION

470 - Notion de la Morale familiale. — 1° L'homme est naturellement ordonné à vivre en société comme dans un tout. Or, comme nous l'avons vu, la société est un tout n'ayant pas une unité absolue, mais ayant seulement une unité d'ordre. Il en résulte que l'homme singulier, en tant que tel, a des fins personnelles distinctes des fins qu'il poursuit en société. Et comme toute science pratique se spécifie par la fin, nous devons conclure que la Morale traitant de l'homme singulier est spécifiquement distincte, comme science pratique, de la Morale traitant de l'homme vivant en société. Or, la première société naturelle dans laquelle l'homme est appelé à vivre, c'est la famille. Ayant terminé la Morale concernant l'homme singulier, nous devons donc aborder la Morale qui traite de la famille, c'est-à-dire la Morale familiale.

2° La Morale familiale, que les Anciens appelaient l'Economique, se définit:

La science qui a pour objet les actes humains ordonnés à la fin de la famille,

ou plus simplement:

La science qui a pour objet l'homme vivant dans la famille.

a) Puisqu'elle a pour objet les actes humains ou la vie de l'homme, la Morale familiale est une science pratique.

b) La famille se définit: *la société naturelle ordonnée aux actes de la vie quotidienne.*

Expliquons cette définition.

La famille est une société *naturelle*, c'est-à-dire une société à laquelle la nature incline.

La famille est une société ordonnée aux actes *de la vie quotidienne*, tels que boire et manger en commun, coucher sous le même toit, se chauffer au même foyer, etc.

471 - Division de la Morale familiale. — Pour connaître un tout, nous devons le diviser en ses parties, et étudier chacune de ces parties. La famille se divise en trois sociétés plus petites qu'elle inclut comme des parties:

a) La société de l'époux et de l'épouse: *la société conjugale;*

b) La société des parents et des enfants: *la société paternelle;*

c) La société du maître et des serviteurs: *la société hérile.*

Nous étudierons d'abord la société en général. Nous traiterons ensuite de la société conjugale et de la société paternelle. Nous ajouterons un appendice sur la société hérile.

Nous aurons donc trois chapitres:

Chapitre   I. — La société en général.

Chapitre   II. — La société conjugale.

Chapitre III. — La société paternelle.

Appendice.   — La société hérile.

CHAPITRE PREMIER

LA SOCIÉTÉ EN GÉNÉRAL

Article I. — La société.

Article II. — L'autorité.

ARTICLE PREMIER

LA SOCIÉTÉ

472 - Notion de la société. — 1° La société, d'après son étymologie, signifie l'union, l'association de plusieurs. Le concept de société inclut donc deux éléments:

une union;

une pluralité.

2° Étudions d'abord le premier élément.

a) L'union peut se faire *dans l'être* ou *dans les opérations.*

L'union dans l'être ne constitue pas une société. L'union de la matière première et de la forme substantielle, de la substance et des accidents, ne peut être appelée une société.

De même, l'union de similitude, de lien naturel, n'est pas, par elle-même, une société, bien qu'elle puisse être le fondement d'une union *sociale.*

Il reste donc que la société comporte une union dans les opérations.

b) Les opérations sont unies entre elles par une fin commune. Mais toute union d'opérations dans une fin ne constitue pas nécessairement une société.

Les statuaires travaillent, en un certain sens, pour une fin commune, c'est-à-dire pour faire des statues. Mais s'ils travaillent séparément, sans aucune relation entre eux, ils ne forment pas une société.

Bien plus, plusieurs personnes peuvent travailler à une même chose, et ne pas être unies par un lien social. Elles peuvent, par exemple, recueillir des fruits dans un même champ, et se combattre les unes les autres. Leurs opérations, bien que portant sur une même chose, ne sont pas unies comme des parties dans un tout.

Donc, l'union des opérations que comporte une société inclut deux choses:

une fin ou un bien commun auquel tendent les opérations;

une communauté ou association des opérations, de telle sorte que les opérations de chaque membre de la communauté composent, en tant que parties, un tout, une opération totale ordonnée à un bien commun.

Les opérations sociales doivent donc avoir une double union:

une union objective, provenant de la communauté de la fin;

une union subjective, provenant de l'association des actions.

3° Étudions le second élément de la société, c'est-à-dire *la pluralité*.

Les membres d'une société poursuivent une fin commune. Or, seul l'être doué d'intelligence peut poursuivre une fin d'une manière propre et rigoureuse, car, seule l'intelligence connaît la fin comme fin et comme raison d'être des moyens. Il résulte que la société contient une pluralité d'êtres doués d'intelligence.

C'est donc en un sens impropre que l'on parle parfois d'une société d'animaux irraisonnables, comme, par exemple, d'une société d'abeilles.

4° Nous pouvons donc définir la société: *une association d'êtres doués d'intelligence dans la poursuite d'un bien commun*.

a) *Une association*, c'est-à-dire une union. L'union est la cause formelle de la société;

b) *D'êtres doués d'intelligence*, comme les hommes ou les anges. Nous indiquons ainsi les parties matérielles de la société;

c) *Dans la poursuite*: l'union sociale est une union dans les opérations en vue d'exécuter, de poursuivre ou d'atteindre un bien;

d) *D'un bien commun*, c'est-à-dire d'une fin commune aux membres de la société. Le bien commun est la cause finale de la société.

473 - OBSERVATIONS. — 1° 1) La société, *considérée formellement*, est une relation prédicamentale.

La société est une *relation*. En effet, ce qui constitue formellement la société, c'est l'union ou l'ordre de ses membres. Et l'union comporte une relation.

La société est une relation *prédicamentale* et *réelle*.

Trois choses sont nécessaires pour qu'il y ait une relation prédicamentale:

a) *un sujet réel;*
b) *un terme réel, distinct du sujet;*
c) *un fondement réel.*

Ces trois éléments se trouvent dans la relation qui constitue formellement toute société:

a) *un sujet réel:* un homme, un être doué d'intelligence;
b) *un terme réel:* un autre homme ou plusieurs autres hommes;
c) *un fondement réel:* un bien commun à poursuivre.

2) *Considérée dans la ligne de la causalité matérielle*, la société est une pluralité, une multitude d'êtres doués d'intelligence.

3) *Considérée dans son entité complète*, la société dit une multitude, une pluralité, plus une relation.

La société n'est donc pas seulement la multitude, comme le prétendent certains juristes. La société ajoute à la multitude l'ordre, l'union, c'est-à-dire une relation prédicamentale. Elle est un être ayant une unité d'ordre.

2° La société est l'union des hommes dans des opérations humaines. Or, la règle des opérations humaines, c'est la raison. Par suite, la société peut être dite un *être moral*, c'est-à-dire un être dont les actions peuvent être conformes ou non conformes à la raison.

3° La société peut aussi être dite *une personne.*

La personne se définit: *un suppôt* — une substance complète, individuée et subsistante — *ayant une nature intellectuelle.*

La société n'est pas une substance. Elle est un être accidentel, un être composé de plusieurs personnes et ayant une unité d'ordre.

Sous cet aspect, la société manque d'un élément constitutif de la personne.

Cependant, chaque société est individuée, en ce sens qu'elle est distincte de toute autre société.

De plus, elle a son existence propre et ses opérations propres, opérations qui procèdent de l'intelligence et de la volonté de ses membres unis par un même lien.

Sous cet aspect, chaque société peut être dite une personne, d'une manière *analogique*, il est vrai, mais en un sens *réel*.

Les juristes appellent la société, *une personne morale*, pour la distinguer de l'homme singulier, qu'ils nomment *une personne physique*.

4° La société est un tout que les hommes singuliers constituent comme parties.

Les parties sont ordonnées au tout, comme l'imparfait est ordonné au parfait. Il en résulte que les hommes singuliers sont ordonnés à la société, ou mieux à la fin de la société, *précisément en tant qu'ils sont parties* de cette société.

L'homme singulier est membre ou partie d'une société par les opérations qu'il met en commun dans cette société.

Ainsi le forgeron est partie d'une société de forgerons par les opérations propres au forgeron. Et c'est sous l'aspect de forgeron qu'il est ordonné à la fin de sa société.

Le bien commun d'une société peut être la parfaite suffisance de la vie, c'est-à-dire la béatitude, fin dernière de l'homme. Dans ce cas, l'homme est ordonné à cette société, dans tous ses actes. Car, tous les actes humains ont une relation nécessaire avec la fin dernière, comme nous l'avons vu.

474 - L'HOMME, SELON L'ORDRE DE LA NATURE, DOIT VIVRE EN SOCIÉTÉ. — 1° *L'homme*: nous entendons par là tout animal raisonnable;

2° *Selon l'ordre de la nature*, c'est-à-dire selon l'inclination naturelle qui oriente tous les hommes vers la vie sociale;

3° *Doit vivre en société*: nous entendons principalement la société familiale et la société civile.

En d'autres termes, nous voulons prouver que l'homme, selon l'expression d'Aristote lui-même dans les *Livres des Politiques*, est naturellement un animal *domestique* (familial) et *civil*.

4° Hobbes, Rousseau et, en général, tous ceux qui nient la nature — négation commune à toutes les erreurs modernes — affirment que l'état primitif et naturel de l'homme est l'état sauvage et solitaire. Ils enseignent donc que l'homme, par l'inclination de sa nature, n'est pas un animal social.

5° *Prouvons notre proposition.*

L'homme, selon l'ordre de la nature, doit vivre en société.

1) La société est nécessaire au maintien de la vie humaine et au développement de la vie raisonnable. Or, l'homme est naturellement incliné à ce qui est nécessaire au maintien de la vie humaine et au développement de la vie raisonnable. Donc, l'homme, selon l'ordre de la nature, doit vivre en société.

La mineure est évidente. Car, de même que l'homme a une inclination naturelle à la conservation de sa vie et au développement de sa vie raisonnable, de même il doit avoir une inclination naturelle à ce qui est nécessaire pour atteindre ces deux fins. Autrement, la nature se nierait elle-même.

La majeure peut être établie de diverses manières.

a) Tout homme reçoit de ses parents la vie, la nourriture et l'éducation. De plus, tous les membres de la famille se portent un secours mutuel dans les choses nécessaires à la vie quotidienne.

b) La nature a préparé, pour les autres animaux, la nourriture, ce qui couvre le corps, ce qui est nécessaire à leur défense, comme les dents, les cornes, les griffes ou au moins la rapidité dans la fuite.

Elle n'a pas préparé ces choses pour l'homme, mais elle lui a donné la raison par laquelle il peut, *avec le service de ses mains*, suppléer à ce qu'il n'a pas reçu de la nature. Mais un homme ne peut pas seul mener une telle oeuvre à bonne fin. Il doit donc vivre en société avec les autres.

c) Les autres animaux ont un instinct naturel qui les porte à rechercher ce qui leur est utile, et à fuir ce qui leur est nuisible.

Ainsi, la brebis a une peur naturelle du loup. Certains animaux connaissent même naturellement des herbes curatives et les autres choses nécessaires à leur vie.

L'homme, au contraire, n'a qu'une connaissance commune des choses nécessaires à sa vie, en ce sens qu'il peut, par sa raison, à partir de principes généraux, parvenir à la connaissance des choses singulières qui lui sont nécessaires. Or, un homme ne peut, à lui seul, parvenir à la connaissance de toutes ces choses. Les hommes doivent donc vivre en société pour se prêter un secours mutuel et pour se partager des tâches diverses par la division du travail.

d) Sans le secours de ses semblables, l'homme ne pourrait pas suffisamment connaître et aimer Dieu, et vivre raisonnablement, c'est-à-dire vertueusement. Car, pour connaître et aimer Dieu, et pour vivre vertueusement, l'homme a besoin d'instruction, d'éducation, d'avertissements et de corrections. La société est donc nécessaire à l'homme pour qu'il puisse mener une vie vraiment raisonnable.

2) Celui qui a la propriété de se servir de la parole est naturellement social. Or, l'usage de la parole est une propriété de l'homme. Donc, l'homme est naturellement social. Selon l'ordre de la nature, il doit vivre en société.

À la majeure. — Tandis que la voix des animaux irraisonnables ne signifie que les passions, la parole exprime le *juste* et *l'utile.* Donc, ceux qui ont la parole sont naturellement ordonnés à communiquer entre eux dans le juste et l'utile, c'est-à-dire à vivre en société.

À la mineure. — L'homme peut exprimer ses concepts par des sons de la voix: il est un *animal raisonnable.*

3) L'homme, partout et toujours, mène la vie sociale.

L'universalité et l'invariabilité de ce fait proviennent de ce que la nature pousse l'homme à vivre en société.

475 - Observation. — La société est nécessaire non seulement au genre humain pris dans son ensemble, mais à chaque homme en particulier.

Il peut arriver qu'un homme ne vive pas en société,

a) soit à cause d'un accident de la fortune, comme ce fut le cas de Robinson dans son île;

b) soit à cause de la corruption de la nature, qui pousse l'homme à fuir la société de ses semblables;

c) soit à cause d'une perfection éminente, perfection qui élève un homme au-dessus de la condition humaine et lui permet de se suffire à lui-même.

Voilà pourquoi, écrit saint Thomas, «l'homme peut vivre en solitaire pour deux raisons: *premièrement*, parce qu'il ne peut pas supporter la société de ses semblables, à cause de son inhumanité, et, en cela, il ressemble à la brute; *deuxièmement*, parce qu'il se donne entièrement aux choses divines, et, en cela, il est au-dessus de la condition humaine. C'est ce qui explique que le Philosophe écrit, au chapitre premier *des Politiques*, que celui qui ne communique pas avec les autres est une bête ou un Dieu, c'est-à-dire un homme divin.» 2-2, q.188, a.8, ad 5.

476 - LA DIVISION DES SOCIÉTÉS. — Toute société comprend deux choses: une fin commune et l'union subjective des opérations.

Nous pouvons d'abord diviser les sociétés en considérant la fin commune. Et sous cet aspect, nous avons deux chefs de division. Nous pouvons, en effet, considérer *la nature* de la fin et *la perfection* de la fin.

I. — Division des sociétés selon la nature de la fin.

1° Sous cet aspect, les sociétés se divisent d'abord en sociétés *dans la ligne de la prudence* et en sociétés *dans la ligne de l'art*.

Une société prudentielle est *celle qui est ordonnée à la perfection de l'homme dans les actes humains, dans l'agir*. Exemples: la famille, la société civile.

Une société dans la ligne de l'art est *celle qui a pour fin non pas l'acte humain en tant que tel, mais une oeuvre à faire, à atteindre*. Exemples: une société littéraire, une société de constructeurs en bâtiment, etc.

2° Les sociétés se divisent encore, en raison de la fin, en sociétés *nécessaires* et en sociétés *libres*.

Une société nécessaire est *celle dans laquelle l'homme doit vivre pour atteindre une fin imposée soit par la nature, soit par une loi positive.* Exemples: la famille, la société civile, l'Église.

Une société libre est *celle qui n'est pas nécessaire pour atteindre les fins imposées par la nature ou la loi positive.* Exemple: un syndicat d'ouvriers, de patrons.

3° La société nécessaire est soit *naturelle*, soit *surnaturelle.*

La société naturelle est *celle à laquelle la nature incline tous les hommes.* — La nature incline tous les hommes à une société, parce que cette société est nécessaire pour obtenir une fin imposée par la nature. *Exemples:* la famille, la société civile.

La société surnaturelle est *celle dans laquelle l'homme, d'après la volonté positive de Dieu, doit vivre pour atteindre sa fin surnaturelle.* Exemple: l'Église Catholique.

Les sociétés libres se divisent aussi en naturelles et surnaturelles. Les communautés religieuses, dans l'Église Catholique, sont des sociétés surnaturelles et libres.

II. — Division des sociétés selon la perfection de leur fin.

Sous cet aspect, la société se divise en *parfaite* et *imparfaite.*

La société parfaite est *celle qui a pour fin la suffisance parfaite de la vie, c'est-à-dire la béatitude complète de l'homme.*

La société imparfaite est *celle qui a pour fin, non pas le bien complet de l'homme, mais un bien incomplet.*

Au sujet de ces définitions, ajoutons quelques observations:

a) La fin de la société parfaite est la béatitude ou le bien complet. La fin de la société imparfaite est un bien incomplet. Mais le bien incomplet est un moyen qui conduit au bien complet, ou encore une partie de ce bien. Il en résulte que la société imparfaite est subordonnée à la société parfaite comme la *partie* est subordonnée au *tout.* La société imparfaite n'est donc pas *autonome* ou indépendante. Elle est essentiellement une partie de la société parfaite. *Exemple:* la famille est une partie de la société civile.

b) Les modernes définissent la société parfaite: *une société qui se suffit à elle-même, une société parfaitement autonome et indépendante.*

On définit une société autonome: *celle qui a comme fin un bien complet dans son ordre et qui possède en droit tous les moyens nécessaires et utiles pour poursuivre cette fin.*

Cette définition comprend deux éléments de la société parfaite:

un élément objectif: le bien complet qui la spécifie;

un élément subjectif: l'autonomie ou l'indépendance de la société parfaite à l'égard d'une société supérieure.

Les modernes appuient beaucoup sur l'élément subjectif, tandis qu'Aristote et saint Thomas mettent surtout l'accent sur l'élément objectif.

Les modernes définissent une société parfaite, *celle qui se suffit à elle-même.*

Aristote et saint Thomas la définissent, *celle qui a pour fin la parfaite suffisance de la vie,* c'est-à-dire le bien complet ou la béatitude.

c) Dans la conception moderne, basée d'ailleurs sur la notion du droit subjectif (n. 386), la société parfaite ne peut être partie d'une société supérieure. Elle doit être entièrement autonome.

Dans la conception aristolélicienne et thomiste, la société parfaite peut être partie d'une société supérieure. *Exemple:* la société civile peut être partie de la société internationale.

Nous reviendrons sur ce point en parlant des relations entre les sociétés civiles.

d) La société parfaite, avant le Christ, était la société civile. Car, comme les peuples n'avaient pas encore été appelés à faire partie de l'Église, la société civile était en même temps politique et religieuse. Le roi païen était en même temps chef de la communauté et pontife. Par suite, la société civile avait pour fin la béatitude complète de l'homme — dans l'économie naturelle où vivaient les peuples.

Depuis la fondation de l'Église, Notre-Seigneur a séparé le domaine politique et le domaine religieux.

Il a laissé à l'autorité civile le soin des choses temporelles; il a donné à l'autorité ecclésiastique le soin des choses divines, c'est-à-dire de la béatitude surnaturelle.

Donc, en réalité, depuis la fondation de l'Église, aucune société n'a pour fin la béatitude *complète* de l'homme.

La société civile a pour fin la béatitude naturelle de l'homme, comme nous le verrons plus tard.

L'Église a pour fin la béatitude surnaturelle de l'homme. Mais ce sont là deux parties de la béatitude complète de l'homme, appelé par Notre-Seigneur à vivre dans une société surnaturelle qui le conduira à la vision béatifique.

La béatitude complète du chrétien embrasse et la béatitude naturelle et la béatitude surnaturelle.

Il semble donc que ni la société civile, ni l'Église ne soient, dans les circonstances, des sociétés parfaites.

On résout le problème en disant que la société civile et l'Église sont deux sociétés parfaites, *chacune dans son ordre*.

La société civile a pour fin la béatitude *naturelle* de l'homme, bien complet dans son ordre.

L'Église a pour fin la béatitude *surnaturelle*, bien supérieur et complet dans son ordre.

III. — Division des sociétés selon l'union des opérations.

1° Sous cet aspect, la société se divise premièrement en *société amicale* et en *société juridique*.

La société amicale est *une société composée de membres qui, comme tels, n'ont entre eux aucune obligation de justice, aucun lien juridique*. Exemple: une société littéraire.

La société juridique est *une société dont les membres, comme tels, sont unis entre eux par des liens de droit*. Exemple: la société civile.

2° La société, en raison de l'union des opérations, se distingue encore en *société homogène* et en *société hétérogène*.

La société homogène est *celle dans laquelle l'opération commune et l'opération de chacun des membres sont spécifiées par la même fin*. Exemple: lorsque plusieurs personnes s'unissent pour tirer un fardeau, l'opération commune et l'opération de chaque personne sont spécifiées par la même fin: tirer le fardeau.

La société hétérogène est *celle dans laquelle l'opération commune et l'opération de chacun des membres sont spécifiées par des fins distinctes*. Exemple: la société civile.

Dans une société hétérogène, l'opération commune est spécifiée par une fin supérieure à celle qui spécifie l'opération de chaque membre.

Pour comprendre les définitions de la société homogène et de la société hétérogène, notons ce qui suit:

1) Un tout homogène est celui dont les parties ont la même nature que le tout. *Exemple:* chaque partie d'une masse d'eau a la même nature que la masse. C'est de l'eau.

Un tout hétérogène est celui dont les parties ne sont pas de la même nature que le tout. *Exemple:* aucune partie d'une maison n'est une maison; aucune partie de l'homme n'est un homme.

2) Dans une société, l'opération commune forme un *tout* composé des opérations des membres comme des parties.

Mais toute opération est spécifiée par sa fin prochaine ou son objet. Il résulte donc que la société sera hétérogène là où l'objet de l'opération commune, le bien commun, est spécifiquement distinct du bien particulier ou de la fin propre à l'opération de chaque membre de la société.

Là où le bien commun n'est pas spécifiquement distinct de la fin prochaine des opérations singulières, mais n'en diffère que quantitativement, la société est homogène. *Exemple:* l'union de plusieurs personnes qui tirent un même fardeau.

3) Indiquons brièvement les distinctions entre une société hétérogène et une société homogène.

a) Dans une société hétérogène, le bien commun est *spécifiquement* distinct des biens particuliers.

Dans une société homogène, la fin n'est pas *spécifiquement* distincte des fins particulières. La première n'est que la somme des dernières et ne s'en distingue que d'une manière purement *quantitative.*

b) Dans une société hétérogène, l'opération commune est *spécifiquement* distincte des opérations particulières.

Dans une société homogène, l'opération commune ou totale n'est que *la somme* des opérations particulières. L'opération commune ou totale ne se distingue des opérations particulières que d'une manière purement quantitative.

c) Dans une société hétérogène, l'opération totale résulte de la *subordination* des opérations particulières.

Dans une société homogène, l'opération totale résulte de la coordination des opérations particulières.

d) Enfin, la société hétérogène s'assimile à un *organisme*, tandis que la société homogène s'assimile plutôt à un *mécanisme*.

ARTICLE II

L'AUTORITÉ

477 - NOTION DE L'AUTORITÉ. — 1° L'autorité, d'après le sens commun, signifie un rapport quelconque.

Ce rapport peut exister entre une personne et une chose. *Exemple*: nous parlons de l'autorité d'un livre. À ce point de vue, l'autorité est prise dans un sens large.

Prise dans un sens plus strict, l'autorité signifie un rapport entre des personnes. *Exemple*: lorsque nous parlons de l'autorité paternelle, nous entendons que cette autorité dit une relation des parents aux enfants.

De plus, le rapport que signifie l'autorité a une connexion avec l'idée du *principe*. Voilà pourquoi on appelle le *prince*, celui qui a l'autorité dans la société civile.

D'après ces notions du sens commun, nous pouvons déjà dire que l'autorité est *un rapport entre un supérieur et un inférieur*.

Le rapport de supériorité et d'infériorité entre plusieurs personnes peut exister:

a) parce que l'une est la cause efficiente de l'autre en tant qu'être, comme Dieu est la cause efficiente de l'homme. Nous avons ainsi *l'autorité physique;*

b) parce que l'une conduit l'intelligence de l'autre dans la connaissance de la vérité. Nous avons ainsi *l'autorité intellectuelle;*

c) parce que l'une, par son commandement, pousse la volonté de l'autre à agir en vue d'une fin. Nous avons ainsi *l'autorité morale.*

Nous parlons ici de l'autorité morale.

L'autorité morale peut donc se définir formellement: *le rapport de la personne qui commande au sujet qui doit obéir.*

La personne qui commande est celle qui dirige vers une fin.

Le sujet est celui qui est dirigé vers la fin.

2° Nous devons distinguer l'autorité prise formellement et l'autorité considérée comme pouvoir. Les auteurs confondent souvent ces deux aspects de l'autorité.

L'autorité considérée comme un pouvoir, une puissance, ne précède pas l'autorité prise formellement, comme nous serions tentés de le croire, mais elle en résulte.

En effet, une personne a le pouvoir de commander à une autre parce qu'elle lui est antérieure ou supérieure, eu égard à une fin.

L'inverse n'est pas vrai. Une personne n'est pas supérieure à une autre eu égard à une fin, parce qu'elle a le pouvoir de lui commander.

L'autorité comme puissance se définit: *le pouvoir de forcer des sujets, par des moyens moraux et physiques, à agir en vue d'une fin sociale.*

a) *Le pouvoir de forcer des sujets*, c'est-à-dire de mouvoir à une fin, de commander.

Nous pouvons dire que l'autorité comme pouvoir est *la raison pratique douée d'une certaine supériorité.*

Elle est la raison pratique, car l'acte propre de l'autorité est le commandement. Et le commandement ressort à la raison pratique, comme à sa faculté propre.

Elle est la raison pratique, douée d'une certaine supériorité.

L'autorité meut ou conduit vers une fin. Or, le principe qui meut ou conduit est supérieur à ce qui est mû ou conduit. Donc . . .

b) *Par des moyens moraux ou physiques*: l'autorité donne des ordres qui obligent en conscience; elle peut aussi imposer des peines physiques pour réprimer les désordres.

c) *À agir en vue d'une fin sociale*: l'autorité s'exerce sur autrui, et suppose une union de personnes agissant en vue d'une fin commune.

478 - Observations. — 1° L'autorité comme puissance, avons-nous dit, est la raison pratique dotée d'une certaine supériorité.

Mais toute supériorité de la raison pratique ne suffit pas pour constituer l'autorité. Quelqu'un n'a pas l'autorité pour la seule raison qu'il est supérieur à d'autres par sa prudence, son conseil, son intuition dans l'ordre pratique, etc.

Pour que l'autorité soit constituée, il faut que la supériorité de la raison pratique provienne de faits extérieurs qui soumettent une personne à une autre, eu égard à une fin. En effet, une personne soumise à une autre dans une fin, lui est aussi soumise dans son activité.

Une personne peut être soumise à une autre, eu égard à la fin, dans trois cas:

a) *Lorsque l'une est cause efficiente de l'autre*: ainsi Dieu à autorité sur toutes les créatures douées d'intelligence, et les parents ont autorité sur leurs enfants;

b) *Lorsque l'une est active et l'autre est patiente ou instrument*: pour cette raison, l'époux a l'autorité sur l'épouse, le maître sur l'esclave, le patron sur le serviteur;

c) *Lorsque l'une est un tout et l'autre une partie*: car, la partie, étant pour le tout, est ordonnée à la fin du tout. Voilà pourquoi toute société juridique a autorité sur ses membres.

2° Ce sont là les sources premières de l'autorité .

Outre ces sources premières, il y a aussi les divers modes selon lesquels l'autorité se transmet d'une personne à une autre, comme la division du pouvoir, le transfert de l'autorité.

Ainsi l'autorité qui réside entièrement dans une seule personne, comme dans un roi, peut être confiée en partie à des inférieurs, à des ministres par exemple. De même, une personne peut abdiquer son autorité ou une partie de son autorité en faveur d'une autre personne.

3° Certains auteurs considèrent l'autorité comme l'élément formel de la société. D'autres auteurs enseignent que l'autorité est une propriété de la société.

Ces deux opinions sont également vraies, si nous tenons compte des distinctions nécessaires·

Nous devons distinguer *l'essence métaphysique* et *l'essence physique* de la société.

L'essence métaphysique est *l'essence prise abstraitement*, ou l'essence que signifie la définition.

L'autorité n'entre pas dans la définition de la société. Elle n'est donc pas l'élément formel de la société considérée dans son essence métaphysique. Nous pouvons dire qu'elle est une propriété de la société prise sous cet aspect.

L'essence physique est *l'essence selon qu'elle existe concrètement*, non soumise à l'abstraction de l'intelligence.

L'autorité est le rapport ou l'ordre de celui qui commande aux sujets. Cet ordre constitue, en fait, formellement l'union sociale.

Nous pouvons donc dire que l'autorité est la forme ou l'élément formel de la société (hétérogène) considérée dans son essence physique.

479 - LA NÉCESSITÉ DE L'AUTORITÉ. — 1° Nous considérons ici l'autorité, en premier lieu, dans son sens formel, c'est-à-dire comme *le rapport entre celui qui commande et les sujets.*

2° Est nécessaire ce qui ne peut pas ne pas être. Dire que l'autorité est nécessaire dans une société, c'est affirmer qu'une société ne peut tendre à sa fin sans l'existence de l'autorité.

3° L'autorité est nécessaire dans une société hétérogène, et non dans une société homogène.

Une société hétérogène est celle dans laquelle l'opération commune ou totale et les opérations particulières sont *spécifiées* par des biens *distincts.*

Une société homogène est celle dans laquelle l'opération commune ou totale et les opérations particulières sont *spécifiées* par la *même* fin.

4° Tous les philosophes et même tous les hommes admettent généralement la nécessité de l'autorité dans la société.

L'Anarchisme nie non seulement la nécessité de l'autorité, mais encore sa légitimité.

Les tenants de l'Anarchisme conçoivent l'autorité, non comme un pouvoir moral, mais comme une pure force physique de coaction, comme un fait brutal.

L'Anarchisme a trois formes: l'Anarchisme religieux, l'Anarchisme philosophique et l'Anarchisme politique.

a) *L'Anarchisme religieux*, dont les propagateurs principaux sont Tolstoï, Ibsen, etc., expose d'abord les abus de l'autorité. Ces abus sont présentés, non comme accidentels, mais comme essentiels à l'exercice de l'autorité.

De plus, l'Anarchisme religieux tente de prouver ses affirmations en s'appuyant sur la théorie de la fraternité universelle qui unit les chrétiens entre eux. Selon Tolstoï, tout le genre humain est une communauté chrétienne d'amour, et l'autorité est un obstacle à la communication d'amour entre les hommes. L'autorité, comme tout ce qui se rattache au droit, enlève l'amour dans les relations humaines.

b) *L'Anarchisme philosophique* enseigne qu'une seule réalité existe. Cette réalité est le sujet qui pense. Par suite, toute autorité, tout gouvernement doivent être supprimés. On devrait établir entre les hommes une certaine association dans laquelle il n'y aurait ni autorité, ni gouvernement, ni pactes. Le principe d'union serait uniquement l'intérêt des membres.

C'est ce que propose Max Stirmer.

c) *L'Anarchisme politique ou social*, dont les partisans sont Proudhon, Bakounine, Krotpotkine, Elisée Reclus, Jean Gravé, etc., rejette toute autorité au nom de la liberté humaine. Il affirme, avec Kant, que la volonté humaine est entièrement autonome. Par suite, l'obéissance à une autorité est contraire à la nature même de la volonté ou de la liberté. Elle est une abdication de la personnalité.

5° Prouvons la doctrine commune.

1) L'autorité est nécessaire dans une société hétérogène.

Une société hétérogène est celle dans laquelle l'opération commune est ordonnée à un bien spécifiquement distinct des fins particulières. Or, pour que l'opération commune soit ordonnée à un bien spécifiquement distinct des fins particulières, l'autorité est nécessaire. Donc, l'autorité est nécessaire dans une société hétérogène.

La majeure découle de la notion même de la société hétérogène.

À la mineure. — Des opérations spécifiées par des fins particulières seront ordonnées à un bien spécifiquement supérieur, ou parce que chaque membre de la société tend de lui-même à cette fin commune supérieure, ou parce qu'il est dirigé à cette fin par une autorité. Or, la première partie de l'alternative est impossible. Des opérations ordonnées à des fins particulières distinctes ne tendent pas d'elles-mêmes à une fin commune. Ce qui est ordonné à la diversité n'est pas ordonné à l'unité. Donc, l'autorité est nécessaire pour que des opérations spécifiées par des fins particulières soient ordonnées à un bien commun spécifiquement supérieur.

2) L'autorité n'est pas nécessaire dans une société homogène.

L'autorité est nécessaire dans une société parce que la fin commune est spécifiquement distincte des fins particulières propres à chacun des membres de la société. Or, dans une société homogène, la fin commune n'est pas spécifiquement distincte des fins particulières: elle n'est que la somme de celles-ci, et ne s'en distingue que d'une manière quantitative. Donc, dans une société homogène, l'autorité n'est pas nécessaire, quoiqu'un certain organisme pour l'administration puisse être nécessaire, comme dans les sociétés commerciales.

480 - Difficultés. — 1° Ce qui détruit l'amour entre les hommes n'est ni nécessaire, ni légitime. Or, l'autorité détruit l'amour entre les hommes. Donc, l'autorité n'est ni nécessaire, ni légitime.

À la majeure. — Ce qui, de sa nature, détruit l'amour entre les hommes n'est ni nécessaire, ni légitime, **je concède**; ce qui, par accident, détruit l'amour entre les hommes n'est ni nécessaire, ni légitime, je nie.

À la mineure. — L'autorité, par sa nature, détruit l'amour entre les hommes, je nie; l'autorité, par accident, peut détruire l'amour entre les hommes, **je concède.**

L'autorité, à cause de ses abus, peut détruire l'amour entre les hommes. Mais l'autorité de soi favorise plutôt l'amitié entre les hommes, car elle les unit dans la connaissance et la poursuite d'un même bien commun. Elle fait régner l'ordre. Voilà pourquoi Aristote affirme que le premier but du gouvernant est de susciter et de conserver l'amitié entre les citoyens. Bien plus, l'autorité, dans l'Église, impose l'acte intérieur d'amour envers autrui à tous les hommes.

2° Ce qui s'oppose à la liberté de l'homme n'est ni nécessaire, ni légitime. Or, l'autorité s'oppose à la liberté de l'homme. Donc, l'autorité n'est ni nécessaire, ni légitime.

À la majeure. — Ce qui détruit le libre arbitre de l'homme, ou ce qui s'oppose à la liberté que tout homme possède de tendre à sa perfection, je concède; ce qui s'oppose à la liberté de faire le mal, je nie.

À la mineure. — L'autorité détruit le libre arbitre de l'homme, ou s'oppose à la liberté que tout homme possède de tendre à sa perfection, je nie; l'autorité s'oppose à la liberté de faire le mal, je concède.

La difficulté provient de la conception kantienne qui met la liberté dans l'autonomie ou l'indépendance absolue de la volonté. Mais, comme nous l'avons vu, la liberté ou le libre arbitre consiste essentiellement dans la maîtrise que la volonté a sur son acte, maîtrise qui provient du jugement indifférent de la raison. L'autorité ne détruit pas ce libre arbitre, car elle n'impose pas une violence directe à la volonté ou à la raison.

L'autorité ne s'oppose pas à la liberté que tout homme possède de tendre à sa perfection. Elle favorise plutôt cette liberté en ordonnant les hommes à ce bien supérieur qu'on appelle le bien commun. Voilà pourquoi l'homme aime naturellement l'autorité. Plus il est parfait, ou plus il veut tendre à la perfection, plus il aime l'autorité. C'est ce qui explique que les saints embrassent l'obéissance avec tant d'ardeur.

L'autorité cependant limite la liberté de faire le mal, en faisant des lois et en punissant les méchants. Mais, une telle liberté n'est pas une perfection du libre arbitre. Elle en est plutôt une très grave imperfection.

3° Ce qui s'oppose à l'égalité entre les hommes n'est ni nécessaire, ni légitime. Or, l'autorité s'oppose à l'égalité entre les hommes. Donc, l'autorité n'est ni nécessaire, ni légitime.

À la majeure. — Ce qui détruit l'égalité spécifique entre les hommes, je concède; ce qui ordonne les hommes à un bien commun, en tenant compte de leurs inégalités individuelles, je nie.

À la mineure. — L'autorité détruit l'égalité spécifique entre les hommes, je nie; l'autorité ordonne les hommes à un bien commun, en tenant compte de leurs inégalités individuelles, je concède.

Les hommes sont spécifiquement égaux, puisqu'ils ont tous la nature humaine. Mais, en tant que singuliers, les hommes sont inégaux entre eux: le père comme tel est supérieur au fils comme tel, bien que le fils puisse être supérieur au père sous d'autres aspects, par sa science, sa vertu, etc.

L'autorité ne fait que conserver l'ordre requis entre des hommes inégaux. Elle n'est donc pas illégitime.

4° Ce qui est opposé à la poursuite du bien propre ou personnel n'est ni nécessaire, ni légitime. Or, l'autorité est opposée à la poursuite du bien propre ou personnel. Donc, l'autorité n'est ni nécessaire, ni légitime.

À la majeure. — Ce qui est opposé à la poursuite ordonnée du bien propre ou personnel, je concède; ce qui est opposé à la poursuite désordonnée du bien propre ou personnel, je nie.

À la mineure. — L'autorité est opposée à la poursuite ordonnée du bien propre ou personel, je nie; l'autorité est opposée à la poursuite désordonnée du bien propre ou personnel, je concède.

L'autorité ordonne l'activité des membres de la société au bien commun. Elle ordonne, par suite, la poursuite de la perfection personnelle en l'orientant vers sa source principale qui est le bien commun.

481 - TOUTE AUTORITÉ VIENT DE DIEU. — 1° En parlant de l'autorité, nous pouvons distinguer trois éléments:

a) *l'acquisition* de l'autorité;

b) *l'exercice* de l'autorité;

c) *l'autorité prise formellement*, soit le rapport, l'ordre de celui qui commande aux sujets qui doivent obéir.

2° L'acquisition de l'autorité peut ne pas être rapportée à Dieu,

a) *soit du côté de l'indignité de la personne* qui reçoit l'autorité: cette indignité n'est pas attribuable à Dieu comme à sa cause;

b) *soit à cause de la manière illégitime d'acquérir l'autorité:* si quelqu'un s'empare de l'autorité par la violence ou par un autre moyen illicite.

L'indignité de la personne constituée en dignité ne rend pas illégitime l'acquisition de l'autorité et ne dispense pas les sujets de l'obéissance.

Lorsque le supérieur n'a pas été constitué d'une manière légitime, les sujets peuvent le combattre, à moins que ce supérieur soit reconnu comme légitime, dans la suite, par une autorité supérieure, par le consentement du peuple, ou à moins que le bien commun demande de lui obéir.

3° L'exercice de l'autorité ne provient pas de Dieu,

lorsque le supérieur commande une chose contraire à la fin de l'autorité, comme un acte mauvais: dans ce cas, les sujets doivent ne pas obéir au supérieur, mais suivre l'exemple des saints martyrs qui ont sacrifié leur vie plutôt que de se conformer aux ordres impies des tyrans;

ou lorsque le supérieur commande des choses auxquelles son autorité ne s'étend pas: dans ce cas, les sujets ne sont pas tenus d'obéir, comme ils ne sont pas tenus de ne pas obéir.

4° L'autorité, considérée formellement comme le rapport entre celui qui dirige et le sujet, provient de Dieu, suivant le mot de l'Apôtre: *Tout pouvoir vient de Dieu.* Ép. aux Rom. c. 13, v. 1.

5° Prouvons la proposition suivante:

Toute autorité vient de Dieu.

1) Tout bien vient de Dieu. Or, l'autorité prise formellement est un bien. Donc, toute autorité vient de Dieu.

À la majeure. — Dieu est le bien par essence d'où découle tout autre bien.

À la mineure. — Tout ordre est un bien. Or l'autorité consiste formellement dans un ordre. Donc, l'autorité prise formellement est un bien.

2) Toute autorité impose des obligations à la conscience. Or, l'autorité n'imposerait pas des obligations à la conscience, si elle ne venait pas de Dieu. Donc, toute autorité vient de Dieu.

À la mineure. — Imposer des obligations à la conscience, c'est forcer le sujet à poser ou à omettre une action de telle sorte qu'il fait une faute devant Dieu, s'il n'obéit pas. Cela suppose que l'autorité vient de Dieu.

CHAPITRE II

LA SOCIÉTÉ CONJUGALE

La société conjugale est la société de l'homme et de la femme u-
nis par les liens du mariage. Nous étudierons donc d'abord l'essence
et les fins du mariage. Nous parlerons ensuite de l'origine du mariage.
Et comme nous prouverons que le mariage est voulu par la nature,
nous nous demanderons s'il existe un précepte de la loi naturelle imposant le mariage. Nous terminerons en étudiant deux propriétés du
mariage: l'unité et l'indissolubilité.

Nous aurons donc cinq articles:

Article   I. — L'essence et les fins du mariage.

Article II. — L'origine du mariage.

Article III. — Le précepte du mariage.

Article IV. — L'unité du mariage.

Article V. — L'indissolubilité du mariage.

ARTICLE PREMIER

L'ESSENCE ET LES FINS DU MARIAGE

482 - NOTION NOMINALE DU MARIAGE. — Le mariage est désigné par divers
noms, selon l'aspect sous lequel on l'envisage.

a) Considéré dans son essence qui consiste, comme nous le verrons, dans le lien unissant le mari et la femme, il s'appelle *l'union
conjugale* (conjugium). Par là, on veut signifier qu'il est l'union de
deux personnes sous un même joug.

b) Considéré dans sa cause, c'est-à-dire dans le contrat solennel qui lui donne naissance, le mariage reçoit le nom de *noces* (connubium, nuptiæ). Le mot latin: *nuptiæ*, vient du verbe: *nubo*, je me couvre.

En faisant le contrat du mariage, les mariés, et en particulier la mariée, devaient se couvrir la tête en signe de modestie et de pudeur.

c) Considérée dans son effet, c'est-à-dire dans l'enfant, l'union de l'homme et de la femme s'appelle le mariage.

Le mariage, d'après son étymologie, signifie le fardeau de la mère (matrimonium - matris onus).

Ce mot s'explique par deux raisons:

a) le soin de l'enfant appartient surtout à la mère;

b) la mère de l'enfant est toujours connue avec certitude; parfois, on ne peut pas identifier avec certitude le père de l'enfant.

483 - Définition réelle du mariage. — 1° Le mariage se définit: *l'union maritale et stable de l'homme et de la femme faite entre des personnes juridiquement habiles.*

a) *L'union*: ce mot indique le genre suprême dans la définition du mariage. Les autres mots indiquent les différences qui déterminent le genre.

b) *Maritale*: nous distinguons, par ce mot, le mariage des autres unions qui peuvent exister entre l'homme et la femme, comme l'union entre le père et sa fille, entre un frère et une soeur.

c) *Stable*: le mariage est une union perpétuelle qui ne peut être dissoute que par la mort d'un conjoint, comme nous le verrons plus tard.

d) *De l'homme et de la femme*: c'est-à-dire d'un homme et d'une femme. Ces mots indiquent le sujet du mariage, et excluent la polygamie et la polyandrie.

e) *Faite entre des personnes juridiquement habiles*: c'est-à-dire entre des personnes à qui aucun empêchement n'interdit tel mariage.

2° Le mariage, tel que défini, est le mariage selon qu'il est une chose de la nature. Mais le mariage a été élevé par Notre-Seigneur à la dignité de sacrement. Pour le définir sous ce dernier aspect, il suffit d'ajouter à ce que nous venons de dire:

union qui signifie la grâce reçue par les conjoints.

Le mariage comme sacrement signifie la grâce d'une manière

pratique et efficace. Il est cause efficiente de la grâce qu'il confère.

484 - L'ESSENCE DU MARIAGE. — 1° Dans le mariage, nous devons distinguer cinq choses:

a) *le consentement mutuel exprimé extérieurement*, c'est-à-dire le contrat;

b) *la mise du corps à la disposition du conjoint* (mutua corporum traditio);

c) *le lien entre les époux résultant du contrat;*

d) *le droit mutuel à l'union charnelle;*

e) *l'usage du mariage, c'est-à-dire l'union charnelle.*

2° Le mariage peut se considérer *dans sa cause, selon qu'il s'établit* (matrimonium in fieri), et *comme état ou chose permanente* (matrimonium in facto esse).

Le mariage considéré selon qu'il s'établit est le contrat. Ce contrat a été élevé par Notre-Seigneur à la dignité de sacrement.

Le problème est donc de savoir dans lequel des éléments ci-haut mentionnés consiste essentiellement le mariage comme état.

3° Nous répondons que le mariage comme état consiste essentiellement dans le lien formel qui résulte du consentement mutuel des époux.

Le lien formel désigne ici, non pas la chose qui unit dans l'ordre de causalité efficiente, c'est-à-dire le contrat, mais l'union passive qui résulte de ce contrat. Cette union passive n'est que la relation des conjoints.

4° Prouvons la proposition suivante:

**Le mariage comme état consiste essentiellement dans le lien
formel qui unit les époux.**

Le mariage comme état ne consiste pas essentiellement:

a) *dans le consentement mutuel ou dans la mise du corps à la disposition du conjoint*, car ce sont là des actes passagers, tandis que le mariage comme état est une chose permanente;

b) *ni dans le droit mutuel à l'union charnelle*: ce droit suppose déjà l'existence du mariage;

c) *ni dans l'union charnelle elle-même*, parce que l'usage d'une chose n'est pas de l'essence de cette chose, et l'union charnelle est l'usage du mariage.

Il suit donc que le mariage comme état consiste essentiellement dans le lien formel qui unit les époux.

485- LES FINS DU MARIAGE. — 1° Le mariage peut être considéré soit *comme une institution de nature*, comme nous le verrons plus bas, soit *comme une société comportant l'intimité de vie*.

2° La fin du mariage est le bien vers lequel tend la société matrimoniale.

Cette fin peut être *première* et *secondaire*.

La fin première est le *bien principal auquel est ordonné le mariage*.

La fin secondaire est un *bien recherché par la société matrimoniale en dépendance de la fin première*.

3° a) La fin première du mariage, considéré comme une institution de nature, est *la génération et l'éducation des enfants* ou, en termes plus simples, *la propagation du genre humain*.

Le mariage, en effet, selon qu'il s'établit, est un contrat par lequel un homme met son corps à la disposition d'une femme et réciproquement, en vue de l'union charnelle.

Le mariage, comme état, est un lien formel entre un homme et une femme en vue de l'union charnelle.

Or, dans les deux cas, l'intention première de la nature est l'enfant: c'est pour l'enfant que la nature a institué la distinction des sexes et qu'elle veut leur union.

Nous disons que la fin première du mariage est la *génération* et *l'éducation* de l'enfant. Car, le vœu de la nature n'est pas seulement l'existence de l'enfant, mais aussi son état d'homme parfait. Et cet état s'acquiert par l'éducation.

b) Les fins secondaires du mariage, considéré comme une institution de nature, sont le secours mutuel des époux et l'apaisement de la concupiscence.

Les époux, dans le mariage, trouvent un secours mutuel parce que chacun, à cause des dispositions propres données par la nature, remplit sa tâche spéciale dans ce qui se rapporte à la vie commune.

L'usage légitime du mariage contient la concupiscence dans les justes limites. Il comporte une jouissance conforme à la raison, parce que cette jouissance est en vue de la propagation du genre humain voulue par la nature et par Dieu, auteur de la nature.

4° La raison première et la fin du mariage, considéré comme une société comportant une intimité de vie, est la formation intérieure mutuelle des époux et l'application à travailler à leur perfection réciproque.

En effet, sous cet aspect, le mariage est une mise en commun de toute la vie, une intimité très grande d'amitié. Et l'amitié, lorsqu'elle est véritable, veut le bien *honnête* de l'ami, c'est-à-dire sa vertu et sa perfection. Le mariage, comme société de vie intime, demande donc que les époux travaillent à leur perfection réciproque.

Lorsque les époux sont chrétiens, la perfection à laquelle ils doivent tendre est une progression toujours plus grande dans les vertus surnaturelles, en particulier dans la charité envers Dieu et le prochain.

Ces considérations font comprendre la prescription suivante du Droit canonique: «l'Eglise défend très sévèrement le mariage entre deux personnes baptisées dont l'une est catholique et l'autre hérétique ou schismatique; s'il y a danger de perversion pour le conjoint catholique ou les enfants, le mariage est défendu par la loi divine elle-même». c. 1060.

486 - L'AVORTEMENT. — 1° L'avortement consiste à expulser du sein de la mère le produit de la conception non encore arrivé à terme (le foetus).

L'avortement, en raison de l'imputabilité, peut être *volontaire* ou *involontaire*.

L'avortement, eu égard à la cause, peut être *direct* ou *indirect*.

L'avortement est direct lorsqu'on pose une cause dont la conséquence directe et immédiate est l'expulsion du produit de la conception.

Il est indirect lorsqu'on pose une cause dont le résultat direct est de conserver la vie ou la santé de la mère, mais dont l'effet secondaire peut être l'expulsion du produit de la conception.

2° Prouvons les propositions suivantes:

1) L'avortement direct n'est jamais licite.

Si le produit de la conception est animé, l'avortement est un homicide *réel*.

De plus, on ne peut jamais être certain si ce produit n'est pas animé: l'avortement est donc toujours un *attentat d'homicide*.

Enfin, tout avortement est toujours contraire à la fin première voulue par la nature dans l'union charnelle. Sous cet aspect, il est encore un péché très grave.

C'est ce qui explique que les législateurs punissent très sévèrement tous ceux qui coopèrent à l'avortement.

2) L'avortement indirect peut être parfois licite.

Il est licite, lorsque les conditions suivantes existent:

a) le remède est ordonné directement à guérir la mère;

b) aucun autre moyen ne peut être employé pour sauver la vie de la mère;

c) on doit pourvoir, dans la mesure du possible, au salut éternel de l'enfant non arrivé à terme.

Cette dernière condition est nécessaire, car la charité et l'amour obligent la mère à préférer le salut éternel de son enfant à sa propre vie corporelle.

3° Toute tentative pour vicier l'acte conjugal en le détournant de sa vraie fin, qui est la génération de l'enfant, tout épanchement volontaire de la semence vitale en dehors du mariage, toute volupté sexuelle recherchée volontairement et directement en dehors du mariage sont des péchés graves, à cause de leur opposition à l'intention première de la nature.

ARTICLE II

L'ORIGINE DU MARIAGE.

487 - LE MARIAGE ET LA NATURE. — 1° Le mariage, comme nous l'avons dit, se définit: *l'union maritale et stable d'un homme et d'une femme juridiquement habiles à contracter cette union.*

2° Le problème n'est pas ici de savoir si l'union charnelle entre l'homme et la femme est naturelle. Ceci est hors de doute. Car cette union est la cause de la génération. Et, dans les choses soumises à la corruption, l'instinct de la nature est de conserver l'espèce par la génération.

Mais le problème est de savoir s'il est naturel à l'homme et à la femme qui désirent la génération d'un enfant, d'être unis *par un lien indissoluble.*

Cette union par un lien indissoluble n'est pas naturelle aux animaux autres que l'homme.

Le mariage consiste essentiellement dans le lien, comme nous l'avons vu. (n. 482).

3° Le mot *naturel* peut s'employer de deux manières.

a) Est naturel ce qui est causé nécessairement par la nature. *Exemple*: il est naturel au feu de s'élever. En ce sens, le naturel *s'oppose* à ce qui est libre. Le mariage n'est pas naturel de cette manière.

b) Est naturel ce qui est produit par le libre arbitre sous la poussée de l'inclination naturelle. Ainsi nous disons qu'il est naturel à l'homme de manger, de s'exercer à la vertu.

Le mariage est naturel de cette manière.

4° Le mariage n'est pas seulement naturel à l'homme au sens où nous venons de l'indiquer; il est, de plus, *une institution de nature,* parce que sa fin, les moyens pour obtenir cette fin, et les lois qui régissent la société matrimoniale sont déterminés par la nature.

Le mariage demeure toujours libre en un certain sens: toute personne contracte mariage librement et choisit librement la personne déterminée avec qui elle contracte mariage.

5° a) Tous les catholiques et plusieurs non-catholiques enseignent que le mariage est naturel à l'homme. C'était aussi la doctrine de beaucoup de païens, comme Aristote, Cicéron, etc.

b) Beaucoup d'auteurs, surtout chez les modernes, prétendent que le mariage a été inventé uniquement par les hommes.

Les uns affirment que seul l'instinct de procréation est naturel à l'homme.

D'autres enseignent que la nature humaine décèle certains commencements ou germes du vrai mariage. Le mariage, disent-ils, est la forme la plus parfaite de l'union entre l'homme et la femme, parce qu'il sauvegarde la dignité des époux et qu'il est plus adapté à la propagation de l'espèce humaine.

Ils prétendent cependant qu'il a été institué par la seule volonté de l'homme et que le divorce peut être facilement admis.

6° Prouvons, du point de vue strictement philosophique, la doctrine communément admise.

1) Le mariage est naturel à l'homme.

1) Est naturel à l'homme ce à quoi la raison naturelle incline. Or, la raison naturelle incline l'homme au mariage. Donc, le mariage est naturel à l'homme.

À la majeure. — La raison est la mesure et le principe des actes humains. Donc, ce à quoi la raison naturelle incline l'homme est naturel à l'homme.

À la mineure. — La raison naturelle de l'homme l'incline à la conservation de l'espèce par la génération de l'enfant plus fortement qu'à la conservation de l'individu par l'usage de la nourriture, car, le bien de l'espèce est plus universel que le bien de l'individu, et, par suite, lui est supérieur. Or, le mariage est nécessaire pour la conservation et la propagation de l'espèce humaine. En effet, le vœu de la nature, dans la propagation de l'espèce humaine, n'est pas seulement de faire engendrer un enfant, mais encore de l'élever et de le conduire à l'état parfait d'homme, ce qui requiert une union stable entre des parents déterminés. Donc, la raison naturelle incline l'homme au mariage.

2) La nature humaine fait rechercher le secours mutuel que l'homme et la femme se prêtent dans la vie quotidienne. Or, l'homme et la femme trouvent ce secours mutuel dans le mariage. Donc, le mariage est naturel à l'homme.

À la majeure. — L'homme et la femme ont des aptitudes diverses. Ils accomplissent des tâches différentes qui sont nécessaires à la vie de chaque jour.

À la mineure. — Ce secours mutuel est la fin secondaire du mariage. Pour que l'homme et la femme s'entr'aident dans les nécessités de la vie quotidienne, ils doivent être unis par un lien stable, c'est-à-dire par le mariage.

3) Les petits de certains animaux peuvent subvenir à leurs besoins, immédiatement après leur naissance. Tout au plus, la conservation de leur vie demande l'intervention temporaire de la mère. Chez ces animaux, le mâle et la femelle ne restent pas ensemble après l'union charnelle.

Parfois, les petits de certains animaux ont besoin, après leur naissance, du secours du père et de la mère, pour un temps très bref. Dans ce cas, il y a une union de courte durée entre un mâle et une femelle déterminés, comme nous le voyons chez certains oiseaux.

Chez l'homme, dont l'enfant a besoin du soin des parents pour un temps très long, l'union entre deux personnes déterminées de sexe différent doit être stable. Et cette union stable est le mariage.

La nature générique de l'homme l'incline donc au mariage. C'est dire que le mariage est naturel à l'homme.

2) Le mariage est une institution de nature.

Une société dont les fins, les moyens pour obtenir la fin, et les lois sont déterminés par la nature, est une institution de nature. Or, le mariage est une société dont les fins, les moyens pour obtenir la fin, et les lois sont déterminés par la nature. Donc, le mariage est une institution de nature.

À la majeure. — C'est la notion même d'une institution de nature.

À la mineure. — a) Les fins du mariage, c'est-à-dire la propagation du genre humain et le secours mutuel que les époux trouvent dans la vie conjugale, sont des vœux de la nature.

b) C'est la nature qui a établi la distinction des sexes, qui donne l'inclination à l'union charnelle, qui dote l'homme et la femme d'aptitudes différentes en vue des tâches nécessaires à la vie quotidienne. Ce sont là les moyens ordonnés aux fins du mariage.

c) Les lois du mariage, telles que l'unité, l'indissolubilité, l'autorité du chef de famille, etc., proviennent de la nature. Nous le prouverons plus bas.

488 - LA SOCIÉTÉ MATRIMONIALE EST LA PLUS NATURELLE DE ĹOUTES LES SOCIÉTÉS. — Nous venons de voir que le mariage est une institution de nature. Mais pour montrer que le mariage plonge ses racines profondément dans la nature, comparons-le aux autres sociétés. Nous verrons qu'il est la plus naturelle de toutes les sociétés.

1) Premièrement, selon l'ordre de la nature, il est plus nécessaire que toute autre société, car il a pour fin la conservation de l'espèce humaine elle-même, c'est-à-dire la propagation du genre humain.

2) Il convient à l'homme, non seulement dans sa nature spécifique, mais encore dans sa nature générique. La génération, qui est le but de l'union entre les époux, est commun à l'homme et aux autres animaux.

3) Le mariage est la première des sociétés naturelles. Il est le fondement de la société paternelle et de la société hérile. Il est le principe de la famille, qui est elle-même la cellule de la société civile. Il est donc à la base de tout l'édifice social.

4) Les fins, la constitution, l'autorité, les relations entre les parties sont plus déterminées dans la société matrimoniale que dans toute autre société.

5) Enfin, les liens naturels d'amitié, de révérence, de bienfaisance et d'intimité, sont plus étroits dans le mariage que dans toute autre société.

489 - LA CAUSE EFFICIENTE DU MARIAGE. — 1° Nous avons déjà distingué entre le mariage *comme état* (matrimonium in facto esse) et le mariage *selon qu'il s'établit* (matrimonium in fieri).

Le mariage comme état consiste essentiellement dans l'union formelle entre les conjoints.

Le mariage selon qu'il s'établit consiste dans le consentement mutuel des époux, c'est-à-dire dans le contrat.

2° Nous avons montré que le mariage comme état, c'est-à-dire l'union stable entre les conjoints, était naturel à l'homme, parce que la nature incline à cette union.

Nous cherchons maintenant la cause efficiente de cette union entre tel homme et telle femme.

Cette cause efficiente, il est clair, est le consentement mutuel des époux ou le contrat.

En d'autres termes, la cause efficiente du mariage comme état est le mariage selon qu'il s'établit.

3° Le consentement des époux, pour être cause efficiente du mariage, doit remplir certaines conditions.

Il doit être:

a) *vrai* et *interne*: ce consentement doit être un acte véritable de la volonté des contractants;

b) *délibéré*, c'est-à-dire donné avec la connaissance suffisante de la part de l'intelligence, et la liberté entière de la part de la volonté;

c) *mutuel*: le mariage est un contrat onéreux qui requiert le consentement réciproque des parties;

d) *manifesté extérieurement*, soit par des paroles, soit par des signes: car un contrat doit être manifesté aux contractants;

e) *et portant sur le présent*: une simple promesse ne suffit pas pour produire l'union stable entre l'homme et la femme. Un engagement actuel est nécessaire.

Enfin, le consentement mutuel doit avoir lieu entre des personnes juridiquement habiles à contracter un mariage.

4° Ces préliminaires étant posés, prouvons la proposition suivante:

**La cause efficiente du mariage est le consentement mutuel
des époux.**

Le consentement mutuel des époux détermine l'union de tel homme avec telle femme. Or, ce qui détermine l'union de tel homme avec telle femme est la cause efficiente du mariage. Donc, la cause efficiente du mariage est le consentement mutuel des époux.

À la majeure. — L'union de tel homme et de telle femme n'est pas déterminée par la nature; elle est abandonnée au libre arbitre de l'homme et de la femme. Par suite, elle est déterminée par le consentement mutuel des époux.

À la mineure. — Le mariage comme état consiste essentiellement dans l'union formelle entre l'homme et la femme. Donc, ce qui détermine cette union est la cause efficiente du mariage.

490 - LA SAINTETÉ DU MARIAGE ENVISAGÉ DANS L'ORDRE PUREMENT NATUREL.— Le mariage, envisagé dans l'ordre purement naturel — c'est-à-dire même si l'on fait abstraction de l'ordre surnaturel —, est une chose sainte.

Le caractère sacré du mariage s'impose à celui qui considère la fin première et la fin secondaire de la société conjugale.

La fin première du mariage est la propagation du genre humain. Les parents, dans la génération et l'éducation des enfants, sont, d'une manière spéciale, au service de Dieu.

Dans la génération, ils disposent la matière première à l'infusion de l'âme spirituelle, qui est immédiatement créée par Dieu, et qui est immédiatement ordonnée à Dieu.

Ils donnent l'existence à des adorateurs de Dieu, à des créatures destinées au bonheur éternel.

Par l'éducation, les parents complètent l'œuvre commencée par la génération, en guidant vers ses fins terrestres et sa fin céleste une créature tirée en même temps et de leur propre chair et des mains de Dieu.

La fin secondaire du mariage est le secours mutuel des époux. Les époux se prêtent ce secours mutuel en communiquant dans l'intimité de la vie quotidienne. Cette intimité d'amitié doit avoir, comme effet principal, l'exercice des vertus ou la perfection intérieure des conjoints: l'amitié véritable veut pour l'ami le bien honnête, c'est-à-dire le bien vertueux.

Le mariage, comme institution de nature, est donc ordonné premièrement et directement au service de Dieu. Il atteint les relations fondamentales qui unissent l'homme à Dieu.

C'est ce qui explique que Dieu a voulu confirmer, par une loi positive et par une bénédiction spéciale, une institution si auguste de la loi naturelle. En effet, après avoir créé l'homme et la femme, «Dieu les bénit et leur dit: Soyez féconds, multipliez-vous, remplissez la terre et soumettez-la ... » *Genèse*, c. I, v. 28.

Nous ne devons donc pas nous étonner si, chez tous les peuples, la célébration du mariage a toujours été entourée de rites ou de cérémonies religieuses, et ne se faisait pas sans l'intervention d'un ministre du culte.

Les hommes, semble-t-il, ont gardé le souvenir de l'origine divine du mariage et de la bénédiction du Très-Haut qui a consacré la première union entre l'homme et la femme.

Tout au moins, ils ont toujours saisi confusément le caractère sacré qui est attaché si profondément à la nature même du mariage.

491 - LE MARIAGE COMME SACREMENT. — 1° Le mariage, dans l'ordre purement naturel, est une chose sainte.

Notre-Seigneur, venu pour restaurer la nature humaine, ne s'est pas contenté de rappeler et de confirmer la sainteté originelle du mariage. Il l'a sanctifié d'une manière spéciale, en élevant le contrat matrimonial à la dignité de sacrement de la nouvelle Loi. Il a fait de ce dernier une source de grâces pour les conjoints.

Le mariage chrétien est donc une chose digne et sainte par excellence.

Il est digne et saint en soi, parce qu'il est un sacrement — le mariage-contrat —, ou un effet d'un sacrement — le mariage comme état.

Il est digne et saint à cause de la sublimité de sa fin. Les parents chrétiens ne sont pas seulement appelés à propager et à conserver le genre humain sur la terre, ou encore à former des adorateurs quelconques du vrai Dieu, mais encore à donner des fils à l'Eglise, à procréer des concitoyens des saints du Ciel, et des enfants de Dieu qui, un jour, participeront à la vie même de leur Père, dans une intimité sans égale.

2° Le mariage chrétien représente l'union du Christ avec l'Eglise.

Il y a une double union du Christ avec l'Église:

a) *l'une naturelle*, par l'incarnation;

b) *l'autre morale et spirituelle*, par l'amour et la charité.

L'union morale et spirituelle du Christ avec l'Église est représentée par le consentement mutuel des époux. Ce consentement, en effet, consacre l'amour mutuel de l'homme et de la femme.

L'union naturelle du Christ avec l'Église est représenté d'une manière prochaine par l'union charnelle, d'une manière éloignée par le consentement mutuel. Le consentement mutuel est, en effet, implicitement ordonné à l'union charnelle.

492 - L'EUGÉNISME. — 1° L'eugénisme, d'après son étymologie, signifie une bonne naissance.

L'eugénisme peut se définir: *la doctrine de ceux qui veulent pour l'enfant la meilleure naissance et le meilleur développement possibles.*

Il y a un eugénisme *légitime* et un eugénisme *condamnable.*

2° L'eugénisme est *légitime* lorsqu'il tient compte de la subordination des fins; lorsque, en particulier, il observe l'ordre moral.

Ceux-là font oeuvre louable d'eugénisme qui cherchent, par tous les moyens privés ou sociaux légitimes, à conserver la santé des parents, de l'enfant et du peuple en général.

De plus, l'Église, en protégeant l'unité et l'indissolubilité du mariage, en portant certaines lois disciplinaires, en défendant, par exemple, le mariage entre consanguins, cherche précisément le bien-être de l'enfant. Elle supprime les causes qui pourraient nuire à la santé, à la vigueur corporelle de l'enfant qui va naître, ou encore à l'éducation physique, morale ou intellectuelle de l'enfant déjà né. Elle fait donc, pour sa part, œuvre d'eugénisme.

3° L'eugénisme est *condamnable* lorsqu'il ne tient pas compte de la subordination des fins, c'est-à-dire lorsqu'il met la fin eugénique au-dessus de toute autre fin, même si cette dernière est d'ordre supérieur.

De cette théorie générale découlent les erreurs suivantes:

a) *L'État peut défendre le mariage aux personnes qui paraissent devoir engendrer des enfants défectueux;*

b) *L'État peut même rendre ces personnes stériles en leur imposant une opération;*

c) Les conjoints peuvent détourner l'acte charnel de sa fin première en se servant de moyens illicites;

d) L'avortement direct est permis, lorsqu'il faut sauver la vie de la mère.

4° Nous réfutons ces erreurs de la manière suivante:

a) Les enfants ne sont pas engendrés uniquement pour la terre et le temps, mais principalement pour le ciel et l'éternité. La santé et la force physique de l'enfant ne constituent pas uniquement la fin principale du mariage. L'élément de cette fin qui domine tous les autres est l'élément d'éternité.

b) Toute personne, naturellement habile à contracter mariage, a le droit de le faire. Ce droit lui vient de la nature, puisque, comme nous l'avons vu, le mariage est naturel à l'homme. L'État ne peut ni restreindre, ni abolir ce droit naturel.

Le mariage peut certes être *déconseillé* à ceux qui, d'après les conjectures, n'engendreront que des enfants défectueux. Mais comme il n'y a pour eux aucune faute à contracter mariage — ils se servent d'un droit naturel —, on ne peut les *forcer* à y renoncer.

c) L'État n'a aucun droit direct sur la vie ou sur les membres des citoyens. Dès qu'aucune faute n'a été commise et qu'il n'y a aucune raison d'infliger une peine sanglante, l'État n'a pas l'autorité pour blesser ou atteindre l'intégrité du corps.

De plus, les individus eux-mêmes ne peuvent ni détruire, ni mutiler les membres de leur propre corps, ni les rendre, par d'autres moyens, inaptes à leurs fonctions naturelles, sauf quand il est impossible de pourvoir autrement au bien du corps tout entier.

Toute opération faite en vue de rendre une personne stérile ou tout autre moyen pris dans le même but sont donc gravement opposés à la loi naturelle.

d) Toute tentative de détourner, par des moyens illicites, l'acte charnel de sa fin première, qui est l'enfant, est gravement coupable.

e) L'avortement direct est un péché d'homicide. (n. 484).

ARTICLE III

LE PRÉCEPTE DU MARIAGE

493 - **Le précepte naturel du mariage.** — 1° Le précepte est *une ordonnance de la raison en vue du bien commun.*

Un précepte naturel est une ordonnance de la raison *naturelle*. La raison est dite naturelle par opposition à la raison *discursive*.

2° Nous devons distinguer entre le précepte naturel et l'inclination instinctive.

L'homme, comme d'ailleurs tous les animaux, a une inclination instinctive à l'union sexuelle.

Cette inclination instinctive suffit aux animaux autres que l'homme. Ces animaux sont d'ailleurs incapables de précepte ou de loi, parce qu'ils n'ont pas la raison.

Mais un autre problème se pose pour l'homme.

Ce problème est le suivant: existe-t-il une ordonnance de la raison naturelle, une loi morale obligeant les hommes à contracter mariage, de sorte que les hommes, en violant cette loi, se rendent coupables d'une faute morale?

3° a) Luther enseigne que le mariage s'impose *physiquement* à tous les hommes.

Calvin, Melanchton affirment que le célibat est opposé au plan divin.

Certains autres écrivains, comme Platen, Nystroïn, Voivenel, etc., considèrent la continence perpétuelle comme un affront à la nature.

b) Saint Bonaventure, et des auteurs modernes, comme Palmieri, Gasparri, Wernz, Noldin, Cappello, prétendent que la raison naturelle n'impose le mariage ni à la multitude, ni à chaque homme en particulier, sauf dans le cas où le mariage serait nécessaire à la conservation du genre humain, comme il l'a été à l'origine du monde.

c) Les Scolastiques affirment, d'une manière assez générale, qu'il existe un précepte imposant le mariage. Ce précepte s'adresse à la multitude. Il ne peut obliger un homme en particulier que dans des cas accidentels.

Ces cas accidentels seraient les suivants:

La nécessité du mariage pour la conservation du genre humain, en supposant qu'il n'existerait plus qu'un couple humain sur la terre;

La nécessité du mariage pour réparer une injure, pour légitimer un enfant, pour remplir une promesse, pour conserver la paix entre les peuples, pour propager la religion catholique dans une région, etc.

Nous devons cependant noter que, dans ces dernières circonstances, le mariage ne s'imposerait pas directement à cause du précepte naturel qui commande le mariage, mais pour d'autres raisons.

Le précepte naturel du mariage ne joue directement que si la propagation du genre humain demande l'union de tel homme et de telle femme.

4° C'est cette dernière doctrine que nous défendons. Nous l'établirons dans les propositions suivantes.

1) Il existe un précepte naturel imposant le mariage.

Ce qui est absolument nécessaire pour obtenir une fin voulue par la nature, est imposé par un précepte naturel. Or, le mariage est absolument nécessaire pour obtenir un fin voulue par la nature. Donc, il existe un précepte naturel imposant le mariage.

A la majeure. — La raison naturelle impose ce qui est nécessaire pour obtenir les fins voulues par la nature.

A la mineure.— La nature veut la propagation du genre humain de la manière la plus parfaite possible. Or, le mariage, c'est-à-dire l'union stable entre l'homme et la femme, est nécessaire pour cette fin voulue par la nature. Donc . . .

2) Le précepte naturel imposant le mariage s'adresse directement à la multitude.

Chacun est tenu, par le droit naturel, à tendre à sa propre perfection et à sa conservation. Or, le mariage est ordonné à la perfection et à la conservation de la multitude: la fin du mariage est la propagation

et la conservation de l'espèce humaine. Donc, le précepte naturel imposant le mariage s'adresse à la multitude.

3) Le précepte du mariage ne s'adresse pas à chaque homme en particulier.

Ce qui est directement ordonné à la perfection de la multitude
comme telle ne s'adresse pas à chaque homme en particulier. Or, le
précepte naturel du mariage est directement ordonné à la perfection
de la multitude comme telle, ainsi que nous venons de le montrer.
Donc, le précepte naturel du mariage ne s'adresse pas à chaque homme
en particulier.

À la majeure. — L'agriculture, le métier d'artisan et les autres
choses semblables sont nécessaires à la vie de la multitude. Mais chaque homme n'est pas obligé d'être un agriculteur et un artisan.

4) Dans le cas de nécessité, le précepte naturel imposant le mariage peut s'adresser à des hommes déterminés.

Car, de même que, dans le cas de nécessité, chacun est tenu à la défense de son pays, ainsi, dans des circonstances semblables, on est
obligé à ce qui est requis pour la propagation du genre humain, c'est-à-
dire au mariage.

494 - DIFFICULTÉS. — 1° S'il existe un précepte naturel imposant le mariage, la société civile pourrait appliquer ce précepte et imposer le mariage. Or, la société
civile n'impose pas le mariage. Donc, il n'existe pas de précepte naturel imposant le mariage.

À la majeure. — La société civile pourrait imposer le mariage, s'il y avait
une nécessité de le faire, je concède; s'il n'y a pas de nécessité, je nie.

À la mineure. — Parce que les hommes, par leur propre initiative, remplis-
sent le précepte imposé par la nature, je concède; la société civile ne pourrait
pas imposer le mariage dans le cas de nécessité, je nie.

2° Chaque homme est tenu à la nourriture. Or, le mariage n'est pas moins
nécessaire à l'homme que la nourriture. Donc, chaque homme est tenu au mariage.

A la majeure. — Parce que la nourriture est nécessaire et à la conservation
de l'espèce et à la conservation de l'individu, je concède; parce que la nourriture
est uniquement nécessaire à la conservation de l'espèce, je nie.

À la mineure. — Le mariage n'est pas moins nécessaire que la nourriture pour
la conservation de l'espèce, je concède; pour la conservation de l'individu, je nie.

Voir les numéros 438 - 441 au sujet de la comparaison entre le mariage et
le célibat.

ARTICLE IV

L'UNITE DU MARIAGE

495- L'unité du mariage et la loi naturelle. — 1° L'unité du mariage consiste dans l'union conjugale d'un seul homme et d'une seule femme.

C'est la *monogamie* qui s'oppose à la *polygamie*.

2° La polygamie, au sens impropre, est l'union maritale *successive* entre un homme et plusieurs femmes, ou encore entre une femme et plusieurs hommes. En ce sens impropre, un veuf qui se marie est un polygame.

La polygamie, au sens propre, est l'union maritale *simultanée* entre un homme et plusieurs femmes, ou encore entre une femme et plusieurs hommes.

C'est cette polygamie qui s'oppose à l'unité du mariage.

3° La polygamie se subdivise en *polyandrie* et en *polygamie au sens déterminé*.

La polyandrie est l'union maritale simultanée entre une femme et plusieurs hommes.

La polygamie au sens déterminé (polygynia) est l'union maritale simultanée entre un homme et plusieurs femmes.

4° L'unité du mariage est dans le voeu de la nature. Nous le montrerons en prouvant que la polyandrie et la polygamie au sens déterminé sont contraires à la loi naturelle.

Mais la polyandrie et la polygamie s'opposent diversement à l'unité du mariage.

La polyandrie est contraire aux préceptes premiers de la loi naturelle.

La polygamie est contraire aux préceptes seconds de la loi naturelle.

5° Une chose est opposée aux préceptes premiers de la loi naturelle, lorsqu'elle empêche d'atteindre la fin principale voulue par la nature dans une matière déterminée.

Une chose est opposée aux préceptes seconds de la loi naturelle, lorsqu'elle empêche d'atteindre une fin secondaire voulue par la nature dans une matière déterminée, ou lorsqu'elle rend plus difficile et moins convenable l'acquisition de la fin principale.

6° La polygamie, entendue comme une union maritale d'un homme à plusieurs femmes, a existé chez la plupart des peuples, avant l'ère chrétienne. Elle fut même permise, par une dispense spéciale de Dieu, au peuple hébraïque.

Luther a prétendu que l'union d'un homme à plusieurs femmes n'était pas absolument défendue. Il a permis à Philippe, landgrave de Hesse, d'épouser plusieurs femmes.

Les mormons pratiquent la polygamie.

La polyandrie n'a existé qu'exceptionnellement chez certaines tribus, là où les femmes étaient plus nombreuses que les hommes.

7° Prouvons les propositions suivantes:

1) La polyandrie est contraire aux préceptes premiers de la loi naturelle.

Ce qui empêche le mariage d'atteindre sa fin première est contraire aux préceptes premiers de la loi naturelle. Or, la polyandrie empêche le mariage d'atteindre sa fin première. Donc, la polyandrie est contraire aux préceptes premiers de la loi naturelle.

À la majeure. — Un précepte premier de la loi naturelle porte précisément sur la fin première voulue par la nature dans une matière quelconque, et sur les moyens nécessaires pour atteindre cette fin.

À la mineure. — La fin première du mariage est la génération et l'éducation des enfants. Or, la polyandrie est un obstacle complet à la génération et à l'éducation. En effet, d'une part, le commerce charnel d'une femme avec plusieurs hommes rend généralement la femme stérile, comme nous le fait voir le cas des courtisanes; d'autre part, si un enfant naissait par accident, son père serait inconnu et ne pourrait apporter la collaboration nécessaire à l'éducation. Donc, la poly-

andrie est un obstacle complet à la génération et à l'éducation des enfants.

2) La polygamie n'est pas contraire aux préceptes premiers
de la loi naturelle.

La fin première du mariage est la génération et l'éducation des
enfants. Or, la polygamie n'est pas un obstacle complet à cette fin. Un
seul homme peut rendre plusieurs femmes fécondes et éduquer les
enfants auxquels elles donneraient naissance. Donc, la polygamie
n'est pas contraire aux préceptes premiers de la loi naturelle.

3) La polygamie est contraire aux préceptes seconds de la
loi naturelle.

a) Ce qui rend la fin première du mariage plus difficile à atteindre est contraire aux préceptes seconds de la loi naturelle. Or, la polygamie rend la fin première du mariage plus difficile à atteindre.
Donc, la polygamie est contraire aux préceptes seconds de la loi naturelle.

A la majeure. — Une telle chose, sans être un obstacle complet au
voeu de la nature, est cependant opposée à l'intention de la nature.

A la mineure. — La polygamie est une source de discorde entre
les conjoints et rend l'intimité difficile. Elle est donc un obstacle à
l'union complète des âmes qui est nécessaire pour l'éducation parfaite
des enfants.

De plus, un mari qui a plusieurs épouses prendra plus facilement
soin des enfants que lui aura donnés l'épouse préférée, et négligera
les autres.

La polygamie rend donc l'éducation des enfants, fin première du
mariage, plus difficile.

b) Ce qui est un obstacle à la paix entre les époux, et au secours
mutuel qu'ils doivent se prêter, est contraire aux préceptes secondaires
de la loi naturelle. Or, la polygamie est un obstacle à la paix entre les
époux, et au secours mutuel qu'ils doivent se prêter. Donc, la polygamie est contraire aux préceptes seconds de la loi naturelle.

À la majeure. — Cette paix et ce secours mutuel sont les fins secondaires du mariage.

À la mineure. — La polygamie est une source de dissensions entre les épouses d'un seul mari, et, par suite, entre le mari et ses épouses.

L'affection de l'homme ne peut être égale pour toutes les épouses. Cette inégalité suscite naturellement la jalousie chez les épouses.

ARTICLE V

L'INDISSOLUBILITE DU MARIAGE

496 - LE MARIAGE EST INDISSOLUBLE. — 1° Le mariage, comme nous l'avons déjà vu, est une union stable entre un homme et une femme.

Cette stabilité, si on la considère comme attachée à la nature même du mariage, peut s'appeler la *consistance* ou la *solidité interne* du mariage.

Si on la considère comme s'opposant à toute violation de la part d'une cause humaine et libre, cette stabilité s'appelle *l'indissolubilité*.

On peut donc définir l'indissolubilité du mariage: *la propriété qui fait que le lien conjugal, à cause de sa stabilité interne, ne peut être dissous par aucun pouvoir humain.*

2° A l'indissolubilité du mariage s'oppose le divorce.

Le divorce, au sens propre, suppose deux éléments:

a) *La rupture d'un lien matrimonial véritable;*

b) *La permission de contracter un nouveau mariage.*

Nous avons dit que le divorce comporte la rupture d'un lien matrimonial *véritable*. Il arrive parfois que l'autorité ecclésiastique déclare que le lien matrimonial, présumé véritable, est nul ou n'existe pas. Ceci se rencontre, par exemple, lorsqu'un conjoint n'avait pas la capacité juridique de contracter un mariage déterminé, à cause d'un empêchement. Dans ce cas, il ne s'agit pas d'un divorce, mais simplement *d'une déclaration de nullité* d'un mariage.

On appelle aussi la séparation des époux sans rupture du lien conjugal, un divorce au sens large.

3° L'indissolubilité du mariage est *intrinsèque et extrinsèque*.

L'indissolubilité intrinsèque du mariage *exclut la rupture du lien matrimonial par le seul consentement mutuel des époux*.

L'indissolubilité extrinsèque du mariage *exclut la rupture du lien matrimonial par une intervention de l'autorité*.

4° La loi naturelle veut l'indissolubilité du mariage.

Le mariage est *intrinsèquement* indissoluble en vertu des préceptes premiers de la loi naturelle; il est *extrinsèquement* indissoluble en vertu des préceptes seconds de la loi naturelle.

5° a) Luther, Calvin et, aujourd'hui, la plupart des protestants affirment que le lien matrimonial peut être rompu pour certaines raisons déterminées, à cause, par exemple, de l'adultère et de l'hérésie du conjoint, etc.

b) Montaigne et Voltaire considéraient l'indissolubilité du mariage comme une chose peu raisonnable.

c) Certains rationalistes, certains législateurs et certains juristes considèrent le divorce comme une chose non seulement permise, mais encore utile et parfois nécessaire au bien commun.

Voilà pourquoi le divorce a été introduit dans la législation de certains pays chrétiens.

d) Les naturalistes modernes ont fait un pas de plus en prêchant l'amour libre.

Ils soutiennent que les époux peuvent, par un consentement mutuel, rompre le lien matrimonial. Pour eux, le mariage n'est plus *intrinsèquement indissoluble*.

Ils veulent remplacer le mariage véritable par de nouvelles unions entre l'homme et la femme:

l'union temporaire;

l'union à l'essai;

l'union amicale.

Ces unions donneraient aux conjoints toute la liberté et les droits du mariage véritable, mais en exclueraient les devoirs et l'indissolubilité.

Elles se transformeraient en mariages véritables, lorsque les époux y consentiraient.

6° Prouvons l'indissolubilité du mariage.

L'indissolubilité intrinsèque du mariage est exigée par les préceptes premiers de la loi naturelle.

Ce qui est nécessaire à la nature même du mariage est exigée par les préceptes premiers de la loi naturelle. Or, l'indissolubilité intrinsèque du mariage est nécessaire à la nature même du mariage. Donc, l'indissolubilité intrinsèque du mariage est exigée par les préceptes premiers de la loi naturelle.

À la majeure. — Ce qui est nécessaire à la nature du mariage est exigé par la fin première du mariage, comme ce qui détruit la nature du mariage est un obstacle complet à la poursuite de la fin première du mariage.

À la mineure. — Le mariage, de sa nature, est une union stable. Or, sans indissolubilité intrinsèque, le mariage n'est plus une union stable. Le lien matrimonial peut alors être rompu par les époux selon leur volonté arbitraire. Donc...

2) L'indissolubilité extrinsèque du mariage est exigée par les préceptes seconds de la loi naturelle.

1) Ce qui est utile à la poursuite de la fin première du mariage est exigé par les préceptes seconds de la loi naturelle. Or, l'indissolubilité extrinsèque du mariage est utile à la poursuite de la fin première du mariage. Donc, l'indissolubilité extrinsèque du mariage est exigée par les préceptes seconds de la loi naturelle.

À la majeure. — La fin première du mariage est voulue par la nature. Or, ce qui est utile à la poursuite d'une fin première voulue par la nature est exigé par les préceptes seconds de la loi naturelle. Donc...

À la mineure. — La fin première du mariage est la génération et l'éducation des enfants. Or, l'indissolubilité extrinsèque du mariage favorise la génération et l'éducation des enfants: la pensée de pouvoir obtenir de l'autorité la solution du lien matrimonial pousse à la stérilité coupable et parfois à l'avortement, comme l'expérience le démontre; de plus, le divorce, une fois obtenu, sépare les enfants du père ou de la mère, dont le concours est requis pour l'éducation des enfants. Donc, l'indissolubilité extrinsèque du mariage est utile à la poursuite de la fin première du mariage.

2) Ce qui est nécessaire à la fin secondaire du mariage est exigé par les préceptes seconds de la loi naturelle. Or, l'indissolubilité extrinsèque du mariage est nécessaire à la fin secondaire du mariage. Donc, l'indissolubilité extrinsèque du mariage est exigée par les préceptes seconds de la loi naturelle.

À la majeure. — La fin secondaire du mariage est une fin secondaire voulue par la nature.

À la mineure. — La fin secondaire du mariage est le secours mutuel des époux. Or, l'indissolubilité extrinsèque est nécessaire à l'existence du secours mutuel entre les époux. La possibilité de la solution du lien matrimonial est contraire à l'amour mutuel des époux, qui, parce qu'il est total, veut de sa nature être perpétuel et sans fin; elle est contraire à la dignité de l'épouse, qui court le péril d'être abandonnée après avoir servi à assouvir la volupté du mari. Donc, l'indissolubilité extrinsèque du mariage est nécessaire à la fin secondaire du mariage.

497 - Les biens de l'indissolubilité conjugale et les maux du divorce. — Aujourd'hui, l'on invoque même les exigences du bien commun en faveur du divorce. On affirme que l'indissolubilité du mariage n'est pas conforme à l'état de civilisation et de développement qu'a atteint l'humanité. Pour réfuter ces affirmations erronées, mettons en regard, avec Pie XI dans l'Encyclique *Casti Connubii*, les biens qui résultent de l'indissolubilité conjugale, et les maux qui découlent du divorce.

Biens de l'indissolubilité conjugale	*Maux du divorce*
1. L'union conjugale tranquille et en parfaite sécurité.	1. L'union conjugale rendue précaire par le péril même d'un divorce éventuel. La semence de soupçons pleins d'anxiété.
2. La bienveillance mutuelle et la communauté des biens merveilleusement affermies.	2. La bienveillance et la communauté des biens misérablement affaiblies par la possibilité même de la séparation.

<table>
<tr>
<td>3. De très opportunes garanties pour la chaste fidélité conjugale.</td>
<td>3. De pernicieuses excitations offertes à l'infidélité.</td>
</tr>
<tr>
<td>4. La venue des enfants, leur conservation, leur éducation efficacement protégées.</td>
<td>4. La venue des enfants, leur conservation, leur éducation sujettes aux plus graves dommages.</td>
</tr>
<tr>
<td>5. La porte étroitement fermée aux discordes entre les familles et entre les proches.</td>
<td>5. Les occasions multipliées de discordes entre les familles et les proches.</td>
</tr>
<tr>
<td>6. Les semences de discordes plus facilement étouffées.</td>
<td>6. Les semences de discordes jetées plus largement et plus abondamment.</td>
</tr>
<tr>
<td>7. La dignité et la fonction de la femme heureusement restaurées et remises en honneur.</td>
<td>7. La dignité et la fonction de la femme indignement humiliées.</td>
</tr>
<tr>
<td>8. Une source de biens pour la prospérité de l'État.</td>
<td>8. Le plus funeste des dommages pour la prospérité de l'État.</td>
</tr>
</table>

498 - DIFFICULTÉS. — 1° Les auteurs d'un contrat peuvent, par un consentement mutuel et libre, rompre le contrat. Or, le mariage est un contrat. Donc, les époux peuvent toujours, par un consentement mutuel et libre, rompre le mariage, et le mariage n'est pas indissoluble.

À la majeure. — Les auteurs d'un contrat dont la nature et l'objet dépendent uniquement de la libre volonté des contractants, je concède; dont la nature et l'objet ne dépendent pas uniquement de la libre volonté des contractants, mais sont déterminés par la loi naturelle, je nie.

À la mineure. — Le mariage est un contrat dont la nature et l'objet dépendent uniquement de la libre volonté des contractants, je nie; un contrat dont la nature et l'objet sont déterminés par la loi naturelle, je concède.

2° L'enfant, comme fin principale du mariage, est la raison d'être de l'indissolubilité conjugale Or, parfois, aucun enfant ne peut naître d'un mariage. quand, par exemple, la femme est stérile. Donc, dans ce cas, le mariage n'est pas indissoluble.

À la majeure. — L'enfant considéré en général est la raison d'être principale de l'indissolubilité du mariage, **je concède**; est l'unique raison d'être de l'indissolubilité du mariage, **je nie**.

À la mineure. — Et cela est un cas général, **je nie**; et cela est un cas accidentel, **je concède**.

La loi est générale, car elle ordonne au bien commun. Donc, même si l'indissolubilité du mariage n'était exigée qu'en vue de l'enfant, cette indissolubilité demeure dans le cas accidentel où aucun enfant ne peut naître.

3° La séparation des époux est préférable à des discordes continuelles. Or, il arrive parfois que les époux vivent dans des discordes continuelles. Donc, dans ce cas, les époux doivent se séparer, et le mariage doit être dissous.

À la majeure. — La séparation de corps, de la table et de l'habitation, **je concède**; la solution du lien matrimonial lui-même, **je nie**.

À la mineure. — Et l'on peut remédier à cette vie de discordes par la séparation de corps, de la table et de l'habitation, **je concède**; et l'on doit remédier à cette vie de discordes par la solution du lien matrimonial, **je nie**.

La solution du lien matrimonial n'est pas permise. Elle est une offense à la nature et à Dieu, l'auteur de la nature. Elle ne peut donc être un remède à une vie intolérable pour les époux.

L'Église, comme une mère très miséricordieuse, permet parfois la séparation de corps, de la table et de l'habitation entre les époux, pour des raisons très graves. Mais l'appréciation de ces raisons n'est pas laissée à la discrétion des conjoints.

Des époux chrétiens ne doivent pas se séparer sans auparavant consulter (dans le cas de l'adultère), ou sans obtenir la permission de l'Autorité ecclésiastique (dans les autres cas).

CHAPITRE III

LA SOCIÉTÉ PATERNELLE

La société paternelle se définit: *la société naturelle des parents et des enfants.* Nous l'appelons *paternelle,* parce que le père est la partie principale ou le chef de cette société.

La fin première de la société paternelle est l'éducation des enfants. Pour que cette fin soit atteinte, une autorité est nécessaire. Nous aurons donc deux articles du présent chapitre:

Article I. — L'autorité des parents.

Article II. — L'éducation des enfants.

ARTICLE PREMIER

L'AUTORITE DES PARENTS

499 —L'ORIGINE DE L'AUTORITÉ DES PARENTS. — 1° La société paternelle découle naturellement de la société conjugale. Celle-ci, en effet, est ordonnée à la génération des enfants. Dès que l'enfant arrive à l'existence, une nouvelle société apparaît dans laquelle communiquent les parents et l'enfant: c'est la société paternelle.

2° Cette société demande l'existence d'un principe qui la conduira à ses fins. Ce principe est *l'autorité des parents.*

3° L'autorité des parents se définit formellement: *le rapport des parents en tant qu'ils dirigent vers la fin de la société paternelle, aux enfants en tant qu'ils sont dirigés vers la même fin.*

4° Toute autorité, considérée sous son aspect général d'autorité, vient de Dieu (481).

Mais, une autorité déterminée peut venir de Dieu soit *immédiatement*, comme l'autorité civile ou l'autorité du Souverain Pontife, soit *médiatement*, comme l'autorité du curé dans sa paroisse.

De plus, le sujet de l'autorité peut être ou ne pas être désigné par Dieu. Dans la société civile, l'autorité vient immédiatement de Dieu; le sujet de l'autorité ou le gouvernement n'est pas choisi par Dieu. De même, l'autorité du Souverain Pontife vient immédiatement de Dieu, mais le Souverain Pontife est choisi ou élu par les Cardinaux.

5° L'autorité des parents, ou l'autorité familiale en tant que telle, vient immédiatement de la nature, c'est-à-dire de Dieu, auteur de la nature.

Le sujet de l'autorité familiale est aussi déterminé par la nature, ou par Dieu, auteur de la nature. Ce sujet, c'est *principalement* le père, et *secondairement* la mère, comme nous le verrons plus bas.

6° a) Tous ceux qui considèrent l'État comme la source de tous les droits affirment que l'autorité des parents ne vient pas immédiatement de Dieu, auteur de la nature.

b) Hobbes enseigne que l'autorité des parents n'est que *le droit du premier occupant*.

c) Selon Pufendorff, l'autorité des parents proviendrait d'un pacte entre les parents et les enfants, pacte implicite de la part des parents, et tacite ou présumé du côté des enfants.

7° Prouvons la thèse suivante:

L'autorité des parents provient immédiatement de Dieu, auteur de la nature.

1) L'autorité, dans une société naturelle, provient immédiatement de la nature, ou de Dieu, auteur de la nature. Or, la société paternelle est une société naturelle. Donc, l'autorité dans cette société, c'est-à-dire l'autorité des parents, provient immédiatement de Dieu, auteur de la nature.

À la majeure. — Une société constituée sous la poussée de l'inclination naturelle, reçoit de la nature ce qui est nécessaire à la poursuite de sa fin. Or, l'autorité est nécessaire à la poursuite de la fin de la société naturelle. Donc, dans une société naturelle, l'autorité vient immédiatement de la nature, ou de Dieu, auteur de la nature.

À la mineure. — —La société paternelle résulte immédiatement et naturellement de la société conjugale, qui est une institution de nature.

2) Les auteurs de la vie et de l'existence des enfants reçoivent immédiatement de la nature, ou de Dieu, auteur de la nature, l'autorité sur les enfants. Or, les parents sont les auteurs de l'existence et de la vie des enfants. Donc, les parents reçoivent immédiatement de la nature, ou de Dieu, auteur de la nature, l'autorité sur les enfants. En d'autres termes, l'autorité dans la société paternelle vient immédiatement de Dieu, auteur de la nature, et le sujet de cette autorité — les parents — est déterminé par Dieu.

À la majeure. — Les auteurs de l'existence et de la vie de l'enfant doivent conduire celui-ci à sa fin qui est son état d'homme parfait. La nature ne veut l'imparfait que pour le parfait. Or, pour conduire l'enfant à son état d'homme parfait, les parents de l'enfant doivent avoir l'autorité. Donc...

À la mineure. — Les parents donnent l'existence et la vie à l'enfant.

500 - L'ÉPOUX ET L'ÉPOUSE DANS LA SOCIÉTÉ PATERNELLE. — 1° Nous avons dit que l'autorité dans la société paternelle appartient principalement au père, qui est le chef de famille. Par là, nous indiquons qu'il existe une certaine inégalité entre l'époux et l'épouse — le père et la mère —, bien que tous deux possèdent l'autorité sur les enfants.

2° Entre l'époux et l'épouse, il n'y a pas d'inégalité dans les choses qui sont propres à la personne et à la dignité humaines, ou dans les droits qui découlent du pacte nuptial. La femme, dans les choses de la vie strictement conjugale, a les mêmes droits que l'homme.

3° Dans les choses exigées par la fin de la société paternelle. il y a une certaine inégalité entre l'époux et l'épouse, en ce sens que, dans la poursuite de cette fin, l'épouse est subordonnée à l'époux.

Cette subordination n'est cependant pas *l'esclavage* ou la *servitude*, car l'épouse doit poursuivre la fin de la famille en personne *libre*, c'est-à-dire en personne qui délibère, qui *tient conseil*, selon le mot d'Aristote.

Cette subordination demande que l'époux traite l'épouse comme une compagne de vie plus faible, à qui il doit porter secours dans la poursuite des biens de la famille. Elle requiert aussi, de la part de l'épouse, une soumission amoureuse à son mari.

4° Ces préliminaires étant posés, prouvons les propositions suivantes:

1) Le partage égal de l'autorité entre l'homme et la femme, dans la société paternelle, est contraire au vœu de la nature.

Ce qui est opposé à l'ordre est contraire au vœu de la nature. Or, le partage égal de l'autorité entre l'homme et la femme, dans la société paternelle, est opposé à l'ordre. Donc, le partage égal de l'autorité entre l'homme et la femme, dans la société paternelle, est contraire au vœu de la nature.

À la majeure. — La nature est un principe d'ordre.

À la mineure. — La société paternelle est une société naturelle ordonnée à la poursuite de fins communes à ses membres. Or, le partage égal de l'autorité entre l'homme et la femme serait opposé à la poursuite de ces fins communes. Il y aurait deux principes qui dirigeraient vers ces fins, sans être subordonnés l'un à l'autre; il y aurait deux directions distinctes, car ce qui est distinct tend de soi à des fins distinctes. Donc...

2) L'autorité, dans la société paternelle, appartient principalement à l'homme.

L'autorité, dans la société paternelle, appartient principalement au conjoint qui est naturellement supérieur à l'autre. Or, le père est naturellement supérieur à la mère. Donc, l'autorité, dans la société paternelle, appartient principalement **au père.**

À la majeure. — L'autorité est une prérogative de celui qui est supérieur.

À la mineure. —L'homme est naturellement supérieur à la femme par sa force corporelle, par la fermeté de son jugement, etc. Et s'il arrive parfois qu'une femme soit supérieure à un homme, c'est là un cas accidentel.

501 - L'ÉMANCIPATION DE LA FEMME. — 1° L'émancipation de la femme est *la négation de la subordination fidèle et honnête de la femme à son mari,* ou *l'affirmation de l'égalité complète entre l'homme et la femme.*

2° L'émancipation de la femme, selon ses partisans, doit être triple:

a) *l'émancipation physiologique;*
b) *l'émancipation économique;*
c) *l'émancipation sociale.*

L'émancipation physiologique *consiste à affranchir la femme de ses charges conjugales et maternelles.*

L'émancipation économique *consiste à libérer la femme de sa subordination à son mari, et des fins de la famille, dans la gestion et dans l'administration de ses affaires.*

L'émancipation sociale *consiste à enlever la femme aux soins domestiques, pour qu'elle puisse se consacrer aux affaires et aux fonctions de la vie publique.*

3° L'émancipation de la femme, telle que la prêchent ses partisans modernes, *est opposée à la loi naturelle.*

En effet, une certaine inégalité entre le mari et la femme est dans le vœu de la nature, comme nous venons de le démontrer. Et l'émancipation de la femme tend à détruire cette inégalité voulue par la nature, pour lui substituer une égalité *non naturelle.*

4° L'émancipation de la femme entraîne les conséquences les plus funestes:

a) *la corruption de la dignité maternelle:* la mère trouve sa grandeur en remplissant son rôle dans l'ordre voulu par la nature. Dès qu'elle viole cet ordre, elle ne reçoit plus de son mari, qui a l'autorité principale, les secours nécessaires pour poursuivre les fins de la société paternelle;

b) *le bouleversement de toute la famille*: par l'émancipation de la femme, le mari est privé de son épouse, les enfants de leur mère, la maison et la famille toute entière d'une gardienne toujours vigilante;

c) *les plus grands détriments pour la femme elle-même*: l'émancipation donne à la femme une fausse égalité et une fausse liberté. Elle entraîne naturellement une dégradation de la femme, et réduira celle-ci à l'ancienne servitude.

5° a) *En particulier*, l'émancipation physiologique de la femme est un crime abominable. Elle est opposée à toutes les fins de la société conjugale et de la société paternelle.

b) L'émancipation économique et l'émancipation sociale, telles que les recommandent beaucoup d'auteurs, sont à rejeter. Néanmoins, à cause du changement opéré dans la société moderne, les pouvoirs publics peuvent et doivent adapter les droits civils de la femme aux nécessités et aux besoins de notre époque. Ils doivent cependant, dans toutes les réformes, tenir compte

du tempérament différent du sexe féminin;

de l'honnêteté des mœurs;

du bien commun de la famille;

de l'ordre essentiel de la société domestique.

ARTICLE II

L'ÉDUCATION DES ENFANTS

502 - Les parents et l'éducation. — 1° L'éducation se définit: *le fait de conduire et d'élever l'enfant à l'état d'homme parfait, qui est l'état de vertu.*

L'éducation est physique, intellectuelle, morale et civique.

L'éducation physique consiste *dans le développement corporel de l'enfant.*

L'éducation intellectuelle consiste *à former chez l'enfant les connaissances nécessaires.*

L'éducation morale consiste *dans l'exercice raisonnable de la prudence, et des vertus que celle-ci dirige.*

L'éducation civique, qui est une partie de l'éducation morale, consiste *dans la formation publique du bon citoyen en tant que tel.*

L'instruction, c'est-à-dire le développement des connaissances humaines chez l'enfant, n'est qu'une partie de l'éducation, comme on le voit.

2° L'éducation des enfants appartient *naturellement* et *directement* aux parents.

En disant que l'éducation des enfants appartient *naturellement* aux parents, nous entendons que la nature ou la loi naturelle donne aux parents, le droit d'éduquer les enfants, en même temps qu'elle leur en impose le devoir.

En disant que l'éducation des enfants appartient *directement* aux parents, nous affirmons que ce droit porte immédiatement sur l'éducation elle-même, et non sur un autre bien auquel est ordonnée l'éducation.

Nous distinguons par là le droit des parents sur l'éducation, du droit de la société civile. En effet, la société civile a un droit *naturel* sur l'éducation, comme nous le verrons à l'instant, mais un droit *indirect seulement*, c'est-à-dire un droit qui est donné à la société civile en raison du *bien commun.*

Par suite, le droit des parents sur l'éducation, parce qu'il est direct, est antérieur à celui de l'État. Ce droit, pourvu qu'il s'exerce dans l'ordre, ne peut être limité ou violé par aucun pouvoir humain.

Les parents peuvent donner eux-mêmes toute l'éducation à leurs enfants, ou encore ouvrir des écoles et choisir des maîtres pour les aider dans cette œuvre.

3° Platon et les Socialistes enseignent que l'éducation des enfants appartient en premier lieu à la société civile.

Les Anarchistes, qui rejettent toute autorité civile et tout mariage véritable, affirment que les enfants, nés de l'union libre, doivent être éduqués par ceux qui les adoptent.

4ᵉ Prouvons notre thèse.

L'éducation des enfants appartient naturellement et directement aux parents.

1) Il appartient naturellement et directement aux parents de conduire et d'élever l'enfant à l'état d'homme parfait. Or, l'éducation consiste à conduire et à élever l'enfant à l'état d'homme parfait. Donc, l'éducation des enfants appartient naturellement et directement aux parents.

À la majeure. — Les parents donnent l'existence et la vie à l'enfant: ils le produisent à l'état imparfait. Or, il appartient naturellement et directement à ceux qui produisent l'enfant à l'état imparfait, de le conduire à l'état parfait, c'est-à-dire de l'éduquer. La nature ne va à l'imparfait que pour atteindre le parfait. Donc, il appartient naturellement et directement aux parents de conduire et d'élever l'enfant à l'état d'homme parfait.

2) L'inclination naturelle prépare en premier lieu les parents à l'œuvre d'éducation. Or, l'éducation appartient naturellement et directement à ceux que l'inclination naturelle prépare en premier lieu à cette œuvre. Donc, l'éducation des enfants appartient naturellement et directement aux parents.

À la majeure. — Les parents ont naturellement pour les enfants l'amour, l'intérêt vivace, la patience, et tous les autres éléments requis à l'œuvre de l'éducation. Ce sont donc eux que la nature incline en premier lieu à cette œuvre.

À la mineure. — La loi naturelle a son fondement dans l'inclination naturelle. L'ordre des préceptes de la loi naturelle est selon l'ordre des inclinations naturelles, comme nous l'avons déjà vu.

3) Selon la loi naturelle, l'éducation des enfants appartient naturellement et directement aux parents ou à l'État. Or, l'éducation des enfants n'appartient pas naturellement et directement à l'État. Donc, l'éducation des enfants appartient naturellement et directement aux parents.

À la majeure. — L'éducation des enfants est un vœu de la nature, et elle est une œuvre *sociale.* Elle doit être l'œuvre d'une société naturelle. Elle doit donc appartenir naturellement et directement soit aux parents, soit à l'État.

À la mineure. — Le droit des parents sur l'éducation des enfants est antérieur à celui de la société civile ou de l'État, car, ce droit découle immédiatement de la nature même de la société domestique, qui est antérieure à l'État, comme la partie est antérieure au tout. Donc, l'État ne peut pas avoir sur l'éducation un droit naturel et direct, puisque ce droit est déjà donné, avant la constitution de la société civile, aux chefs de la société domestique, c'est-à-dire aux parents.

503 - L'Église et l'éducation. — 1° *Existence du droit de l'Église sur l'éducation des enfants.* — a) Même si l'on considère le *simple droit naturel,* l'Église peut, avec l'assentiment des parents, prendre soin de l'éducation des enfants. En effet, toute association honnête et même tout individu peuvent revendiquer ce pouvoir en vertu de la loi naturelle.

Deux conditions sont requises pour l'exercice de ce droit:

un consentement quelconque des parents, comme nous venons de le dire;

le respect de l'ordre exigé par le bien commun de la société civile.

b) L'Église a des *titres historiques spéciaux* pour réclamer le droit de coopérer à l'éducation des enfants. En effet, non seulement l'Église a toujours eu ses écoles spéciales, mais c'est elle qui la première a fondé les écoles populaires et les universités.

c) L'Église possède, *d'une manière suréminente,* le droit de s'occuper de l'éducation des enfants. Ce droit est fondé sur deux titres d'ordre surnaturel conférés à l'Église exclusivement, et absolument supérieurs à tout autre titre d'ordre naturel.

Le premier de ces titres est la mission expresse reçue de son divin Fondateur d'enseigner toutes les nations: «Toute puissance m'a été donnée dans le ciel et sur la terre, allez donc, enseignez toutes les nations, les baptisant au nom du Père, du Fils et du Saint-Esprit; leur apprenant à garder tout ce que je vous ai commandé, et voici que je suis avec vous tous les jours, jusqu'à la consommation des siècles.» *Matth. XXVIII*, 18-20.

Le second de ces titres est «la maternité spirituelle par laquelle l'Église, épouse immaculée du Christ, engendre, nourrit et élève les âmes dans la vie divine de la grâce, par ses sacrements et son enseignement.»*Divini illius Magistri.*

Donc, de même que, dans l'ordre naturel, l'éducation appartient en premier lieu aux parents, ainsi, dans l'ordre surnaturel, l'éducation appartient en premier lieu à l'Église.

Dans l'ordre naturel, l'éducation n'appartient pas exclusivement aux parents. La société civile a aussi un droit sur l'éducation des enfants, comme nous le verrons plus bas. Dans l'ordre surnaturel, l'éducation appartient *exclusivement* à l'Église, de sorte que les maîtres, l'État, et même les parents, dans la formation spécifiquement chrétienne des enfants, ne sont que les mandataires de l'Église.

2° *L'extension des droits de l'Église sur l'éducation.* — a) La mission éducatrice de l'Église atteint toutes les nations.

Elle s'étend d'abord à *tous les fidèles*, dont l'Église, comme une mère très tendre, prend un soin diligent.

Elle embrasse *même les infidèles*, tous les hommes étant appelés à entrer dans le royaume de Dieu et à obtenir le salut éternel.

b) La mission éducatrice de l'Église a pour objet propre la formation spécifiquement chrétienne de l'enfant. Mais, comme elle est une société parfaite, l'Église peut, indépendamment de tout autre pouvoir humain, user et juger des moyens nécessaires ou utiles pour obtenir la fin de sa mission. Ses droits s'étendent donc à tout ce qui peut se montrer nécessaire ou utile à l'éducation chrétienne. Ils s'étendent à l'éducation physique, intellectuelle et civique, dans la mesure où celles-ci ont rapport à la foi et à la morale.

Par suite, l'Église peut avoir ses propres écoles.

Elle a le droit souverain de veiller sur l'éducation des enfants catholiques, de voir à ce que cette éducation donnée par les parents, par les maîtres privés ou par l'État, soit ordonnée à la fin surnaturelle, et protégée contre tout ce qui pourrait être opposé à la foi et à la morale chrétienne.

504 - LA SOCIÉTÉ CIVILE ET L'ÉDUCATION. — 1° La société civile se définit: *la société naturelle ordonnée à la parfaite suffisance de la vie, c'est-à-dire à la béatitude commune de ses membres.* On appelle bien commun la parfaite suffisance de la vie ou la béatitude commune, parce que la béatitude commune est le bien commun par excellence.

On désigne parfois la société civile sous le nom d'État, quoique l'État se dise souvent de la partie de la société civile qui gouverne, par opposition aux simples citoyens.

2° L'éducation est *le fait de conduire et d'élever l'enfant à sa condition d'homme parfait qui est l'état de vertu.*

3° Nous avons déjà dit que les parents ont un droit *naturel* et *direct* sur l'éducation des enfants.

Ici, nous affirmons que la société civile ou l'État a un droit *naturel*, mais *indirect*, sur l'éducation des enfants.

Ce droit est naturel, parce qu'il est donné par la nature ou par Dieu, auteur de la nature.

Ce droit est indirect, parce que la mission de l'État ne porte pas immédiatement sur l'éducation, comme celle des parents ou celle de l'Église. La fin propre de l'État est de promouvoir le bien commun. L'État a un droit sur l'éducation, parce que celle-ci est ordonnée au bien commun.

Le rôle de l'État *dans l'éducation* n'est donc que *supplétif* et *subsidiaire.*

Il est *supplétif*, en ce sens que l'État peut lui-même dispenser l'éducation, lorsque les parents ne peuvent eux-mêmes s'acquitter de ce devoir.

Il est *subsidiaire*, parce que l'État doit donner son appui aux parents et à l'Église, dans l'œuvre de l'éducation, en leur apportant des secours même financiers.

4° Les Communistes, les Socialistes et, en général, tous les Étatistes prétendent que l'enfant appartient d'abord à l'État, et que celui-ci a des droits supérieurs et antérieurs à ceux des parents sur l'éducation des enfants.

Les tenants du Libéralisme et les Maçons ont exagéré les droits de l'État sur l'éducation et restreint ceux des parents, afin de soustraire l'école à toute influence religieuse.

5° Prouvons les propositions suivantes:

1) L'État a un droit naturel et indirect sur l'éducation des enfants.

L'État a un droit sur l'éducation des enfants, parce qu'il a la charge du bien commun aux membres de la société civile. Or, ce droit est naturel et indirect. Donc, l'État a un droit naturel et indirect sur l'éducation des enfants.

A la majeure. — L'État a pour fin propre le bien commun. Il a, par suite, le droit d'ordonner au bien commun tout ce qui est utile et nécessaire à ce bien. Or, l'éducation des enfants est nécessaire et utile au bien commun. Donc, l'État a un droit sur l'éducation des enfants, parce qu'il a la charge du bien commun.

A la mineure. — Ce droit est *naturel,* parce que l'État a reçu de la nature elle-même le pouvoir sur tout ce qui est ordonné au bien commun, qui est une fin naturelle.

Ce droit est *indirect,* parce que son objet propre n'est pas l'éducation en elle-même, mais le bien commun selon qu'il exige l'éducation des enfants.

2) L'État a le droit et le devoir de protéger le droit antérieur des parents sur l'éducation des enfants.

L'État a le droit et le devoir de protéger les droits propres de la famille et des individus. Or, l'éducation des enfants est un droit propre des parents. Donc, l'État a le droit et le devoir de protéger le droit antérieur des parents sur l'éducation des enfants.

À la majeure. — La société civile est un tout n'ayant qu'une unité d'ordre, tout dans lequel les parties ont leurs fins propres. Or, les parties de la société civile sont les familles et les individus. Donc, l'État a le droit et le devoir de protéger les biens ou les droits propres de la famille ou de l'individu. Autrement, il priverait ses propres parties de leur perfection propre, et il se détruirait lui-même.

3) L'État doit promouvoir, de toutes sortes de manières, dans l'ordre du bien commun, l'éducation et l'instruction de la jeunesse.

L'État, dans l'ordre du bien commun, doit promouvoir l'activité propre des individus et de la famille. Or, l'éducation et l'instruction relèvent en premier lieu de l'activité de la famille. Donc, l'État, dans l'ordre du bien commun, doit promouvoir, de toutes sortes de manières, l'éducation et l'instruction de la jeunesse.

À la majeure. — L'activité propre de l'individu et de la famille est ordonnée au bien commun de la société civile. Il résulte que l'État a le droit et le devoir de protéger, de favoriser, d'encourager et même de compléter cette activité propre, en l'orientant vers le bien commun.

À la mineure. — L'éducation appartient naturellement et directement aux parents.

505 - PRÉCISIONS SUR LE DROIT DE L'ÉTAT CONCERNANT L'ÉDUCATION. — 1° Le droit de l'État sur l'éducation est, *sous un certain aspect,* supérieur à celui des parents.

L'État certes, dans l'œuvre de l'éducation, ne peut ni absorber, ni violer les droits des parents. Mais il ordonne l'éducation et l'instruction à une fin supérieure à celle de la famille, c'est-à-dire au bien commun de toute la société civile. Dans la ligne du bien commun, le droit de l'État sur l'éducation l'emporte donc sur celui des parents. Voilà pourquoi, sous cet aspect, les droits des parents sont juridiquement subordonnés à ceux de la société civile.

2° *Une première conséquence* de cette observation, c'est que l'État

peut imposer, quand c'est nécessaire ou utile, *l'instruction obligatoire.*
En d'autres termes, «l'État peut exiger, et, dès lors, faire en sorte que
tous les citoyens aient la connaissance nécessaire de leurs devoirs ci-
viques et nationaux, puis un certain degré de culture intellectuelle,
morale et physique, qui, vu les conditions de notre temps, est vraiment requis par le bien commun.» *Divini illius Magistri.*

Une deuxième conséquence, c'est que l'État a le pouvoir et le devoir de protéger le droit de l'enfant à l'éducation, «dans le cas où il y
aurait déficience physique ou morale chez les parents, par défaut, par
incapacité ou par indignité.» *Ibidem.*

Une troisième conséquence, c'est que l'Etat a le droit et le devoir
de protéger, même contre la volonté des parents, «selon les règles de
la droite raison et de la foi, l'éducation morale et religieuse de la jeunesse, en écartant ce qui dans la vie publique lui serait contraire.»
Ibidem.

3° La fonction de l'État au sujet de l'éducation est avant tout *subsidiaire.*

L'État doit donc tout d'abord *favoriser* et *aider* lui-même l'initiative de l'Église et des familles et leur action, dont l'efficacité est démontrée par l'histoire et par l'expérience.

Mais l'État a aussi une fonction *supplétive.* Il peut donc compléter,
dans le domaine temporel et naturel, l'action de l'Église et des familles,
lorsque celle-ci n'atteindra pas son but ou lorsqu'elle sera insuffisante.

Il le fera même au moyen d'écoles et d'institutions de son ressort,
car l'État, plus que tout autre, est pourvu de ressources mises à sa disposition pour subvenir au besoin de tous.

4° L'État peut se réserver l'institution et la direction d'écoles pré-
paratoires à certains services publics, et particulièrement à l'armée,
pourvu qu'il ait soin de ne pas violer les droits de l'Église et de la famille en ce qui leur est propre.

5° L'État et la société civile peuvent se réserver l'*éducation civique,* non seulement de la jeunesse, mais encore de tous les âges et de
toutes les conditions.

L'éducation civique est l'*éducation publique du citoyen en tant que citoyen.*

Elle consiste dans l'art de présenter *publiquement* aux individus vivant en société, des objets de nature à provoquer la volonté au bien et à la détourner du mal.

506 - LE MONOPOLE DE L'INSTRUCTION. — 1° Le monopole de l'instruction se définit: *le privilège exclusif que se réserve l'État de donner l'instruction dans les établissements scolaires et universitaires.*

Dans ce système, l'État ne reconnaît pas aux parents, aux personnes privées ou à l'Église, le droit d'instituer et de diriger des écoles de leur choix.

Il y a aussi monopole de l'instruction, lorsque l'État oblige moralement, sinon légalement, les parents à envoyer leurs enfants à l'école d'État, en imposant toutes sortes de mesures vexatoires aux écoles privées ou en les privant de ses subsides.

2° Tous ceux qui nient le droit naturel et direct des parents sur l'éducation des enfants favorisent le monopole de l'instruction.

Certains distinguent entre l'instruction et l'éducation.

L'instruction, qui consiste à former l'esprit de l'enfant, appartient à l'État.

L'éducation, qui consiste dans la formation de la volonté, appartient aux parents.

Cette distinction est à rejeter, car l'instruction

a) *est une partie, et non la moins importante, de l'éducation;*

b) *elle est un moyen nécessaire à l'éducation.*

3° Le monopole de l'instruction est une violation directe du droit naturel et direct des parents sur l'éducation des enfants. Il est aussi une violation du droit supérieur et éminent que l'Église possède sur l'éducation de tous les peuples et, en particulier, sur l'éducation des fidèles. Il doit donc être rejeté.

507 - VÉRITABLE NOTION DE LA LIBERTÉ SCOLAIRE. — 1° La véritable liberté scolaire ne consiste pas uniquement dans la tolérance, de la part de l'État, *des écoles privées,* fondées et soutenues par les parents ou par l'Église. Elle requiert aussi que la justice soit strictement observée à l'égard de ces écoles.

2° La liberté scolaire comprend trois éléments:

a) *le pouvoir, pour les citoyens et pour l'Église, d'ériger, de diriger et de surveiller des écoles privées ou des instituts de leur choix;*

b) *la suppression de toute restriction à l'égard des effets publics de l'instruction qui se donne dans ces écoles ou ces instituts;*

c) *une juste distribution des subsides scolaires.*

Étudions brièvement chacun de ces éléments.

3° *Le premier élément*, c'est-à-dire la faculté pour les citoyens et pour l'Église d'ériger des écoles de leur choix, n'est que la reconnaissance des droits sacrés et inviolables des parents et de l'Église.

4° *Le second élément* consiste à accorder la même valeur publique aux diplômes et aux degrés donnés dans les écoles privées et les écoles publiques, c'est-à-dire les écoles d'État.

C'est là une oeuvre de justice.

En effet, si cette égalité n'est pas respectée,

a) l'école d'État devient, au moins en pratique, obligatoire pour tous les enfants : c'est une violation du droit naturel des parents et de la conscience des catholiques, qui ne peuvent approuver la neutralité trop générale dans les écoles publiques;

b) les maîtres qui enseignent dans les écoles privées sont placés sur un pied d'infériorité en comparaison des maîtres qui enseignent dans les écoles publiques, lorsque leurs mérites et leur compétence ne sont pas inférieurs;

c) les élèves eux-mêmes des écoles privées, pour qui les parents se dévouent souvent davantage en faisant plus de déboursés, sont, contre toute justice et toute équité, dans une condition inférieure à celle des élèves des écoles publiques.

L'État cependant peut établir certains examens, dirigés par lui-même ou par des maisons d'enseignement approuvées, pour reconnaître officiellement la capacité des élèves à exercer une profession publique, ou encore à commencer des études dans une école supérieure.

5° *Le troisième élément* est la juste distribution de subsides scolaires.

Un État qui favorise uniquement les écoles publiques lèse la justice distributive et trahit sa fonction véritable.

Il lèse la justice distributive, car il prive une partie des citoyens de subsides auxquels elle a droit. Il oblige ces citoyens à payer des impôts pour l'école publique et à débourser de l'argent pour l'école privée choisie pour satisfaire à un devoir de conscience.

Il trahit sa fonction véritable, car l'État doit avant tout favoriser l'initiative privée. Il ne doit la remplacer qu'en cas de nécessité.

508 - L'ÉCOLE NEUTRE. — 1° L'école neutre est celle où l'on exclut tout enseignement religieux, ou encore tout enseignement confessionnel.

L'enseignement confessionnel est l'enseignement d'une religion déterminée, par exemple, de la religion catholique.

2° L'école neutre est condamnable.

Premièrement, la neutralité est une chose impossible. Le seul fait d'observer le silence sur Dieu et sur les devoirs envers Dieu est une négation de l'importance souveraine de la religion. Ce silence fait considérer la religion comme une chose secondaire, sinon superflue.

De plus, l'école neutre, comme le montre l'expérience, devient un foyer d'irréligion, quand elle ne l'est pas à son origine.

Deuxièmement, l'école neutre, en ne parlant pas de Dieu, ruine la nature même de l'éducation, car Dieu est la fin dernière de toute éducation.

Elle viole le droit naturel des parents qui ont le devoir de former chrétiennement les enfants; elle viole le droit des enfants eux-mêmes à l'éducation religieuse.

Elle détruit de plus les fondements de la moralité, car il n'y a pas de moralité sans religion.

Troisièmement, on ne peut pas dire que l'école, sans être confessionnelle, peut enseigner, au sujet de Dieu et de la religion, des principes qui sont communs à toutes les confessions religieuses.

Un tel enseignement ferait croire aux enfants que ces principes communs sont les seuls nécessaires. Il conduirait à l'indifférentisme dogmatique, car il ferait croire que toutes les religions sont également vraies et bonnes.

Quatrièmement, on ne peut pas dire que, pour parer aux maux de l'école neutre, il suffit de donner l'instruction religieuse dans la famille ou à l'Église.

Dans ce cas, la religion apparait toujours comme une chose secondaire ou libre. Tout au moins, on la considère comme séparable de la formation générale des enfants, tandis qu'en réalité elle doit pénétrer intimement cette formation.

Enfin, l'école neutre est une violation des droits de l'Église qui a reçu, de son divin Fondateur, la mission d'enseigner toutes les nations.

Elle conduit aux ruines spirituelles et morales les plus graves, comme le montre l'expérience.

APPENDICE

LA SOCIÉTÉ HÉRILE

509 - LE SERVITEUR CHEZ ARISTOTE. — 1° Selon Aristote, la société familiale se compose de trois autres société comme de ses parties: la société conjugale, la société paternelle et la société hérile. Celle-ci se définit: *la société naturelle du maître — du père de famille — et du serviteur.*

2° Aristote affirme que la servitude est naturelle. Cette affirmation peut, à première vue, paraître irraisonnable, surtout si nous concevons la servitude comme l'esclavage, tel qu'il se pratiquait anciennement.

3° Il nous semble qu'Aristote, en parlant du serviteur (servus), ne voulait pas proposer l'esclavage comme une chose voulue par la nature.

Il voulait seulement affirmer que, selon l'ordre de la nature, certains hommes sont destinés à servir, tandis que d'autres sont destinés à commander ou à diriger .

Et ceci est très juste.

En effet, certains hommes l'emportent naturellement sur les autres par la force corporelle, et leur sont inférieurs par la raison et la prudence. Certains hommes, au contraire, ont une force corporelle inférieure, et sont supérieurs par la raison et la prudence.

Les premiers sont naturellement faits pour servir; les autres, pour commander ou diriger.

4° Dans la conception du Philosophe païen, le serviteur

a) conserve sa dignité d'homme;

b) il a une dignité spéciale comme serviteur, car il communique à la vie de la famille et coopère à la poursuite des fins propres à la famille. Son office est ordonné a l'*agir,* et non seulement au *faire,* comme l'office de l'artisan. Sous cet aspect, le serviteur a une dignité supérieure à celle de l'artisan.

5° Enfin, la servitude est un bien pour celui que la nature a destiné à servir.

En effet, le maître doit prendre soin du serviteur et le diriger par sa prudence supérieure. Il le conduit donc à des fins que le serviteur ne peut atteindre par lui-même.

6° Le serviteur est la propriété du maître qui peut le vendre, le louer, et disposer de son activité en toute liberté.

510 - L'AIDE FAMILIAL. — Le serviteur, tel que le concevait Aristote, n'existe pas aujourd'hui.

Celui qui le remplace est la personne dont on loue les services pour un salaire déterminé. On appelle, avec justesse, cette personne, *l'aide familial*.

La fonction de l'aide familial est ordonnée à la vie de la famille. Tout comme le serviteur d'Aristote, l'aide familial participe à la vie de la famille et travaille immédiatement pour les fins de la famille. Par là, son rôle est plus noble que celui de l'ouvrier qui, en tant que tel, fabrique ou fait des oeuvres extérieures.

Voilà pourquoi l'aide familial a un droit spécial à la protection du père de famille et à la bienveillance de la famille tout entière.

FIN DE L'ÉCONOMIQUE.

PHILOSOPHIE SOCIALE

ou

POLITIQUE

INTRODUCTION

511 - Notion de la Politique. — La Politique est cette partie de la Philosophie morale qui traite de la société civile ou politique. Nous pouvons la définir:

la science qui a pour objet l'homme vivant dans la société civile;
ou encore,

la science qui a pour objet les actes humains selon qu'ils sont ordonnés au bien commun de la société civile.

La Politique est une science pratique.

Son objet matériel est l'acte humain.

Son objet formel *quod* est l'acte humain ordonné à la fin de la société civile, c'est-à-dire au bien commun.

Son objet formel *quo* est la fin de la société civile, soit le bien commun lui-même.

Et comme le bien commun est la fin suprême à laquelle l'homme tend dans l'ordre temporel, la Politique est la partie principale de la Philosophie morale. Elle est sagesse dans la ligne des sciences pratiques, comme la Métaphysique est sagesse dans l'ordre des sciences spéculatives. (n. 275).

512 - Division de la Politique. — Le principe dans les sciences pratiques est la fin. Nous chercherons d'abord à connaître la fin de la société civile. Ayant déterminé la fin de la société civile, nous étudierons l'origine de cette société. Ce sera l'objet d'un premier chapitre.

Nous traiterons ensuite des parties de la société civile, c'est-à-dire de sa cause matérielle.

Nous parlerons enfin de l'autorité propre à la société civile.

Ayant complété l'étude de la société civile, nous donnerons, en deux chapitres, un bref aperçu de la société internationale et des rapports de la société civile avec l'Église.

Nous aurons donc cinq chapitres:

Chapitre I. — La fin et l'origine de la société civile.

Chapitre II. — La cause matérielle de la société civile.

CHAPITRE PREMIER

LA FIN ET L'ORIGINE DE LA SOCIÉTÉ CIVILE

Article I. — La fin de la société civile.

Article II. — L'origine de la société civile.

ARTICLE PREMIER

LA FIN DE LA SOCIÉTÉ CIVILE

513 - NATURE ET FIN DE LA SOCIÉTÉ CIVILE. — 1° La société civile peut se définir: *la société principale ou la société la plus parfaite entre toutes les sociétés humaines.*

a) Nous disons que la société civile est la société principale ou la société la plus parfaite parmi toutes les sociétés humaines. En effet, la société civile inclut toutes les autres sociétés, telles que la société domestique, le bourg, les sociétés commerciales, industrielles, les associations diverses, comme un tout inclut ses parties. Et le tout est toujours plus parfait que ses parties.

Notre définition s'applique à la société civile considérée d'une manière générale. Telle société civile peut cependant être plus parfaite qu'une autre. Ainsi, chez les Anciens, la province était une société plus parfaite que la cité. Aujourd'hui, une société internationale, juridiquement constituée, serait supérieure à toutes les sociétés civiles particulières. Mais toute société civile, qu'elle soit nationale ou internationale, demeure dans la ligne de la société parfaite .

b) La société civile est une société *humaine.* Nous la distinguons ainsi de l'Église, qui est une société *divine.*

2° Nous pouvons encore définir la société civile: *une société naturelle et parfaite.*

a) Une société *naturelle*, parce qu'elle est dans le voeu de la nature;

b) Une société *parfaite*, parce qu'elle est ordonnée à la perfection complète de la vie, c'est-à-dire à la béatitude, qui est un bien parfait.

3° Nous devons distinguer entre la fin *intrinsèque* et la fin *extrinsèque* de la société civile.

La fin intrinsèque d'une chose est sa forme. En ce sens, nous disons souvent que la forme et la fin coïncident.

La fin extrinsèque d'une chose est le bien auquel est ordonnée l'opération de cette chose.

4° La fin intrinsèque ou la forme de la société civile est la *paix*. Cette paix se définit: *la tranquillité de l'ordre, la concorde ordonnée qui existe entre les hommes lorsqu'on rend à chacun ce qui lui est dû.*

5° La fin extrinsèque de la société civile est soit *immédiate et propre*, soit *éloignée et dernière*.

La fin immédiate et propre de la société civile est la *béatitude imparfaite de cette vie en tant que commune aux membres de la société civile* (1).

Cette béatitude imparfaite de cette vie consiste principalement dans l'exercice des vertus, et secondairement ou instrumentalement dans les biens corporels (2).

La fin dernière et éloignée de la société civile ne peut être que la fin dernière de l'homme lui-même, c'est-à-dire la fin surnaturelle, ou la vision intuitive de Dieu.

---

(1)   Pie XI définit magnifiquement la fin intrinsèque et extrinsèque de la société civile, dans les termes suivants: «Or, cette fin, ce bien commun d'ordre temporel, consiste dans la paix et la sécurité dont les familles et les citoyens jouissent dans l'exercice de leurs droits et en même temps dans le plus grand bien-être spirituel et matériel possible en cette vie, grâce à l'union et à la coopération des efforts de tous.» Divini illius **Magistri**.

(2)   «Sans nul doute, ce bien commun est principalement un bien moral. Mais, dans une société bien constituée, il doit se trouver encore une certaine abondance de biens dont l'usage est requis à l'exercice des vertus.» **Rerum Novarum.**

6° a) Certains auteurs nient l'existence d'une fin naturelle et déterminée à laquelle tendrait la société civile.

Tous les antifinalistes, comme les Agnostiques, les Positivistes, les Évolutionnistes — Spencer —, disent que la société civile n'est pas ordonnée à une fin dont la nature peut être connue.

Montesquieu enseigne que chaque société civile peut se choisir une fin déterminée à son gré.

D'après Haller et Fouillée, la fin de la société civile ne serait que l'ensemble des fins particulières propres à chaque citoyen.

b) D'autres auteurs limitent le bien commun de la société civile aux biens matériels — les Matérialistes, les Communistes, les Socialistes —, ou à la protection des droits et de la liberté — Kant, les Libéraux —, ou encore au bien de la race — les Nationaux-Socialistes.

c) Enfin, certains philosophes ou législateurs donnent trop d'extension au bien commun, soit en le considérant comme la fin absolument dernière, soit en présentant la société civile comme l'unique source des droits individuels.

Les Panthéistes affirment que la société civile est le terme dernier de la Divinité en évolution.

Platon considérait la société civile comme un homme supérieur. Les individus sont subordonnés à cet homme supérieur comme les membres le sont au corps dont ils font partie.

Machiavel, Hobbes, Rousseau, les Nationaux-Socialistes enseignent que l'État est la source de tous les droits. C'est lui qui détermine, comme principe premier, le juste et l'injuste, le bien et le mal.

7° Après ces préliminaires, prouvons la doctrine traditionnelle.

1) La paix est la fin intrinsèque de la société civile.

Ce qui constitue formellement l'unité de la multitude est la fin intrinsèque de la société civile. Or, la paix constitue formellement l'unité de la multitude. Donc, la paix est la fin intrinsèque de la société civile.

À la majeure. — La fin intrinsèque de toute chose est ce bien qui est sa forme, bien auquel la chose tend de tout son poids. Or, ce qui constitue formellement l'unité de la multitude est la forme de la société civile: le principe intrinsèque de l'unité est la forme. Donc, ce qui constitue formellement l'unité de la multitude est la fin intrinsèque de la société civile.

À la mineure. — La société civile consiste dans l'union de plusieurs hommes. Son unité est donc une unité d'ordre, qui existe lorsque chaque citoyen a la place et les droits qui lui conviennent. Or, cet ordre, établi selon la droite raison, s'appelle la paix ou la concorde ordonnée des citoyens. Donc, la paix constitue formellement l'unité de la multitude ou de la société.

2) La société civile est ordonnée à une fin extrinsèque.

Une communauté d'hommes est ordonnée à une fin extrinsèque, distincte de sa fin intrinsèque. Or, la société civile est une communauté d'hommes. Donc, la société civile est ordonnée à une fin extrinsèque.

À la majeure. — Les hommes s'unissent entre eux pour agir. Il suit qu'une communauté d'hommes ne tend pas à sa forme ou fin intrinsèque comme à son unique bien. Elle doit tendre, de plus, à cet autre bien qui résulte de sa forme, c'est-à-dire à son opération. Donc, toute communauté d'hommes est ordonnée à une fin distincte de la forme qui la constitue, à une fin extrinsèque.

3) La fin extrinsèque de la société civile est la béatitude temporelle de cette vie.

La fin extrinsèque de la société principale entre toutes les sociétés humaines est la béatitude temporelle de cette vie. Or, la société civile est la société principale entre toutes les sociétés humaines.Donc, la fin extrinsèque de la société civile est la béatitude temporelle de cette vie.

À la majeure. — Le bien humain le plus parfait est la béatitude temporelle de cette vie. La béatitude surnaturelle est un bien divin. Or, la fin extrinsèque de la société principale entre toutes les sociétés humaines est le bien humain le plus parfait, ou le bien humain principal, car la fin est toujours proportionnée à son principe. Donc, la fin extrinsèque de la société principale entre toutes les sociétés humaines est la béatitude temporelle de cette vie.

À la mineure. — Le tout est toujours supérieur à ses parties. Or, la société civile est un tout dont les autres sociétés humaines ne sont que les parties: la première inclut les dernières. Donc, la société civile est supérieure aux autres sociétés humaines. Elle est la société principale parmi toutes les sociétés humaines.

4) La société civile doit ordonner sa fin propre à la vision béatifique.

Selon l'ordre voulu par Dieu, la béatitude temporelle de cette vie, fin propre de la société civile, est subordonnée à la vision béatifique. Or, la société civile doit poursuivre sa fin propre selon l'ordre voulu par Dieu. Donc, la société civile doit poursuivre la béatitude temporelle de cette vie en la subordonnant à la vision béatifique, comme à la fin dernière.

À la majeure. — Nous savons, par la Révélation, que la vision béatifique est la fin absolument dernière de l'homme élevé à l'ordre surnaturel. Or, l'homme doit ordonner toute son activité et tous ses biens à la fin absolument dernière. Donc, la béatitude temporelle de cette vie doit être ordonnée à la vision béatifique.

À la mineure. — Elle est évidente, car la société civile est soumise à Dieu. Elle doit donc poursuivre sa fin selon l'ordre voulu par Dieu.

514 - LE BIEN COMMUN. — 1° Toute société a pour fin un bien commun. Nous pouvons parler du bien commun de la famille, d'une société professionnelle, d'une société commerciale, etc.

Mais comme la société civile poursuit le bien commun principal, ou le bien commun le plus parfait entre tous les biens humains, nous désignons très souvent, sous le nom de bien commun, la fin propre de la société civile.

2° Pris en ce sens, le bien commun comprend deux éléments, comme nous venons de le voir:

a) la paix, la sécurité dont les familles et les individus jouissent dans l'exercice de leurs droits;

b) la béatitude temporelle de cette vie — le plus grand bien-être spirituel et matériel possible en cette vie — *en tant que commune* aux membres de la société civile.

3° La société civile n'est pas uniquement un ensemble, une multitude d'hommes ou de familles. Elle est une multitude *ordonnée*, un tout *hétérogène* dont les hommes et les familles sont les parties.

De même, le bien commun n'est pas uniquement l'ensemble ou la multitude des biens propres aux individus et aux familles. Il est l'ensemble *ordonné* de ces biens; il est un tout *hétérogène* dont les parties sont les biens personnels des individus et des familles.

Le bien commun se distingue donc *spécifiquement* des biens particuliers ou privés, comme un tout hétérogène se distingue *spécifiquement* de ses parties.

4° Le bien commun consiste surtout dans la pratique des vertus morales.

Si l'homme n'était pas élevé à une fin surnaturelle qu'il doit poursuivre dans l'Église fondée par Notre-Seigneur, la société civile serait en même temps une société religieuse. Elle l'était en fait chez les Païens qui, avant Notre-Seigneur, vivaient selon la loi naturelle.

La société civile, si l'ordre surnaturel n'existait pas, devrait conduire l'homme à ses fins religieuses. Elle aurait aussi la garde du culte public.

Mais le soin de conduire l'homme à sa fin absolument dernière et le culte public appartiennent maintenant à l'Église, selon la volonté expresse de son divin Fondateur.

La société civile doit cependant favoriser l'Église. Elle doit, d'une manière spéciale, considérer le nom de Dieu comme saint, combattre l'athéisme, envelopper la vraie religion de sa bienveillance, la protéger par l'autorité de ses lois.

ARTICLE II

L'ORIGINE DE LA SOCIÉTÉ CIVILE

515 - LA NATURE ET LA SOCIÉTÉ CIVILE. — 1° Nous nous demandons si la société civile est naturelle.

Une chose peut être dite naturelle en deux sens, comme nous l'avons déjà vu.

Une chose est appelée naturelle lorsqu'elle est nécessairement causée par la nature. En ce sens, nous disons qu'il est naturel au feu de s'élever dans l'air.

Le naturel, sous cet aspect, s'oppose à ce qui est libre.

Une chose est encore dite naturelle lorsqu'elle est produite par la volonté libre de l'homme, sous la poussée de l'inclination naturelle.

En ce sens, nous disons qu'il est naturel à l'homme de manger.

2° La société civile n'est pas constituée uniquement et nécessairement par la nature elle-même. *Exemple*: la constitution de telle ou telle société civile déterminée ne provient pas exclusivement de la nature. Elle est aussi attribuable à l'intervention de la liberté humaine.

Le problème est donc de chercher si la raison naturelle incline l'homme à vivre dans la société civile, ou, en d'autres termes, si la société civile est imposée à l'homme par la nature, ou mieux, par Dieu, auteur immédiat de la nature.

3° Selon l'affirmation d'Aristote, affirmation adoptée par l'Église, la nature incline l'homme à la société civile comme à la vertu.

Par suite, de même que la vertu s'acquiert, sous la poussée de la nature, par l'exercice libre de l'activité humaine, ainsi la société civile se constitue, sous la poussée de la nature, par l'intervention libre de l'homme.

Et de même que la vertu s'impose à l'homme en vertu de la loi naturelle, ainsi la société civile s'impose à l'homme en vertu de la même loi.

En termes plus brefs, nous pourrions dire que la société civile a deux causes efficientes: une cause efficiente *éloignée*, et une cause efficiente *prochaine.*

La cause efficiente éloignée de la société civile, c'est la nature ou l'inclination naturelle.

La cause efficiente prochaine de la société civile, c'est l'intervention de l'activité libre de l'homme.

4° a) Une opinion, déjà connue dans l'antiquité et exposée systématiquement par Hobbes et par Rousseau, soutient que la société civile a son origine *uniquement* dans un contrat social.

Cette opinion affirme que la société civile n'est ni imposée par la nature, ni conforme à la nature.

Hobbes prétend que l'état primitif et naturel de l'homme est *antisocial.*

Rousseau affirme que cet état est *asocial.*

b) Une autre opinion soutient que la société civile est le terme nécessaire de l'évolution propre à la matière — Spencer, ou propre à un être unique qui est spirituel — Hegel, les Panthéistes.

Selon cette dernière opinion, l'unique cause de la société civile serait la nature, une nature dont le concept est d'ailleurs faux.

Selon Hobbes et Rousseau, l'unique cause de la société civile est l'homme, ou le libre consentement de l'homme.

Selon Aristote, la société civile a deux causes: l'inclination de la nature et la liberté de l'homme. Elle a son origine première dans la nature; elle est constituée prochainement par l'activité libre de l'homme. (Societas civilis est a *natura* per rationem).

5° Après ces préliminaires, prouvons la proposition suivante:

Dieu, comme auteur de la nature, oblige l'homme à vivre dans une société civile.

a) La société civile est une société naturelle. Or, Dieu, comme auteur de la nature, oblige l'homme à vivre dans toute société qui est naturelle. Donc, Dieu, auteur de la nature, oblige l'homme à vivre dans une société civile.

A la majeure. — Une société nécessaire au plus grand bien-être spirituel et matériel possible de l'homme en cette vie est une société naturelle. Ce plus grand bien-être possible est le vœu de la nature;

c'est même le vœu général qu'elle a en vue lorsqu'elle incline l'homme à des sociétés dont les fins sont moins parfaites. Or, la société civile est nécessaire au plus grand bien-être spirituel et matériel possible de l'homme en cette vie. C'est par la communication *politique* que l'homme arrive à cette fin, c'est-à-dire à la béatitude temporelle. Donc, la société civile est une société naturelle.

A la mineure. — La loi naturelle, ou Dieu, auteur de la nature, oblige l'homme à répondre au voeu de la nature. Or, une société naturelle est un voeu de la nature. Donc, Dieu, comme auteur de la nature, oblige l'homme à vivre dans toute société qui est naturelle.

b) L'histoire démontre que l'homme, dès qu'il s'est propagé sur la terre, a toujours vécu dans une société civile au moins embryonnaire.

En outre, plus la société civile est parfaite, plus l'homme se perfectionne dans les arts, les sciences et l'exercice de la vertu. La réciproque est aussi vraie.

Ces faits démontrent que la société civile a son origine première dans la nature de l'homme, et qu'elle est voulue par Dieu, auteur immédiat de la nature.

516 - LES CAUSES HISTORIQUES DE LA SOCIÉTÉ CIVILE. — 1° La société civile, bien que voulue par la nature, est cependant l'oeuvre de l'activité libre et volontaire de l'homme, comme nous venons de le voir.

Rechercher les causes historiques de la société civile, c'est rechercher comment l'homme a constitué ou doit constituer en fait la société civile.

2) Selon certains philosophes, comme Fouillée, la société civile ne se distingue pas spécifiquement des sociétés privées. Elle résulte donc normalement des relations privées qui unissent les hommes entre eux, et des contrats particuliers faits par eux pour des fins privées.

C'est la théorie de *l'agglomération successive.*

Cette théorie est à rejeter parce qu'elle confond le droit privé et le droit public. Elle suppose aussi implicitement que la fin de la société civile n'est que l'addition quantitative des fins particulières.

3° Rousseau enseigne que la société civile tire son origine uniquement d'un *contrat social*. Il nie l'inclination naturelle de l'homme à la vie politique.

Par le contrat social, les individus font l'aliénation de leurs droits propres en faveur de la société.

4° Pufendorff, tout en considérant la société civile conforme à la nature humaine, affirme qu'un pacte social, soit explicite, soit tacite, est nécessaire pour lui donner l'existence .

5° Des philosophes catholiques, pour combattre les théories de Rousseau, ont nié la nécessité d'un contrat social.

Ils n'ont peut-être pas assez distingué les deux causes qui sont à l'origine de la société civile:

a) *l'inclination naturelle;*

b) *la raison et la volonté humaines.*

Rousseau niait l'inclination naturelle de l'homme à la société civile. Sur ce point, sa théorie est à rejeter.

Mais, l'inclination naturelle de l'homme à la vie politique mise hors de doute, nous pouvons encore nous demander si la cause prochaine de la société civile n'est pas un contrat social, tout comme la cause prochaine du mariage est un contrat mutuel entre les époux.

6° Au problème ainsi posé, Suarez, et, en général, les anciens scolastiques semblent donner la meilleure solution.

Ils affirment que la cause prochaine de la société civile est un contrat ou un *quasi-contrat.*

Ils entendent par contrat le consentement libre d'une multitude qui s'unit pour former une société civile.

Ils entendent par quasi-contrat une action humaine qui a les mêmes effets que le contrat.

Ce quasi-contrat existerait si, par exemple, un chef, par la force militaire, soumettait des hommes, ou des familles, ou des tribus menant une vie solitaire, et les unissait sous une même autorité politique.

Nous devons noter que le contrat, comme cause prochaine de la société civile, est plus parfait que le quasi-contrat. Il est, en effet, plus conforme à la nature raisonnable de l'homme qui jouit de la liberté.

7° Après ces notions préliminaires, prouvons la proposition suivante:

La cause prochaine de la Société civile est un contrat ou un quasi-contrat.

L'homme agissant librement ne peut constituer la société civile que par un contrat ou un quasi-contrat. Or, la cause prochaine de la société civile est l'homme agissant librement. Donc, la cause prochaine de la société civile est un contrat ou un quasi-contrat.

À la majeure. — La société civile est l'union de plusieurs hommes sous une même autorité en vue du bien commun. Or, cette union ne peut se faire que par le consentement des hommes qui se soumettent à une autorité, i. e., par un contrat, ou encore par une action qui a les effets équivalents aux effets de ce consentement, i. e., par un quasi-contrat. Donc, l'homme agissant librement ne peut constituer la société civile que par un contrat ou un quasi- contrat.

À la mineure. — La société civile a son origine première dans l'inclination naturelle. Mais la nature, ou Dieu, auteur immédiat de la nature, a laissé à l'homme, créature raisonnable et libre, le soin de constituer telle ou telle société civile.

CHAPITRE II

LA CAUSE MATÉRIELLE DE LA SOCIÉTÉ CIVILE

La cause matérielle de la société civile est la multitude. Les éléments prochains de cette multitude sont les familles; les éléments éloignés en sont les individus. Nous traiterons donc d'abord des liens qui unissent les familles et les individus, i. e., les personnes singulières, à la société civile.

Nous parlerons ensuite de la propriété privée, qui appartient à l'homme singulier ou à la famille.

Et nous montrerons la légitimité de l'association professionnelle.

Les principales erreurs sur la nature de la société atteignent surtout les relations entre l'homme et la société. Nous exposerons et réfuterons brièvement le Communisme, le Socialisme, le Libéralisme économique et le capitalisme.

Nous terminons enfin par quelques considérations sur la nationalité ou la race. La race est une détermination de la multitude, cause matérielle de la société civile.

Nous diviserons donc le présent chapitre de la manière suivante:

Article   I. — Personne singulière, famille et société civile.

Article   II. — La propriété privée.
    1. — Légitimité de la propriété privée.
    2. — Fonction sociale de la propriété privée.

Article   III. — L'association professionnelle:
    1. — Les fins de l'association professionnelle.
    2. — Légitimité de l'association professionnelle.
    3. — Le corporatisme.
    4. — Le salaire.
    5. — Les remèdes à l'insuffisance du salaire.
    6. — Les préliminaires au contrat de travail.

ARTICLE PREMIER

PERSONNE SINGULIÈRE, FAMILLE, SOCIÉTÉ CIVILE

517 - Personne singulière, famille, société civile. — 1° La famille, comme nous le savons, est *une société naturelle ordonnée aux actes de la vie quotidienne.*

La personne est *un suppôt ayant une nature intellectuelle.*

La personne dont nous parlons ici est la personne humaine.

La société civile est *la société naturelle ayant comme fin la béatitude temporelle de cette vie.*

2° Le problème des relations qui unissent la personne et la famille à la société civile est très important. Il existe aujourd'hui beaucoup d'erreurs ou d'imprécisions à ce sujet.

Notons d'abord que ce problème doit se poser dans la perspective des opérations et des fin. Car, toute société est l'union de plusieurs hommes en vue d'une opération et d'une fin communes.

3° Nous pouvons distinguer trois aspects du problème:

a) Nous pouvons *premièrement* nous demander si l'homme est fait pour la société civile, ou la société civile est faite pour l'homme.

La réponse à cette première question est facile.

La fin propre de la société civile est le bien commun, bien principal parmi tous les biens humains.

La société est donc faite pour l'homme, en ce sens que la société n'a pas d'autre fin que le bien humain par excellence.

b) Nous pouvons *deuxièmement* chercher si chaque personne et chaque famille ont des fins propres, distinctes du bien commun, fin immédiate de la société civile.

c) *Enfin,* nous pouvons nous poser une dernière question: puisque chaque homme et chaque famille ont des fins immédiates et propres, distinctes de la fin immédiate de la société civile, l'homme *pris individuellement* — tout comme chaque famille considérée en particulier — doit-il ordonner ses fins propres à la fin de la société civile, comme *à un bien supérieur?* Ou inversement, la société civile doit-elle ordonner sa fin au bien individuel de chaque homme et de chaque famille ,comme *à une fin supérieure?*

4° Tous ceux qui considèrent la société civile comme un organisme ayant une unité absolue — et non une simple unité d'ordre, et ceux qui voient dans l'État la source de tous les droits, nient l'existence, à l'intérieur de la société, des droits ou des fins propres à l'homme individuel et à la famille.

La négation des droits individuels et des droits familiaux entraîne, au moins implicitement, la négation de la nature et de Dieu, auteur de la nature. Voilà pourquoi les partisans de la première négation déifient l'État, d'une manière génerale, et le considèrent comme la fin absolument dernière de l'individu et de la famille.

5° Chez les catholiques, deux points sont hors de discussion:

a) *l'existence d'une fin surnaturelle.* Par cette fin, la personne humaine même singulière et la famille sont au-dessus de la société civile. Sous cet aspect, l'homme et la famille, considérés individuellement, ne sont pas ordonnés à la fin de la société civile comme à un bien supérieur. C'est plutôt l'inverse qui est vrai;

b) *l'existence, selon l'ordre naturel, des droits individuels et des droits familiaux.*

6° Mais l'unanimité n'existe pas encore, chez les catholiques et les scolastiques modernes, au sujet des relations entre l'homme pris individuellement et la société civile.

Selon certains auteurs, l'homme singulier à une fin supérieure à celle de la société civile. Par suite, la société civile est subordonnée au bien de l'individu.

On explique d'ailleurs diversement cette supériorité de la fin propre à l'homme *singulier.*

Plusieurs auteurs font la distinction entre la *vie active* et la *vie contemplative.*

L'homme singulier, prétendent-ils, doit ordonner les opérations de sa vie active à la fin de la société civile, comme à un bien supérieur; mais, par contre, par sa vie contemplative, l'homme singulier, la personne humaine considérée individuellement, est au-dessus de la société civile. En conséquence, la société civile doit subordonner sa fin, le bien commun, à la félicité contemplative de l'homme singulier.

D'autres auteurs, qu'on peut nommer les Personnalistes, distinguent l'homme comme *individu*, et l'homme comme *personne*.

L'homme singulier comme *individu*, disent-ils, est une partie de la société civile. Il est donc subordonné à celle-ci, comme la partie est subordonnée au tout.

L'homme singulier comme *personne* n'est plus une partie de la société civile. Il est, sous cet aspect, au-dessus de la société civile, qui lui est subordonnée.

Cette distinction est à rejeter dans le présent problème, comme nous le verrons plus bas.

7° Nous affirmons, avec Aristote et saint Thomas, que le bien commun, fin de la société civile, est le bien le plus parfait parmi tous les biens humains de l'ordre naturel. Par suite, nous soutenons que l'homme singulier, c'est-à-dire la personne humaine prise individuellement, — tout comme la famille, — doit ordonner ses biens propres à la fin de la société civile, comme à un bien supérieur.

8° Prouvons les propositions suivantes:

1) La personne singulière et la famille ont, selon l'ordre de la nature, des fins propres et distinctes du bien commun qui est la fin de la société civile.

Les parties naturelles ayant des opérations distinctes de l'opération appartenant au tout qu'elles constituent ont, selon l'ordre de la nature, des fins propres, distinctes de la fin commune. Or, la personne singulière et la famille gardent, dans la société civile dont elles sont les parties naturelles, leurs opérations propres, distinctes de l'opération commune. Donc, la personne singulière et la famille ont, selon l'ordre de la nature, des fins propres, distinctes du bien commun.

À la majeure. — L'opération est une fin en elle-même, ou encore est ordonnée à une fin propre. Donc, lorsque les opérations sont distinctes, les fins sont aussi distinctes.

À la mineure. — Les parties d'un tout n'ayant qu'une unité d'ordre ont des opérations distinctes de l'opération commune. *Exemple:*

un soldat, bien qu'il fasse partie d'une armée, conserve encore des opérations propres. Or, la société civile, dont la personne singulière et la famille sont des parties naturelles, est un tout n'ayant qu'une unité d'ordre. Donc, la personne singulière et la famille ont, dans la société civile, des opérations distinctes de l'opération commune.

2) Les fins propres de la personne singulière et de la famille sont ordonnées au bien commun, fin de la société civile.

a) Le bien de la partie est ordonné au bien du tout. Or, la personne singulière et la famille sont les parties naturelles dont résulte la société civile comme un tout. Donc, le bien ou les fins propres de la personne singulière et de la famille sont ordonnées au bien commun, fin de la société civile.

À la majeure. — La partie, en tant que telle, est en vue du tout.

À la mineure. —La société civile est une multitude ordonnée de personnes singulières et de familles.

b) Le bien commun est le bien humain le plus parfait. Or, selon le voeu de la nature, tout bien imparfait est ordonné au bien plus parfait. Donc, selon le vœu de la nature, le bien de la personne singulière et le bien de la famille sont ordonnés au bien commun. En d'autres termes, les fins propres de la personne singulière et de la famille sont ordonnées à la fin de la société civile.

À la majeure. — Le bien de la multitude est plus parfait que le bien d'un seul homme ou d'une seule famille. Or, le bien commun est le plus grand bien-être matériel et spirituel possible de la multitude. Donc, le bien commun est le bien humain le plus parfait.

À la mineure. — Le bien imparfait est soit une partie d'un bien plus parfait, soit un moyen conduisant au bien parfait.

518 - La béatitude personnelle et la béatitude commune. — Pour mieux comprendre la subordination du bien privé au bien commun, telle que nous venons de l'établir, examinons les rapports entre la béatitude personnelle ou privée, et la béatitude commune.

Tout comme l'homme singulier est une partie matérielle de la société civile, ainsi la béatitude personnelle ou privée est une partie matérielle de la béatitude commune.

Donc, l'homme singulier qui travaille à sa propre perfection ou à son propre bien-être, coopère, pourvu qu'il observe l'ordre voulu par la nature, à la grandeur du bien commun. Car, la perfection de la partie appartient aussi au tout.

D'autre part, le bien commun — la béatitude commune — n'absorbe pas ou ne remplace pas le bien privé — la béatitude personnelle. Le bien commun actue le bien privé dans la ligne de causalité formelle, et le surélève. En d'autres termes, de même que le pied humain n'est véritablement un pied humain que s'il fait partie d'un homme, d'un tout informé par l'âme humaine, ainsi l'homme singulier et la famille ne peuvent atteindre leur perfection proprement humaine que s'ils font partie de la société civile, que spécifie le bien commun.

C'est le sens profond du mot d'Aristote: *celui qui ne vit pas en société est un homme semblable à la bête ou un homme divin.*

519 - L'ÉTAT N'EST PAS LA SOURCE DE TOUS LES DROITS. —1° Le droit est *le bien dû à autrui.*

Le bien commun est le bien humain le plus parfait.

Nous pouvons donc dire, en un certain sens, que le bien commun est le droit suprême, et qu'il est la mesure de tous les autres droits. Car l'homme ne jouit de droits particuliers que pour atteindre le plus grand bien-être possible, qu'il trouve dans le bien commun.

Par suite, il serait exact de dire qu'il appartient à la société civile ou à l'État de conserver et d'ordonner tous les droits privés des citoyens à sa propre fin, au bien commun.

2° Mais certains législateurs et certains juristes enseignent que l'État est la source de tous les droits. Ils entendent par là que les individus et les familles n'ont, dans la société civile, que les droits reconnus et accordés par l'autorité de l'État.

En d'autres termes ils affirment que l'État a le droit souverain de déterminer ce qui est *licite* ou *illicite,* indépendamment de toute autorité supérieure et de toute loi naturelle.

3° Réfutons cette erreur.

L'État n'est pas la source de tous les droits.

La loi naturelle, ou Dieu, auteur de la nature, accorde à l'homme singulier, et à la famille des droits propres et inviolables. Or, l'État est soumis à la loi naturelle, ou à Dieu, auteur de la nature. Donc, l'État doit reconnaître et respecter ces droits donnés à la personne singulière et à la famille par Dieu, auteur de la nature. En d'autres termes, l'État n'est pas la source de tous les droits.

À la majeure. — Selon l'ordre naturel, l'homme singulier et la famille conservent leurs opérations et leurs fins propres dans la société civile. Ils doivent donc recevoir de la nature tous les droits nécessaires pour poursuivre ces fins. Autrement, la nature se contredirait.

À la mineure. — La cause efficiente première de la société civile est la nature, ou Dieu, l'auteur de la nature. La société civile et l'État sont donc soumis à la nature, ou à Dieu, comme à un principe.

520 - LA FONCTION DE L'ÉTAT. — 1° Après avoir déterminé les relations entre la personne singulière, la famille et la société civile, nous pouvons mieux comprendre la fonction de l'État.

Nous entendons par fonction de l'État, *l'opération propre ou la charge qui revient à l'autorité civile en vertu du bien commun.*

2° La fonction de l'État est quadruple:

a) L'État doit *protéger* les droits des citoyens et *ordonner* l'initiative privée au bien commun;

b) il doit *encourager* et *stimuler* l'activité privée,

c) il doit *compléter* l'activité privée, quand elle est insuffisante;

d) il doit la *remplacer,* quand elle est impuissante.

3° Les principes qui illuminent cette doctrine sur la fonction de l'État sont ceux que nous avons établis.

a) La personne singulière et la famille conservent, dans la société civile, leurs fins propres, et, par suite, les droits nécessaires pour atteindre ces fins;

b) Les biens privés de l'individu et de la famille sont les parties du bien commun: celui-ci n'est que l'ensemble ordonné de ceux-là.

Le bien commun a donc sa source dans les biens particuliers et dans l'initiative privée des individus et des familles.

On comprend que l'État, dont la fin propre est le bien commun, devra *ordonner, protéger, encourager, stimuler, compléter,* et *remplacer* l'initiative privée, comme nous l'avons expliqué.

521 - LE PERSONNALISME. — 1° Le Personnalisme est la doctrine de ceux qui affirment *que la fin de l'homme, en tant que personne, est supérieure à la fin de la société civile.*

2° Pour comprendre les affirmations du Personnalisme, notons d'abord les trois points suivants:

a) La fin surnaturelle de l'homme ou la personne humaine est un bien supérieur à la fin de la société civile. Cette dernière est d'ordre naturel.

b) La fin de la société civile est le plus grand bien *humain* de l'ordre naturel. En conséquence, nous pouvons dire que la fin de la société civile est la perfection de l'homme ou de la personne humaine. Voilà pourquoi nous affirmons que la société est faite pour l'homme ou pour la personne humaine.

c) Chaque personne humaine et chaque famille conservent, dans la société civile, les droits que la nature leur a donnés.

Ces trois points sont certains. Il n'y a pas de discussion, à leur sujet, chez les philosophes scolastiques.

3° La difficulté qui demeure est la suivante: quels sont les rapports de l'homme singulier, comme Pierre, — et de la famille prise en tant que telle famille — avec la société civile.

Nous avons déjà répondu que ces rapports sont ceux des parties au tout: *la fin personnelle de l'homme singulier comme telle est ordonnée au bien commun, comme la partie l'est au tout.*

Les Personnalistes n'acceptent pas toute cette doctrine. Ils distinguent, dans tout homme singulier, deux aspects:

a) *l'aspect d'individu;*

b) *l'aspect de personne.*

Ils affirment que l'homme singulier est une partie de la société civile en tant qu'il est un individu, et non en tant qu'il est une personne.

Par suite, l'homme singulier est subordonné, dans ses fins, à la fin de la société civile, en tant qu'il est individu; en tant qu'il est une personne, l'homme singulier — dans l'ordre purement naturel — a des fins supérieures à la fin de la société civile.

Le Personnalisme peut donc se définir, d'une manière précise: *la doctrine qui subordonne le bien commun au bien de la personne humaine, singulière, ou au bien de l'homme singulier, en tant que celui-ci est une personne.*

4° Notons que l'individu, dans la question présente, ne peut signifier que deux choses:

a) *ou la nature humaine singulière, sans la subsistance;*

b) *ou l'homme considéré uniquement comme un suppôt,* et non comme un suppôt raisonnable ou une personne.

5° Si les Personnalistes entendent par individu la nature humaine singulière sans la subsistance, ils affirment que l'homme singulier est subordonné à la société civile par sa nature humaine, et qu'il est supérieur — dans la ligne des fins — à la société civile par sa subsistance ou personnalité.

Cette affirmation n'a aucun fondement, car la dignité de la subsistance ou de la personnalité provient précisément de la nature intellective qu'elle complète.

La subsistance de l'homme est la personnalité, parce qu'elle est le complément d'une nature raisonnable, et non d'une nature irraisonnable.

Si les Personnalistes distinguent l'individu de la personne, en considérant le premier *uniquement* comme un suppôt, et la seconde comme un suppôt *raisonnable,* ils affirment que l'homme singulier est partie de la société civile non pas en tant qu'être raisonnable, mais en tant qu'animal ou en tant qu'être subsistant.

Une telle conception détruit la notion de la société, qui est essentiellement *une union d'êtres doués d'intelligence en vue d'un bien commun.*

6° Nous pouvons enfin dire que le Personnalisme est une forme d'individualisme. En effet, il subordonne, en définitive, le bien commun,

mun, le bien de la multitude, au bien des personnes qui constituent la multitude, c'est-à-dire au bien de l'individu.

522 - DIFFICULTÉS DU PERSONNALISME. — 1° L'ordre de l'homme singulier à la société est celui de la partie au tout. Or, l'homme n'est pas partie d'un tout en tant que personne, mais en tant qu'individu: la distinction numérique des hommes dans une même espèce provient de l'individuation. Donc, l'homme singulier est partie de la société civile en tant qu'individu, et non en tant que personne.

À la majeure. — Au tout dans la ligne de l'être, je nie; dans la ligne de l'opération, je concède.

À la mineure. — L'homme ne fait pas partie, en tant que personne, mais en tant qu'individu. d'un tout dans la ligne de l'être, je puis concéder; dans la ligne de l'opération, je nie.

Comme nous l'avons vu, la société est un tout résultant de l'union des opérations. Et comme c'est la personne **qui agit, qui opère**, l'homme fait partie de la société civile, en tant qu'il est une personne.

Nous pouvons dire que l'homme fait partie de son espèce, qui est un tout dans la ligne de l'être, en tant qu'il est individu. Car, la matière première signée par la quantité est le principe de la distinction numérique dans une même espèce,

2° Qui est immédiatement ordonné à Dieu ne peut être ordonné à la fin de la société civile. Or, toute personne humaine est immédiatement ordonnée à Dieu. Donc, l'homme singulier, comme personne, n'est pas ordonné à la fin de la société civile.

À la majeure. — Qui peut atteindre Dieu sans vivre en société, je concède; celui qui est immédiatement ordonné à Dieu en ce sens qu'il n'est pas ordonné à une créature comme à sa fin propre, je nie.

À la mineure. — Toute personne humaine peut atteindre Dieu sans vivre en société. je nie; toute personne humaine n'est pas ordonnée à une autre créature comme à une fin propre, je concède.

La personne humaine dit un ordre immédiat à Dieu, parce qu'elle n'est pas pour une autre créature, comme, dans cet univers, les minéraux, les plantes, les brutes sont pour l'homme comme pour leur fin, et n'atteignent Dieu que par l'intermédiaire de l'homme.

Mais l'ordre immédiat à Dieu n'exclut pas la vie en société. Au contraire, Dieu, parce qu'il est le bien souverain, est essentiellement un bien commun. Voilà pourquoi la béatitude, qui consiste essentiellement dans la connaissance et l'amour de Dieu, ne peut être obtenue que par la vie sociale.

3° L'homme n'est pas ordonné à la société civile dans tout ce qu'il est et dans tout ce qu'il possède (homo non ordinatur ad communitatem politicam secundum se totum et secundum omnia sua — 1-2 q. 21, a. 4, ad. 3). Donc, la fin de l'homme singulier est supérieure à la fin de la société civile.

Pour répondre à cette difficulté, plusieurs considératioos sont nécessaires:

a)   La fin surnaturelle de l'homme est supérieure au bien commun naturel.

b)   Le texte de saint Thomas qu'on vient de citer se prend dans un article sur le mérite (et le démérite).

La société civile ne commande pas ou ne défend pas, par ses lois positives, tous les actes. Par suite, elle ne récompense pas et ne punit pas tous les actes.

c)   Si l'homme n'était pas élevé à une fin surnaturelle, la société civile serait aussi la société religieuse. En conséquence, elle aurait comme fin, non seulement le bonheur temporel de l'homme, mais encore son bonheur naturel de l'autre vie.

Dans cette hypothèse, l'homme serait donc ordonné, par tous ces actes, à la fin de la société civile.

ARTICLE II

LA PROPRIÉTÉ PRIVÉE

1. — Légitimité de la propriété privée.

523 - Légitimité et nécessité de la propriété privée. — 1° Les choses inférieures à l'homme sont ordonnées à l'homme comme à leur fin. De plus, l'homme, parce qu'il est un être doué d'intelligence, a le pouvoir de *se servir* des choses faites pour lui.

Il résulte que l'homme a le droit de se servir ou de disposer des choses inférieures pour sa propre utilité.

Nous avons déjà établi ce droit général qui appartient à tout homme.

Un autre problème se pose maintenant. En effet, après avoir admis que tout homme a un droit général de se servir des choses inférieures, que nous appelons extérieures, nous pouvons encore nous demander si un homme — ou une famille — peut avoir ces choses comme *siennes*, afin d'en disposer *à son gré*.

Ce problème est celui de la *propriété privée*.

2° Pour comprendre la notion de la propriété, nous devons d'abord distinguer les actes principaux que l'homme peut poser à l'égard des choses extérieures.

Selon saint Thomas, ces actes sont les trois suivants:

a) *l'administration* (procuratio), c'est-à-dire la gestion et la production;

b) *la distribution* (dishensatio), c'est-à-dire la disposition ou la répartition;

c) *l'usage*, i. e., l'aplication *immédiate* des choses extérieures aux besoins de l'homme.

En terme économique, l'usage peut s'appeler la *consommation*.

3° La propriété est antérieure à l'usage. Elle en est distincte (1). Un homme peut appliquer à ses besoins, d'une manière immédiate, une chose qui est sienne ou qui est à autrui, ou encore qui n'appartient à personne. *Exemple*: un homme peut manger un fruit dans une forêt, sans en avoir la propriété et sans violer la propriété de qui que ce soit.

La propriété se rapporte donc aux actes qui précèdent le consommation. Elle peut se définir: *le pouvoir d'administrer les choses extérieures comme siennes et d'en disposer.*

Lorsque les choses extérieures appartiennent à des individus ou à des personnes morales privées, nous avons la propriété *privée*.

Lorsque les choses extérieures sont à la disposition de tous les membres de la communauté, nous avons la propriété *commune* ou *collective*.

4° La propriété privée peut revêtir et a revêtu des formes diverses, dont les principales sont le régime *patriarcal*, le régime *familial* et le régime *individualiste*.

Le régime patriarcal est *celui dans lequel tout appartient à l'ascendant le plus ancien.*

Le régime familial est *celui dans lequel les biens appartiennent à la famille*. Le chef de famille gère ces biens. Il ne peut en disposer à son gré.

Le régime individualiste est *celui dans lequel les biens appartiennent à l'individu*, qui a le droit d'en jouir, d'en user à sa guise, d'en disposer de la façon la plus absolue.

5° Nous pouvons considérer la propriété privée d'une manière générale et abstraite, ou encore d'une manière concrète, par rapport à tel ou tel bien.

---

(1)   «Sur l'usage des richesses, voici l'enseignement, d'une excellence et d'une importance extrême que la philosophie a pu esquisser, mais qu'il appartenait à l'Église de nous donner dans sa perfection et de faire descendre de la connaissance à la pratique. Le fondement de cette doctrine est dans la distinction entre la juste possession des richesses et leur usage légitime.» Léon XIII, **Rerum Novarum.**

Ici, nous parlons de la propriété privée sous son aspect général. En d'autres termes, nous considérons le droit que l'homme peut avoir de posséder des choses extérieures comme siennes.

6° Les choses extérieures se divisent en objets de *consommation*, et en objets de *production*.

Les objets de consommation sont *ceux qui, de leur nature, ne sont aptes qu'à satisfaire immédiatement les besoins de l'homme*, comme les aliments, *ou à lui procurer certaines jouissances*, comme un livre, un tableau.

Les objets de production sont *ceux qui servent à donner naissance à des nouveaux produits*, comme un champ, etc.

7° a) Le Communisme absolue soutient que la propriété des objets de consommation et des objets de production doit être exclusivement réservée à la communauté civile. C'est le communisme de Platon.

b) Le Collectivisme modéré affirme que «la propriété sociale s'étend à la terre et aux moyens de production, et la propriété individuelle aux produits, partant aux objets de consommation». Engels, dans *Anti-Dühring*

Donc, propriété commune des objets de production, et propriété privée des objets de consommation.

c) Certains auteurs admettent que la propriété privée est légitime. Ils affirment cependant que cette légitimité a son origine première, soit dans la loi civile — Montesquieu, Babeuf, Bentham, Robespierre, — soit dans un pacte explicite ou implicite — Locke, Grotius, Pufendorff.

d) La philosophie traditionnelle affirme que la propriété privée des objets de production et de consommation est légitime et nécessaire.

Elle est *légitime*, parce qu'elle est conforme à la loi naturelle; elle est *nécessaire*, parce qu'elle est dans le vœu de la nature.

L'Église, dans des documents officiels, a fait siennes les affirmations de la philosophie traditionnelle.

8° Prouvons ces affirmations:

1) La propriété privée des objets de consommation et de production est conforme à la loi naturelle.

Ce qui est conforme à l'inclination de la nature est conforme à la loi naturelle. Or, la propriété privée des objets de consommation et de production est conforme à l'inclination de la nature. Donc, la propriété privée des objets de consommation et de production est conforme à la loi naturelle.

À la majeure. — La loi naturelle se prend de l'inclination de la **nature.**

À la mineure. — a) L'homme singulier ou l'individu, parce qu'il est un être raisonnable, participe à la Providence divine. Il est sa propre providence, non seulement pour le moment présent, mais encore pour l'avenir. Or, l'inclination de la nature pousse l'homme singulier à s'approprier les objets de consommation et de production, afin de pourvoir à ses nécessités futures. En effet, il ne peut faire face aux éventualités normales de l'avenir, comme aux maladies, aux accidents, à la vieillesse, s'il ne s'approprie pas les objets de consommation et de production. Donc, la propriété privée des objets de consommation et de production est conforme à l'inclination de la nature.

b) L'homme, invité par la nature à fonder une famille, doit être la providence de sa femme et de ses enfants, qui attendent, du père de famille, la nourriture et tous les secours nécessaires à leur existence. Or, le père de famille, pour fournir cette nourriture et ce secours, cherche naturellement à s'approprier les objets de consommation et de production. Donc, la propriété privée des objets de consommation et de production est conforme à l'inclination de la nature humaine.

c) L'homme a une inclination naturelle à protéger son indépendance, sa liberté. Or, la propriété privée des objets de consommation et de production est utile à l'homme pour protéger son indépendance, sa liberté. Sans la propriété privée, l'homme dépend, dans une mesure excessive, des autres et de la société civile. Donc, l'homme a une inclination naturelle à la propriété privée des objets de consommation et de production.

2) La propriété privée des objets de consommation et de production est une institution nécessaire.

Une institution qui conserve la paix entre les hommes, qui stimule, d'une manière éminente, la production des richesses et le développement de la prospérité, qui seule rend possible l'exercice de la libéralité, est une institution nécessaire. Or, la propriété privée des objets de consommation et de production conserve la paix entre les hommes; elle stimule, d'une manière éminente, la production des richesses et le développement de la prospérité, et seule rend possible l'exercice de la libéralité. Donc, la propriété privée des objets de consommation et de production est une institution nécessaire.

À la majeure. — La loi naturelle demande que la société soit organisée de manière à conserver la paix, à faire atteindre aux choses extérieures leur fin essentielle, qui est la satisfaction des besoins de l'homme, et à permettre aux hommes l'exercice de la vertu.

À la mineure. — a) *La propriété privée conserve la paix entre les hommes.* — L'homme est naturellement satisfait de posséder des biens comme siens. «Aucune parole ne peut exprimer cette satisfaction», dit Aristote.

D'autre part, la communauté des biens est une source de conflits. Les dissensions surgissent très facilement entre les hommes qui prétendent avoir les mêmes droits sur une même chose, comme nous le montre l'expérience.

b) *La propriété privée stimule, d'une manière éminente, la production et la prospérité,* à cause de l'appât efficace qu'elle présente à l'industrie humaine. Seule, en effet, la perspective d'un avantage personnel fait triompher de la répugnance qu'inspire toujours le caractère pénible du travail. On se dépense rarement en efforts laborieux qu'on sait ne devoir profiter qu'à la collectivité.

c) *Seule la propriété privée rend possible l'exercice de la libéralité.* — La libéralité consiste à donner des biens personnels. Celui qui donne des biens appartenants à la communauté n'exerce pas la vertu de libéralité.

524 - L'ACQUISITION DE LA PROPRIÉTÉ. — 1° Nous venons de montrer que la propriété privée est légitime et même nécessaire.

Nous avons maintenant à chercher comment peut s'acquérir la propriété privée.

L'acquisition de la propriété privée est *l'appropriation de tel bien particulier par telle personne particulière.*

Par suite, le problème que nous abordons est le suivant:

quels titres légitiment l'appropriation de tels biens particuliers par telle personne particulière?

2° Un titre de propriété se définit: *un fait qui donne naissance au droit de propriété.* Exemples: une donation, une vente, un achat.

Les titres de propriété se divisent en deux grandes catégories:

> *les titres primitifs;*
> *les titres dérivés.*

Les titres primitifs sont *ceux qui confèrent la propriété d'un bien sans maître.*

Les titres dérivés sont *ceux qui transmettent la propriété d'un maître à un autre.*

On appelle aussi titre dérivé celui que le propriétaire a sur les produits naturels d'un bien qu'il possède. *Exemple:* le propriétaire d'un verger a un titre dérivé sur les fruits de ce verger.

3° Le titre primitif principal de la propriété privée est l'occupation.

Le travail, en un certain sens, est aussi un titre primitif de propriété.

Les principaux titres dérivés de la propriété sont la prescription, l'héritage par testament, l'héritage sans testament ou *ab intestat,* et le contrat.

a) L'occupation est *la prise de possession, ostensible et en esprit de propriété, d'un bien sans maître.*

b) Le travail, en soi, est *l'exercice de l'activité humaine.* Dans son résultat, il se définit: *l'élaboration d'un produit.*

c) La prescription est *l'acquisition d'un bien* ou *l'extinction d'une obligation — provenant du fait qu'on possède ce bien —* ou qu'on *n'exécute pas une obligation — de bonne foi, pendant un certain temps, sous les conditions définies par la loi.*

d) L'héritage est *la transmission, par voie de succession, des biens d'un défunt à d'autres propriétaires privés.*

Si le défunt, avant sa mort, a déterminé expressément cette transmission, on a l'héritage *testamentaire;* s'il n'a pas déterminé cette transmission, on a l'héritage *ab intestat.*

e) Le contrat est *un consentement mutuel signifié extérieurement, consentement qui a pour objet une obligation de justice.*

4° Les Communistes et les Socialistes affirment que le travail est le seul titre légitime de propriété. Ils rejettent la légitimité de l'occupation et du testament.

D'autres auteurs prétendent que l'occupation ne peut être un titre légitime de propriété, que si elle est complétée et consacrée par le travail.

Les théologiens et la plupart des jurisconsultes reconnaissent deux titres primitifs de la propriété, titres indépendants l'un de l'autre: *l'occupation seule,* pourvue qu'elle soit réelle, et *le travail.*

Ils admettent aussi la légitimité des titres dérivés que nous avons énumérés.

5° Prouvons la doctrine commune.

1) L'occupation est le principal titre primitif de propriété, et elle est légitime.

Un acte honnête qui, de fait, a été la première cause de la propriété privée est un titre légitime et primitif de propriété; il est même le principal titre primitif de propriété. Or, l'occupation est un acte honnête, qui, de fait, a été la première cause de la propriété privée. Donc, l'occupation est le principal titre primitif de propriété; elle est aussi un titre légitime.

À la majeure. — a) Un acte honnête est légitime .

b) Un acte qui a été la première cause de la propriété privée est le principal titre primitif de propriété.

À la mineure. — a) L'occupation est un acte honnête: elle ne lèse personne, puisque le bien sur lequel elle porte est sans maître.

b) À l'origine, tous les biens matériels étaient sans maître. Le moyen naturel de les approprier fut de les occuper par une prise de possession.

2) Le travail est aussi un titre primitif de propriété.

L'homme est maître de son activité, puisqu'il est un être libre. Cette maîtrise lui donne le droit sur le produit de son activité. Celui qui exerce son activité, sans léser le droit d'autrui, a donc, selon la loi naturelle, le domaine entier sur le produit de son activité.

Mais si quelqu'un exerce son activité en lèsant le droit d'autrui, ou encore en se servant d'une chose d'autrui, il n'a droit qu'à ce qui lui revient en justice.

3) La prescription est un titre légitime de propriété.

a) Sans ce titre, aucune propriété, si ancienne fut-elle, ne serait à l'abri des contestations.

b) Sans la prescription, chacun devrait conserver indéfiniment ses titres de propriété et ses quittances.

c) La prescription stimule les créanciers à poursuivre à temps leurs débiteurs; elle coupe court ainsi à certains procédés usuraires.

4) L'héritage par testament ou ab intestat est un titre légitime de propriété.

a) Le propriétaire a le droit de disposer de ses biens par testament. Ce droit se justifie par les raisons suivantes:

Il favorise l'économie et la sage administration des biens;

Il est une conséquence légitime de la propriété , qui comprend le pouvoir de disposer de ses biens à son gré;

Il est conforme au bien commun, car il donne au propriétaire le moyen de soutenir une foule d'institutions d'intérêt public, comme les institutions scientifiques et charitables.

b) L'héritage ab intestat est un titre de propriété voulu par la nature. En effet, dans ce cas, les biens des parents reviennent aux enfants. Et les enfants, selon la loi naturelle, ont sur ces biens des titres préférables à ceux des étrangers.

Les enfants participent déjà, en quelque manière, à la propriété des biens paternels: cette propriété est pour la famille.

Les enfants continuent la personne des parents. Ils ont donc droit aux biens personnels de ces derniers.

Les parents trouvent, dans l'assurance que leurs biens passeront à leurs enfants, un stimulant efficace à l'accroissement et à la conservation de leur patrimoine.

5) Le contrat est un titre légitime de propriété.

Le propriétaire peut disposer de ses biens à son gré. Il peut donc les aliéner par contrat, ou même par simple donation entre vifs.

525 - OBSERVATIONS. — 1° C'est par la propriété privée que les choses extérieures peuvent le mieux atteindre leur fin essentielle, qui est l'utilité de l'homme. Voilà pourquoi l'existence de la propriété privée s'impose en vertu des préceptes *seconds* de la loi naturelle.

2° Certains écrivains catholiques affirment que la propriété privée est nécessaire, uniquement à cause du péché originel. Selon eux, l'homme, s'il n'était pas déchu, n'aurait pas besoin du stimulant de la propriété privée pour fournir le travail nécessaire à l'élaboration des produits. De plus, la paix et l'ordre existeraient, même sans l'appropriation des biens.

Nous pouvons admettre que le péché originel rend plus nécessaire l'institution de la propriété privée.

Mais les arguments que nous avons donnés pour prouver la légitimité et la nécessité de la propriété privée, s'appliquent à l'homme considéré dans sa nature. Voilà pourquoi la propriété privée s'imposerait, même si le péché originel n'existait pas.

2. — La fonction sociale de la propriété privée.

526 - LA PROPRIÉTÉ PRIVÉE A UNE FONCTION SOCIALE. — 1° Nous venons de voir que la propriété privée est une institution permettant aux choses extérieures ou matérielles de mieux atteindre leur fin essentielle, qui est l'utilité de l'homme. Nous voyons par là que la propriété privée est requise par le bien commun de l'humanité.

La fonction sociale de la propriété privée consiste précisément dans *le rapport de la propriété au bien commun.*

2° La propriété privée est d'abord ordonnée au bien personnel du propriétaire. Sous cet aspect, elle a déjà une fonction sociale, car le propriétaire est une partie de la société, et le bien de la partie, est, en un sens, le bien du tout.

Cependant, ce n'est pas là toute la fonction sociale de la propriété privée. Car, si elle ne disait un rapport au bien commun qu'en procurant le bien personnel du propriétaire, elle risquerait souvent de favoriser les intérêts privés au dépens du bien commun lui-même. C'est ce qui arriverait, si un homme s'appropriait la plus grande partie des biens qui existent dans une société.

3° Selon Aristote et saint Thomas, la propriété a une fonction sociale, non seulement parce qu'elle est ordonnée au bien personnel du propriétaire, mais encore parce que l'usage, la consommation, de biens possédés privément demeure toujours *commun d'une certaine manière.*

4° Cet usage commun, qui grève la propriété privée comme une charge voulue par la nature, s'explique comme suit:
a) l'indigent, dans le cas et dans la mesure d'une extrême nécessité, a un droit strict sur la propriété d'autrui;
b) le propriétaire lui-même doit facilement disposer de son *superflu* en faveur d'autrui.
On appelle *superflu* tout ce qui n'est pas nécessaire à une personne et à ceux dont celle-ci a la garde, eu égard aux conditions sociales, au rang et à tous les besoins.

5° L'Église, dans des documents solennels comme les Encycliques *Rerum Novarum* et *Quadragesimo Anno*, a fait sienne la doctrine d'Aristote et de saint Thomas sur la fonction sociale de la propriété privée.
Le Libéralisme économique rejette au moins implicitement cette doctrine.

6° Après ces préliminaires, nous pouvons prouver la proposition suivante:

L'usage des biens possédés privément demeure toujours commun d'une certaine manière.

1) Si la propriété privée est ordonnée au bien commun de la société civile, l'usage des biens possédés privément doit toujours demeurer commun d'une certaine manière. Or, la propriété privée est ordonnée au bien commun de la société civile. Donc, l'usage des biens possédés privément demeure toujours commun d'une certaine manière.

À la majeure. — Pour que le bien commun soit sauf, il est nécessaire que la propriété privée ait elle-même une fin commune. Autrement, elle servirait trop exclusivement les fins privées des propriétaires.

À la mineure. — La propriété privée est un bien personnel de l'individu ou de la famille. Or, le bien de l'individu ou de la famille est ordonné au bien commun de la société civile. Donc ..

2) La propriété privée est une institution légitime et nécessaire, parce qu'elle permet aux choses extérieures de mieux atteindre leur fin essentielle, qui est l'utilité commune des hommes. Or, si l'usage des biens possédés privément ne demeurait pas commun d'une certaine manière, la propriété privée ne serait pas une institution permettant aux choses extérieures d'atteindre leur fin essentielle, qui est l'utilité commune des hommes. Donc, l'usage des biens possédés privément demeure commun d'une certaine manière.

À la majeure. — La propriété privée est légitime et nécessaire, parce qu'elle est le meilleur stimulant au travail, parce qu'elle favorise la paix et une plus grande production de biens. Elle concourt ainsi à mieux adapter les choses extérieures aux besoins de l'humanité.

À la mineure. — Si l'usage des biens possédés privément ne demeurait pas commun d'une certaine manière, la propriété privée pourrait servir trop exclusivement les intérêts privés au détriment du bien commun ou de l'utilité commune des hommes.

3) Selon la justice distributive de Dieu, chaque homme a droit aux biens matériels qui lui sont nécessaires pour vivre, et même pour vivre selon la vertu. Or, si l'usage des biens possédés privément ne demeurait pas commun d'une certaine manière, chaque homme n'aura

pas les biens matériels nécessaires à la vie, et à la vie vertueuse. Donc, l'usage des biens possédés privément demeure commun d'une certaine manière.

À la majeure. — Tout homme, d'après la loi naturelle, a le devoir de conserver sa vie, et de vivre vertueusement. Il a donc le droit à ce qui est nécessaire pour atteindre ces fins.

À la mineure. — Si l'usage des biens possédés privément ne demeurait pas commun d'une certaine manière, un homme ou un groupe d'hommes pourrait s'approprier les biens extérieurs, et laisser les autres dans l'indigence la plus complète sans violer aucune vertu.

527 - OBSERVATIONS. — 1° Le droit de propriété privée est un droit naturel, mais il n'est pas un droit arbitraire. Il doit toujours s'exercer en conformité avec le bien commun.

Voilà pourquoi l'État peut se réserver la propriété de certains biens qui, laissés à la disposition des particuliers, donneraient à ceux-ci une trop grande puissance dans le domaine économique.

2° Nous devons soigneusement faire la distinction entre la propriété privée et *l'usage* de la propriété privée.

Le droit de propriété est un droit naturel et inviolable.

Le propriétaire qui laisse ses biens inactifs, ou encore qui se sert mal de ses biens, ne perd pas pour cela son droit de propriété.

3° Le propriétaire doit donner son superflu, mais, ce n'est pas là un devoir de stricte justice, dont on peut poursuivre l'accomplissement par les voies de la justice humaine. *Rerum Novarum.*

La fonction sociale de la propriété privée relève de la libéralité, de la bienveillance, de la magnificence, de l'amitié, de la miséricorde, et surtout de la charité chrétienne.

Elle est cependant un acte spécifiquement comandé par la justice légale ou sociale, dont l'effet propre est d'ordonner les actes des autres vertus au bien commun.

4° La fonction sociale de la propriété privée impose l'obligation de l'aumône. Mais l'aumône n'est pas l'unique obligation qui découle de l'aspect social de la propriété privée.

Selon Pie XI, «celui qui consacre les ressources plus larges dont il dispose à développer une industrie, source abondante de travail rémunérateur, pourvu toutefois que ce travail soit employé à produire des biens réellement utiles, pratique d'une manière remarquable et particulièrement appropriée aux besoins de notre temps l'exercice de la vertu de magnificence.» *Quadragesimo Anno.* En d'autres termes, il accomplit magnifiquement les devoirs imposés par l'aspect social de la propriété privée.

Celui qui fait des dons aux orphelinats, aux hospices, aux universités, aux écoles et à toutes les œuvres d'intérêt public, accomplit aussi les mêmes devoirs.

5° Le superflu n'est pas illégitime, quoiqu'il doive être ordonné au bien commun. Saint Thomas affirme même que l'abondance des richesses n'exclut pas nécesairement la perfection chrétienne.

6° Puisque la propriété privée est ordonnée au bien commun, le législateur peut réglementer le droit de propriété privée et son usage, selon les strictes exigences du bien commun.

L'État ne doit cependant pas étouffer la propriété privée par une charge trop grande d'impôts et de taxes.

<h1 style="text-align:center">ARTICLE III</h1>

<h2 style="text-align:center">L'ASSOCIATION PROFESSIONNELLE</h2>

1. — Les fins de l'association professionnelle.

528 - Double fin de l'association professionnelle. — 1° L'association professionnelle peut se définir nominalement: *l'union organique de ceux qui exercent une même profession.*

La profession elle-même se définit: *le mode stable de travail choisi par chacun pour gagner sa vie et celle des siens, tout en servant la société.*

Expliquons cette définition:

a) *Un mode stable:* celui qui se livre à un travail d'une manière tout à fait provisoire ou passagère n'exerce pas une profession:

b) *De travail,* c'est-à-dire de l'exercice de l'activité humaine;

c) *Choisi par chacun;* la division du travail dans la société est un vœu de la nature. Celui doit cultiver les champs, un autre doit pratiquer la médecine, le droit, un troisième doit être cuisinier ou cordonnier, etc. Mais chacun peut choisir librement le genre de travail qui lui convient selon ses dispositions, ses goûts, ses aptitudes ou diverses autres circonstances;

d) *Pour gagner sa vie et celle des siens:* c'est là l'aspect individuel du travail ou de la profession;

e) *Tout en servant la société:* c'est l'aspect social du travail ou de la profession. Le bien commun exige la division du travail. Celui qui se livre à une tâche déterminée concourt, pour sa part, à la réalisation du bien commun.

L'association professionnelle peut se définir: *une société qui groupe les membres d'une même profession pour leur permettre de protéger leurs intérêts communs, et de mieux travailler en vue du bien commun de toute la société civile.*

L'association professionnelle a donc une double fin:

a) *une fin prochaine*: le bien commun de la profession et de ses membres;

b) *une fin éloignée*: le bien commun de toute la société civile.

La fin prochaine de l'association professionnelle comprend:

a) *avant tout*, le perfectionnement intellectuel et moral de ses membres;

b) *et aussi*, l'accroissement le plus grand possible des biens du corps et de la fortune, la formation technique de ses membres, le respect de leurs droits mutuels, la recherche des mesures spéciales d'arbitrage et de prévoyance, le respect des droits de la profession elle-même, etc.

3° L'association professionnelle est *incomplète* ou *complète*.

L'association professionnelle incomplète ou syndicale est *celle qui réunit une partie seulement de ceux qui participent à la fabrication d'un produit fini, ou à la prestation d'un service complet*, ex., celle qui réunit seulement les ouvriers, comme dans les syndicats ouvriers, ou seulement les patrons, comme dans les syndicats patronaux.

L'association professionnelle complète ou corporative est *celle qui réunit tous ceux qui, par leur travail de direction, soit par leur travail d'exécution, soit par tout autre apport, concourent à la fabrication d'un produit fini ou à la prestation d'un service complet*, comme les patrons, les techniciens et tous les employés.

4° Pour le socialisme révolutionnaire, la fin de l'association professionnelle est la révolution. Les syndicats d'ouvriers ou d'agriculteurs ne sont que des instruments dans la lutte des classes.

L'individualisme restreint les buts de l'association professionnelle à des intérêts privés. Il s'oppose parfois à l'idée même de l'organisation professionnelle.

5° Prouvons les propositions suivantes:

1) La fin prochaine de l'association professionnelle est le bien commun de la profession et de ses membres.

La fin prochaine de toute société est le bien commun de ses membres. Or, l'association professionnelle est une société; elle est l'union organique d'hommes ayant une même profession. Donc, la fin prochaine de l'association professionnelle est le bien commun de la profession et de ses membres.

2) La fin éloignée de l'association professionnelle est le bien commun de toute la société civile.

La fin éloignée de tout organisme qui est une partie de la société civile est le bien commun de toute la société civile. Or, la fin éloignée de l'association professionnelle est le bien commun de toute la société civile. Donc, la fin éloignée de l'association professionnelle est le bien commun de toute la société civile.

À la majeure. — La société civile est un tout ayant une unité d'ordre. Par suite, les parties de la société civile ont leur fin propre. Cette fin est cependant ordonnée à la fin de la société civile, car la partie est pour le tout.

À la mineure. — La société civile poursuit le bien principal parmi tous les biens humains, c'est-à-dire la perfection de l'existence ou la béatitude commune. L'association professionnelle poursuit une fin plus restreinte. Elle est donc une partie de la société civile.

2. — Légitimité de l'association professionnelle.

529 - LE DROIT D'ASSOCIATION PROFESSIONNELLE EST UN DROIT NATUREL. — 1° Un droit naturel est un droit donné par la nature.

2° Tout homme a un droit naturel de choisir les moyens honnêtes et appropriés pour atteindre ses fins légitimes. En effet, l'homme est personnellement responsable de sa fin ici-bas.

3° L'association professionnelle est une société privée dont la légitimité, c'est-à-dire la conformité à la loi naturelle, ne peut être mise en doute.

Seule serait illégitime une association professionnelle qui poursuivrait des fins opposées à l'ordre social et au bien commun de toute la société civile.

4° L'association professionnelle est non seulement légitime. Elle est aussi, en un certain sens, naturelle.

Elle n'est pas aussi strictement naturelle que la société civile ou la famille: elle n'est pas imposée par un voeu de la nature.

Elle est cependant conforme à un vœu général de la nature qui incline les hommes ayant des intérêts communs à s'unir pour la poursuite de ces intérêts.

Mais l'association professionnelle, bien qu'elle ne soit pas imposée par la nature, peut devenir nécessaire en raison de certaines circonstances déterminées.

Nous pouvons dire que la complexité de l'activité économique actuelle, le grave désordre des mœurs et des institutions exigent aujourd'hui l'organisation professionnelle des différentes branches de l'activité sociale.

5° Le Libéralisme a longtemps prétendu que l'association professionnelle détruit la liberté individuelle et qu'elle est, par suite, illégitime.

6° Prouvons la proposition suivante:

Le droit d'association professionnelle est un droit naturel.

1) La loi naturelle donne à l'homme la liberté de s'unir à ses semblables pour poursuivre des fins honnêtes par des moyens honnêtes. Or, l'association professionnelle n'est autre qu'un groupement d'hommes s'unissant dans la poursuite des fins honnêtes par des moyens honnêtes. Donc, le droit d'association professionnelle est un droit naturel.

2° L'union de plusieurs hommes en vue d'intérêts communs et légitimes est conforme à la nature. Or, l'association professionnelle n'est autre qu'une union de plusieurs hommes en vue d'intérêts communs et légitimes. Donc, l'association professionnelle est conforme à la nature. Le droit naturel permet à l'homme de s'unir à ses semblables dans une association professionnelle.

A la majeure. — L'homme est un être social.

À la mineure. — Les fins de l'association professionnelle sont les intérêts communs de la profession et de ses membres, et le bien commun de la société civile.

3. — Le corporatisme.

530 - NOTIONS DU CORPORATISME. — 1° Nous devons distinguer entre le corporatisme, dans son acception la plus large, et le corporatisme professionnel.

2° Le corporatisme, *dans son acception la plus large*, est la doctrine de ceux qui conçoivent la société civile, non pas uniquement comme une union d'individus, mais surtout et avant tout comme une association de groupements, d'institutions diverses, de corps sociaux, dont les principaux sont les familles, les corps enseignants, les institutions religieuses, scientifiques, artistiques, la magistrature, l'armée et, en général, toutes les professions.

Le corporatisme, sous cet aspect, s'oppose à l'*individualisme* et à l'*étatisme*.

Il s'oppose à l'individualisme, car il conçoit la société civile, non pas uniquement comme un groupement d'individus rattachés à un seul centre, mais comme un ensemble d'organes différenciés, ayant chacun sa fonction propre pour une fin immédiate et pour le bien commun de toute la société civile.

Il s'oppose à l'étatisme, car il reconnaît à chacun des groupes sociaux, qui constituent la société civile, une certaine autonomie dans sa sphère, tout en gardant intact le pouvoir qui revient à l'État en vertu du bien commun.

Le corporatisme, dans son acception la plus large ,est une conception juste de la société civile. C'est une doctrine qui devrait guider tous ceux qui s'occupent de réformes sociales ou politiques.

3° Le corporatisme *professionnel* est un cas particulier du corporatisme en général.

Il est la doctrine qui recommande l'organisation de chaque profession en association professionnelle complète, c'est-à-dire *en corporation*.

531 - La corporation ou l'institution corporative. — L'institution corporative peut se définir: *un corps public, intermédiaire entre les entreprises privées et l'État, chargé de la gérance du bien commun au sein d'une profession. (Semaine sociale d'Angers, 1935.)*

Expliquons cette définition.

L'institution corporative est

a) *un corps public*: la corporation n'est pas un organe de l'État — sous cet aspect, elle est une société privée; mais elle a une autorité, reconnue par la loi, pour réglementer les problèmes qui intéressent la profession. À ce point de vue, elle est un corps public;

b) *intermédiaire entre les entreprises privées et l'État*: la corporation, bien que subordonnée à l'État, ne se confond pas avec l'État La corporation remplit des fonctions ne relevant pas immédiatement de l'État, parce qu'elles ont pour objet des intérêts trop particuliers. D'autre part, la corporation laisse subsister les entreprises privées issues des libertés personnelles. Elle ne supprime ni les initiatives, ni les spontanéités, ni les émulations, ni les responsabilités diverses liées à l'esprit d'entreprise;

C) *chargé de la gérance du bien commun au sein d'une profession*: c'est-à-dire du bien commun de la profession et de ses membres.

La corporation doit régler la concurrence entre les membres d'une profession. Elle doit aussi assurer le *service social* dont la profession a charge, service qui consiste à fournir à la clientèle consommatrice des produits ou des services suffisants en nombre et en qualité.

532 - Corporatisme politique, corporatisme social. — Nous devons distinguer le *corporatisme politique* et le *corporatisme social*.

Le corporatisme politique concerne *l'organisation de la société politique comme telle.*

Il veut deux choses:

a) un statut juridique et légal accordé aux corporations;

b) la participation des diverses corporations ou des divers corps sociaux au pouvoir souverain de l'État, en particulier au pouvoir législatif, soit à titre consultatif, soit à titre délibératif.

Le corporatisme social se préoccupe *surtout des intérêts de la profession de ses membres, tout en orientant ces intérêts au bien commun de la société civile.*

Il veut la reconnaissance juridique et légale des corporations, mais reste étranger à toutes les questions qui sont d'ordre purement politique.

Le corporatisme politique comporte une constitution spéciale de l'État, une forme déterminée de gouvernement.

L'Église laisse à tous les peuples l'entière liberté de se choisir le régime politique qu'ils veulent, pourvu que ce régime soit légitime. Elle reste donc absolument neutre à l'égard du corporatisme politique. Elle le considère uniquement comme une forme de gouvernement légitime.

Mais elle propose le corporatisme social comme le principal remède aux maux actuels de la société.

533 - Corporatisme d'état, corporatisme d'association. — Le corporatisme d'État confie aux pouvoirs publics le soin d'*instituer* les organes de la vie corporative.

Le corporatisme d'association fait à la liberté privée un plus large crédit.

Il demande aux intéressés d'*instituer* eux-mêmes l'organisation professionnelle.

L'État n'a qu'à *reconnaitre* les organes constitués par l'initiative privée, en leur offrant un statut juridique approprié à leurs besoins, et en leur abandonnant «le soin des affaires de moins d'importance où se disperserait à l'excès son effort» *Quad. Anno*, sitôt qu'il les estimera capables de pourvoir par eux-mêmes aux intérêts de la profession.

Le corporatisme d'État n'est pas condamnable en soi. Il pourra même s'imposer par suite de circonstances déterminées.

Le corporatisme d'association est cependant celui qui mérite les faveurs du choix.

Il laisse plus d'initiative à la liberté personnelle dans un domaine qui ne dépasse pas les attributions de cette liberté; il est plus conforme à la fonction essentiellement supplétive de l'État. En effet, selon la formule du corporatisme d'association, l'État n'*institue* pas les organes de la vie corporative; il les *reconnaît*, les favorise, les encourage, les dirige et les contient, tout en laissant aux intéressés le plus d'initiative possible.

534 - Le syndicat au sein de la corporation. — La corporation doit avoir autorité sur tout ce qui se rapporte au bien commun de la profession et des membres de cette profession. Aucun des inscrits sur les listes professionnelles ne devrait avoir la faculté de se soustraire à cette autorité, constituée pour l'avantage et le service de tous.

Mais la corporation groupe des éléments divers, nettement différenciés selon la diversité des tâches, des fonctions et des intérêts, v. g., les employeurs et les employés.

Le problème se pose de savoir si, à l'intérieur de la corporation, on doit admettre des groupements distincts pour ceux que des intérêts particuliers unissent dans une seule classe, v. g., des syndicats d'employés, des syndicats d'employeurs, etc.

Le corporatisme d'État donne sa faveur au «syndicat unitaire» au centre de la corporation. Un seul syndicat grouperait tous les travailleurs faisant partie d'une profession.

Le corporatisme d'association oppose au «syndicat unitaire» la formule suivante: «le syndicat libre dans la profession organisée.»

D'après cette formule, les membres d'une corporation gardent la liberté de former, à l'intérieur de celle-ci, des associations professionnelles partielles distinctes pour le bien des groupes particuliers, v. g., des syndicats d'employés ou d'ouvriers, des syndicats patronaux.

La constitution de ces syndicats est la première étape de l'organisation corporative.

La seconde étape consistera dans la formation du conseil corporatif.

Dans ce conseil se rencontreront, par l'intermédiaire de leurs délégués, tous ceux qui appartiennent à la même profession, qu'ils soient employés ou employeurs.

Ce conseil sera en général, *paritaire*: il groupera, en nombre égal, les délégués de chaque branche de la profession. Il aura un pouvoir réglementaire, juridictionnel et administratif sur la profession.

Chaque profession possédera un triple étage de conseils corporatifs: conseils locaux, conseils régionaux, conseil national.

Enfin, la dernière étape de l'organisation corporative sera la constitution d'un conseil national de corporations, i. e., d'un conseil *inter-corporatif*, qui groupera les délégués des différentes professions chargés d'assurer l'harmonie entre ces professions et un meilleur service du bien commun.

535 - LA DOCTRINE SYNDICALE DE L'ÉGLISE. — Dans une lettre adressée le 3 août 1929 au Cardinal Liénart, la Sacrée Congrégation du Concile a groupé, en quelques propositions, les principes du syndicalisme exprimés plusieurs fois par les Souverains Pontifes.

Nous croyons utile de reproduire ici ces propositions.

«I. — L'Église reconnaît et affirme le droit des patrons et des ouvriers de constituer des associations syndicales, soit séparées, soit mixtes, et y voit un moyen efficace pour la solution de la question sociale.

II. — L'Église, dans l'état actuel des choses, estime moralement nécessaire, la constitution de telles associations syndicales.

III. — L'Église exhorte à constituer de telles associations syndicales.

IV. — L'Église veut que les associations syndicales soient établies et régies selon les principes de la loi et de la morale chrétienne.

V. — L'Église veut que les associations syndicales soient des instruments de concorde et de paix, et, dans ce but, elle suggère l'institution de commissions mixtes comme un moyen d'union entre elles.

VI. — L'Église veut que les associations syndicales suscitées par des catholiques pour des catholiques se constituent entre catholiques, sans toutefois méconnaître que des nécessités particulières puissent obliger à agir différemment.

VIII. — L'Église recommande l'union de tous les catholiques pour un travail commun dans les liens de la charité chrétienne».

En 1931, Pie XI, par l'Encyclique *Quadragesimo Anno*, venait heureusement compléter cette doctrine syndicale, en montrant comment les syndicats doivent s'intégrer dans l'organisation corporative.

4. — Le salaire.

536 - Légitimité du salaire. — 1° Le salaire se définit: *la rétribution due à l'employé en échange du travail qu'il loue à l'employeur.*

Le salaire présuppose un contrat bilatéral entre l'employé et le patron. L'employé donne son travail; en retour, l'employeur devra donner une rétribution, c'est-à-dire un salaire

2° Le salariat est le régime en vigueur dans l'industrie actuelle. Il est un des principaux problèmes que l'organisation professionnelle doit résoudre.

C'est pourquoi nous en parlons après avoir traité de l'organisation professionnelle.

3° Contre le salariat, on a fait une critique d'*ordre moral* et une critique d'*ordre scientifique.*

Selon la première critique, le salariat est *avilissant* parce qu'il livre l'employé à la merci de l'employeur. Le salariat est un retour à l'esclavage. Celui qui loue son travail, loue sa personne. Le travail est, en effet, inséparable de la personne.

Selon la critique dite scientifique, le salariat est un régime de vol qui permet au patron d'exploiter l'ouvrier et de le spolier du fruit de son travail.

La critique scientifique ou marxiste du salariat se fonde sur la théorie marxiste de la valeur.

Karl Marx distingue entre *valeur d'usage* et *valeur d'échange.*

La valeur d'usage est *la capacité d'un objet à satisfaire les besoins de l'homme.* Cette définition est acceptable.

La valeur d'échange est *celle qui se mesure par la quantité de travail socialement nécessaire à la production d'un objet.*

En effet, selon Marx, échanger des objets, c'est affirmer qu'il existe entre eux *un rapport d'égalité:* dix paires de chaussures = un habit.

Cette égalité n'a pas son fondement dans l'identité des qualités physiques et chimiques des objets échangés, puisque ces objets sont de nature différente.

Cette égalité ne peut se fonder que sur *la quantité de travail requise pour les produire l'un et l'autre.*

Karl Marx applique sa théorie de valeur au travail lui-même. Le travail a une double valeur: une *valeur d'usage* et une *valeur d'échange*.

La valeur d'usage du travail est *l'utilité que son possesseur peut en retirer pour son entretien*. Cette valeur peut se mesurer par le nombre d'heures qu'il faut à l'ouvrier pour produire chaque jour les objets nécessaires à sa subsistance: *soit 6 heures*.

La valeur d'échange du travail est la *quantité de travail emmagasinée ou cristallisée dans un objet*.

Par suite, un ouvrier qui travaille douze heures par jour produit une *plus-value* de 6 heures ou de 6 unités: 12 heures de travail moins 6 heures nécessaires pour entretenir pendant un jour la force productrice de l'ouvrier, constituent une *plus-value de 6 heures ou de 6 unités*.

Cette plus-value appartient de droit au travailleur, seul propriétaire naturel de sa force de travail.

En conséquence, le patron qui ne donne au travailleur qu'un salaire suffisant pour l'entretenir, spolie ce travailleur de 6 unités, ou de la *plus-value* produite par le travail.

4° Selon la doctrine de l'Église, le salariat est légitime ,c'est-à-dire conforme à la loi naturelle. Il doit cependant être réglé selon les normes de la justice.

Prouvons la doctrine de l'Église.

Le salaire est légitime.

1) Tout homme peut légitimement disposer de sa personne et de son activité pour des fins honnêtes.Or , dans le régime du salariat, l'employé dispose de sa personne et de son activité pour des fins honnêtes; travailler pour autrui est honnête; travailler sous l'autorité d'autrui est honnête; travailler moyennant une rémunération est honnête. Donc, le salaire est légitime.

La majeure est claire.

À la mineure. — a) *Travailler pour autrui est honnête*, car, c'est conforme à la nature de l'homme qui est un être social.

b) *Travailler sous l'autorité d'autrui est honnête*: l'autorité, dès qu'elle s'exerce selon l'ordre, est un bienfait pour celui qu'elle dirige.

c) *Travailler moyennant une rémunération est honnête*: ce n'est qu'un cas particulier de l'*échange*, conséquence naturelle de la division des tâches dans la société.

Réfutation de la critique marxiste du salariat.

La critique de Marx a son fondement dans la théorie marxiste de la valeur d'échange. Or, cette théorie est fausse: le travail nécessaire à la production d'un objet n'est pas l'unique élément de la valeur de cet objet. Dans tout échange, on compare *deux valeurs*, constituées elles-mêmes par les éléments d'utilité, de besoin et d'abondance. Donc, la critique marxiste du salariat pèche par sa base.

De plus, le capital contribue à la production. La rémunération assignée de ce chef au patron ou au capitaliste ne saurait être une injuste spoliation du travailleur, comme l'affirme la théorie marxiste.

537 - L'EMPLOYÉ A UN DROIT STRICT AU SALAIRE FAMILIAL. — 1° Nous avons défini le salaire: *la rétribution due par le patron à l'employé en échange de son travail.*

2°Le salaire se divse en *salaire individuel* et en *salaire familial*.
Le salaire individuel est *celui qui suffit à faire vivre le travailleur.*

Le salaire familial est *celui qui peut faire vivre, outre l'ouvrier salarié, la femme et les enfants de cet ouvrier.*

3°Le salaire familial se divise lui-même en *salaire familial relatif* et en *salaire familial absolu*.
Le salaire familial relatif est *celui qui est de fait proportionné aux besoins de chaque famille.*

Ce salaire varie d'après le nombre, l'âge et la santé des personnes composant la famille. Il s'élève ou s'abaisse selon que la famille est, en fait, plus ou moins nombreuse.

Le salaire familial absolu est *celui qui permet à l'employé de satisfaire aux charges d'une famille ordinaire.*

Il s'agit ici d'un employé adulte et valide, sobre et honnête, capable d'une somme normale de travail, et consacrant tout son temps à une même entreprise.

Le premier élément qui nous fera connaître les charges d'une famille ordinaire est le nombre d'enfants.

Selon les uns, ce nombre d'enfants serait le nombre *courant* ou *commun* pour telle région, c'est-à-dire le nombre non réputé exceptionnel.

Selon les autres, ce nombre serait le nombre *moyen*, c'est-à-dire le nombre obtenu en divisant, pour telle région, le nombre total d'enfants par le nombre total de familles.

À vrai dire, le nombre *commun* et le nombre *moyen* ne diffèrent guère.

4° D'autres considérations sont nécessaires pour fixer le salaire familial absolu. En particulier, nous devons tenir compte du fait que non seulement le chef de famille, mais aussi «les autres membres de la famille, chacun suivant ses forces, doivent contribuer à l'entretien de celle-ci.» *Quadragesimo Anno*.

C'est dire que la détermination du salaire familial absolu est laissée, non pas au caprice, mais à la prudence de l'homme.

5° Le salaire absolu est un salaire *minimum*.

C'est ce salaire qui est dû en stricte justice à tout employé, que celui-ci soit célibataire ou père de famille.

6° L'Église a déclaré solennellement, par la voix de Pie XI (*Casti Connubii*), que l'ouvrier a un droit strict au salaire familial.

En d'autres termes, le salaire familial absolu doit être donné à l'employé, non par charité ou par honnêteté, mais à cause des exigences de la justice.

Prouvons notre thèse.

L'employé possède un droit strict au salaire familial absolu.

1) Le salaire familial absolu est nécessaire à l'employé pour poursuivre deux fins naturelles: la conservation de sa propre existence et la propagation de l'espèce. Or, l'employé possède un droit strict à ce qui est nécessaire pour la poursuite de ces deux fins. Donc, l'employé possède un droit strict au salaire familial absolu.

À la majeure. — Le salaire est normalement l'unique revenu de l'employé qui consacre toute l'activité, dont il peut raisonnablement disposer, à une entreprise ou en faveur d'un employeur. Pour que cet employé puisse propager l'espèce humaine, il doit recevoir un salaire suffisant au soutien d'une famille.

À la mineure. — Si la loi naturelle déterminait des fins et ne donnait pas un droit aux moyens nécessaires à la poursuite de ces fins, il y aurait une contradiction au sein même de la nature.

2° Sans le salaire familial absolu, l'employé ne bénéficierait pas, comme il le devrait, du bien commun. Or, l'employé a un droit strict à bénéficier convenablement du bien commun. Donc, l'employé a un droit strict au salaire familial absolu.

À la majeure. — Sans le salaire familial absolu, l'ouvrier ne peut fonder et maintenir convenablement un foyer. Il ne peut donc répondre au voeu intime de sa nature.

À la mineure. — Celui qui concourt à la production et au maintien du bien commun, a un droit strict à bénéficier du bien commun. Or, l'employé concourt à la production et au maintien du bien commun: le travail, tout comme la propriété privée, a un aspect individuel et un aspect social. Donc, l'employé a un droit strict à bénéficier du bien commun.

3) La produtcion est nécessaire. Or, le salaire familial absolu est nécessaire pour assurer la production. Donc, l'employeur doit payer le salaire familial absolu, et l'employé a un droit strict à un tel salaire.

À la majeure. — Les biens matériels doivent être adaptés aux besoins humains. Or, cette adaptation se fait par le travail humain ou la production. Donc, la production est nécessaire.

À la mineure. — Sans travailleurs, pas de production. Or, sans salaires suffisants pour assurer la subsistance des travailleurs et de leurs familles, pas de travailleurs. Donc, le salaire familial absolu est nécessaire pour assurer la production.

538 - Le salaire familial absolu est dû en justice commutative. —1° Lorsque les catholiques sociaux ont commencé à discuter la question du salaire familial, surtout lors de la publication de *Rerum Novarum,* très peu d'auteurs admettaient que ce salaire était dû en stricte justice.

On affirmait plutôt que le patron devait payer ce salaire à ses employés pour des motifs d'honnêteté ou de charité.

Pie XI a heureusement tranché le débat en déclarant solennellement, en particulier dans les encycliques *Casti Connubii* et *Divini Redemptoris*, que l'ouvrier a un *droit strict* au salaire familial.

Tous les catholiques doivent donc admettre que le patron, en payant le salaire familial, accomplit un devoir de *justice*.

2° La justice se divise, comme nous le savons, en justice légale, en justice distributive et en justice commutative.

La justice légale *ordonne les personnes privées à la société civile comme les parties à un tout*. Elle a pour objet immédiat le bien commun de la société civile.

La justice distributive *règle les rapports de la société civile aux citoyens, i. e., aux parties*. Elle distribue les biens communs et les charges sociales, eu égard aux conditions des citoyens.

La justice commutative *règle les échanges entre les membres de la société, entre les personnes privées*. (Commutative vient de *commutare*, qui signifie *échanger*).

Les théologiens se demandent en vertu de quelle justice le salaire familial absolu est dû à l'employé.

Les uns affirment que c'est en vertu de la justice légale.

D'autres prétendent que c'est en vertu de la justice distributive.

Nous disons que le salaire familial absolu est dû à l'employé en vertu de la justice commutative.

Nous ne nions pas que la justice légale impose *aussi* au patron l'obligation de payer le salaire familial. Cette obligation qui relève de la justice légale, lie le patron envers le *bien commun* ou la *société civile*.

Mais nous affirmons que l'obligation qui lie le *patron* envers l'*employé*, et qui lui demande de payer à *celui-ci* le salaire familial absolu, relève formellement de la justice commutative.

En d'autres termes, le patron en payant le salaire familial, pose un acte *élicité* par la justice commutative, *commandé* par la justice légale, qui ordonnne cet acte au bien commun (1).

3° Prouvons notre affirmation.

Le salaire familial absolu est dû en justice commutative.

1) Le salaire familial absolu est dû à l'employé adulte et normal en échange de son travail. Or, la justice qui règle les échanges est formellement la justice commutative. Donc, c'est en vertu de cette justice que le patron doit payer à l'employé le salaire familial absolu. En d'autres termes, le salaire familial absolu est dû en justice commutative.

2) C'est la justice commutative qui règle les rapports entre le patron et l'ouvrier, entre le capital et le travail. Or, le salaire familial absolu relève prochainement de la justice qui règle les rapports enentre le patron et l'ouvrier, entre le capital et le travail. Donc, le salaire familial absolu est dû en justice commutative.

A la majeure. — Le patron et l'ouvrier sont deux personnes privées, deux citoyens. Or, c'est la justice commutative qui règle les rapports entre les personnes privées, entre les citoyens. Donc...

A la mineure. — Le salaire familial absolu est dû en stricte justice ,comme nous l'avons vu. Il est dû par le patron à l'ouvrier. Il relève donc de la justice qui règle les rapports entre le patron et l'ouvrier (2).

---

(1)   À noter ces mots de **Divini Redemptoris**: «Mais la justice sociale **demande** que les ouvriers puissent assumer leur propre subsistance et celle de leur famille par un salaire proportionnel.» n. 52.

---

(2)   Un texte de **Quadragesimo Anno** confirme notre argument: «Pour éviter l'écueil tant de l'individualisme que du socialisme, on tiendra surtout un compte égal du double caractère, individuel et social, que revêtent le capital ou la propriété d'une part, et le travail de l'autre. Les rapports entre l'un et l'autre doivent être réglés selon les lois **d'une très exacte justice commutative**, avec l'aide de la charité chrétienne.»

3) La justice qui règle les contrats est la justice commutative. Or, le salaire familial absolu est dû en vertu d'un contrat. Donc, le salaire familial absolu est dû en justice commutative.

À la majeure. — Un contrat ne fait que déterminer des échanges volontaires.

À la mineure. — Le salaire présuppose un contrat. L'ouvrier loue son travail; en retour, le patron s'engage à payer un salaire qui ne peut être inférieur au salaire familial absolu.

539 - DIFFICULTÉS. — 1° La justice commutative a pour objet l'égalité de la chose à la chose. Or, il n'y a pas nécessairement égalité entre le travail et le salaire familial. Donc, le salaire familial n'est pas dû en justice commutative.

À la majeure. — Et nous devons tenir compte de tous les éléments, je concède: nous ne devons tenir compte que d'un élément, je nie.

À la mineure. — Si nous faisons abstraction de la fin du travail, qui est la subsistance de l'ouvrier et de sa famille, je concède; si nous ne faisons pas abstraction de cette fin, je nie.

Le patron loue l'activité du travailleur. Pour estimer cette activité à sa juste valeur, il ne doit pas en ignorer la fin naturelle, qui est la subsistance du travailleur et de sa famille. Par suite, il doit rétribuer cette activité au moins par le salaire familial absolu.

2° Le droit mesuré par la condition de personne relève de la justice distributive. Or, le salaire familial est dû en considération de la condition du père de famille. Donc, le salaire familial est dû en justice distributive. (Argument des partisans de la justice distributive.)

À la majeure. — Le droit mesuré directement par la condition de personne, je concède; le droit mesuré indirectement par la condition de personne, je nie.

À la mineure. — La condition du père de famille mesure directement l'égalité entre le travail et le salaire familial, je nie; la condition du père mesure indirectement cette égalité, je concède.

Dans la justice distributive, la condition de personne, ou mieux la proportion entre les personnes, eu égard à leurs conditions, est la mesure directe de l'égalité à constituer. Chaque personne reçoit d'un bien commun la part qui lui revient selon sa condition.

Mais, il peut arriver que la condition de personne intervienne pour augmenter ou diminuer la valeur d'une chose, qu'il faudra, dans la suite, échanger avec une autre selon l'égalité de chose à chose. Dans ce cas, la condition de personne ne mesure qu'indirectement l'égalité à constituer, et le droit ne relève pas de la justice distributive, mais de la justice commutative.

Exemple: une offense faite à une personne constituée en dignité mérite une punition plus grande que la même offense faite à un simple citoyen. Mais la dignité de personne ne mesure pas l'égalité de la punition à l'offense. Elle intervient pour déterminer la gravité de l'offense. Lorsque cette gravité a été établie, la punition devra être proportionnée à l'offense selon l'égalité de chose à chose, c'est-à-dire selon les normes d'une très exacte justice commutative.

3° Celui qui distribue une partie du bien commun fait un acte de justice distributive. Or, le patron, en payant le salaire des employés, distribue une partie du bien commun: le capital est une partie du bien commun. Donc, en payant le salaire aux employés, le patron pose un acte de justice distributive. En d'autres termes, le salaire familial est dû en justice distributive. (Autre argument des partisans de la justice distributive.)

À la majeure. — Celui qui distribue un bien commun sans échange pour services rendus, je concède; celui qui échange un bien privé en retour d'un service rendu, je nie.

À la mineure. — Le patron distribue un bien commun sans échange pour services rendus, je nie; le patron échange un bien privé en retour de services rendus, je concède.

Dans la justice distributive, il n'y a pas d'échanges. La société civile ne distribue pas les biens communs pour payer les services rendus. Elle n'impose pas les charges sociales pour punir les délits. Elle étend sa protection à tous les citoyens et leur demande des sacrifices pour le bien commun, en tenant compte de leurs conditions.

De plus, le capital du patron n'est pas un bien commun. Il est sans doute une partie du bien commun de toute la société civile. Il n'en demeure pas moins une propriété privée.

En effet, le bien commun de la société civile n'est pas un tout homogène, mais un tout hétérogène, c'est-à-dire un tout dont les parties n'ont pas la même nature que le tout.

Les partisans de la justice distributive atténuent singulièrement la notion même de la propriété privée, et s'exposent à tomber dans le très grave écueil signalé par Pie XI dans **Quadragesimo Anno**: «De même, en effet, que nier ou atténuer l'aspect social et public du droit de propriété, c'est verser dans l'individualisme ou le côtoyer, de même à contester ou à violer son aspect individuel, on tombera infailliblement dans le collectivisme, ou tout au moins on risquerait d'en partager l'erreur.»

4° Un droit qui a son fondement dans le bien commun relève de la justice sociale. Or, le droit strict de l'ouvrier au salaire familial a son fondement dans le bien commun: le bien commun ou l'intérêt public exige que l'ouvrier reçoive un salaire familial. Donc, le droit de l'ouvrier au salaire familial relève de la justice sociale ou légale. En d'autres termes, le salaire familial est dû en justice légale, et non en justice commutative.

À la majeure. — Ce droit relève de la justice sociale, dans ses rapports avec le bien commun, je concède; sous l'aspect où ce droit est propre à un citoyen, je nie.

À la mineure. — Et ce droit, qui a des rapports au bien commun, n'est pas propre à un citoyen, **je nie**; il est propre à l'ouvrier, **je concède.**

Le droit de propriété privée a aussi son fondement dans le bien commnu. Celui qui viole la propriété privée pèche contre la justice sociale, car il pèche contre le bien commun ou contre la société.

Mais il blesse aussi la justice commutative qui lui demande de respecter les droits propres ou personnels du propriétaire.

De même, le patron qui ne donne pas le salaire familial absolu, blesse la justice légale, car il pèche contre le bien commun de la société civile.

Mais il blesse aussi la justice commutative en violant le droit propre ou personnel de l'ouvrier à un tel salaire.

540 - SALAIRE FAMILIAL ET RESTITUTION. — 1° Nous pouvons nous demander si le patron qui ne paie pas le salaire familial absolu est tenu en conscience à la restitution.

Il s'agit évidemment d'une restitution à faire à l'ouvrier, pour suppléer à l'insuffisance du salaire inférieur qu'il a reçu.

2° Les partisans du salaire familial dû en justice légale ou en justice distributive affirment en général que le patron n'est pas tenu à la restitution.

3° Si le salaire familial est dû en justice commutative, comme nous croyons l'avoir suffisamment établi, la restitution s'impose de toute évidence.

De plus, nous prétendons que l'obligation de restituer demeure, même si le salaire familial n'est dû qu'en justice légale ou qu'en justice distributive.

En effet, celui qui viole le droit strict d'autrui est tenu à réparer ou à restituer. Or, selon l'affirmation explicite de Pie XI, l'ouvrier a un droit strict au salaire familial. Le patron qui viole ce droit doit donc restituer.

4° C'est la vertu de prudence qui doit déterminer si la restitution s'impose dans tel ou tel cas.

Lorsque le législateur a déterminé *un salaire minimum*, le patron qui n'aurait pas répondu aux exigences de la loi, doit restituer. Dans ce cas, en effet, le salaire familial est fixé par l'autorité publique.

Si le législateur n'a pas déterminé un salaire minimum, il devient déjà plus difficile de fixer exactement le montant du salaire familial absolu.

De plus, nous devons tenir compte de la situation de l'entreprise et des autres circonstances semblables.

Si le patron a payé des salaires aussi élevés que le lui permettait la situation financière de son entreprise, nous ne croyons pas qu'il soit obligé à la restitution dans le cas ou son entreprise deviendrait plus prospère par la suite, même s'il n'a pas donné le salaire familial.

541 - La détermination des salaires. — Le salaire familial absolu est un salaire *minimum*. Les travailleurs et les employés peuvent donc, lorsque les circonstances le permettent, réclamer des salaires supérieurs au salaire familial absolu, pour qu'ils «puissent ,une fois couvertes les dépenses indispensables, mettre en réserve une partie de leurs salaires, afin de se constituer une modeste fortune.» *Quadragesimo Anno*.

Dans la fixation du salaire on tiendra compte, en particulier, des trois éléments suivants:

la loi de l'offre et de la demande;
la situation de l'entreprise;
les exigences du bien commun.
Examinons chacun de ces éléments.

I. — *La loi de l'offre et de la demande.*

Le Libéralisme économique considère cette loi comme l'unique règle dont on doit tenir compte pour fixer le salaire de l'ouvrier.

Tout en rejetant cette opinion, nous reconnaissons que cette loi joue un rôle important, de tout point légitime, dans le domaine économique.

On doit donc considérer, pour fixer les salaires, les diverses circonstances qui influent sur la *valeur économique du travail*.

Ces circonstances sont, parmi beaucoup d'autres:

a) *la rareté relative de la main d'oeuvre;*
b) *la productivité du travail;*
c) *les frais qu'a coûtés à l'ouvrier l'acquisition de sa compétence;*
d) *la durée et la difficulté de l'apprentissage;*

e) les risques et les inconvénients du travail; les sacrifices que comporte l'exécution de certaines tâches plus pénibles, etc.

II. — *La situation de l'entreprise.*

«Dans la détermination des salaires, dit Pie XI, on tiendra également compte des besoins de l'entreprise et de ceux qui l'assument. Il serait injuste d'exiger d'eux des salairs exagérés qu'ils ne sauraient supporter sans courir à la ruine et entraîner les travailleurs avec eux dans le désastre.» *Quadragesimo Anno.*

Mais le Pape ajoute immédiatement:

«Assurément, si par son indolence, sa négligence, ou parce qu'elle n'a pas un suffisant souci du progrès économique ou technique, l'entreprise réalise de moindres profits, elle ne peut se prévaloir de cette circonstance comme d'une raison légitime pour réduire le salaire des ouvriers.»

III. — *Les exigences du bien commun.*

Le bien commun exige, pour tous les membres de la société, une suffisante possibilité de travail qui écartera la plaie douloureeuse du chômage. «Or, cette possibilité dépend, dans une large mesure, du taux des salaires, qui multiplie les occasions du travail tant qu'il reste contenu dans des justes limites, et les réduit au contraire dès qu'il s'en écarte.» *Quadragesimo Anno.*

Le bien commun demande, en outre, qu'il existe un rapport raisonnable entre les différentes catégories de salaires ou de revenus.

Il doit exister, par exemple, un rapport raisonnable entre les salaires payés par l'industrie et les revenus des travailleurs de la terre. Autrement, il ne saurait y avoir de prospérité sociale.

Le bien commun postule enfin que prix et salaires s'ajustent dans une proportion convenable.

Des salaires élevés et des prix bas à l'excès entraînent la ruine des industriels.

Des prix élevés et des salaires bas réduisent les ouvriers à la misère, les obligent à réduire leur demande et finalement ne servent pas mieux l'intéret des producteurs.

542 - Le contrat de société. — 1° Le salariat est le régime généralisé dans l'industrie moderne. Un autre régime est possible. C'est celui du *contrat de société.*

2° Le contrat de société peut se définir: *une association entre le patron et l'ouvrier dans le sens d'une copropriété et d'une gestion commune de l'entreprise en vue du partage des bénéfices.*

Tandis que, dans le salariat, le patron demeure l'unique propriétaire et l'unique administrateur du capital, dans le contrat de société, l'entreprise, ou au moins le produit de l'entreprise, appartient à l'ouvrier, et au patron. Et l'ouvrier, devenu copropriétaire, ne reçoit plus, à date fixe, une rétribution déterminée pour son travail. Il partage les *profits* et les *risques* de l'entreprise.

3° Certains auteurs, déclarant essentiellement injuste le salariat, prétendent qu'il faut lui substituer le contrat de société.

C'est là une erreur explicitement condamnée par Pie XI.

Le Saint-Père considère le salariat et le contrat de société comme deux régimes légitimes.

4° Le contrat de société contient certains avantages.

Il supprime la discussion sur le salaire.

Il donne à l'ouvrier une *satisfaction morale* que ne donne pas le salariat. L'ouvrier n'est plus au service d'un autre. Il est propriétaire.

Il semble diminuer l'*antagonisme* des classes, et anime les deux parties à la *production*, en vue d'un plus grand profit.

Mais ces avantages théoriques s'atténuent et disparaissent dans le concret par les inconvénients suivants.

Les occasions de conflit se multiplient au sujet de la direction, de l'établissement des bilans et du partage des bénéfices.

Le manque d'*unité*, d'*autorité* et de *discrétion* dans la direction, les *contestations* continuelles compromettent le succès de l'entreprise.

Les *occasions d'injustice*, tant redoutées dans le régime du salariat, ne disparaissent pas. Le capitaliste garde son avantage sur celui qui ne l'est pas.

Enfin, le contrat de société comporte deux graves inconvénients pour l'ouvrier: un *risque* qu'il ne peut courir, et un *délai* qu'il ne peut souffrir.

Voilà pourquoi l'immense majorité des travailleurs manuels, et beaucoup de travailleurs intellectuels, donnent leur préférence au régime du salariat.

5° L'Église non seulement admet la légitimité du salariat, mais elle s'attache à le régler selon les normes de la justice.

Ses préférences vont donc, dans les circonstances actuelles ,au salariat plutôt qu'au contrat de société.

Elle estime «cependant plus approprié aux conditions présentes de la vie sociale de tempérer quelque peu, dans la mesure du possible, le contrat du travail par des *éléments empruntés* au contrat de société.» *Quadragesimo Anno.*

L'Encyclique donne trois exemples déterminées d'*éléments empruntés* au contrat de société:

la participation à la *propriété* de l'entreprise;

la participation à la *gestion* de l'entreprise;

la participation aux *profits* que l'entreprise apporte.

Étudions brièvement ces trois éléments.

543 - L'ACTIONNARIAT DU TRAVAIL. — 1° La participation des ouvriers à la propriété de l'entreprise par l'actionnariat du travail semble avoir aujourd'hui la faveur des économistes.

2° L'actionnariat du travail consiste *dans la possession, par les travailleurs, d'actions ordinaires ou d'actions spéciales, émises par l'entreprise à laquelle les travailleurs ont loué leur activité.*

Les actions sont *des titres représentatifs de parts dans l'avoir d'une société anonyme ou d'une société en commandite par actions.*

L'action n'est pas une créance sur la société, comme une *obligation*, mais une participation à un capital.

L'actionnaire n'est pas un prêteur; il est un associé qui engage ses fonds dans l'entreprise, et assume, pour le montant de sa mise, tous les risques de l'affaire.

Dans la mesure où il a contribué à la constitution du capital social, l'actionnaire a droit:

a) à prendre part, en assemblée générale des actionnaires, à l'administration de l'entreprise;

b) à percevoir, sous forme de dividende, une part dans les bénéfices éventuels de l'entreprise;

c) à toucher, à la liquidation de la société, une part de l'actif net de cette société.

3° L'actionnariat du travail ne remplace pas le salaire. Les actions sont remises aux travailleurs soit comme participation aux bénéfices, soit comme prime à l'ancienneté, soit contre paiement, soit comme pure gratification.

4° L'actionnariat du travail peut être *individuel*, quand les actions sont possédées par les individus; *collectif*, quand les actions sont possédées par l'ensemble du personnel d'une même entreprise; *syndical* ou *corporatif*, quand elles sont possédées par le syndicat ou la corporation.

L'actionnariat *individuel* semble avoir donné jusqu'ici les meilleurs résultats.

5° L'actionnariat du travail a des avantages bien nets.

Il rend l'ouvrier copropriétaire de l'entreprise, le fait participer à la gestion de l'entreprise et éventuellement aux bénéfices sous forme de dividendes, tout en écartant les contestations et le désordre.

L'actionnariat du travail donne, en effet, aux travailleurs un titre de droit bien déterminé sur une part du capital engagé dans l'entreprise; il limite leur intervention dans la gestion à celle de tout actionnaire.

De plus, l'actionnariat du travail est un stimulant pour les ouvriers, en même temps qu'il relève leur fonction sociale au sein de l'entreprise.

544 - La participation à la gestion. — 1° Dans le régime du salariat, le patron se réserve la gestion technique, financière et commerciale de l'entreprise.

Les travailleurs qui réclament la participation à la gestion, voudraient prendre part à la gestion technique de l'entreprise, et surtout à sa gestion financière.

La participation à la gestion commence donc *lorsque les travailleurs s'associent au patron dans la direction ou dans le contrôle de l'industrie.*

2° Nous ne devons pas confondre la participation à la gestion **avec** la participation aux profits. Celle-ci peut exister sans celle-là.

La présence des ouvriers dans les Conseils ou Commissions où se débattent le taux des salaires, les heures de travail, l'embauchage et le renvoi du personnel, les bonnes conditions du travail, la discipline des ateliers, l'application des lois d'hygiène et de salubrité, etc., n'est pas un cas particulier de la participation à la gestion.

3° La participation à la gestion suppose, comme condition essentielle, le *libre consentement des parties.*

Le patron, en effet, est maître de son capital, comme les ouvriers le sont de leur personne.

Elle postule, de plus, chez ceux qui y aspirent, une *certaine compétence* et la *responsabilité.*

Elle doit aussi conserver l'*autorité,* la *liberté de décision,* l'*unité de direction,* absolument nécessaires pour le succès de l'entreprise.

Elle ne peut donc être recommandée qu'en des circonstances tout à fait favorables.

545 - La participation aux bénéfices — 1° Au sens large du mot, la participation des ouvriers aux bénéfices existe dès que le patron consacre à l'avantage de ses ouvriers, sous une forme quelconque, une part de son profit: gratifications, oeuvres d'assistance, etc.

Dans une acception plus stricte, la participation aux bénéfices *consiste dans l'addition à ajouter au salaire, en vertu d'une convention expresse ou tacite, d'un surplus prélevé sur les bénéfices, quand ceux-ci dépassent un certain minimum.*

2° La participation aux bénéfices repose sur la conception suivante.

Dans l'entreprise, nous devons distinguer trois éléments:

a) *l'ouvrier* à qui revient le salaire;

b) *l'intelligence organisatrice* à qui sont dus les appointements convenables;

c) *le capital* qui a droit à un intérêt normal, et à un pourcentage destiné à couvrir les risques de l'entreprise.

Quand ces trois éléments auront reçu une rémunération raisonnable, le surplus des bénéfices qui demeure n'ira pas au capitaliste seul, mais sera partagé entre l'ouvrier, l'intelligence organisatrice ou la direction, et le capital, au prorata de leur contribution à l'entreprise.

3° La participation aux bénéfices suppose une convention *libre*, expresse ou tacite, entre le patron et les employés.

Elle demande qu'on établisse. avec grand soin, la part qui revient au capital, à la direction et aux ouvriers, tout en ménageant à ceux-ci des *avantages appréciables*.

4° La participation aux bénéfices peut, dans certaines circonstances, porter des fruits abondants. Elle stimule l'ouvrier au travail, concourt à la pacification sociale. Elle peut, en effet, être une preuve du désintéressement du patron, de son estime pour la classe ouvrière.

5° Elle présente cependant de graves inconvénients.

a) Elle se présente comme une *gratification* du patron à l'ouvrier. Celui-ci veut, avant tout, vivre d'un salaire assuré, raisonnable et juste. Il préfère un salaire élevé sans gratification à un salaire modeste avec une gratification souvent aléatoire.

b) Elle donne lieu à des *contestations* sur l'existence, le montant et le partage des bénéfices.

c) Chacun des participants reçoit en définitive *un montant de peu d'importance*.

Ces inconvénients expliquent le peu de succès qui a couronné la participation aux bénéfices, là où elle a été mise à l'essai.

On trouve préférable d'orienter la participation aux bénéfices vers l'actionnariat du travail.

5. — Les remèdes à l'insuffisance du salaire.

546 - Le salaire familial absolu est insuffisant. — Le salaire familial absolu est un salaire *uniforme*, qui peut suffire dans la *majorité des cas.*

Il répond aux charges constantes et communes à tous les travailleurs de même condition, c'est-à-dire à la subsistance de l'ouvrier et de sa famille, dans les circonstances ordinaires.

Mais, à côté de ces charges normales, il y en a d'autres auxquelles il est impossible de pourvoir par un salaire uniforme.

Ces charges peuvent être particulières à l'ouvrier, comme les accidents de travail, le chômage involontaire, collectif ou particulier, ou encore communes à tous les hommes, comme la maladie, le décès du père de famille, un nombre plus grand d'enfants, une vieillesse prolongée, etc.

Ces charges, bien qu'*aléatoires* et très *inégales* pour les particuliers, sont cependant *normales* et *certaines* pour l'ensemble de la population.

Il convient donc de les répartir sur les *ressources de tous*. C'est ce qu'on fait en instituant les assurances sociales et les allocations familiales, deux mesures destinées à parer à l'insuffisance du salaire familial absolu.

Étudions brièvement les assurances sociales et les allocations familiales.

547 - ASSURANCES SOCIALES. — 1° L'assurance sociale est *une institution destinée à répondre aux charges variables et aléatoires*, comme la maladie, le chômage, les accidents, etc., *par une accumulation collective de capitaux*.

Nous entendons par une accumulation collective de capitaux, une accumulation provenant de tous les intéressés dans une entreprise, c'est-à-dire des employeurs et des employés, et même de l'État, lorsque la nécessité la demande.

2° Historiquement, l'institution des assurances sociales s'est développée comme suit:

a) d'abord, secours mutuels non organisés;

b) ensuite, sociétés libres et privées d'assurance mutuelle avec, à l'occasion, subvention des patrons et de l'État;

c) enfin, assurance obligatoire et extension de cette assurance aux charges familiales (allocations familiales).

3° L'État, en raison du bien commun, peut rendre obligatoires les assurances sociales.

On peut même diminuer le salaire minimun en proportion du droit aux assurances.

L'intervention de l'État dans cette institution devra toujours être conforme à sa fonction décrite par la proposition suivante: *stimuler, contenir, aider,* et enfin *suppléer* quand il y a nécessité de le faire.

548 - ALLOCATIONS FAMILIALES. — 1° L'allocation familiale est *une assistance spéciale accordée à la famille nombreuse.*

L'allocation familiale n'est pas une rétribution donnée *pour* le travail. Elle est un secours accordé *à l'occasion* du travail. Elle doit s'étendre non seulement aux familles des ouvriers, mais à toutes les familles indigentes des diverses classes sociales.

2° Le père d'une famille nombreuse a un titre spécial aux allocations familiales en raison du service rendu.

Les chefs de famille sont, en effet, «des recruteurs, des spécialisateurs et des stabilisateurs de main-d'oeuvre».

De plus, le chef d'une famille nombreuse rend un service très grand à la société civile tout entière, en assurant sa perpétuité, sa sécurité et sa prospérité.

L'organisation économique de la société actuelle est trop souvent antifamiliale. Par suite, l'institution des allocations familiales ne saurait être trop recommandée.

6. — Les préliminaires du contrat individuel de travail.

549 - LA CONVENTION COLLECTIVE DE TRAVAIL. — 1° Lorsque l'ouvrier s'engage volontairement dans une entreprise, il fait un contrat individuel de travail avec le patron. Il loue son activité en retour d'un salaire déterminé.

2° La convention collective est un préliminaire à ce contrat individuel de travail.

Elle se définit: *un accord passé entre patrons et ouvriers dans le but de fixer obligatoirement les conditions générales qui serviront de base aux contrats individuels de travail.*

La convention collective de travail est un accord conclu entre deux parties distinctes, c'est-à-dire entre un patron ou plusieurs patrons ou un syndicat patronal d'un côté, et un groupe d'ouvriers ou un syndicat d'ouvriers de l'autre côté.

3° La convention collective, de sa nature, n'impose pas au patron l'obligation d'engager tel ouvrier, comme aussi elle n'oblige pas tel ouvrier à travailler pour tel patron. Elle ne détermine que certaines conditions à observer dans le contrat individuel de travail.

4° L'objet *principal* que vise et règle la convention collective est l'ensemble des conditions de travail d'une industrie déterminée: salaires, durée du travail, apprentissage, hygiène, etc.

Son objet *secondaire* est la détermination des mesures pratiques d'application: organes de conciliation, commissions d'arbitrage, etc.

5° La convention collective de travail, malgré toutes les critiques dont elle a été l'objet, est *une institution très recommandable*.

a) *Elle est une garantie de justice pour les contrats individuels de travail.*

Elle est un secours pour l'ouvrier isolé, qui souvent n'a ni la formation intellectuelle, ni les connaissances, ni la facilité de parole suffisantes pour faire valoir ses droits.

Elle modère la concurrence injuste et déloyale entre les ouvriers eux-mêmes. Elle protège même les patrons contre la concurrence de leurs rivaux moins consciencieux.

b) *Elle est un instrument de pacification sociale.*

En fixant, sur la base de concessions réciproques, les conditions d'emploi, et en stabilisant, pour une certaine durée, les relations entre patrons et ouvriers, elle donne plus de sécurité aux ouvriers, à l'entreprise en général, et éloigne les dissensions et les grèves.

c) *Elle prépare de nouveaux développements de la législation sociale*, en éclairant le législateur sur les conditions normales du travail, *et oriente les ouvriers et les législateurs vers l'organisation syndicale et corporative.*

La convention collective demande, en effet, l'*union* des ouvriers et l'*union* des patrons, et l'*entente* mutuelle entre ouvriers et patrons.

550 - La grève. — 1° La grève est *une suspension concertée du travail dans le but d'obtenir, en enrayant l'entreprise, de meilleures conditions d'emploi ou le redressement de certains griefs des travailleurs.*

Expliquons cette définition.

La grève est

a) *une suspension*: certains économistes, en particulier les Socialistes, affirment que la grève est une *suspension* du contrat de travail. L'opinion la plus autorisée prétend que la grève est une *rupture* du contrat de travail.

Ici, nous n'opposons pas la suspension à la rupture.

Nous disons que la grève est une *suspension* de travail, en ce sens que le gréviste abandonne son travail, mais avec l'intention de le reprendre. L'ouvrier qui abandonne définitivement une usine, une entreprise, n'est pas un gréviste;

b) *concertée*: la grève suppose *une entente* entre plusieurs travailleurs;

c) *dans le but d'obtenir de meilleurs conditions d'emploi ou le redressement de certains griefs*: par là on indique la fin de la grève qui, directement ou indirectement, vise toujours à l'amélioration de la situation de l'ouvrier;

d) *en enrayant l'entreprise*: c'est là le moyen dont se servent les grévistes pour arriver à leurs fins. Ils arrêtent ou entravent l'entreprise; ils exercent une pression sur le patron, en l'atteignant dans ses intérêts.

2° La grève entraine les maux les plus grands tant au point de vue économique qu'au point de vue moral et social.

Au point de vue économique, la grève a pour résultats,

a) une perte de salaires pour les ouvriers;

b) une perte de revenus pour le patron;

c) de très graves conséquences pour l'existence d'une entreprise, pour la vie économique de tout un groupe;

d) l'épuisement des ressources syndicales et l'affaiblissement des associations ouvrières.

Au point de vue moral et social, la grève a pour résultats,

a) la haine des ouvriers contre les capitalistes, et, par suite, la lutte des classes;

b) la corruption des moeurs, lorsque la grève se prolonge et augmente le paupérisme;

c) trop souvent, le blasphème contre la religion, le mépris de l'autorité civile et religieuse, la violation de la propriété privée.

On caractérise bien la grève en disant qu'elle est *une guerre économique.*

3° Par ailleurs, on ne saurait nier que l'exercice du droit de grève a beaucoup contribué à l'amélioration du sort de l'ouvrier.

4° Nous pouvons donc nous demander si la grève, malgré ses mauvaises conséquences, peut être licite, c'est-à-dire conforme à la loi morale.

Nous répondons que la grève est licite, pourvu qu'existent certaines conditions.

Ce que nous disons de la grève s'applique au *lock-out,* c'est-à-dire *au renvoi temporaire et en bloc des ouvriers fait par le patron, dans le but de les amener à telles ou telles conditions.*

Prouvons la proposition suivante:

La grève est licite, pourvu qu'existent certaines conditions.

La grève est licite, si elle n'est pas malhonnête en elle-même, et si les ouvriers peuvent, dans certaines conditions, se servir du droit de grève. Or, la grève n'est pas malhonnête en elle-même, et les ouvriers peuvent, dans certaines conditions, se servir du droit de grève. Donc, la grève est licite pourvu qu'existent certaines conditions.

À la majeure. — Pour que la grève soit licite, il ne suffit pas qu'elle soit honnête en elle-même. Il faut en plus que certaines conditions existent, permettant à l'ouvrier d'exercer le droit de grève. Car la grève entraine des maux dont il faut tenir compte. La théorie du volontaire dans la cause reçoit ici son application.

À la mineure. — a) *La grève n'est pas malhonnête en elle-même.* — Elle ne lèse pas directement le droit d'autrui. On suppose que les ouvriers ne rompent pas un engagement, ne poursuivrent pas des fins injustes, et ne se servent pas de moyens injustes.

b) *Les ouvriers peuvent, dans certaines conditions, se servir du droit de grève.* — Ces conditions sont les suivantes:

a) la fin de la grève doit être légitime;

b) il doit y avoir proportion entre les avantages escomptés et les maux qui résultent inévitablement du conflit;

c) la grève doit être *un expédient extrême*, auquel on n'aura recours qu'après avoir épuisé tous les autres moyens de conciliation et d'entente;

d) la grève doit avoir de sérieuses chances de succès *matériel* ou *moral;*

e) les grévistes ne devront pas sortir de la légalité. Ils devront exclure toute violence et respecter la propriété privée.

551 - RÉGLEMENTATION DU DROIT DE GRÈVE. — 1° On a coutume de considérer comme une victoire des travailleurs la reconnaisance du droit de grève.

2° Même si l'État reconnaît le droit de grève, il devra le contenir et l'orienter vers le bien commun.

Dans certains cas, il devra même interdire la grève, comme dans les services publics.

3° La grève est une guerre économique. Elle est admise et peut être utile dans une économie non organisée.

Mais dans une économie organisée, où les ouvriers ont à leur disposition les moyens légaux de faire connaître leurs droits, la grève ne devrait pas avoir sa place.

ARTICLE IV

LE COMMUNISME

552 - EXPOSITION ET RÉFUTATION DU COMMUNISME. — 1° Le communisme, d'après son étymologie, est la doctrine de ceux qui nient la légitimité de la propriété privée. Platon, dans l'antiquité, fut un *partisan* du Communisme.

2° Le Communisme moderne repose sur une conception philosophique du monde et de l'homme, conception développée et exposée par Karl Marx (1818-1883) et Friedrich Engels (1820-1895).

3° Nous confondons assez souvent le Communisme moderne et la conception philosophique qui l'inspire, c'est-à-dire le Marxisme.

Le Communisme cependant n'est qu'une partie du Marxisme, car il n'est qu'une période, qu'une phase de l'évolution historique conçue par Karl Marx et Friedrich Engels.

4° La théorie fondamentale du Marxisme est le *matérialisme dialectique*.

L'application du matérialisme dialectique à l'étude de la vie sociale s'appelle le *matérialisme historique*.

Pour connaître le Marxisme et le Communisme moderne, nous devons donc étudier ces trois termes:

dialectique;

matérialisme dialectique;

matérialisme historique;

5° La dialectique se définit: *une méthode qui nous permet d'argumenter sur tout problème en partant de probabilités, et d'éviter, au cours de la soutenance, de rien dire qui leur répugne.* (T. I., p. 100. n. 84).

La connaissance dialectique, en tant que dialectique, n'a pas son fondement dans les choses. Elle provient de l'*indétermination* de l'intelligence qui n'est pas adéquatement mesurée par l'évidence ou la vérité transcendantale.

Par suite, la connaissance dialectique comporte toujours en elle-même une marge d'*indétermination*, et elle retient toujours l'intelligence dans l'ordre logique, tout en l'orientant vers la réalité.

Pour comprendre le caractère formellement logique et l'indétermination de la connaissance dialectique, considérons un *terme dialectique et une proposition dialectique*.

a) Soit le terme dialectique: *non-homme*.

Non-homme groupe, sous une certaine unité, la brute, l'arbre et même le néant absolu, c'est-à-dire le non-être. Or, dans la réalité, la brute, l'arbre et le non-être n'ont pas d'unité. Il existe entre la brute, l'arbre et le non-être, une opposition réelle. Il suit donc que le terme dialectique n'est que logique, puisque son unité n'est qu'une unité de raison. Il suit, de plus, que le terme dialectique comporte, à cause de son indétermination, un mélange de choses opposées, et même un mélange d'être et de non-être.

b) Soit la proposition dialectique: *l'âme humaine est immortelle*, acceptée comme probable.

Cette proposition n'est que logique, car, dans la réalité, l'âme humaine est certainement immortelle ou certainement mortelle.

Cette proposition, à cause de son indétermination, laisse subsister des contraires et même des contradictoires. Car, elle n'exclut pas entièrement ces deux autres propositions: *Toute âme humaine est immortelle. — Cette âme humaine n'est pas immortelle.*

Nous pouvons donc dire ce qui suit:

a) *la connaissance dialectique demeure dans l'ordre logique*, bien qu'elle soit orienté vers la réalité, qu'elle n'atteint jamais complètement;

b) *le terme dialectique, à cause de son indétermination, embrasse des termes réellement opposés et même contradictoires*: non-homme désigne un être particulier, comme la brute, et le non-être;

c) *la proposition dialectique laisse subsister des propositions contraires ou contradictoires.*

Le dialecticien, en se tenant dans l'indétermination, évite les oppositions et même les contradictions.

6° Nous pouvons maintenant comprendre pourquoi la doctrine fondamentale du Marxisme s'appelle le *matérialisme dialectique.*

Cette doctrine est un *matérialisme,* parce qu'elle ne reconnait pas d'autre réalité que la matière (1).

Cette doctrine est un matérialisme *dialectique,* parce qu'elle enseigne que le processus dialectique de la conaissance probable est le processus même de la réalité (2).

Par suite, de même que la connaissance dialectique, à cause de son indétermination, tend toujours vers la vérité sans jamais l'atteindre, ainsi la réalité n'est qu'une tendance, qu'un changement, qu'un mouvement matériel (3). Il n'existe aucune nature déterminée. Nous sommes dans un univers de *mobilité universelle.*

(1)   «Le monde matériel, perceptible par les sens, auquel nous appartenons nous-mêmes, est la seule réalité... Notre conscience et notre pensée, si transcendantes qu'elles paraissent, ne sont que le produit d'un organe matériel, corporel, le cerveau... La matière n'est pas un produit de l'esprit, mais l'esprit n'est lui-même que le produit supérieur de la matière.» **Fr. Engels: Ludwig Feuerbach et la fin de la philosophie classique allemande,** p. 24, Bureau d'Editions, Paris, 1935.

(2)   «Pour moi..., le mouvement de la pensée n'est que la réflexion du mouvement réel, transporté et transposé dans le cerveau de l'homme.» **K. Marx, Le Capital,** T. I., p. 29, Bureau d'Éditions, Paris, 1938.

(3)   «... Le matérialisme philosophique de Marx part de ce principe que le monde, de par sa nature, est matériel, que les multiples phénomènes de l'univers sont les différents aspects de la matière en mouvement; que les relations et le conditionnement réciproques des phénomènes, établis par la méthode dialectique, constituent les lois nécessaires au développement de la matière en mouvement; que le monde se développe suivant les lois du mouvement de la matière, et n'a besoin d'aucun esprit universel.» **Histoire du Parti Communiste (Bolchevik) de l'U. R.S.S.,** p. 105, Éditions en Langues Étrangères, Moscou, 1939.

Le chapitre de cette Histoire que nous citons a pour auteur Staline lui-même.

De même que le terme dialectique embrasse, dans une unité de raison, des termes réellement opposés, ainsi la réalité implique des oppositions et des contradictions internes (1).

De même que la dialectique s'efforçait, dans l'antiquité, à connaître la vérité en découvrant les contradictions renfermées dans la raisonnement de l'adversaire et en les surmontant, ainsi le développement de la réalité se fait par la lutte des contraires, par la lutte entre l'ancien et le nouveau, entre ce qui meurt et ce qui nait, entre ce qui dépérit et ce qui se développe (2).

Dans ce développement de la réalité, le principe de fécondité, de perfection est la privation, la négation ou le non-être (3).

---

(1) «Contrairement à la métaphysique, la dialectique part du point de vue que les objets et les phénomènes de la nature impliquent des contradictions internes, car ils ont tous un côté négatif et un côté positif, un passé et un avenir, tous ont des éléments qui disparaissent ou qui se développent.» **Ibidem**, p. 102.

«La dialectique, au sens propre du mot, est l'étude des contradictions **dans l'essence même des choses.»** Lénine, Cahiers philosophiques, p. 263, éd. russe.

---

(2) «Dialectique provient du mot grec «**dialego**» qui signifie s'entretenir, polémiquer. Dans l'antiquité, on entendait par dialectique l'art d'atteindre la vérité en découvrant les contradictions renfermées dans le raisonnement de l'adversaire et en les surmontant. Certains philosophes de l'antiquité estimaient que la découverte des contradictions dans la pensée et le choc des opinions contraires étaient le meilleur moyen de découvrir la vérité. Ce mode dialectique de pensée, étendu par la suite aux phénomènes de la nature, est devenu la méthode dialectique de reconnaissance de la nature; d'après cette méthode, les phénomènes de la nature sont éternellement mouvants et changeants, et le développement de la nature est le résultat du développement des contradictions de la nature, le résultat des forces contraires de la nature.» **Histoire du Parti Communiste (Bolchévik) de l'U.R.S.S.** pp. 99 - 100.

---

(3) But what then is this fearful negation of the negation, which makes life so bitter for Herr Dürhing and fulfils the same rôle with him of the unpardonable crime as the sin against the Holy Ghost does in Christianity? — A very simple process which is taking place everywhere and every day, which any child can understand, as soon as it is stripped of the veil of mystery in which it was wrapped by the old idealist philosophy and in which it is to the advantage of helpless metaphysicians of Herr Dürhing's calibre to keep it enveloped. Let us take a grain of

7° L'extension ou l'application du matérialisme dialectique à l'étude de la vie sociale, à l'histoire de la société, s'appelle le *matérialisme historique*.

Il est facile de voir les conséquences qui découleront de cette application.

1) *Premièrement*, la société, tout comme la nature, devient un mouvement matériel, une évolution soumise à des lois *nécessaires*.

Le principe de fécondité dans cette évolution, qui se fait par la lutte des opposés, est la négation ou la privation, soit le mal.

Donc, selon le matérialisme historique,

a) il ne semble plus avoir de place dans la société pour la liberté humaine;

b) la lutte des classes est nécessaire, elle est la loi de l'évolution sociale;

c) la pauvreté, le dénuement devient le principe de fécondité ou de perfection: voilà pourquoi le prolétariat est actuellement le grand facteur du développement social;

d) le Communisme n'est qu'une étape du developpement de la société; il devra disparaître pour faire place à autre chose, et ainsi de suite.

2) *Deuxièmement*, puisque, selon le matérialisme dialectique, la pensée, la conscience n'est que le reflet du monde matériel, le matérialisme historique conclut que la vie spirituelle de la société, que les

---

barley. Millions of such grains of barley are milled, boiled and brewed and then consumed. But if such a grain of barley meets with conditions which for it are normal, if it falls on suitable soil, then under the influence of heat and moisture a specific change takes place, it germinates; the grain as such ceases to exist, it is negated, and in its place appears the plant which has arisen from it, the negation of the grain. But what is the normal life-process of this plant? It grows, flowers, is fertilised and finally once more produces grains of barley, and as soon as these have ripened the stalk dies, is in turn negated. As a result of this negation of negation we have once again the original grain of barley, but not as single unit, but ten, twenty or thirty fold. Species of grain change extremely slowly, and the barley of to-day is almost the same is it was a century ago.» Engels, Anti-Dürhing. Reproduit dans: A Handbook of Marxism, p. 262, London, Victor Gollancz, Ltd. 1936.

idées sociales, les théories sociales, les opinions publiques, les institutions politiques ont leur source dans la *vie matérielle* de la société (1).

Ce n'est donc pas l'homme qui, par ses idées, son activité libre, dirige et ordonne le développement de la société; c'est plutôt la matière, la vie matérielle de la société qui détermine les idées, les théories, les opinions politiques, les institutions politiques et l'activité de l'homme.

Ces idées, ces théories, cette activité, provenant de la matière, peuvent à leur tour exercer une action sur le développement nécessaire de la société.

3) *Troisièmement*, puisque la vie matérielle détermine, en dernière analyse, la physionomie de la société, ses idées, ses opinions, ses institutions politiques, le matérialisme historique se demande quelles sont les conditions de la *vie matérielle* qui influent le plus, sur le développement de la société.

Ces conditions de la vie matérielle sont la nature qui entoure la société, le milieu géographique, la croissance de la population, etc.

Mais, selon le matérialisme dialectique, la force principale qui détermine la physionomie de la société, le caractère du régime social, le développement d'un régime à un autre, c'est le *mode de production des biens matériels*: nourriture, vêtements, chaussures, logement, combustible, instruments de production, etc., nécessaires pour que la société puisse vivre et se développer.

La production, le mode de production englobe les *forces productives* de la société et les *rapports de production* entre les hommes.

---

(1) «S'il est vrai que la nature, l'être, le monde matériel est la donnée première, tandis que la conscience, la pensée est la donnée seconde, dérivée; s'il est vrai que le monde matériel est une réalité objective existant indépendamment de la conscience des hommes, tandis que la conscience est un reflet de la réalité objective, il suit de là que la vie matérielle de la société, son être, est également la donnée première, tandis que sa vie spirituelle est une donnée seconde, dérivée; que la vie matérielle de la société est une réalité objective existant indépendamment de la volonté de l'homme, tandis que la vie spirituelle de la société est un reflet de cette réalité objective, un reflet de l'être.» **Histoire du Parti Communiste (Bolchevik) de l'U.R.S.S. p. 108**

Les forces productives de la société sont les *instruments de production* à l'aide desquels les biens matériels sont produits, *les hommes* qui manient ces instruments de production et produisent des biens matériels.

Les rapports de production entre les hommes sont des *rapports des hommes entre eux dans le processus de production*, rapports qui se modifient *en fonction* et en conformité des modifications et des développements que subissent les forces productives elles-mêmes.

Par suite, d'après le Marxisme, l'homme n'est qu'une force productive, qu'un instrument de production, bien qu'il soit le premier instrument de production.

L'homme n'est que le produit le plus parfait de l'évolution matérielle et n'est homme qu'en autant qu'il produit ses moyens d'existence.

L'homme ne se perfectionne en tant qu'homme, qu'en perfectionnant la production, qu'en produisant d'une manière de plus en plus parfaite.

La société est, à sa base, l'union des hommes dans la production (1).

La propriété privée des biens de production est donc à rejeter.

Les nouvelles forces productives, dont l'homme fait partie, et les rapports de production qui leur correspondent, ne sont pas l'effet d'une action consciente, préméditée des hommes; ils surgissent spontané-

---

(1) «Les instruments de production à l'aide desquels les biens matériels sont produits, les hommes qui manient ces instruments de production, et produisent les biens matériels grâce à une certaine expérience de la production et à des habitudes de travail, voilà les éléments qui, pris tous ensemble, constituent les forces productives de la société.

Mais les forces productives ne sont qu'un aspect de la production, un aspect du monde de production, celui qui exprime le comportement des hommes à l'égard des objets et des forces de la nature dont ils se servent pour produire des biens matériels. L'autre aspect de la production, l'autre aspect du mode de production, ce sont les rapports des hommes entre eux dans le processus de production, les rapports de production entre les hommes. Dans leur lutte avec la nature qu'ils exploitent pour produire les biens matériels, les hommes ne sont pas isolés les uns des autres, ne sont pas des individus détachés les uns des autres. Ils produisent en commun, par groupes, par associations. C'est pourquoi la production est toujours, et quelles que soient les conditions, une production sociale.» Ibidem, p. 113.

ment, indépendamment de la conscience et de la volonté des hommes.

En d'autres termes, les conditions de vie matérielle, et les idées, les institutions qui en sont le reflet, les hommes eux-mêmes ne sont que des étapes de l'évolution aveugle de la matière ou du mouvement.

8° Le Marxisme, par son matérialisme dialectique et son matérialisme historique, rejette toutes les notions communément admises et sape la connaissance à sa base. Il nie l'évidence même.

On ne peut le réfuter qu'en montrant l'absurdité du matérialisme dialectique et du matérialisme historique. C'est ce que nous ferons brièvement.

Absurdité du matérialisme dialectique.

1) Une doctrine qui enseigne le mobilisme universel est absurde. Or, le matérialisme dialectique enseigne le mobilisme universel. Donc, le matérialisme dialectique est absurde.

La mineure a été établie dans l'exposé du matérialisme dialectique.

A la majeure. — Selon le mobilisme universel, *tout change*, ou tout est mouvement. Or, cette proposition est absurde et se détruit elle-même.

En effet, ou elle signifie que *le changement est changement* ou que *le mouvement est mouvement*, ce qui est une tautologie.

Ou encore, elle signifie que le changement change, que le mouvement se meut. Alors elle détruit le mouvement ou le changement, car si le changement change, il devient autre chose que le changement.

Donc, le mobilisme universel est une absurdité.

2) Une doctrine qui nie l'existence d'êtres ayant une nature déterminée, est absurde. Or, le matérialisme dialectique nie l'existence d'êtres ayant une nature déterminée. Donc, le matérialisme dialectique est absurde.

A la majeure. — Si les êtres n'ont pas de nature déterminée, l'homme n'est pas un homme ,l'être est le non-être. Le principe de contradiction disparaît, et toute connaissance certaine devient impossible.

A la mineure. — Le matérialisme dialectique enseigne que tout n'est que mouvement.

3) Une doctrine qui confond l'ordre logique et l'ordre réel, est absurde. Or, le matérialisme dialectique confond l'ordre logique et l'ordre réel. Donc, le matérialisme dialectique est absurde.

La majeure est évidente.

À la mineure. — Le matérialisme dialectique enseigne que le processus dialectique de la connaissance probable est le processus même de la réalité.

4) Une doctrine qui conçoit l'être spatio-temporel comme composé de principes opposés, et qui considère la négation ou la privation comme un indéterminé et comme un principe de fécondité, est absurde. Or, le matérialisme dialectique conçoit l'être spatio-temporel comme un composé de principes opposés, et considère la négation ou la privation comme un indéterminé et comme un principe de fécondité. Donc, le matérialisme dialectique est absurde.

Les principes de l'être spatio-temporel sont la matière et la forme.

À la majeure. — a) Les principes de la génération, sont, comme nous le savons, la matière première, la forme et la privation.

Quoique la privation soit opposés à la forme, et quoique la matière ,en raison de la privation, soit aussi opposée à la forme, la matière en elle-même n'est pas opposée à la forme. En effet, la matière est ordonnée à la forme comme à sa perfection. Et rien n'est ordonné à son opposé. L'être spatio-temporel n'est donc pas constitué de principes opposés.

b) Le privation, dans la ligne de l'opposition privative, laisse subsister un sujet, mais n'est pas elle-même un indéterminé. *Exemple:* non-science détruit la science et laisse subsister le sujet de la science.

La négation, dans l'opposition contradictoire, détruit tout sujet et ne laisse rien subsister. *Exemple:* non-être détruit l'être. La privation ou la négation ne peut donc pas être un principe de fécondité.

À la mineure. — Selon le matérialisme dialectique, il y a opposition et même contradiction à l'intérieur même de la réalité, et la négation, la privation ou le mal est principe de fécondité.

Absurdité du matérialisme historique.

1) Une doctrine pour laquelle l'homme est spécifiquement un être produisant ses moyens d'existence ou l'instrument principal de pro-

duction, est absurde. Or, pour le matérialisme historique, l'homme est spécifiquement un être produisant ses moyens d'existence ou l'instrument principal de production. Donc, le matérialisme historique est absurde.

A la majeure. — L'homme, en effet, produit ses moyens d'existence, et il est l'agent principal de production, parce qu'il peut *se servir* et *disposer* des biens matériels et des instruments de production qu'il a lui-même inventés et perfectionnés. Or, l'homme ne peut *se servir* et *disposer* des biens matériels et des instruments de production que par un acte dont il a la maîtrise. Il résulte donc que l'homme ne produit ses moyens d'existence qu'en se servant de sa liberté, qui a sa racine dans la raison. En d'autres termes, l'homme est spécifiquement un animal raisonnable, et non pas un être producteur de ses moyens d'existence.

À la mineure. — Selon le matérialisme historique, l'homme est spécifiquement une force productrice. Il n'est homme que dans la mesure où il produit ses moyens d'existence.

2) Une doctrine concevant la production comme une fonction qui relève nécessairement de la société civile ou politique, est absurde. Or, le matérialisme historique conçoit la production comme une fonction relevant nécessairement de la société civile ou politique. Donc, le matérialisme historique est absurde.

À la majeure. — La production est une fonction de l'initiative privée.

Sans doute, les hommes peuvent s'unir pour assurer plus efficacement la production. Mais cette union n'est pas celle qui constitue la société politique. C'est, au contraire, l'union qui se rencontre dans les société privées.

A la mineure. — Selon le matérialisme historique, les rapports de production sont les rapports fondamentaux de la société politique. Par suite, l'union dans la production est l'union dans la société politique, et la production relève de la société politique.

3) Le matérialisme historique nie le droit naturel de propriété; il détruit les notions véritables de liberté, de spiritualité; il n'admet pas l'existence de l'âme immortelle, de Dieu; il méconnaît la nature même

du bonheur, qui consiste principalement dans l'existence des vertus; il rejette la véritable dignité de la personne humaine, etc. Il est donc absurde.

ARTICLE V

L E   S O C I A L I S M E

553 - Le Socialisme est inconciliable avec la doctrine chétienne. — 1°
Le Communisme moderne s'inspire du Marxisme.

Il poursuit, par tous les moyens, même les plus violents, un double but:

a) une lutte implacable des classes;

b) la disparition complète de la propriété privée.

Il est de plus, l'adversaire et l'ennemi déclaré de Dieu et de l'Église.

Le Socialisme est plus modéré. Il repousse le recours à la force et apporte certaines atténuations et certains tempéraments à la lutte des classes, et à la disparition de la propriété privée.

2° Certains catholiques se sont demandés si le Socialisme ne pouvait pas se concilier avec la vérité chrétienne.

En effet, la lutte des classes, lorsqu'elle exclut la haine et le recours à la violence, se change facilement en une légitime discussion d'intérêts qui prépare les voies à la justice et à la coopération mutuelle.

De plus, la guerre à la propriété privée peut viser, non pas la *socialisation* complète des moyens de production, mais la puissance économique et sociale excessive que cette propriété, contre tout droit, a usurpée et s'est arrogée.

3)° Pie XI, dans *Quadragesimo Anno*, a répondu à cette question de certains catholiques en déclarant que le Socialisme, malgré la part de vérité qu'il contient, «repose sur une théorie de la société qui lui est propre et qui est inconciliable avec le christianisme authentique.»

«Socialisme religieux, Socialisme chrétien, ajoute-t-il, sont des contradictions: personne ne peut être en même temps bon catholique et vrai socialiste.»

4° Le Socialisme n'accepte pas tous les principes du Matérialisme historique, ou, du moins, n'en déduit pas toutes les conséquences.

Les trois affirmations fondamentales de sa doctrine sont cependant les affirmations du Matérialisme historique, et sont contraires à la vérité chrétienne.

En effet, a) le Socialisme garde une conception matérialiste de la société humaine; b) il accepte la notion marxiste de la production, affirme que la production doit être menée *socialement*, et nie la légitimité de la propriété privée quant aux biens de production; c) il ne rejette pas la lutte des classes.

5° Ces notions étant posées, prouvons la proposition suivante:

Le Socialisme est inconciliable avec la doctrine chrétienne.

1) Une conception matérialiste de la société qui regarde comme nécessaire la socialisation des biens de production, et qui ne rejette pas la lutte des classes, est inconciliable avec la doctrine chrétienne. Or, le Socialisme est une conception matérialiste de la société; il regarde comme nécessaire la socialisation des biens de production, et ne rejette pas la lutte des classes. Donc, le Socialisme est inconciliable avec la doctrine chrétienne.

À la majeure. — Selon la doctrine chrétienne, a) la fin de la société civile est la béatitude, qui consiste principalement dans l'exercice des vertus; b) la propriété privée des biens de production est légitime et même nécessaire; c) les diverses parties de la société doivent s'unir dans la justice, l'harmonie et la paix en vue du plus grand bien-être matériel et moral possible de tous.

À la mineure. — a) *Le Socialisme est une conception matérialiste de la société.* — Le Socialisme ignore complètement le bonheur éternel de l'homme ou n'en tient aucun compte. Il suppose que la société humaine n'est constituée qu'en vue du seul bien-être matériel.

b) *Le Socialisme considère nécessaire la socialisation des moyens de production.*—Avec le Marxisme, il affirme que l'activité économique doit être menée socialement. Il conclut que les hommes sont astreints, pour ce qui concerne la production, à se livrer et à se soumettre *totalement* à la société.

c) Le Socialisme, parce qu'il ignore la fin éternelle de l'homme et l'exercice des vertus, ne propose aucun principe capable de régler les passions humaines dans la poursuite des biens matériels. Par suite, le choc des intérêts divers, dans la doctrine socialiste, amène nécessairement la lutte des classes.

2) Une doctrine qui recommande l'emploi d'une contrainte manifestement excessive tout en accordant une licence non moins fausse, est inconciliable avec la doctrine chrétienne. Or, le Socialisme recommande l'emploi d'une contrainte manifestement excessive; par ailleurs, il permet une licence non moins fausse. Donc, le Socialisme est inconciliable avec la doctrine chrétienne.

A la majeure. — Selon la doctrine chrétienne, l'homme doit faire usage de sa liberté pour tendre vers sa fin temporelle et sa fin spirituelle. Ces fins doivent donc régler l'usage de la liberté. Par conséquent, il n'y a pas de place pour une contrainte exagérée ou une fausse licence.

A la mineure. — a) *Le Socialisme recommande l'emploi d'une contrainte manifestement excessive.* — En effet, selon la doctrine socialiste, les biens les plus élevés de l'homme, sans excepter la liberté, sont subordonnés et même sacrifiés aux exigences de la production socialisée.

b) *Le Socialisme permet une fausse licence.* — Le Socialisme enseigne, en effet, que la société se fonde uniquement sur des intérêts matériels et terrestres. Par suite, la société n'est pas soumise à Dieu de qui procède toute autorité. Les membres de la société n'obéissent pas à une autorité sociale dont le principe est Dieu lui-même.

ARTICLE VI

LE LIBÉRALISME ÉCONOMIQUE

554 - Exposé et réfutation du Libéralisme économique. — 1° Le Libéralisme en général est la doctrine de ceux qui affirment l'entière autonomie de la liberté humaine, et, en particulier, de la liberté individuelle.

Le Libéralisme est soit *religieux,* soit *politique,* soit *économique.*

Le Libéralisme religieux enseigne que la société civile est indépendante de l'Église et de la religion.

Le Libéralisme politique prétend que l'autorité vient du peuple et ne peut s'exercer qu'au nom du peuple et par le peuple.

Le Libéralisme économique affirme l'autonomie absolue de la liberté individuelle dans la vie économique, commerciale ou industrielle.

2° On fait remonter le Libéralisme économique aux physiocrates du XVIII siècle.

Les physiocrates (physiocratie = règle de la nature) prétendent que l'homme à l'état de nature est bon et heureux, qu'il est vicié par les institutions sociales, que le pouvoir de l'État est un mal nécessaire.

Appliquant ces idées à la vie économique, ils concluent à l'instauration nécessaire d'un régime de liberté et de concurrence. L'État doit *laisser faire, laisser passer,* et abandonner les activités économiques individuelles à leur libre jeu.

Adam Smith (1723-1790) est considéré comme le père du Libéralisme économique. Il expose d'une manière systématique une théorie économique qui reproduit les affirmations des physiocrates.

Le but de l'activité économique, dit-il, est l'avantage des consommateurs. Pour atteindre ce but, il faut viser à la multiplication et au bon marché des produits. Or, la *liberté* dans la production et dans la circulation favorise singulièrement la multiplication des produits à bon marché. Il faut donc laisser libre jeu à cette liberté. La prospérité économique résulte de la rencontre des *intérêts particuliers* modérés par la *concurrence.*

Malthus (1766-1834), David Ricardo (1772-1823) reprirent et corrigèrent sur plusieurs points la doctrine d'A. Smith.

L'École de Manchester, reconnue par son libéralisme intransigeant, fit voter publiquement par le Parlement britanique le principe de la liberté dans le commerce tant national qu'international.

Dès lors, la doctrine du Libéralisme économique fut largement répandue et pénétra tous les esprits.

Après la publication de l'Encyclique *Rerum Novarum*, qui mit en lumière les erreurs du Libéralisme et du Socialisme, certains auteurs, sans échapper complètement aux erreurs du Libéralisme, commencèrent à demander une application plus modérée de ses principes.

Ces auteurs furent Paul Leroy-Beaulieu (1843-1916), Cauvès, Gide en France; Minghetti, Cossa et Luzzati en Italie; Henri Rau en Allemagne, et Laveley en Belgique.

3° Les principes fondamentaux du Libéralisme économique sont les suivants:

a) L'utilité privée est le stimulant principal et presque unique de l'activité économique, et surtout de la production.

L'État doit s'abstenir de toute intervention positive dans la vie économique; sa fonction consiste uniquement à protéger les droits individuels (État gendarme ou veilleur de nuit).

L'État doit même supprimer les syndicats, les corporations pour protéger la liberté individuelle.

c) La loi première de l'activité économique est la libre concurrence, qui peut se définir: *la libre compétition des individualités économiques recherchant, par tous les moyens légitimes, les plus grands avantages possibles, en respectant le droit égal d'autrui.*

d) La libre concurrence a pour résultat la *responsabilité.*

En vertu de la responsabilité, chacun doit subvenir à ses besoins uniquement par sa propre initiative. Il est le seul auteur de son indigence ou de sa prospérité (1).

---

(1) Pie XI a exposé ce principe du Libéralisme économique dans les termes suivants: «Une loi économique, assurait-on, voulait que tout le capital s'accumulât entre les mains des riches; la même loi condamnait les ouvriers à traîner la plus précaire des existences dans un perpétuel dénuement.» **Quadragesimo Anno.**

4° Telles sont les affirmations fondamentales du Libéralisme économique.

Pour les réfuter, il suffit de montrer que le Libéralisme économique ignore le caractère naturellement sociale de l'homme, détruit la notion de la société civile et entraîne les conséquences les plus désastreuses.

1) Le Libéralisme économique ignore le caractère naturellement sociable de l'homme.

Les hommes ont une inclination naturelle à vivre en société, afin d'y trouver un secours mutuel dans la poursuite de la béatitude. Or, le Libéralisme économique nie la nécessité de ce secours mutuel: selon la loi de la libre concurrence, le riche peut accumuler toutes les richesses et abandonner les autres à leur indigence. Donc, le Libéralisme économique ignore le caractère naturellement sociable de l'homme.

2) Le Libéralisme économique détruit la notion même de la société civile.

La société civile est une société hétérogène. Par suite, l'autorité civile ou l'État doit ordonner l'activité privée vers le bien commun, non seulement d'une manière négative, en éloignant les obstacles au bien commun, mais d'une manière positive, en dirigeant, en surveillant, en stimulant, en contenant et même en remplaçant cette activité, selon que le comportent les circonstances ou l'exige la nécessité. Or, le Libéralisme économique demande à l'État d'éviter toute intervention positive dans la vie économique des citoyens. Donc, le Libéralisme économique détruit la notion même de la société civile, puisqu'il refuse à l'autorité civile ou à l'État l'exercice de fonctions essentielles.

3) Le Libéralisme économique entraîne les conséquences les plus désastreuses.

En proposant la libre concurrence comme la loi première de l'activité économique, le Libéralisme économique soustrait cette activité à la direction de la justice et de la charité. Il nie ou ignore l'existence de la justice légale et de la justice distributive.

La libre concurrence, laissée à elle-même, engendre la dictature économique, c'est-à-dire la concentration des richesses et l'accumulation d'une énorme puissance, d'un pouvoir économique discrétionnaire, aux mains d'un petit nombre d'hommes.

Dans l'ordre national, la dictature économique entraîne la déchéance du pouvoir politique, qui devient le docile instrument de toutes les passions et de toutes les ambitions de l'intérêt.

Dans l'ordre international, la dictature économique engendre d'une part le nationalisme, ou même l'impérialisme économique, de l'autre, l'internationalisme ou l'impérialisme international de l'argent, pour lequel là où est l'avantage, là est la patrie.

Enfin, le Libéralisme économique en rendant la vie économique horriblement dure, implaçable, cruelle, prépare la voie à la lutte des classes, au Socialisme et au Communisme.

Comme doctrine, il se contredit lui-même, puisque, pour conserver la liberté, il nie aux ouvriers le droit de constituer des syndicats.

ARTICLE VII

LE CAPITALISME

555 – Justification du capitalisme et condamnation de ses vices. — 1° Le capitalisme, d'après l'étymologie, provient du mot *capital*.

Ce mot capital désigne des choses différentes selon qu'on se place au point de vue de la propriété ou au point de vue des agents de production.

a) *Au point de vue de la propriété*, le capital désigne *la richesse conservée*, par opposition à la richesse dépensée ou consommée dès son acquisition.

b) *Au point de vue du rôle joué dans la production*, le capital désigne *les moyens de production* autres que le travail et la nature spontanée. Il s'oppose donc au travail et aux ressources naturelles et peut se définir: *un produit réservé pour la production.*

Il comprend et les produits de la nature, comme les graines conservées pour être semées, et les produits du travail, comme les outils, les machines, l'argent, etc.

C'est du capital considéré à ce dernier point de vue que vient le mot *capitalisme*.

2° Le capitalisme peut se prendre en deux acceptions: en *lui-même* ou *dans un sens péjoratif*.

Pris en lui-même, le capitalisme peut se définir: *un régime où le capital joue un rôle prépondérant, et où la fonction capitaliste se sépare de la fonction du travail.*

Dans un sens péjoratif, le capitalisme se définit: *une organisation économique et sociale dans laquelle le capital, et surtout l'argent, joue un rôle prépondérant et abusif.*

3° Les abus du capitalisme sont la conséquence logique du Libéralisme économique.

Le Communisme et le Socialisme veulent la disparition complète du capitalisme.

L'Église enseigne que le capitalisme n'est pas, en lui-même, un régime intrinsèquement mauvais. Elle condamne les abus du capitalisme, mais indique les remèdes qui corrigeront ces abus.

Par suite, l'Église accepte le régime du capital.

Ce régime ne s'impose pas, il est vrai, en vertu de la loi naturelle, comme le régime de la propriété privée. Mais nous pouvons dire qu'il serait dangereux de le faire disparaître complètement, dans les circonstances actuelles. Il serait au moins très difficile de le remplacer par un système plus avantageux, sans exposer le bien commun à de graves périls.

4° Ces précisions posées, établissons les propositions suivantes.

Le capitalisme est, en lui-même, un régime honnête.

Dans le capitalisme, où nous distinguons trois éléments,

a) le capital, et en particulier l'argent, reçoit une rémunération;

b) le salariat est en vigueur;

c) le capital se réserve la part principale dans les bénéfices et dans la conduite de l'entreprise.

Or, aucun de ces éléments n'est mauvais en soi. Donc, le capitalisme est, en lui-même, un régime honnête.

A la mineure. — a) *La rénumération du capital, et en particulier de l'argent, n'est pas mauvaise en soi.* — Le capitaliste a droit à une rémunération à cause des *risques pécuniaires* auxquels il s'expose, à cause de la *privation* qu'il s'impose, à cause du *service* qu'il rend et du *concours* qu'il prête à l'entreprise.

b) *le salariat est légitime.* — Car un homme peut louer son activité et exiger en retour un salaire suffisant pour sa subsistance et celle des siens.

c) *Le capital peut se réserver la part principale dans la conduite ou l'administration de l'entreprise et dans les bénéfices.* — Le capitaliste, en gardant l'administration de l'entreprise, assure l'autorité, l'unité, la compétence nécessaires au succès.

Le capitaliste peut se réserver la part principale dans les bénéfices, car il court plus de risques que le travail; à ses propres dépens, il procure souvent à l'ouvrier une grande sécurité; il multiplie la possibilité du travail, etc.

Les abus du capitalisme sont condamnables.

Il suffit d'exposer ces abus: l'omnipotence tous les jours croissante de la haute finance, les développements effrayants de l'agiotage et de la spéculation, la pratique de l'usure, la monopolisation de la production et de la vente, l'assujettissement de la classe laborieuse au capital anonyme, le luxe effréné de quelques-uns, la misère profonde du plus grand nombre, le mépris de la dignité de l'ouvrier, de l'aspect social propre à l'activité économique, et des exigences du bien commun, etc.

Ajoutons cependant que le capitalisme s'est corrigé de plusieurs défauts à la suite des enseignements pontificaux, de l'action de l'Église, des États et des ouvriers eux-mêmes.

ARTICLE VIII

LA NATION OU LA RACE

556 - DESCRIPTION DE LA RACE. — 1° La race peut se décrire: *un ensemble d'hommes qui, à cause d'une origine commune, se distinguent des autres par certains caractères physiques et certaines qualités intellectuelles et morales.*

Le concept de race est assez déterminé. On parle de la race germanique et de la race aryenne. Le concept de la race aryenne dépasse et inclut le concept de la race germanique.

2° La race et la nation s'emploient tantôt dans le même sens, tantôt en des sens distincts.

La nation désigne parfois une multitude d'hommes ayant une même origine et constituant une même société civile. *Exemple*: la nation française.

La nation désigne parfois une multitude d'hommes ayant une origine commune, mais ne vivant pas dans une même société civile. *Exemple*: les nations ou les races slaves. Dans ce cas, nation est synonyme de race.

L'on désigne encore sous le nom de nations les parties d'une même société civile ayant des origines diverses. *Exemple*: la nation canadienne-française.

Nous employons ici la race et la nation comme des mots signifiant une même chose.

3° La race se distingue de l'État, du peuple et de la patrie.

a) L'État signifie soit l'autorité civile selon qu'elle se distingue des simples citoyens, soit la société civile selon qu'elle comprend et les citoyens et les gouvernants. *Exemple*: l'État français.

b) Le peuple signifie l'ensemble des citoyens selon qu'ils se distinguent de l'État. *Exemple*: le peuple français.

Mais le mot peuple est lui-même indéterminé. Parfois il désigne des groupes d'hommes appartenant à des nationalités différentes, mais soumis à une seule autorité. *Exemple*: le peuple anglais et le peuple écossais sont soumis au même gouvernement.

Il peut aussi désigner la partie la moins noble, la plus pauvre des habitants d'un pays. *Exemple*: le peuple et la noblesse.

c) La patrie est le pays où l'on est né et dont on est citoyen. *Exemple*: le Canada est ma patrie.

La patrie embrasse et la société civile et le territoire sur lequel s'étend cette société.

Parfois, l'on entend par patrie le pays où l'on est né et dont on n'est plus citoyen. *Exemple*: l'Angleterre est la patrie de plusieurs canadiens.

557 - DÉFINITION PHILOSOPHIQUE DE LA RACE. — La race ou la nation peut se définir: *l'unité d'une multitude dans certaines qualités caractéristiques*.

a) L'unité qui groupe les membres d'une nation n'est pas une unité dans la ligne de l'opération, mais plutôt une unité dans la ligne de l'être.

Une nation peut cependant s'unir pour atteindre un but commun.

b) Les qualités caractéristiques de la race sont certaines *dispositions*, comme le teint, la forme de la figure, etc., et certains *«habitus»*, comme des aptitudes scientifiques, artistiques, morales et sentimentales.

Les dispositions constituent l'aspect biologique ou physiologique de la race, tandis que les «habitus» constituent son aspect psychologique ou psychique.

558 - L'ORIGINE ET LA CONSERVATION DE LA RACE. — 1° La race n'a pas son origine dans la nature spécifique de l'homme. Car, si tel était le cas, tous les hommes seraient de la même race ou de la même nationalité, puisque la nature spécifique est la même partout.

La race doit son origine à certaines causes communes qui produisent les mêmes dispositions, les mêmes «habitus» chez une multitude d'hommes.

Certaines de ces causes donnent naissance aux qualités de la race; d'autres causes conservent ces qualités.

2° Les causes qui donnent naissances aux qualités de la race sont:
a) la nourriture;

b) le climat;

c) le milieu géographique;

d) les institutions politiques, religieuses et sociales;

e) la tradition commune;

f) les moeurs et le milieu social.

Les trois premières causes influent *directement* sur la formation biologique ou physiologique d'une race, et *indirectement* sur sa formation psychologique ou psychique.

Les trois dernières causes influent *directement* sur sa formation psychique ou psychologique, et *indirectement* sur sa formation biologique ou physiologique.

Il est à remarquer que les trois premières causes peuvent avoir plus d'influence que les trois dernières sur la formation psychique ou psychologique d'une race, bien que cette influence soit indirecte.

Tout le monde admet un rapport très étroit entre la nourriture, le climat, le milieu géographique et le développement de la race. Certains matérialistes ont cependant exagéré l'influence de ces trois éléments.

Les institutions politiques, religieuses et sociales, la tradition, les moeurs forment l'âme de la race en constituant le milieu dans lequel les générations successives reçoivent leur éducation.

3° Les causes qui conservent les qualités de la race sont:

a) la langue;

b) l'hérédité.

La langue a une double importance pour la conservation des qualités nationales.

Elle est d'abord comme le signe de la nationalité, parce qu'elle est le moyen adéquat, et parfois le seul moyen adéquat, qui rend possible l'expression du caractère propre de la race. Le lien entre les sentiments, les pensées, les désirs d'une nation et sa langue est tellement étroit que celle-ci seule peut traduire ces sentiments, ces pensées et ces désirs.

La langue, de plus, est comme le trésor qui contient la culture propre d'une nation. En des formules lapidaires, elle exprime les principes qui règlent la vie d'une race.

L'hérédité a une très grande influence sur la conservation d'une race.

L'hérédité se définit: *la transmission, par la génération, des dispositions organiques qui déterminent la nature individuelle des parents*.

L'hérédité n'est pas la transmission des actes personnels, ou de ce qui se rapporte directement aux actes personnels, comme la science; elle est la transmission des dispositions de la matière ou de la nature, comme la santé, la maladie, l'équilibre ou le désordre des organes, des yeux, des facultés sensitives, etc.

L'hérédité a sa répercussion sur les facultés intellectuelles et sur l'âme elle-même.

Elle a sa répercussion sur l'intelligence et la volonté.

L'intelligence dépend objectivement des facultés sensibles. La volonté subit l'influence des passions. Et l'hérédité transmet aux descendants les passions des ascendants, comme elle transmet les qualités bonnes ou mauvaises des facultés sensibles.

Elle a sa répercussion sur l'âme elle-même.

L'hérédité, en effet, détermine les dispositions de la matière. Et toute âme est proportionnée au sujet qui la reçoit, aux dispositions de la matière qu'elle informe.

559 - Infériorité et supériorité des races. — 1° Les hommes de races diverses se distinguent par des qualités *accidentelles* et *substantielles*. En d'autres termes, les hommes de chaque race ont des perfections accidentelles et substantielles propres. Car, la disposition diverse de la matière ne donne pas lieu uniquement à des accidents différents; elle influe sur la substance même de l'âme qui est adaptée à la matière qui la reçoit.

Il peut donc y avoir une certaine supériorité ou infériorité d'une race par rapport à une autre.

2° Cette supériorité ou cette infériorité n'est pas immuable, comme le prétendent les Nationaux-Socialistes. Le caractère propre d'une race provient, en effet, de la disposition de la matière et de certains autres éléments qui sont variables.

3° Il y a une égalité spécifique entre tous les hommes, quelle que soit la race dont ils font partie. La nature humaine est, en effet, spécifiquement la même chez tous les hommes.

560 - DÉFINITION DU NATIONALISME. — Le nationalisme se définit: *un amour d'amitié naturelle envers les hommes de sa propre race.*

Le nationalisme est un *amour*, car il est une tendance vers un bien commun, c'est-à-dire vers les qualités nationales ou raciales qui rendent semblables entre eux certains hommes.

Il est un amour d'*amitié*, car il comporte une communication de vie dans un même bien, c'est-à-dire dans un même caractère national.

Il est un amour d'amitié *naturelle*, car il a son principe dans une origine commune.

561 - LE PRINCIPE DES NATIONALITÉS. — 1° Le principe des nationalités est le principe, qui reconnaît à chaque nation, à chaque race, le droit de former un État, une société civile.

2° Au début, les partisans du principe des nationalités ne le proposaient qu'en y ajoutant certaines atténuations ou certaines restrictions.

Ainsi, Rob. de Mohl (1799-1875) reconnaît à la race le droit de former à elle seule un État, si cela est nécessaire et utile à sa propre conservation.

De même, Bluntschli (1818-1881) reconnaît ce droit à la race capable d'obtenir son autonomie politique par la force.

Aujourd'hui, les Nationaux-Socialistes affirment que la race est l'élément fondamental de la société civile. La cause efficiente de la société civile est l'instinct racial; la cause finale de la société est le bien de la race. L'éducation a pour but principal la perfection de la race. La race est la source première de l'ordre juridique et moral. Par suite, tout ce qui se justifie par les besoins ou les intérêts de la race est licite.

3° Pour réfuter ces erreurs, établissons les propositions suivantes:

1) Le principe des nationalités accepté sans restriction est contraire à la loi naturelle.

Un principe qui suppose une fausse notion de la nature humaine et de la société civile, est contraire à la loi naturelle. Or, le principe des nationalités accepté sans restriction suppose une fausse notion de la nature humaine et de la société civile. Donc, le principe des nationalités accepté sans restriction est contraire à la loi naturelle.

La majeure est évidente.

À la mineure. — Le principe des nationalités accepté sans restriction nie la nature raisonnable de l'homme ou, du moins, la subordonne aux tendances et aux qualités de la race. Il restreint la perfection ou la béatitude en la mettant, non pas dans l'exercice des vertus, mais dans un bien beaucoup plus particulier, celui de la race. Il affirme que la société civile est constituée, non pas par la raison ou pour un bien de la raison, mais par l'instinct de la race et pour le bien de la race. Il met la source du droit, non pas en Dieu, mais dans la race. Il suppose donc une fausse notion de la nature humaine et de la société civile.

2) Le principe des nationalités, même si on y ajoute certaines restrictions, est contraire au bien commun.

a) Il a, en effet, comme conséquence, la disparition de l'ordre politique légitime, car la plupart des États ne sont pas constitués selon le principe des nationalités.

b) De plus, il est une source de troubles politiques. La race est une notion assez indéterminée. Si chaque race doit former un État, des dissensions continuelles surgiront dans chaque cas particulier. On ne saura pas quelle extension donner à la race ou quelle restriction lui imposer.

3) Une race ou une partie notable d'une race a le droit de se conserver dans la société civile dont elle fait partie.

Chaque partie de la société civile peut conserver ses biens, ses qualités propres, pourvu qu'elle satisfasse aux exigences du bien commun. Or, la race est une partie de la société civile; elle a des qualités propres, et ces qualités, bien ordonnées, peuvent favoriser le bien commun. Donc, une race ou une portion notable d'une race a le droit de se conserver dans la société civile dont elle fait partie.

L'autorité civile a donc le devoir de conserver l'harmonie entre les diverses races qui lui sont soumises.

Si les diversités de races étaient un obstacle au bien commun, l'État aurait le droit de faire disparaître, en usant de la justice et de la prudence, ces diversités.

CHAPITRE III

L'AUTORITÉ CIVILE

ARTICLE PREMIER

L'ORIGINE DE L'AUTORITÉ CVILE

562 - L'AUTORITÉ CIVILE VIENT DE DIEU. — 1° L'autorité civile prise formellement se définit: *la relation du supérieur politique au sujet qui doit obéir.*

Prise comme puissance, *elle est le pouvoir moral de diriger la société civile et ses membres vers le bien commun.*

2° Nous pouvons distinguer l'*autorité* elle-même, son *exercice* et son *acquisition.*

Ici, nous cherchons si l'autorité civile, en tant que telle, vient de Dieu.

3° Nous répondons que *l'autorité civile, en tant que telle, vient immédiatement de Dieu, auteur de la nature.*

Nous disons:

a) *l'autorité civile en tant que telle:* par là nous indiquons que l'autorité civile vient de Dieu, non seulement en tant qu'autorité, mais aussi en tant qu'autorité *civile;*

b) *vient immédiatement de Dieu:* l'autorité civile ne vient pas seulement de Dieu comme de la cause première et universelle; elle vient de Dieu comme de sa cause prochaine et propre;

c) de Dieu, auteur de la nature: l'autorité civile n'est pas donnée par un acte positif de Dieu agissant en tant qu'auteur de l'ordre surnaturel, comme, par exemple, l'autorité du Souverain Pontife; elle vient prochainement de la nature, et par suite, de Dieu, auteur immédiat de la nature.

4° Rousseau enseigne que l'autorité civile vient du peuple comme de sa première cause efficiente. L'autorité civile, affirme-t-il, n'est que la volonté commune du peuple exprimée par un contrat social. Elle réside dans le peuple d'une manière inaliénable.

Les Pères de l'Église, comme saint Augustin, saint Jean Chrysostôme, saint Grégoire le Grand, les anciens Protestants, comme Melanchton, Calvin, Grotius, Pufendorff, tous les philosophes catholiques reconnaissent l'origine divine de l'autorité civile.

5° Prouvons la proposition suivante:

**L'autorité civile, en tant que telle, provient immédiatement
de Dieu, auteur de la nature.**

Ce qui résulte nécessairement de la nature de la société civile provient immédiatement de Dieu, auteur de la nature. Or, l'autorité civile, en tant que telle, résulte nécessairement de la nature de la société civile. Donc, l'autorité civile, en tant que telle, provient immédiatement de Dieu, auteur de la nature.

A la majeure. — La société civile est une société *naturelle*. Par suite, ce qui résulte de la nature même de la société civile tire son origine immédiate de la nature elle-même ou de Dieu, auteur de la nature.

A la mineure. — La société civile est une société hétérogène. La nature même de la société civile appelle nécessairement une autorité qui ordonnera tous les membres au bien commun.

563 - LE POUVOIR LÉGISLATIF, JUDICIAIRE ET EXÉCUTIF. — Les pouvoirs législatif, judiciaire et exécutif ne sont pas trois autorités distinctes, mais trois fonctions de l'autorité civile.

Le pouvoir législatif porte des lois.

Le pouvoir judiciaire définit le droit soumis à la controverse, rétablit le droit lésé et décrète des peines contre les coupables.

Le pouvoir exécutif voit à l'application et à l'exécution des lois et des jugements.

Le pouvoir exécutif comporte trois parties:

le *gouvernement* des personnes en conformité avec la loi;

l'*administration* et la protection des biens;

la *coaction* et la *punition* des coupables.

564 - LA PEINE CAPITALE. — 1° La peine capitale est la peine de mort. C'est la punition qui consiste à priver de la vie l'auteur d'un crime.

2° Certains auteurs, comme Beccaria, H. Bentham, les Encyclopédistes, affirment que l'État n'a pas le droit d'infliger la peine capitale.

Nous reconnaissons ce droit à l'État. Ce droit lui est accordé en vertu de la supériorité de sa fin. Le bien commun, en effet, est plus parfait et plus précieux que tout bien privé. Par suite, celui qui a la garde du bien commun peut enlever même la vie à un coupable qui mettrait ce bien en péril.

Par contre, l'État ne peut infliger la peine capitale à un innocent, même si la mort de cet innocent était nécessaire pour le salut de l'État.

ARTICLE II

LE SUJET DE L'AUTORITÉ CIVILE

565 - Le sujet premier et le sujet immédiat de l'autorité civile. — 1° Nous devons distinguer le problème de l'origine de l'autorité civile, et celui du sujet de cette autorité.

Le premier se rapporte à la cause efficiente.

Le second se rapporte à la cause matérielle.

Le sujet de l'autorité civile est la cause matérielle dans laquelle elle existe.

2° Dans la nature, le sujet d'une opération est *premier* et *immédiat*.

Le sujet premier de la connaissance intellectuelle, par exemple, est l'âme. Son sujet immédiat est l'intelligence.

Nous pouvons faire la même distinction pour le sujet de l'autorité.

Le sujet *premier* de l'autorité civile est le principe premier d'où elle résulte selon l'ordre de la nature.

Le sujet *immédiat* est celui qui possède l'autorité et l'exerce.

3° Rousseau affirme que la multitude n'est pas seulement la cause de l'autorité, mais qu'elle est aussi le sujet immédiat de l'autorité civile. Elle possède l'autorité d'une manière inaliénable, de telle sorte que les députés et les rois eux-mêmes ne sont que les délégués du peuple.

L'École du Sillon avec Marx Sangnier, tout en reconnaissant l'origine divine de l'autorité civile, affirme qu'elle réside dans le peuple d'une manière inaliénable.

Jacques 1er, roi d'Angleterre, Luther, Melanchton, Calvin, Louis XIV et les Gallicans soutiennent que l'autorité non seulement en tant que civile, mais encore en tant que royale, vient de Dieu.

En d'autres termes, ils affirment que le roi est constitué dans sa dignité par Dieu lui-même.

Certains écrivains anciens, comme Hugues de Saint-Victor et

Alexandre de Halès, pensaient que l'Église devait déterminer le sujet de l'autorité civile.

Les Scolastiques enseignent communément que l'autorité civile découle du peuple ou de la multitude comme de son sujet premier.

Mais il y a certaines divergences, chez les Scolastiques, quand ils parlent du sujet immédiat de l'autorité civile.

Quelques-uns, comme Liberatore, Schiffini, Mayer, Catherein, Zigliara, Lortie, affirment seulement contre Rousseau que le peuple ne peut pas être le sujet de l'autorité civile.

D'autres enseignent que le peuple est le sujet immédiat qui possède en premier lieu l'autorité civile. Il la transfère ensuite, à un prince, à un parlement, etc. Les auteurs qui enseignent cette doctrine prétendent reproduire l'enseignement de Cajetan, de Bellarmin, de Suarez, etc.

Mais Suarez qui représente, sur ce point de doctrine, la tradition scolastique, semble exposer une autre théorie.

Il affirme simplement que la nature ou que Dieu, auteur de la nature, ne détermine pas le sujet immédiat de l'autorité civile. Cette détermination doit se faire par des causes humaines.

C'est cette dernière opinion que nous défendons.

4° Prouvons les propositions suivantes:

1) L'autorité civile résulte naturellement de la multitude comme de son premier sujet.

De même que l'intelligence résulte naturellement de l'âme comme de son sujet, ainsi l'autorité civile résulte naturellement de la multitude. Dès que la multitude est unie dans une société politique, l'autorité apparaît, comme un élément nécessaire voulu par la nature elle-même.

2) Il appartient à l'homme de déterminer le sujet immédiat de l'autorité civile.

Si la nature ne détermine pas le sujet immédiat de l'autorité civile, l'homme doit déterminer ce sujet. Or, la nature ne determine pas le sujet immédiat de l'autorité civile. Donc, il appartient à l'homme de déterminer le sujet immédiat de l'autorité civile.

À la majeure. — Ce qui, dans la société civile, ne répond pas aux exigences et à la détermination de la nature est abandonné à la liberté humaine.

À la mineure. — La loi naturelle n'exige pas que l'autorité civile soit confiée à cette partie du peuple plutôt qu'à une autre, à cet homme plutôt qu'à cet autre, à un roi plutôt qu'à une chambre de députés, etc. De fait, les peuples, sans violer la loi naturelle, se choisissent des formes de gouvernements diverses.

566 - Les diverses formes de gouvernement. — 1° Les formes de gouvernement sont les *constitutions politiques selon qu'elles sont caractérisées par le sujet immédiat de l'autorité civile.*

2° Les trois formes-types du gouvernement sont la *monarchie,* *l'aristocratie* et la *démocratie.*

La monarchie est *le gouvernement d'un seul en vue du bien commun.*

L'aristocratie est *le gouvernement d'une classe d'élite en vue du bien commun.*

La démocratie est *le gouvernement du peuple en vue du bien commun.*

3° La monarchie peut dégénérer en *tyrannie,* l'aristocratie en *oligarchie,* la démocratie en *anarchie.*

La tyrannie est *le gouvernement d'un seul qui ne recherche pas le bien commun, mais son intérêt propre.*

L'oligarchie est *le gouvernement d'une classe d'élite qui recherche ses avantages matériels.*

L'anarchie est *le gouvernement du peuple mettant l'intérêt des classes inférieures au-dessus du bien commun.*

4° Il peut y avoir des formes de gouvernement mixtes, c'est-à-dire empruntant des éléments à la monarchie, à l'aristocratie et à la démocratie.

567 - LE SUFFRAGE UNIVERSEL. — 1° Le suffrage est *le droit que possèdent les citoyens de désigner ceux qui exerceront l'autorité civile.*

2° Le suffrage universel est *un régime électoral où tout citoyen est investi du droit de vote, sans aucune exclusion de rang et de fortune.*

3° Ceux qui, avec Rousseau, considèrent l'autorité civile comme appartenant au peuple d'une manière inaliénable, enseignent que le suffrage universel s'impose en vertu du droit naturel.

Cette opinion est évidemment fausse. Si elle était vraie, les constitutions politiques qui n'accordent pas le droit de suffrage seraient contraires à la loi naturelle.

Le suffrage n'est pas un droit *naturel;* il n'est qu'un droit *politique,* droit dont l'exercice peut apporter beaucoup d'avantages à la société civile, si le peuple a un grand souci de l'honnêteté et du bien commun; droit dont l'exercice peut aussi être au désavantage de la société civile, lorsque le peuple est corrompu ou n'a pas *d'éducation civique.*

568 - LA RÉSISTANCE AU TYRAN. — 1° Le tyran est *le gouvernant qui, violant les droits de ses sujets, ne cherche dans le pouvoir que son intérêt personnel, au lieu de procurer le bien du peuple qui lui est soumis.*

2° La résistance est le refus de soumission.

La résistance est *passive* ou *active.*

La résistance passive est *le refus de soumission qui se manifeste uniquement par l'absence d'obéissance.*

La résistance active est *celle qui est accompagnée de lutte contre le tyran ou contre ses actes injustes.*

La résistance active peut être *pacifique* ou *violente.*

La résistance active pacifique est celle qui se manifeste par des démarches faites dans la légalité, comme par des assemblées, des résolutions, des écrits, etc.

La résistance violente est celle qui se manifeste par l'emploi de la force physique contre la tyrannie.

3° Le tyran peut être un *usurpateur*, s'il détient l'autorité civile sans titre légitime; il peut être *légitime*, s'il a un titre à la possession de l'autorité

4° *Au moment de l'usurpation*, celui qui détient légitimement l'autorité civile, la multitude peuvent résister à l'usurpateur par la violence physique. Dans ce cas, il s'agit, en effet, de défendre un droit d'une importance supérieure.

Un simple citoyen peut même tuer le tyran qui voudrait s'emparer de l'autorité.

Après l'usurpation, le détenteur légitime de l'autorité et la multitude gardent toujours le droit de renverser le tyran par la force physique. Le bien commun, qui est la loi suprême, peut cependant demander qu'on suspende l'exercice de ce droit et qu'on obéisse au tyran, dans le cas, par exemple, où la résistance n'aurait aucun succès et serait une source de maux pour la société elle-même.

Le tyran, qui a usurpé le pouvoir, peut et doit même être considéré dans la suite comme un chef légitime, si la paix et la sécurité publique le demandent.

5° Au sujet de la tyrannie d'un *chef légitime*, nous pouvons dire ce qui suit:

a) La résistance pacifique aux lois manifestement injustes est toujours permise; elle est obligatoire si une loi s'oppose au bien divin ou à l'ordre naturel.

b) Lorsque la tyrannie n'est pas excessive, il vaut mieux la tolérer pour un temps que de lui opposer une résistance. La résistance apporte souvent des maux plus graves que la tyrannie elle-même.

c) Lorsque la tyrannie est devenue intolérable, les remèdes se diversifient selon les circonstances.

Premièrement, il faut recourir à l'autorité, s'il existe une autorité supérieure au tyran.

Deuxièmement, le peuple, si la constitution politique de la société le lui permet, peut déposer le tyran ou limiter son autorité.

Troisièmement, si le recours, à un supérieur n'est pas possible, et si la constitution du pays ne donne pas à la multitude le droit de déposer le tyran, il est probable que le peuple peut se révolter, si le bien commun le demande et si la révolte a des chances de succès.

Quatrièmement, si aucun recours humain n'est possible contre la tyrannie, il faut s'adresser à Dieu, le roi des rois, qui, au moment opportun, vient en aide à ceux qui souffrent. Les coeurs des gouvernants sont dans Sa main. Il peut changer la cruauté en douceur et en mansuétude.

Mais, pour obtenir cette grâce du Dieu tout-puissant, les peuples devront s'éloigner du péché. C'est, en effet, pour punir le péché que Dieu permet aux impies d'exercer l'autorité sur les peuples.

CHAPITRE IV

LA SOCIÉTÉ INTERNATIONALE

Article I. — Le droit international.

Article II. — La société internationale.

Article III. — La guerre.

ARTICLE PREMIER

LE DROIT INTERNATIONAL

569 - Il existe un droit international public. — 1° Le droit international est l'ensemble des lois qui règlent les rapports mutuels des divers États, des diverses sociétés civiles.

Le droit international est soit *privé*, soit *public*.

Le droit international privé règle les relations entre les citoyens appartenant à des États divers.

Le droit international public règle les relations entre les États eux-mêmes.

L'existence du droit international privé ne fait pas de doute. Car la justice demande de rendre à autrui ce qui lui est dû, sans qu'il y ait de distinction à mettre entre les concitoyens et les étrangers.

Nous parlons ici de l'existence et de la nature du droit international public.

2° Deux éléments sont nécessaires pour qu'un droit international public existe:

a) une pluralité d'États, indépendants les uns des autres, mais ayant des relations entre eux;

b) l'unité du genre humain ordonné à un même bien commun. En effet, le droit international est une ordonnance de la raison au bien commun de tous les États, c'est-à-dire au bien commun du genre humain.

3° Beaucoup de modernes nient, au moins en pratique, l'existence du droit international public. Selon eux, l'État ne peut connaître d'autre limite que celle de son bon plaisir.

D'autres auteurs admettent l'existence du droit international public, mais le font dériver soit du consentement expresse des nations civilisées, soit d'un ensemble de règles communes que ces nations acceptent dans leurs relations.

Nous démontrons, contre ces auteurs, non seulement que le droit international public existe, mais encore qu'il dérive de la loi naturelle.

4° Prouvons donc la proposition suivante:

Il existe un droit international public dérivé de la loi naturelle.

Il existe un droit international public dérivé de la loi naturelle, s'il existe des conclusions de la loi naturelle ordonnant les États entre eux, et ayant les caractères de lois véritables. Or, il existe des conclusions de la loi naturelle ordonnant les États entre eux, et ces conclusions ont tous les caractères de lois véritables. Donc, il existe un droit international public dérivé de la loi naturelle.

La majeure se comprend facilement. Le droit international dérivant de la loi naturelle est un véritable droit; il est aussi inviolable que la loi naturelle elle-même.

À la mineure. - a) *Il existe des conclusions de la loi naturelle ordonnant les États entre eux.* — Ces conclusions découlent nécessairement de la loi naturelle qui oblige tous les hommes à vivre raisonnablement. Telles sont, par exemple, les propositions suivantes: *il faut observer les pactes, il ne faut pas tuer les innocents, il ne faut pas faire la guerre sans une raison grave et juste.* Ou encore, ces conclusions ne découlent pas nécessairement des principes de la loi naturelle, mais elles sont des déterminations de ces principes établies et manifestées par la coutume.

b) *Ces conclusions ont tous les caractères de lois véritables.* — Elles sont, en effet, des ordonnances de la raison, puisqu'elles sont déduites de la loi naturelle; elles ordonnent à un seul bien commun, c'est-à-dire au bien commun de tous les États ou du genre humain; elles viennent d'un supérieur, puisque, dans leurs principes, elles ont leur origine dans la nature raisonnable et, par suite, en Dieu, l'auteur de la nature. Elles obligent donc, comme toute loi véritable.

ARTICLE II

LA SOCIÉTÉ INTERNATIONALE

570 - Nature et légitimité de la société internationale. — 1° La société internationale se définit: *une société groupant tous les États et les dirigeant vers le bien commun de tous les États, c'est-à-dire vers le bien commun du genre humain tout entier.*

La société internationale est:

a) *une société groupant tous les États:* en conséquence, la société internationale n'absorbe pas les États, les sociétés civiles diverses, mais leur laisse leur indépendance, leurs droits à la vie, au progrès;

b) *les dirigeant vers le bien commun du genre humain tout entier:* par suite, la société internationale doit avoir une autorité véritable, supérieure à l'autorité de chaque État.

Il appartient à l'homme de déterminer le sujet de cette autorité.

Il appartient aussi à l'homme de déterminer la constitution politique de la société internationale.

2° Tous ceux qui nient l'unité spécifique du genre humain nient, par le fait même, la légitimité et la possibilité d'une société internationale.

À la même conclusion aboutissent ceux qui ignorent la loi naturelle et la loi divine, et qui considèrent l'État comme la source première de tous les droits.

Beaucoup de juristes modernes, tout en affirmant que l'État est soumise à la loi divine, ne peuvent concilier l'indépendance des États avec l'existence d'une société internationale véritable, c'est-à-dire avec une société internationale ayant une autorité suffisante pour diriger et ordonner les États à la fin commune de tout le genre humain.

L'État ou la société civile, disent-ils, est une société parfaite, une société absolument autonome qui ne peut être soumise à aucune autorité humaine, dans l'ordre naturel. Par suite, l'existence d'une autorité internationale serait la négation de l'autonomie de l'État.

Cette affirmation des juristes modernes a sa source dans leur conception du droit Pour eux, le droit, dans sa signification première, est le droit subjectif, le droit-faculté. Par suite, le droit parfait est celui qui comporte une liberté entière, une autonomie absolue. Et la société parfaite est la société qui, dans l'ordre civil ou politique, ne reconnaît aucune autorité supérieure: c'est la société parfaitement autonome.

Selon Aristote et saint Thomas, le droit, pris dans sa signification première, est le droit objectif, c'est-à-dire le bien. En conséquence, le droit parfait est le bien parfait dans son ordre; la société parfaite est la société dont la fin est un bien parfait dans son ordre.

Il résulte que, dans la conception d'Aristote et de saint Thomas, la société civile ou l'État peut faire partie d'une société supérieure, c'est-à-dire d'une société internationale.

En effet, cette subordination à une société supérieure ne détruit pas la nature de l'État, puisque, ayant comme fin un bien parfait dans son ordre et possédant tous les moyens nécessaires pour atteindre cette fin, il demeure une société parfaite.

3° Nous prouvons que la société internationale est dans le voeu de la nature et qu'elle est un bienfait pour les États, pour toutes les société civiles particulières.

1) La société internationale est dans le vœu de la nature.

La société internationale est dans le voeu de la nature, si tous les États, unis par des liens mutuels, moraux et juridiques, doivent tendre au bien commun du genre humain. Or, tous les États, unis par des liens mutuels, moraux et juridiques, doivent tendre au bien commun du genre humain. Donc, la société internationale est dans le voeu de la nature (1).

---

(1) «Le genre humain, en effet, bien qu'en vertu de l'ordre naturel établi par Dieu il se divise en groupes sociaux, nations ou états, indépendants les uns des autres pour ce qui regarde la façon d'organiser et de régir leur vie interne, est uni cependant par des liens mutuels, moraux et juridiques, en une grande communauté, ordonnée au bien de toutes les nations et réglée par des lois spéciales qui protègent son unité et développent sa prospérité.» Pie XII, **Summi Pontificatus, n. 62.**

À la majeure. — Dans le cas, tous les éléments requis pour une société internationale sont posés: un bien commun spécifique — celui de tout le genre humain — qui est voulu par la nature; une union juridique entre les États dans la poursuite de ce bien commun.

À la mineure. — a) *Tous les États sont unis par des liens mutuels, moraux et juridiques.* — Le droit international existe, comme nous venons de le prouver.

b) *Tous les États doivent tendre au bien commun du genre humain.* — Le genre humain a une unité d'origine, une unité de nature, une unité d'habitation. Par suite, tous les hommes, tous les groupements d'hommes, toutes les sociétés, tous les États doivent tendre à un bien commun unique, c'est-à-dire au bien commun du genre humain.

2) La société internationale est un bienfait pour les États.

1) Une société qui, tout en laissant à chaque État l'indépendance dans l'organisation et la régie de sa vie interne, ordonne la fin propre de la société civile à une fin supérieure, est un bienfait pour l'État. Or, la société internationale laisse à chaque État l'indépendance dans l'organisation et la régie de sa vie interne; elle ordonne cependant la fin propre de la société civile à une fin supérieure. Donc, la société internationale est un bienfait pour les États.

À la majeure. — Une telle société laisse aux États les moyens nécessaires et utiles pour la poursuite de leurs fins propres; elle enrichit et surélève ces fins propres en les ordonnant à un bien supérieur, tout comme la société civile enrichit et surélève les fins propres de l'individu en ordonnant les fins de celui-ci au bien commun.

À la mineure. — La société internationale doit respecter l'indépendance légitime de tous les États; elles ordonne les États au bien commun du genre humain qui est supérieur à la fin de la société civile. La fin propre de la société civile est le bien commun des individus, des familles; le bien commun du genre humain est le bien qui est *directement* commun aux États, et *indirectement* commun aux familles et aux individus. Il l'emporte donc sur la fin de la société civile.

2) La société internationale favorise l'harmonie entre les nations; elle permet aux peuples de régler leurs confits, de concilier
leurs intérêts dans la paix et la justice, sans recourir à la guerre.
Elle est donc un bienfait pour les États.

ARTICLE III

LA GUERRE

571 - LA GUERRE PEUT ÊTRE JUSTE. — 1° La guerre se définit: *l'état de deux nations qui se combattent par la force des armes.*

La guerre est un *état*: elle se distingue du simple combat, qui est une conséquence de l'état de guerre.

La guerre se fait entre deux ou plusieurs *nations*, c'est-à-dire entre des États, des société civiles.

2° La guerre est soit *offensive*, soit *défensive*.

La guerre offensive a pour but la réparation d'un droit lésé.

La guerre défensive a pour but la défense d'un droit qu'on voudrait violer.

3° Tolstoï et les objecteurs de conscience affirment que toute guerre est injuste.

D'autres soutiennent que toute guerre utile à l'État est juste.

Quelques-uns veulent justifier la guerre par un pacte tacite entre les États. En vertu de ce pacte, les États consentent à considérer la victoire comme la solution du conflit et du point du droit discuté.

Les Catholiques enseignent que la guerre peut être juste, à certaines conditions, parce que la loi naturelle a muni le droit de sanctions destinées à le faire respecter.

4° Les conditions nécessaires pour qu'une guerre soit juste sont les suivantes:

l'autorité compétente, une *cause proportionnée* et *l'intention droite.*

a) L'autorité compétente est l'autorité politique supérieure dans la société. C'est le chef d'État.

S'il existait une société internationale ayant autorité pour juger les litiges entre les États et pour faire respecter ses décisions, le chef d'État ne pourrait pas déclarer la guerre.

Les États ne peuvent pas violer un pacte signé pour déclarer la guerre.

b) Une cause proportionnée ne peut être que la violation *certaine, grave, obstinée* d'un droit *strict* et *important.* Encore faut-il qu'il n'y ait aucun moyen pacifique d'empêcher la violation de ce droit.

c) Celui qui déclare ou poursuit la guerre, doit avoir l'*intention droite.* Il doit avoir en vue la justice et le bien commun. Il doit aussi observer les vertus autres que la justice et, en particulier, la prudence.

Celui-là pécherait qui déclarerait ou poursuivrait une guerre sans aucun espoir de succès.

Les peuples attaqués peuvent cependant toujours se défendre, même s'ils n'ont aucun espoir de victoire, car il est toujours permis de repousser la force par la force.

5° Ces considérations au sujet de la guerre juste sont vraies en principe. Dans les circonstances actuelles, la guerre devrait être supprimée. Elle ne devrait pas avoir sa place dans un monde civilisé, à cause des maux innombrables qu'elle entraîne.

6° Prouvons la doctrine que nous avons exposée.

La guerre peut être juste.

Il est permis à un État d'employer la force physique contre un autre État pour empêcher ou venger la violation d'un droit. Or, la guerre n'est que l'emploi de la force physique entre États pour empêcher ou venger la violation du droit. Donc, la guerre peut être juste.

La mineure n'est que la définition de la guerre.

À la majeure. — Tout droit est muni de sa coaction. Et, dans le cas, l'État est l'autorité suprême qui peut exercer cette coaction. Les trois conditions énumérées ci-haut doivent cependant exister.

CHAPITRE V

LA SOCIÉTÉ CIVILE ET L'ÉGLISE

Article I. — Subordination de l'État à l'Église.

Article II. — Séparation de l'Église et de l'État.

ARTICLE PREMIER

SUBORDINATION DE L'ÉTAT À L'ÉGLISE

572 - L'ÉTAT ET LA VRAIE RELIGION. — 1° Nous cherchons à connaître les obligations de la société civile comme telle, de l'État, des gouvernements, envers la religion.

2° L'Athéisme politique enseigne que l'État n'a pas à s'occuper de Dieu et de la religion.

Le Naturalisme, qui nie l'existence de la religion révélée, prétend que l'État n'a que le devoir de favoriser le sentiment religieux qui répond à l'instinct naturel de l'homme.

L'Indifférentisme affirme que l'État doit protéger toutes les religions, afin qu'elles travaillent toutes à la prospérité commune et à la moralité publique.

3° Contre toutes ces erreurs, prouvons que l'État doit professer et protéger la vrai religion, c'est-à-dire la religion surnaturelle révélée par Dieu lui-même.

1) L'État a de graves devoirs de religion.

L'individu doit rendre un culte à Dieu, parce que Dieu est son auteur et sa fin. Or, Dieu est l'auteur et la fin de l'État ou de la société civile. Donc, l'État, tout comme l'individu, doit rendre un culte à Dieu. Il a de graves devoirs de religion.

2) La religion de l'État doit être la vraie religion.

a)   Puisque l'État a des devoirs de religion, il ne peut les remplir qu'en embrassant la vraie religion.

b) En protégeant la vraie religion, il favorise l'unité de la société civile, la paix, la tranquilité et la perfection morale des citoyens.

573 - LA SOCIÉTÉ CIVILE EST INDIRECTEMENT SUBORDONNÉE À L'ÉGLISE. — 1º L'Église est la société qui a pour fin le bonheur surnaturel de tous les hommes.

La société civile ou l'État est la société qui a pour fin le bonheur temporel de l'homme.

2º L'Église et la société civile sont deux sociétés parfaites, chacune dans leur ordre.

Mais parce que la fin que poursuit l'Église est supérieure à la fin de l'État, il résulte que celui-ci, dans la poursuite de sa fin, doit tenir compte de la fin de l'Église.

Nous cherchons à connaître la nature des rapports de l'État et de l'Église.

3º Tous ceux qui considèrent l'État come l'unique société juridique, rejettent toute subordination de l'État à l'Église.

C'est aussi ce qu'affirment ceux qui nient l'existence de Dieu, ou simplement l'existence de l'ordre surnaturel.

D'autres auteurs enseignent qu'entre l'État et l'Église il doit y avoir une simple coordination. L'État et l'Église sont deux sociétés qui doivent unir leurs efforts pour le plus grand bien de l'humanité, mais qui demeurent indépendantes l'une de l'autre.

La tradition catholique, maintes fois exprimée par les Souverains Pontifes, affirme que l'État est soumis à l'Église, mais que la subordination de l'État à l'Église n'est qu'*indirecte*.

4° Pour qu'une société soit indirectement subordonnée à une autre, deux conditions sont nécessaires:

a) la fin de la société subordonnée ne doit pas être une partie de la fin que poursuit la société supérieure; elle ne doit pas être, non plus, un moyen ordonné de sa nature à la fin de la société supérieure. Autrement, la dépendance ou la subordination serait directe;

b) la fin de la société subordonnée doit être un bien inférieur au bien que la société supérieure a comme fin propre.

5° Les principales conséquences de la subordination indirecte sont les suivantes:

a) la société subordonnée ou inférieure ne doit pas poser d'obstacles à l'activité de la société supérieure. Dans le cas de conflit, la société inférieure doit même abandonner ses revendications: le bien supérieur doit toujours être l'objet des préférences;

b) la société inférieure doit favoriser l'action de la société supérieure. Elle doit même venir au secours de la société supérieure, dans le cas de nécessité;

c) la société inférieure est indépendante et autonome dans ce qui se rapporte formellement à la poursuite de sa propre fin, bien qu'elle doive toujours respecter la subordination de sa fin à la fin de la société supérieure.

6° Ces précisions posées, prouvons les propositions suivantes:

L'État est subordonné à l'Église.

C'est l'Église qui conduit à la fin absolument dernière, c'est-à-dire à la béatitude surnaturelle ou céleste. Or, la fin propre de l'État — le bien commun temporel — doit être ordonné à la fin absolument dernière, à la béatitude surnaturelle ou céleste. L'État est donc subordonné à l'Église, car la subordination des fins sociales entraîne la subordination des sociétés.

La subordination de l'État à l'Église est indirecte.

Toutes les conditions nécessaires pour qu'il y ait une subordination indirecte seulement existent:

a) le bien commun ou la béatitude temporelle, fin propre de l'État, n'est pas une partie de la béatitude surnaturelle, fin propre de l'Église. Le bien commun est un bien parfait dans son ordre;

b) la béatitude temporelle n'est pas, de sa nature, un moyen adéquat conduisant à la béatitude surnaturelle; il n'y a pas de proportion naturelle entre un bien naturel et un bien surnaturel;

c) la béatitude surnaturelle est infiniment supérieure à la béatitude temporelle.

ARTICLE II

574 - La séparation de l'Église et de l'État doit être condamnée.— 1° Puisque l'État est indirectement subordonnée à l'Église, il doit exister une union juridique entre l'Église et l'État. Cette union est la conséquence immédiate de la subordination indirecte liant, l'une à l'autre, deux société parfaites.

2° Le Libéralisme religieux, au nom de la liberté, rejette cette union juridique, et réclame la séparation de l'Église et de l'État, c'est-à-dire l'autonomie entière de l'État par rapport à l'Église.

Il y a trois formes principales du Libéralisme: le *Libéralisme absolu*, le *Libéralisme modéré*, le *Catholicisme libéral*.

Le Libéralisme absolu affirme que l'État seul est une société juridique. Dans cette conception, aucune union juridique entre l'Église et l'État n'est possible.

Le Libéralisme modéré reconnaît que l'Église est une société juridique. Il nie cependant la subordination indirecte de l'État à l'Église.

Le Catholicisme libéral admet *en théorie* la subordination de l'État à l'Église. Il recommande cependant la séparation de l'Église et de l'État comme le système le plus adapté à la mentalité moderne.

La formule du Catholicisme libéral et du Libéralisme modéré est la suivante: «l'Église libre dans l'État libre.»

3° Réfutons le Libéralisme en prouvant la proposition suivante:

La séparation de l'Eglise et de l'Etat doit être condamnée.

1) Un système opposé à la loi divine, à la paix et à l'unité dans la cité, doit être condamné. Or, la séparation de l'Église et de l'État est opposée à la loi divine, à la paix et à l'unité dans la cité. Donc, la sé-

paration de l'Église et de l'État doit être condamnée.

La majeure est évidente.

À la mineure. — a) *La séparation de l'Église et de l'État est opposée à la loi divine.* — Selon la loi divine, l'Église est une société parfaite, juridique, à qui l'État est indirectement subordonné. Or, la séparation de l'Église et de l'État est la négation du caractère social et juridique de l'Église, ou, du moins, de la subordination indirecte de l'État. Donc...

b) *La séparation de l'Église et de l'État est opposée à la paix et à l'unité dans la cité.* — L'Église et l'État légifèrent souvent sur les mêmes objets, pour les mêmes hommes habitant un même territoire. Or, si l'on admet la séparation entre les deux sociétés, l'Église et l'État porteront des lois opposées: l'Église déclarera nuls des mariages valides devant l'État et inversement; l'Église défendra le travail un tel jour, et l'État l'exigera, etc ... Il en résultera de graves dommages pour la paix, l'ordre et l'unité dans la cité.

2) En pratique, la séparation de l'Église et de l'État entraîne de graves dommages pour les âmes, aboutit à la négation ou, au moins, à la limitation des droits de l'Église, et place celle-ci sous la dépendance de l'État. Elle doit donc être condamnée.

575 - Observations. — Dans un État catholique, les fidèles doivent combattre toute tentative d'établir la séparation de l'Église et de l'État.

Si cette séparation devient inévitable, les catholiques doivent voir à ce que l'état de séparation ne soit pas un état de lutte ou de persécution.

Ils doivent, en particulier, s'efforcer d'obtenir pour l'Église:

a) la reconnaissance de sa personnalité juridique;

b) la liberté d'exercer son autorité pour le salut des âmes, sans souffrir aucune entrave quelconque;

c) la liberté du culte privé et public;

d) la liberté de fonder et de diriger des écoles confessionnelles, et la reconnaissance officielle de l'éducation donnée dans ces écoles;

e) la liberté d'acquérir, de posséder, d'administrer des biens temporels; cette liberté devra être reconnue aux communautés religieuses, aux associations pieuses, etc.;

f) la liberté pour tout fidèle d'embrasser la vie religieuse sans être privé de ses droits civils.

576 - La liberté dans la conception du Libéralisme. — 1° Selon les libéraux, la liberté consiste dans l'autonomie absolue de la volonté. Elle exclut toute dépendance à l'égard d'une autorité morale.

Les libéraux réclament comme des droits sacrés et inviolables la *liberté de conscience*, la *liberté de parole* et la *liberté du culte.*

2° La liberté, dans son essence même, est le pouvoir de choisir entre plusieurs biens particuliers, ou entre un bien particulier et le bien infini connu d'une manière incomplète ou imparfaite.

La liberté suppose donc toujours une imperfection,

a) soit chez les biens qui sont objets de liberté;

b) soit chez le sujet qui ne connaît le bien infini que d'une *manière analogique.*

La liberté de l'homme à l'égard de sa fin dernière, qui est Dieu, provient à la fois de l'imperfection de son intelligence qui ne connaît Dieu qu'analogiquement, et de l'imperfection de sa volonté qui se détourne de Dieu.

Afin que cette imperfection ne soit pas sans remède, la nature requiert l'existence d'une autorité capable de diriger l'homme dans le bien, et de l'éloigner du mal.

Le concept général de liberté, si cher aux libéraux, est donc faux.

3° *La liberté de conscience*, pour le Libéralisme, est le pouvoir moral de penser ce qui plaît dans le domaine de la foi ou des moeurs.

Cette liberté de conscience est impie, car elle est la négation de l'ordre moral, de la Révélation et du Dieu législateur.

La liberté de conscience est un droit sacré et inviolable, si par elle on entend le droit de repousser toute violence tendant à faire agir contre les données de la conscience, ou encore le droit de s'opposer à toute disposition légale contraire à la poursuite de fins honnêtes et justes.

4° *La liberté de culte* est une injure à Dieu qui doit être honoré
par le culte qu'il a lui-même déterminé.

5° *La liberté de parole* est absurde.

Elle reconnaît les mêmes droits à l'erreur et à la vérité, au bien
et au mal.

Elle affirme que l'homme peut combattre les vérités de la Révélation, les lois divines, etc.

Elle est un danger pour le bien commun, car elle reconnaît aux
impies le droit de corrompre l'esprit du peuple et de le conduire au mal.

577 - La tolérance. — 1° La tolérance, au sens large, est l'indulgence pour
ce qu'on ne peut ou ne veut pas empêcher.

En un sens plus strict, c'est l'indulgence pour ce qu'on ne doit pas
empêcher pour des raisons graves.

2° La tolérance de la liberté du culte, de la liberté de parole n'est
pas permise en soi, à moins que de très graves raisons ne la justifient.

Ces graves raisons ne peuvent être que l'impossibilité morale de
faire autrement, et encore un motif de prudence qui demande d'accepter certains maux afin d'éviter de plus grands maux.

578 - L'Église et l'État hérétique ou schismatique. — 1° Les hérétiques
et les schismatiques, à cause de leur baptême, sont, en principe, soumis aux lois de l'Église. Voilà pourquoi l'Église, en vertu de son droit
souverain, pourrait exiger d'un État hérétique ou schismatique tout ce
qu'elle exige d'un État catholique.

Mais, en pratique, l'Église adapte l'exercice de son droit souverain
à la vie réelle.

2° Nous devons distinguer l'apostasie à ses débuts, et l'apostasie
parfaitement consommée.

Lorsque l'apostasie n'est pas encore parfaitement consommée, l'É-
glise fait valoir ces droits afin de préserver la foi ou l'unité. Elle punit
les apostats, et exige même le secours de l'État.

Si l'État manque à son devoir, s'il protège ou favorise les apostats, l'Église punit les chefs d'État eux-mêmes.

Lorsque l'apostasie est parfaitement consommée, c'est-à-dire lorsqu'un peuple chrétien se trouve séparé de l'Église par suite de l'apostasie des ancêtres, l'Église limite pratiquement l'exercice du droit souverain qu'elle garde sur tous les baptisés. Tout en restant fidèle à la sainteté de sa mission, elle s'adapte aux circonstances.

Elle réclame certains droits, soit en vertu du droit naturel, soit en vertu des principes que professe l'État hérétique ou schismatique, soit au moyen d'ententes ou de concordats.

a) En vertu du droit naturel, l'Église doit avoir tous les droits et privilèges d'une société légitime et honnête. Elle a donc le pouvoir de posséder ses propres biens, de porter des lois pour ses sujets, etc. Elle peut même invoquer le ministère de l'autorité civile contre ceux qui violeraient ces droits.

b) En vertu des principes que professe l'État hérétique ou schismatique, l'Église peut revendiquer le droit d'exercer son culte, de prêcher sa doctrine et de faire des conversions. En effet, l'État hérétique ou schismatique considère la liberté du culte, la liberté de conscience comme des droits.

c) L'Église, enfin, négocie avec les États hérétiques ou schismatiques. Elle obtient la reconnaissance juridique de pouvoirs, de libertés, et même de privilèges, au moyen d'ententes ou de concordats.

Elle s'appuie de plus sur le droit international, ou sur les traités passés entre nations, pour faire reconnaître ou respecter les droits des minorités catholiques.

579 - L'ÉGLISE ET L'ÉTAT PAÏEN. — Les païens ne sont pas soumis à l'autorité de l'Église.

Dans ses relations avec un État païen, l'Église peut d'abord réclamer les droits naturels que réclame toute association légitime.

Elle peut ensuite réclamer certains droits spéciaux, à titre de société religieuse dont la mission s'étend à tout le genre humain. En effet, les païens ne peuvent raisonnablement penser que l'Église n'enseigne pas la vérité. Ils doivent au moins considérer comme probable la vérité de la religion catholique. Par suite, l'État païen qui mettrait

un obstacle à la prédication d'une telle religion, violerait le droit naturel.

De plus, la prédication de l'Évangile, loin d'être nuisible aux peuples païens, leur apporte des fruits abondants, même dans l'ordre purement naturel. Elle apprend aux peuples le respect de l'autorité humaine et divine, et les oriente vers la pratique de toute les vertus.

———————

Fin de la Politique

———————

INDEX ALPHABÉTIQUE

A

L

N

O

P